全本·精译·注评

荀子注评

李波 译注 评析

上海古籍出版社

图书在版编目(CIP)数据

荀子注评/李波译注.—上海：上海古籍出版社，2016.12

ISBN 978-7-5325-8273-0

Ⅰ.①荀… Ⅱ.①李… Ⅲ.①儒家②《荀子》—译文③《荀子》—注释 Ⅳ.①B222.62

中国版本图书馆CIP数据核字(2016)第253341号

荀子注评

李 波 译注

上海世纪出版股份有限公司
上 海 古 籍 出 版 社 出版

(上海瑞金二路272号 邮政编码200020)

(1)网址:www.guji.com.cn

(2)E-mail:guji1@guji.com.cn

(3)易文网网址:www.ewen.co

上海世纪出版股份有限公司发行中心发行经销

常熟文化印刷有限公司印刷

开本889×1194 1/20 印张24.4 插页2 字数547,000

2016年12月第1版 2016年12月第1次印刷

印数:1—3,100

ISBN 978-7-5325-8273-0

B·973 定价:49.00元

如有质量问题,请与承印公司联系

前 言

荀子，名况，字卿，又称孙卿，战国末期赵国人，生卒年不详，大约晚于孟子百年左右。荀子五十岁时，始游学齐国稷下。齐襄王时，荀卿所处时代三为祭酒，后因遭谗言，遂去齐适楚，楚相春申君任之为兰陵令。春申君被害后，荀卿废居兰陵，晚年“著数万言而卒，因葬兰陵”。（《史记·孟子荀卿列传》）李斯和韩非都是他的学生。

荀子是继孔、孟之后的又一位儒学大师，精通《诗》、《礼》、《易》、《春秋》。荀子的思想是时代发展的产物。战国末期，封建生产关系已经基本确立，经过长时间的兼并战争，结束诸侯割据的局面，建立一个统一的中央集权制国家成为了时代的要求。此时，学术思想也由百家争鸣趋向于互相吸收，互相融合。荀子适应时代的要求，批判吸收了各家之长，兼取儒、道、墨、法等诸家思想，成为战国后期一位集大成的思想家。综观《荀子》一书，其思想博大精深，内容极为丰富，凡自然、社会、哲学、政治、经济、军事、文学等皆有涉猎，堪称我国思想史上的一座丰碑。

荀子是杰出的进步思想家，这突出地表现在他对宇宙自然观的看法上。在先秦时代的哲学中，儒家认为“天”是有意志、有精神的宇宙万物的主宰者，人的命运是由上天决定的，孔、孟都认为“死生有命，富贵在天”。荀子在对这种“天人合一”的唯心主义“天命论”进行尖锐批判的基础上，吸收了道家天道自然的宇宙观，但又摒弃了老庄消极无为的思想，大胆地提出了“明于天人之分”（《天论》）的唯物主义自然观。他认为“天行有常，不为尧存，不为桀亡。应之以治则吉，应之以乱则凶”（《天论》），天是无意志、无目的的自然界，有自己的运行规律，不以人的意志为转移，社会的治乱和国家的兴亡是政治造成的，与天没有关系。因此荀子提出了“制天命而用之”的口号，认为人们只要发挥自己的主观能动作用，认识、掌握自然规律，就能改造自然界，利用自然界。他说：“大天而思之，孰与物畜而制之？从天而颂之，孰与制天命而用之？望时而待之，孰与应时而使之？”（《天论》）荀子的这种“人定胜天”的理论在我国思想史上无疑具有划时代的革命意义。

荀子的自然观反映到人性论上，形成了他的“性恶说”，这是荀子哲学思想的一个重要基石。荀子批判了孟子天赋道德观念的“性善说”，在“天人之分”基础上提出了“性伪之分”。他认为人的本性“固无礼义”（《性恶》），不像孟子说的那样天生是善的，而是恶的，充满了对物质欲望的渴求。人们的善良行为是后天人为努力的结果，“人之性恶，其善者伪也”（《性恶》）。人性虽不可改变，但可以改造，荀子主张“化性起伪”，他说：“性也者，吾所不能为也，然而可化也。”（《儒效》）要求人们不断地学习、实践来改造本“恶”的人性，实现“性伪合”（《礼论》）。基于此，荀子提出了“涂之人可以为禹”（《性恶》）的著名论点，认为人们只要不断地“积伪”，都可以成为禹一样的人。荀子的性恶论从另一角度论证了人性问题，有其积极的进步意义，但他离开了人的社会属性，仅仅从自然生物性来谈论人性，没有从根本上解决人性的本质问题，而是一种抽象的人性论。

在性恶论的基础上，荀子提出了他的政治观点。荀子的政治理想是建立一个“四海之内若一家”（《王制》）、“天下为一”（《王霸》）的中央集权制国家，“隆礼”、“重法”是其政治理论的核心内容。荀子认为，礼可以制约人们的情欲，自觉约束人们的行为，它不仅是一种使“贵贱有等，长幼有差，贫富轻重皆有称”（《富国》）的伦理道德等级制度，更是治国之根本，是一种最高的政治纲领。“礼者，治辨之极也；强国之本也，威行之道也。”（《议兵》）“人之命在天，国之命在礼。”（《强国》）礼的作用重大，关系到国家的存亡，只有隆礼，才能治国。“礼义生而制法度”（《性恶》），礼是治国治民之本，而法则是必不可少的手段，“隆礼至法而国有常”（《君道》），荀子主张治理国家必须礼法并重，要做到“尚贤任能”，“赏功罚过”。在治理国家的方法上，荀子不像孟子那样重王道，贱霸道，而是王霸并重，“隆礼尊贤而王，重法爱民而霸”（《天论》），认为二者只是层次不一样。与此同时，荀子批评了孟子的“法先王”，言必称“三王”的复古思想，明确提出要“法后王”，“百王之道，后王是也”（《不苟》），“法后王，一制度”（《儒效》），强调要从现实生活中去考察过去的历史，而不要盲目崇古。在经济上荀子提倡以农为本，开源节流，节用裕民，上下俱富的富国论思想。

荀子的认识论是建立在进步的自然观基础之上的，在哲学史上占有重要的地位。他反对孟子的“良知”、“良能”、“万物皆备于我”的说法，而继承了孔子“学而知之”的认识论思想。荀子首先肯定了人具有认识事物的能力，客观事物是可以被认识的，“凡以知，人之性；可以知，物之理也”。（《解蔽》）他认为人们经过不断地努力学习、实践，依靠外界客观条件就能获得丰富的认识。那么人是如何认识事物的呢？荀子认为人的认识过程要经过“天官意物”和“心有征知”（《正名》）两个阶段，即人的各种感觉器官（天官）首先同外界事物进行广泛地接触，再经过心的“征知”，即把获得的各种现象分析、综合，才能得到全面的认识。他告诫人们在认识过程中要防止各种片面性，克服那种“蔽于一曲而暗于大理”（《解蔽》）的毛病。荀子特别重视“行”的作用，强调人的认识仅得到“知”是远远不够的，“行”才是认识的归宿和终点，“知之不若行之”、“学至于行之而止”（《儒效》），荀子的这种知行统一观在哲学史上具有深刻的意义。

与荀子的认识论相联系的是他的以正名为目的的逻辑思想观。战国末期，社会上形成了一股名辩思潮，各家各派纷纷加入了这场大讨论中，荀子也积极参加了这场名辩争论。针对当时“圣王没，名实慢，奇辞起，名实乱”（《正名》）和“擅作名以乱正名”（《正名》）的情况，荀子在孔子“名不正则言不顺”的正名学说的基础上，提出了他的正名主张：“故王者之制名，名定而实辨，道行而志通，则慎率民而一焉。”（《正名》）他认为，统治者通过“制名”，使名实相符，就可以统一人民的思想，使人民遵守法度。荀子主要从三个方面进行了分析：制定名称的原因是“制名以指实”，“上以明贵贱，下以辨同异”（《正名》），制名是关系到国家治与乱的大事，“此所为有名也”（《正名》）；不同名称制定的根据是“缘天官”，天官必须与各自的对象相接触，然后心再加以验证，“此所缘而以同异也”（《正名》）；名称的命名是“约定俗成”的，但要做到“稽实定数”，“此制名之枢要也”（《正名》）。荀子建立的一套完整的逻辑学说，对我国古代逻辑思想的发展作出了很大的贡献。

在文学艺术方面，荀子也取得了很高的成就。荀子首先是一个出色的散文家。他主张文章要有文采，讲究语言的锤炼，“语言之类，穆穆皇皇”（《大略》），注重文质并茂，“文理情用，相为内外表里”（《礼论》）。荀子强调“言必当理”（《儒效》），语言文字一定要符合礼义，开后世文学批评“文以明道”的滥觞。荀子的散文不但继承了《墨子》论说文逻辑性强、结构严密的特点，还在体制上、技巧上作了新的探索，把孔孟的语录体散文发展成了独立的长篇巨制式的专题议论文，对先秦诸子散文的发展作出了重要的贡献。荀子的散文脉络分明，长于议论，论证严密，气势磅礴，善用譬喻，言辞优美。善于用比，是其散文最显著的特色之一。如《劝学》一篇，开头便一连用了五个比喻展开论证，说明后天学习的重要性，形象生动而又富有逻辑。后面论述学习专心一致的重要性，连用八个比喻，并与对比手法相结合，从正、反两面反复论证，层层剖析，极富感染力。像这样的取譬设喻，引物连类，在荀文中比比皆是。此外，荀子还经常运用排比、对偶等修辞手法，使文章气势磅礴，富有节奏感和韵律美。对于荀子文章的特色，郭沫若做了较高的评论："荀子的文章颇为宏富，……他以思想家而兼长于文艺，在先秦诸子中与孟轲、庄周可以鼎足而三，加上相传是他的弟子的韩非，也可以称之为四大台柱。孟文的犀利，庄文的恣肆，荀文的浑厚，韩文的峻峭，单拿文章来讲，实在是各有千秋。"（《十批判书·荀子的批判》）

荀子又是一位优秀的辞赋家。其创作的《成相》和《赋》篇，已经是严格意义上的纯文学作品，在文学史上具有重要的地位。《成相》是荀子以民间通俗文学的形式，表达其政治思想的韵文，是抒写其内心愤懑的政治抒情诗。所谓"相"，是指古时一种击打乐器，"成相"就是一边击乐，一边演唱的一种样式文本。其句式整齐而富有变化，以三字句、四字句和七字句为主，每节押韵，读起来朗朗上口，有人认为它是后世弹词之祖。《成相》一文直接影响了后来七言诗的出现，其长短句式对后代散文的发展也有重要影响。荀子的《赋》篇是最早以"赋"名篇的文章，在赋体的发展史上具有重要的地位。全文以《礼》、《知》、《云》、《蚕》、《箴》五篇赋和一首佹诗、一首小歌的形式，表达了荀子的政治理想和对社会的不满情绪。这五篇赋都采用问答的形式，前面是对事物的描述，类似于迷面，后面以反问排比的句式，对这种事物的功效和事理作了陈述，最后揭出谜底。赋篇语言质朴、平实雅正，描写生动形象，开后代咏物小赋之先河。其体物言志、托物以讽的写法，对后代赋家有很大的启示。

荀子作为一位杰出的哲学家，其思想对后代进步思想家产生了深刻的影响。如东汉王充的"天地合气"、"万物自生"（《论衡·自然》）的思想，唐代柳宗元的"功者自功，祸者自祸"（《天说》）的思想，刘禹锡"天与人交相胜"（《天论》）的思想，和清初王夫之的"圣人之志在胜天"（《张子正蒙注·太和》）的思想等等，都能看到荀子"天人之分"、"人定胜天"自然观的影子。此外，后世一大批文学家也从荀子散文中汲取了丰富的营养。汉初政论家贾谊、晁错的政论散文明显受到了荀文的影响，唐代的柳宗元、刘禹锡和宋代的王安石等人的文章，也都带有荀子散文的风格。

然而，历史上的荀子却是个饱受争议的人物。本来荀子站在时代的高度，对各家各派的观点进行了批判和总结，其思想带有鲜明的时代气息，虽然以儒为宗，但对儒家思想进行了富有时代特色的发挥和改造，具有明显的进步性。

但是荀子在当时却“名声不白、徒与不众、光辉不博”（《尧问》），不为人们重视。其对思孟学派的批判以及性恶说，也引起了后儒的不满，有人甚至把他归为法家一派。所以荀子虽与孟子同为大儒，但远没有得到孟子那样的礼遇，后人对他的评价褒贬不一。

西汉时期，荀子影响不及孟子，但地位和孟子不相上下，大体上是荀、孟并尊。司马迁在《史记》中把荀子和孟子并为《孟子荀卿列传》，认为二人都继承了孔子的事业。刘向在《孙卿新书叙录》中说董仲舒曾“作书美荀卿”，还认为与二人同时代的诸子中，只有荀、孟是尊孔的。司马迁和刘向对荀学的发展起到了积极的推动作用。到了东汉，荀子的地位就不及孟子了。扬雄尤尊孟子，对荀子只以“同门异户”（《法言·君子》）作一轻描淡写，虽未作贬斥，然而对待荀子和孟子的态度已经有了不同。到了王充作《论衡》时，荀子的地位就低于孟子了。唐代，荀学受到了世人的重视。韩愈在《读荀子》中认为荀子“大醇而小疵”，“与孔子异者鲜矣”，虽然不及“醇乎醇者也”的孟子，但基本上对荀子进行了肯定。杨倞则第一次为《荀子》作注，认为它“羽翼六经，增光孔氏”，给予它很高的评论。同时期的柳宗元、刘禹锡、杜牧等人对荀学的弘扬都作出了贡献。宋明时期，由于荀子的思想与理学家们的理论格格不入，理学家们便对之大加排斥，认为他“大本已失”（程颐语）、“全是申韩”（朱熹语），荀子遂被打入了冷宫。明中叶后期，随着思想的解放，才有人把荀子从冷宫中解禁出来，为之翻案。比如归有光就对荀子进行了充分肯定，他说：“当战国时，诸子纷纷著书，惑乱天下，荀卿独能明仲尼之道，与孟子并驰。顾其为书者之体，务富于文辞，引物联类，蔓衍夸多，故其间不能无疵，至其精造，则孟子不能过也。”（《荀子叙录》）思想大师李贽也对荀子大加褒扬：“荀与孟同时，其才俱美，其文更雄杰，其用之更通达而不迂。”（《荀卿传赞》）二人都认为荀子的成就不在孟子之下，甚至有些地方超过了孟子，评价甚高。在他们的努力下，荀子渐渐引起了世人的注意。有清一代，理学式微，荀子逐渐为世人重视，特别是乾、嘉时期，对荀子的校注整理工作，取得了很大的成就，荀学步入了一个繁荣时期。清末由于政治的原因，有人对荀子大加非议，甚至有“二千年来之学，荀学也，皆乡愿也”（谭嗣同《仁学》）的说法，但荀学的研究一直没有停止过。

对于《荀子》一书的作者，世人争议不大，一般认为《荀子》的大部分章节出自荀子之手，只有极少数篇章是荀子的学生或门人记录荀子的言行编纂而成。梁启超、郭沫若认为《荀子》中的《君子》、《大略》、《宥坐》、《子道》、《法行》、《哀公》、《尧问》、《仲尼》等八篇，皆非荀子自著，是荀子的门人杂录或后人附益所为。至于《荀子》的篇数，今无可考，西汉刘向校雠孙卿书时有三百二十二篇，去其重复，定为三十二篇，取名《孙卿新书》。唐杨倞则把三十二篇分为二十卷，次序略作调整，并为之作注，取名《荀卿子》，从此杨倞的《荀子》注本便作为通行本流传于世，遂成定本。清人对荀子的研究成果颇多，以卢文弨的《荀子校》、谢墉的《荀子笺释》、汪中的《荀子通论》、郝懿行的《荀子补注》和王念孙的《读荀子杂志》最有代表性。清末王先谦的《荀子集解》则采集众家之说，是清儒中最完善、最精详的注本。近人梁启雄的《荀子简释》、章诗同的《荀子简注》、张觉的《荀子译注》等都各具特色，是了解荀子思想的较好注本。

本次注释以中华书局1988年版《新编诸子集成》所收王先谦的《荀子集解》为底本，并充分借鉴吸收了前人和今人的学术成果。叶蓓卿、谢国利、金琳等参与了本书评析部分的撰写工作。限于学力和见解，难免有不当之处，恳请方家、读者批评指正。

李 波

2015年12月

目　录

劝学

【题解】

本文系统阐释了荀子的教育思想。文章开篇明义，以“学不可以已”总领全文，然后从学习态度、方法、途径、内容、目的以及意义等多个方面进行了论述。荀子指出：人的先天本性是一样的，但后天教育环境使人发生了很大改变，因此“君子居必择乡，游必就士”；学习要有锲而不舍的精神和专心致志的态度，做到“心如结”、“结如一”；学习的主要内容是《诗》、《书》等经典，学习的顺序是从诵读《诗》、《书》等一般经书开始，到读《礼》结束，“其数则始乎诵经，终乎读《礼》”；学习的途径是亲近贤师，尊崇礼法，“学莫便乎近其人”，“学之经莫速乎好其人，隆礼次之”；学习的目的是培养道德完善的人，“其义则始乎为士，终乎为圣人”。最后，荀子要求君子要抱有终生追求“不全不粹之不足以为美”的理想信念，达到“贵其全”的完美境界。总之，荀子极为重视学习的道德实践意义，将培养德才兼备的人才作为教育的终极目的。

文章形象生动，说理透辟，语言精炼，句法参差，譬喻灵活，骈散结合，音韵和谐，铿锵优美，警句连篇，文学色彩极为浓厚，体现了战国末期诸子散文的新成就。

君子曰：学不可以已[1]。青[2]，取之于蓝，而青于蓝[3]；冰，水为之，而寒于水。木直中绳，輮以为轮[4]，其曲中规，虽有槁暴[5]，不复挺者，輮使之然也。故木受绳则直，金就砺则利[6]，君子博学而日参省乎己[7]，则知明而行无过矣。

【注释】

[1] 已：停止。

[2] 青：靛青，一种从蓝草中提炼出来的蓝色染料。

[3] 蓝：即蓼蓝草，其叶可以制作蓝色染料。

[4] 輮（róu）：通“煣”，用细火烘烤使直木弯曲。

[5] 槁暴（gǎo pù）：烤干、晒干。槁，通“熇”，烤。暴，古“曝”字，晒。

［6］就：靠近。　砺：磨刀石。

［7］参省（cān xǐng）：检验省察。参，检验。

【译文】

君子说：学习是没有止境的。靛青，是从蓼蓝中提炼出来的，但比蓼蓝还青；冰是由水凝固而成的，但比水更寒冷。木材笔直得合于绳墨，将它烘烤弯曲做成车轮，其曲度合于圆规的要求，即使再经过火烤暴晒，也不能伸直了，这是因为烘烤弯曲使它这样。所以木材打上墨线加工后才能变直，金属制成的刀剑在磨刀石上磨过才锋利，君子广博地学习而又每天检验省察自己，那就会智慧明达而且行为也没有过错了。

故不登高山，不知天之高也；不临深谿，不知地之厚也；不闻先王之遗言，不知学问之大也。干、越、夷、貉之子[1]，生而同声，长而异俗，教使之然也。《诗》曰[2]：“嗟尔君子，无恒安息。靖共尔位[3]，好是正直。神之听之[4]，介尔景福[5]。”神莫大于化道，福莫长于无祸。

【注释】

［1］干越：春秋时期的吴国与越国，在今江苏省、浙江省一带。干，亦作“邗”（hán），在今江苏扬州东北，后为吴所灭，故用以代称吴。　夷、貉（mò）：泛指我国古代居住在东部和北部的民族。貉，通“貊”。

［2］《诗》：指《诗经·小雅·小明》。

［3］靖：安。　共：通“供”。

［4］听：察。

［5］介：助，赐予。　景：大。

【译文】

所以不登上高山，不知道天有多高；不亲临深渊，不知道大地有多厚；没有聆听到前代圣王的遗言，就不知道知识的渊博。吴国、越国、夷族、貊族的孩子，生下来哭声相同，长大了习俗却不一样，这是不同的教化使他们这样的啊。《诗经》中说：“唉呀，你们这些君子啊，不要总是贪图安逸。安心地供奉你们的职位，爱好正直。上帝知道了，就会赐与你们最大的幸福。”没有比与道融合更高的精神境界了，没有比无灾无祸更长久的幸福了。

吾尝终日而思矣，不如须臾之所学也[1]；吾尝跂而望矣[2]，不如登高之博见也。登高而招，臂非加长也，而见者远；顺风而呼，声非加疾也，而闻者彰[3]。假舆马者[4]，非利足也，而致千里；假舟楫者[5]，非能水也，而绝江河[6]。君子生非异也[7]，善假于物也。

【注释】

[1] 须臾：片刻。

[2] 跂（qǐ）：通“企”，踮起脚跟。

[3] 彰：清楚。

[4] 假：凭借。　舆（yú）马：车马。舆，车。

[5] 楫（jí）：船桨。

[6] 绝：横渡。

[7] 生：通“性”，人本来的资质。

【译文】

我曾经整天苦思冥想，却不如片刻学习收获大；我曾经踮起脚跟向远方望，却不如登上高处看得广。登上高处招手，手臂没有增长，但远方的人看得见；顺着风呼喊，声音没有增强，但听到的人很清楚。利用车马远行的人，并不是善于行走，却能到达千里之外；利用船、桨渡河的人，并不是善于游泳，却能横渡江河。君子的本来资质与别人没有什么不同，只是善于利用外物罢了。

南方有鸟焉，名曰蒙鸠[1]，以羽为巢，而编之以发，系之苇苕[2]，风至苕折，卵破子死。巢非不完也，所系者然也。西方有木焉，名曰射干[3]，茎长四寸，生于高山之上，而临百仞之渊[4]，木茎非能长也，所立者然也。蓬生麻中，不扶而直；白沙在涅，与之俱黑[5]。兰槐之根是为芷[6]，其渐之滫[7]，君子不近，庶人不服[8]，其质非不美也，所渐者然也。故君子居必择乡，游必就士[9]，所以防邪僻而近中正也。

【注释】

[1] 蒙鸠：即鷦鹩（jiāo liáo），一名巧妇鸟。

[2] 苇苕（tiáo）：芦苇的花穗。

[3] 射（yè）干：又名乌扇，一种草本植物。

[4] 仞：古代的一种计量单位。

[5] "白沙"两句：此八字原脱，据王念孙说补。涅，黑土。

[6] 兰槐：香草名，一名白芷，其根为"芷"。

[7] 渐：渍。 滫（xiǔ）：泛指污臭之水。一说溺，尿（杨倞说）。

[8] 服：佩带。

[9] 就：靠近。

【译文】

南方有一种鸟，名字叫做蒙鸠，它用羽毛筑巢，并用毛发将它编织起来，系在芦苇的花穗上，一阵风吹来，苇穗折断，鸟蛋摔碎，幼鸟也摔死了。不是它的巢不完善，而是巢所系的地方使它这样的。西方有一种草，名字叫做射干，茎长四寸，生在高山上面，俯临百丈深渊，并非它的茎能长得这样高，而是它生长的地方使它这样。蓬蒿生长在麻中，不需要扶持就自然挺直；洁白的沙子搀合在黑土中，就和黑土一样黑。兰槐的根叫做芷，把它浸泡在臭水中，君子不会接近它，百姓也不会佩带它。这不是它的本质不好，而是被浸泡在臭水中的缘故。所以君子居住一定要选择好乡里，出游一定要结交贤士，这是为了防止走上邪僻，而接近中正之道的方法。

物类之起，必有所始。荣辱之来，必象其德。肉腐出虫，鱼枯生蠹[1]。怠慢忘身，祸灾乃作。强自取柱[2]，柔自取束。邪秽在身，怨之所构[3]。施薪若一，火就燥也；平地若一，水就湿也。草木畴生[4]，禽兽群焉，物各从其类也。是故质的张而弓矢至焉[5]，林木茂而斧斤至焉，树成荫而众鸟息焉，醯酸而蜹聚焉[6]。故言有招祸也，行有招辱也，君子慎其所立乎！

【注释】

[1] 蠹（dù）：蛀虫。

[2] 柱：通"祝"，折断。

[3] 构：结。

[4] 畴生：丛生。畴，通"俦"，类。

［5］质的（dì）：箭靶。质，箭靶。的，箭靶的中心。

［6］醯（xī）：醋。 蜹（ruì）：同“蚋”，蚊子一类的昆虫。

【译文】

各类事物的兴起，必定有它的起因。荣誉和耻辱的到来，必定与他的品德相一致。肉腐臭了就会生蛆，鱼干枯了就会生虫。懈怠散漫而忘掉自身，灾祸就发生了。刚强的东西容易折断，柔弱的东西容易受约束。邪恶污秽集于一身，就会招致怨恨。柴草堆放得好像一样，火总是向干的地方烧去；地面平整得好像一样，水总是向低湿的方向流去。草木丛生，禽兽群居，万物总是与它们的同类生活在一起。所以靶子一竖起，弓箭就射向那里；林木繁茂，斧头就砍伐到那里；树木成荫，众鸟就栖息在那里；醋酸了，蚋蠓就聚集在那里。所以说话有时招来祸患，行为有时招来耻辱，君子一定要谨慎自己的立身处世啊！

积土成山，风雨兴焉；积水成渊，蛟龙生焉；积善成德，而神明自得，圣心备焉。故不积蹞步[1]，无以致千里；不积小流，无以成江海。骐骥一跃[2]，不能十步；驽马十驾[3]，功在不舍。锲而舍之[4]，朽木不折；锲而不舍，金石可镂。螾无爪牙之利，筋骨之强，上食埃土，下饮黄泉，用心一也；蟹六跪而二螯[5]，非蛇蟺之穴无可寄托者[6]，用心躁也。是故无冥冥之志者[7]，无昭昭之明[8]；无惛惛之事者[9]，无赫赫之功。行衢道者不至[10]，事两君者不容。目不能两视而明，耳不能两听而聪[11]。螣蛇无足而飞[12]，梧鼠五技而穷[13]。《诗》曰[14]：“尸鸠在桑[15]，其子七兮。淑人君子[16]，其仪一兮。其仪一兮，心如结兮。”故君子结于一也[17]。

【注释】

［1］蹞（kuǐ）步：等于现在所说的一步，古人所说的半步。蹞，同“跬”。古时称人行走，举足一次为跬，举足两次为步。

［2］骐骥：骏马。

［3］驽（nú）：劣马。 驾：代指马车一天的行程。

［4］锲（qiè）：刻。

［5］六：疑当作“八”（卢文弨说）。 跪：足。 螯（áo）：螃蟹的第一对大

足，状如钳形。

[6] 蟺（shàn）：同“鳝”。

[7] 冥冥：昏暗不明，这里形容专心致志。

[8] 昭昭：显著。

[9] 惛惛：同“冥冥”。

[10] 衢（qú）道：歧路。

[11] 聪：听得清楚。

[12] 螣（téng）蛇：古代传说中的一种能飞的蛇。

[13] 梧鼠：当作“鼫（shí）鼠”（杨倞说）。　五技：相传鼫鼠能飞但不能上屋，能爬树但爬不上树顶，能游泳但不能渡过山涧，能挖洞但不能藏身，能跑但追不上人。　穷：困窘。

[14]《诗》：指《诗经·曹风·鸤鸠》。

[15] 尸鸠：布谷鸟。

[16] 淑：善良。

[17] 结：集中。

【译文】

堆积泥土成为高山，风雨就会在那里兴起；汇积水流成为深渊，蛟龙就会在那里生长；积累善行养成高尚的品德，就会通于神明，圣人的精神境界也就具备了。所以不从一步步开始积累，就不能到达千里之外；不聚积起小的水流，就不能汇成江海。千里马一跃，不能超过十步；劣马跑上十天也能到达千里之外，它的成功在于不放弃奔跑。用刀刻东西，如果一会儿就停止，就是朽木也不能刻断；如果不停地刻下去，那么金石也能刻透。蚯蚓没有锐利的爪牙和强壮的筋骨，但上能吃到泥土，下能喝到泉水，这是因为它用心专一的缘故；螃蟹有八只足和两只螯，但如果没有蛇、鳝的洞穴就没有地方栖身，这是因为它用心浮躁的缘故。所以没有专心致志的精神，就不会有显著的成就；没有埋头苦干的行动，就不会有显赫的功绩。走上歧途的人不能到达目的地，侍奉两个君主的人不能被容纳。眼睛不能同时看两种东西而看得明白，耳朵不能同时听两种声音而听得清楚。螣蛇没有脚却能飞行，鼫鼠有五种技能却陷于困境。《诗经》中说：“布谷鸟住在桑树上，有七只幼鸟它抚养。善人君子啊，你们的行为要专一。行为专一，心才像打个结那样牢固。”所以君子总是把注意力集中在一点上。

昔者瓠巴鼓瑟而流鱼出听[1]，伯牙鼓琴而六马仰秣[2]。故声无小而不闻，行无隐而不形[3]；玉在山而草木润，渊生珠而崖不枯。为善不积邪，安有不闻者乎？

【注释】

[1] 瓠（hù）巴：相传春秋战国时期楚国一位善于鼓瑟的著名琴师。 流：疑当作"沈"字（卢文弨说），即"沉"。

[2] 伯牙：相传春秋时晋国一位善于弹琴的著名琴师。 六马：古时天子驾车要用六马，此泛指拉车之马。 仰秣（mò）：《淮南子·说山训》高诱注："仰秣，仰头吹吐，谓马笑也。""秣"，通"末"，头。

[3] 形：显露。

【译文】

从前瓠巴鼓瑟而水底的鱼儿浮到水面倾听，伯牙弹琴而拉车的马儿仰头倾听。所以声音再细小也没有听不见的，行动再隐蔽也没有不显现出来的；宝玉藏在山中而山上的草木就滋润有光泽，深潭里生出珍珠而四周崖岸就不会干枯。是没有坚持积累善行吧，否则哪有不被人知道的呢？

学恶乎始？恶乎终？曰：其数则始乎诵经[1]，终乎读《礼》[2]；其义则始乎为士，终乎为圣人。真积力久则入，学至乎没而后止也。故学数有终，若其义则不可须臾舍也。为之，人也；舍之，禽兽也。故《书》者[3]，政事之纪也；《诗》者[4]，中声之所止也；《礼》者，法之大分、类之纲纪也[5]，故学至乎《礼》而止矣。夫是之谓道德之极。《礼》之敬文也，《乐》之中和也[6]，《诗》、《书》之博也，《春秋》之微也[7]，在天地之间者毕矣。

【注释】

[1] 数：学习的顺序。 经：指《诗经》、《尚书》等经典。

[2]《礼》：指《仪礼》，是主要记载春秋战国时代各种礼仪制度的资料汇编。 没：通"殁"，死。

[3]《书》：即《尚书》，汉以后称为《书经》，是我国目前所知最早的一部历史文献汇编。

[4]《诗》：即《诗经》，是我国现存最早的一部诗歌总集。

[5]大分（fèn）：总纲。　类：依礼法推出的具体准则。

[6]《乐》：即《乐经》，六经之一，秦后失传。

[7]《春秋》：春秋时鲁国的一部编年体史书，相传曾为孔子修订。

【译文】

学习从哪里开始？到哪里结束？回答说：学习的顺序是从诵读《诗》、《书》等经书开始，到阅读《礼》等典籍结束；学习的意义则是从做士开始，到成为圣人结束。日积月累、坚持不懈，就会深入下去，学到死然后才能停止。所以学习的顺序是有终点的，但从学习的意义来说，则一刻也不能停止。这样做，就成为人；不这样做，就成了禽兽。《尚书》是政事的记录；《诗》是中和之音的抒写，《礼》是行为规范的总纲、具体准则的纲领，所以学到《礼》就到头了。这就叫做道德的顶点。《礼》的恭敬节文，《乐》的中正和谐，《诗》、《书》的博大精深，《春秋》的微言大义，天地间的一切道理都寓于其中了。

君子之学也，入乎耳，箸乎心[1]，布乎四体，形乎动静，端而言[2]，蝡而动[3]，一可以为法则。小人之学也，入乎耳，出乎口。口、耳之间则四寸耳，曷足以美七尺之躯哉！古之学者为己，今之学者为人。君子之学也，以美其身；小人之学也，以为禽犊[4]。故不问而告谓之傲[5]，问一而告二谓之囋[6]。傲，非也；囋，非也。君子如向矣[7]。

【注释】

[1]箸（zhù）：通“著”，显明。

[2]端：通“喘”，微言。

[3]蝡：通“蠕”，微动。

[4]禽犊：家禽和小牛，古时常用来做馈赠礼物。

[5]傲：通“躁”（俞樾说）。

[6]囋（zàn）：唠叨，啰嗦。

[7]向：同“响”，回声。

【译文】

君子学习，进入耳里，记在心中，贯彻到全身，表现在行动上，他细微的一言一行，一举一动，都可以成为别人效法的榜样。小人学习，由耳中进入，从口中说出。口、耳之间距离才不过四寸罢了，怎能使这七尺之躯得到完美呢！古时候的学者为自己而学，现在的学者为别人而学。君子学习，是用来完善自己的身心；小人学习，是将学问当成礼物来取悦别人。所以别人没有问就告诉人家叫做急躁，别人问一个问题却告诉人家两个问题叫做唠叨。急躁，不对；唠叨，也不对。君子的回答应像回声一样。

学莫便乎近其人。《礼》、《乐》法而不说，《诗》、《书》故而不切，《春秋》约而不速。方其人之习君子之说[1]，则尊以遍矣[2]，周于世矣。故曰：学莫便乎近其人。学之经莫速乎好其人[3]，隆礼次之[4]。上不能好其人，下不能隆礼，安特将学杂识志[5]，顺《诗》、《书》而已耳，则末世穷年，不免为陋儒而已。将原先王，本仁义，则礼正其经纬、蹊径也[6]。若挈裘领[7]，诎五指而顿之[8]，顺者不可胜数也。不道礼、宪，以《诗》、《书》为之，譬之，犹以指测河也，以戈舂黍也，以锥飡壶也[9]，不可以得之矣。故隆礼，虽未明，法士也；不隆礼，虽察辩，散儒也。

【注释】

[1] 方：通“仿”，仿效。

[2] 以：而。

[3] 经：通“径”。

[4] 隆：尊崇。

[5] 安：犹“则”。 特：只。 识：当为衍文（王引之说）。

[6] 蹊径：小路。

[7] 挈：提、拎。

[8] 诎：通“屈”，弯曲。 顿：叩，抖动。

[9] 飡：通“餐”。 壶：古人盛食物的器具。

【译文】

学习没有比接近贤师更方便的了。《礼》、《乐》讲法度却不详加解说，《诗》、《书》记旧事却不切近实际，《春秋》词义隐约却不易迅速了解。效仿良师学习君子的学说，则品德高尚，知识渊博，通达世事。所以说：学习没有比接近贤师更方便的了。学习的途径没有比心悦贤师更迅速有效的了，其次是崇尚礼法。上不能心悦贤师，下不能崇尚礼法，则只能学些杂说，读通《诗》、《书》罢了，那么穷其一生，只不过是个浅陋的书生而已。想要推源先王的教化，探求仁义的根本，那么礼正是一条便捷的道路。这就好像拎起皮衣的领子，弯曲五指抖一抖，顺过来的裘毛就数不清了。不遵从礼法，而只依《诗》、《书》来行事，就像用手指去测河流的深浅，用戈舂捣黍米，用锥子代替筷子到饭壶中吃饭一样，是不能达到目的的。所以尊崇礼法，即使不明晰其意义，不失为一个尚法之士；不尊崇礼法，即使明察善辩，也只能算是一个散漫的书生。

问楛者勿告也[1]，告楛者勿问也，说楛者勿听也，有争气者勿与辩也。故必由其道至，然后接之，非其道则避之。故礼恭而后可与言道之方，辞顺而后可与言道之理，色从而后可与言道之致[2]。故未可与言而言谓之傲，可与言而不言谓之隐，不观气色而言谓之瞽[3]。故君子不傲，不隐，不瞽，谨顺其身。《诗》曰[4]：“匪交匪舒[5]，天子所予[6]。”此之谓也。

【注释】

[1]楛（kǔ）：粗劣，指不合礼法之事。

[2]致：尽，极。

[3]瞽（gǔ）：目盲。

[4]《诗》：指《诗经·小雅·采菽》。

[5]匪：通“非”，不。 交，通“绞”，急迫。

[6]予：通“与”，赞许。

【译文】

有人问不合礼法的事，不要告诉他；有人告诉你不合礼法的事，不要去问他；有人谈论不合礼法的事，不要去听他；有意气用事的人不要跟他辩论。所以，必须按照礼义之道来访的，才接待他，不合乎礼义之道就回避他。所以对方恭敬有礼然后才可以与他谈论大道的方向，对方言辞和顺然后才可以与他谈论大道的原理，对方态度谦逊然后才可以与他谈论大道的奥妙。所以还不能与他谈论却谈了叫做急躁，应该同他谈论却不谈叫做隐瞒，不看对方脸色而谈叫做盲目。所以君子不急躁，不隐瞒，不盲目，谨慎地顺从对方来行事。《诗经》中说："不急躁不懈怠，这是天子所赞许的。"说的就是这个意思。

百发失一，不足谓善射；千里蹞步不至，不足谓善御；伦类不通，仁义不一，不足谓善学。学也者，固学一之也。一出焉，一入焉，涂巷之人也[1]。其善者少，不善者多，桀、纣、盗跖也[2]。全之尽之，然后学者也。君子知夫不全不粹之不足以为美也，故诵数以贯之，思索以通之，为其人以处之，除其害者以持养之，使目非是无欲见也，使耳非是无欲闻也，使口非是无欲言也，使心非是无欲虑也。及至其致好之也，目好之五色[3]，耳好之五声，口好之五味，心利之有天下。是故权利不能倾也，群众不能移也，天下不能荡也。生乎由是，死乎由是，夫是之谓德操。德操然后能定，能定然后能应，能定能应，夫是之谓成人。天见其明[4]，地见其光[5]，君子贵其全也。

【注释】

[1] 涂：通"途"。道路。

[2] 桀、纣：分别是夏朝和商朝最后的君主，皆因暴政而亡国。 盗跖（zhí）：相传是春秋战国之际一位名叫跖的大盗。

[3] 之：相当于"于"，以下三"之"皆同。

[4] 见：通"现"，显现。

[5] 光：通"广"，广大，宽广。

【译文】

射出一百支箭，有一次没有射中，就不能叫做善于射箭；赶着车马走了一千里路，只差一步没有赶到，就不能叫做善于驾车；礼法不能融会贯通，仁义不能始终如一，就不能叫做善于学习。学习，本来就应专心致志，坚持如一。一会儿不学，一会儿学，那是街头巷尾中的普通人。好的行为少，坏的行为多，便是桀、纣、盗跖一类的人。全面掌握了所学的知识，又尽力去实行，然后才是一个好的学者。君子知道学习不全面不纯粹不能算作完美，所以反复诵读以求贯通，用心思索以求理解，舍身处地地去领会它，除掉自身有害的东西来保养它，使眼睛与它无关的不去看，使耳朵与它无关的不去听，使嘴巴与它无关的不去说，使心里与它无关的不去考虑。等到了极其爱好它的时候，就好像眼睛喜欢五色，耳朵喜欢五声，嘴巴喜欢五味，心里想拥有天下一样。因此权利不能动摇他，众人不能改变他，天下不能打动他。活着是这样，死时还是这样，这就叫做道德操行。有了道德操行然后内心自定，内心自定然后应物自如，能够内心自定，又能应物自如，这就叫做完美的人。天显现出它的光明，地显现出它的广阔，君子贵在德行的完美。

【评析】

现代人了解荀子，多是源于他那句“人之性恶，其善者伪也”（《性恶》），人类社会所有的道貌岸然，在荀子的面前一下子被剥落殆尽，不留渣滓。自私、享乐、贪婪、妒忌……原来这些都是我们与生俱来的本能。然而，荀子点破“人性本恶”的根本目的，正是为了劝说人们在后天的教化学习中不断修行、磨砺自身的德操与知识，日复一日，年复一年，“学不可以已”，直至“天见其明，地见其光”，成为坦荡、光明、磊落，有着深厚学识与完备德行的真君子。而这也正是《劝学》篇旨之所在。

生命的年轮几度辗转，我们渐渐从不知天高地厚的顽童变作苦渡无涯学海的青年，随即又一步步迈入博见多闻、饱经风霜的中年；在阅遍人世繁华之后，蓦然回首，惟见暮色苍凉，黄昏的山头笼罩的是我们所有辉煌与黯淡的前尘过往，等候我们在余数不多的时日里将它们轻轻安抚，细细思量。从相同的人生起点到最后天悬地殊的各自归宿，荀子相信“君子生非异也”，而是后天的教化“使之然也”。“工欲善其事，必先利其器；工欲宣其义，必先读其书。”（王符《潜夫论·赞学》）真正的君子面对万象纷纭的自然界与人世间，必然“善假于物”，懂得如何用自己深厚的学识使所有的困惑艰险迎刃而解；同样，当他们面对人情反复的社会现实，亦必然“慎其所立”，懂得如何凭借自身的道德操守在兵荒马乱的岁月里远离羞辱、避开祸患。

荀子十分强调追求理想时的专一信念，文中“无冥冥之志者，无昭昭之明”之语，深得后世学人之心。王安石所谓“人之才，成于专而毁于杂”（《上皇帝万言书》），庄元臣“善学者穷于一物”，“穷之于一物者如破竹，一节破而百节皆开”（《叔苴子》卷四），同为此意。除了“冥冥之志”，钻研学问时的坚定恒心也十分重要，为此，荀子反复运用具有点睛之妙的“积”字来阐明自己的观点：“积土成山，风雨兴焉；积水成渊，蛟龙生焉；积善成德，而神明自得，圣心备焉。”在持“性恶说”的荀子看来，“性也者，吾所不能为也，然而可化也。情也者，非吾所有者，然而可为也”（《儒效》）。有了专一进取的志向、坚定无悔的恒心，有了通晓天文地理、人情世故的儒家经典以及传道解惑的老师、析文辩义的朋友，还有什么样的“恶”不可以转化为“善”，甚至逆变为圣人的至德之心呢？所以朝朝暮暮的“惛惛之事”，最终都是为了练就明日的“赫赫之功”。在这一点上，儒、道、释三家可谓殊途而同归。老子在《道德经》第六十四章中写道：“合抱之木，生于毫末；九层之台，起于累土；千里之行，始于足下。”同样强调事功之成，积于毫微。而天台宗亦依《涅槃经》，把对佛学经籍的研习譬喻为“从牛出乳，从乳出酪，从酪出生酥，从生酥出熟酥，从熟酥出醍醐”的漫长过程，将其依次对应佛家修行过程中“不信不解，不变凡情”、“依教修行，转凡成圣”、“慕大耻小，得通教益”、“心渐通泰，得别教益”、“三周说法，得记作佛”的多重境界。事实上，所有智者的渊博通达，依靠的都是点点滴滴的累学之功。

《劝学》一文，运用了大量气势夺人而又取材于现实生活的排喻和对偶手法，层层深入地说明了“学”的重要性与具体方法。其中“青，取之于蓝，而青于蓝”，“骐骥一跃，不能十步；驽马十驾，功在不舍”，“锲而舍之，朽木不折；锲而不舍，金石可镂”等等，都已成为尽人皆知的成语典故。在此，我们也可以从荀子犀利流畅、毅然决然的恳切言辞间，依稀想见当年他游学稷下“三为祭酒”之时气宇轩昂的飒然风姿。

修身

【题解】

本文主要阐述了道德修养问题。荀子认为道德修养的标准是“礼”，人们的一切行为应该由“礼”来约束，“人无礼则不生，事无礼则不成”；道德修养的方法是隆礼亲师，“莫径由礼，莫要得师，莫神一好”，“情安礼，知若师”；道德修养一定要身体力行，做到持之以恒，“道虽迩，不行不至；事虽小，不为不成”。荀子还论述了君子的一些具体行为准则，指出君子一定要重道轻利，做到“以公义胜私欲”。

见善，修然必以自存也[1]；见不善，愀然必以自省也[2]。善在身，介然必以自好也[3]；不善在身，菑然必以自恶也[4]。故非我而当者[5]，吾师也；是我而当者，吾友也；谄谀我者，吾贼也。故君子隆师而亲友，以致恶其贼。好善无厌[6]，受谏而能诫，虽欲无进，得乎哉？小人反是，致乱而恶人之非己也[7]，致不肖而欲人之贤己也，心如虎狼、行如禽兽而又恶人之贼己也。谄谀者亲，谏争者疏，修正为笑，至忠为贼，虽欲无灭亡，得乎哉？《诗》曰[8]：“噏噏呰呰[9]，亦孔之哀[10]。谋之其臧[11]，则具是违；谋之不臧，则具是依。”此之谓也。

【注释】

[1] 修然：整饬的样子。 存：察。

[2] 愀（qiǎo）然：忧虑恐惧的样子。

[3] 介然：意志坚定的样子。

[4] 菑（zāi）然：灾害在身的样子。菑，通“灾”。

[5] 当：恰当。

[6] 厌：满足。

[7] 致：极。

[8]《诗》：指《诗经·小雅·小旻》。

[9]噏噏（xī）：通“吸”，低声附和的样子。 呰呰（zǐ）：通“訾訾”，诋毁。

[10]孔：甚，很。

[11]臧：好。

【译文】

看见好的行为，一定要认真检察自身是否具有；看见不好的行为，一定要心怀忧惧地反省自己。好的品行在身，一定要意志坚定地珍惜自己；不好的品行在身，一定要像受到灾害似地痛恨自己。所以，批评我而又批评得中肯的人，就是我的老师；肯定我而又肯定得恰当的人，就是我的朋友；阿谀奉承我的人，就是陷害我的贼人。所以，君子尊敬老师、亲近朋友，而极度憎恨贼人。爱好善良的行为从不满足，受到规劝而能引以为戒，即使不想进步，可能吗？小人正好相反，胡作非为，而怨恨别人责备自己；非常无能，却希望别人说自己贤能；心像虎狼一样，行为像禽兽一样，而又憎恨别人说自己的坏话。奉承自己的人就亲近，规劝自己的人就疏远，把纠正自己的错误看作讥笑，把极端忠诚的行为看做陷害，这种人即使不想灭亡，可能吗？《诗经》中说：“既相附和，又相诋毁，真是令人可悲啊。计划本来很完美，可是全部都违背；计划本来并不好，可是全部都依从。”说的就是这种人。

扁善之度[1]，以治气养生，则后彭祖[2]，以修身自名，则配尧、禹[3]。宜于时通[4]，利以处穷，礼信是也。凡用血气、志意、知虑，由礼则治通，不由礼则勃乱提僈[5]；食饮、衣服、居处、动静，由礼则和节，不由礼则触陷生疾；容貌、态度、进退、趋行，由礼则雅，不由礼则夷固僻违[6]，庸众而野。故人无礼则不生，事无礼则不成，国家无礼则不宁。《诗》曰[7]：“礼仪卒度[8]，笑语卒获。”此之谓也。

【注释】

[1]扁：通“遍”，全面。 度：法则。

[2]后彭祖：“后”前应补一“身”字（王引之说）。彭祖，古代传说中最长寿的人，活了八百岁。

[3]名：当为“强”字（王引之说）。 “配”前应补一“名”字（王引之说）。 尧：陶唐氏，名放勋，传说中的上古帝王。 禹：夏朝第一位君王，传说其治水三过家门而不入。

［4］时：通“跱”，处。

［5］勃：通“悖”，谬误。 提：通“偍”、“媞”，驰缓。 僈：通“慢”，怠慢。

［6］夷固：倨傲。固，倨。

［7］《诗》：指《诗经·小雅·楚茨》。

［8］卒度：都合于法度。

【译文】

礼法是无往而不善的，用来理气养生可使寿命与彭祖匹敌，用来修身自强则可与尧、禹齐名。既能立身于显达之时，又能安命于穷困之境，实在离不开礼啊！凡是使用感情、意志、思虑的时候，遵循礼就事事通达，不遵循礼就悖乱散漫；凡是吃喝、穿衣、居住、活动或休息方面，遵从礼就和谐而有节奏，不遵从礼就犯忌而生病；在容貌、态度、进退、行走方面，遵循礼就会温文而雅，不遵循礼就会倨傲邪僻，像世人一样粗野。所以人不遵循礼就不能生存，做事不遵循礼就不成功，国家不遵循礼就不得安宁。《诗经》中说：“礼仪全部合规矩，言笑也都合时宜。”说的就是这种情况。

以善先人者谓之教[1]，以善和人者谓之顺[2]；以不善先人者谓之谄，以不善和人者谓之谀。是是、非非谓之知，非是、是非谓之愚。伤良曰谗，害良曰贼。是谓是、非谓非曰直。窃货曰盗，匿行曰诈，易言曰诞。趣舍无定谓之无常[3]，保利弃义谓之至贼。多闻曰博，少闻曰浅。多见曰闲[4]，少见曰陋。难进曰偍[5]，易忘曰漏。少而理曰治，多而乱曰秏[6]。

【注释】

［1］先：引导。

［2］和：应和。

［3］趣：通“趋”。

［4］闲：广博。

［5］偍（tí）：迟缓。

［6］秏（mào）：通“眊”，昏乱，不明。

【译文】

用好的言行引导别人叫做教化，用好的言行应和别人叫做随顺；用不好的言行引导别人叫做谄媚，用不好的言行附和别人叫做奉承。以是为是，以非为非叫做明智，以是为非、以非为是叫做愚蠢。中伤好人叫做谗毁，陷害好人叫做迫害。是就是是、非就是非叫做正直。偷盗货物叫做盗窃，隐匿行为叫做欺诈，说话轻率叫做荒诞。进退没有标准叫做无常，为了保住利益而舍弃道义叫做大贼。听到的多叫做渊博，听到的少叫做浅薄；见识多叫做广博，见识少叫做鄙陋。难以进步叫做迟缓，容易忘却叫做遗漏。事情少而有条理叫做善治，事情多而混乱叫做昏乱。

治气、养心之术：血气刚强，则柔之以调和；知虑渐深[1]，则一之以易良；勇胆猛戾，则辅之以道顺[2]；齐给便利[3]，则节之以动止；狭隘褊小[4]，则廓之以广大；卑湿重迟贪利，则抗之以高志；庸众驽散，则刦之以师友[5]；怠慢僄弃[6]，则炤之以祸灾[7]；愚款端悫[8]，则合之以礼乐，通之以思索。凡治气、养心之术，莫径由礼，莫要得师，莫神一好。夫是之谓治气、养心之术也。

【注释】

[1]渐：通“潜”，沉潜。

[2]道顺：导训（俞樾说），即训导。

[3]齐：敏捷。

[4]褊（biǎn）小：心胸狭窄。

[5]刦（jié）：同“劫”，夺去。

[6]僄（piào）：轻薄。

[7]炤：通“昭”，使明白。

[8]款：诚实。 悫（què）：忠厚。

【译文】

调理气、修养身心的方法是：血气刚强的人，就用平心静气来柔化他；思虑深沉的人，就用平易率直来改造他；勇猛凶暴的人，就用导训来辅助他；行为匆忙的人，就用举止安详来节制他；心胸狭窄气量很小的人，就用宽宏大度来开导他；卑贱迟钝贪婪的人，就用高尚的志向来激发他；庸俗愚钝散漫的人，就用良师益友来改变他；怠慢轻薄自暴自弃的人，就用灾祸来警醒他；愚笨老实的人，就用礼乐来调和他，用动脑思考来疏导他。大凡理气养心的方法，没有比遵守礼义更直接的了，没有比得到贤师更重要的了，没有比专心致志更神妙的了。这就叫做理气养心的方法。

志意修则骄富贵[1]，道义重则轻王公，内省而外物轻矣。传曰："君子役物[2]，小人役于物。"此之谓矣。身劳而心安，为之；利少而义多，为之。事乱君而通[3]，不如事穷君而顺焉。故良农不为水旱不耕，良贾不为折阅不市[1]，士君子不为贫穷怠乎道。

【注释】

[1] 修：美好。

[2] 役：役使。

[3] 通：显达。

[4] 折（shé）阅：亏损。阅，卖。

【译文】

志向美好就蔑视富贵，以道义为重就轻视王公，注重内在修养就会看轻外物。古书上说："君子役使外物，小人为外物所役使。"说的就是这个道理。身体辛劳而心安理得，就去做；利益少而道义多，就去做。侍奉暴乱的君主而显达，不如侍奉身处逆境的君主而顺从道义。所以好的农民不会因为水旱灾害就不耕种，好的商人不会因为折本而不做买卖，士人与君子不会因为贫穷就懈怠道义。

体恭敬而心忠信，术礼义而情爱人[1]，横行天下，虽困四夷[2]，人莫不贵。劳苦之事则争先，饶乐之事则能让[3]，端悫诚信，拘守而详，横行天下，虽困四夷，人莫不任。体倨固而心执诈[4]，术顺墨而精杂污[5]，横行天下，虽达四方，人莫不贱。劳苦之事则偷儒转脱[6]，饶乐之事则佞兑而不曲[7]，辟违而不悫，程役而不录[8]，横行天下，虽达四方，人莫不弃。

【注释】

[1] 术：通"述"，行，遵循。

[2] 四夷：四方少数民族地区。

[3] 饶乐：享乐。

[4] 执：当为“势”字之误（王引之说）。

[5] 顺：当为“慎”字（杨倞说），指慎到，战国中期法家早期人物，主张“法”、“势”。　墨：指墨翟（dí），春秋战国之际鲁国人，墨家学派的创始人。精：当为“情”字（杨倞说）。

[6] 儒：通“懦”。

[7] 佞：口才敏捷。　兑：通“锐”，锐利。

[8] 程役：通“逞欲”，放纵欲望。　录：检束（杨倞说）。

【译文】

外貌恭敬而内心诚实，遵循礼义而性情仁爱，这样的人走遍天下，即使穷困潦倒在四边少数民族地区，人们也尊敬他；劳苦的事争着干，享乐的事让给别人，忠厚诚实，谨守礼法而明察事理，这样的人走遍天下，即使困厄在四边少数民族地区，人们也信任他。外貌倨傲而内心险诈，遵循慎到、墨翟的学说而思想纷杂污秽，这样的人走遍天下，即使显达于四方，人们没有不鄙视他的。劳苦的事就偷懒退缩，享乐的事就口齿伶俐肆意争夺，邪僻而不诚实，放纵而不检束，这样的人走遍天下，即使显赫于四方，人们没有不唾弃他的。

行而供冀[1]，非渍淖也[2]；行而俯项[3]，非击戾也[4]；偶视而先俯[5]，非恐惧也。然夫士欲独修其身，不以得罪于比俗之人也。

【注释】

[1] 供：通“恭”。　冀：当为“翼”字（杨倞说），敬。

[2] 渍淖（zì nào）：陷在烂泥里。

[3] 俯项：低头。

[4] 击戾：抵触。

[5] 偶视：对视。

【译文】

行走时小心翼翼，并不是害怕陷在烂泥里；行走时低着头，并不是害怕碰到东西；两人对视先低下头，并不是惧怕对方。这样看来，那些士子只是想独自修养自己的身心，不是害怕得罪世俗中的人。

夫骥一日而千里，驽马十驾则亦及之矣。将以穷无穷、逐无极与？其折骨绝筋，终身不可以相及也。将有所止之[1]，则千里虽远，亦或迟或速、或先或后，胡为乎其不可以相及也？不识步道者，将以穷无穷、逐无极与？意亦有所止之与[2]？夫"坚白"、"同异"、"有厚无厚"之察[3]，非不察也，然而君子不辩，止之也；倚魁之行[4]，非不难也，然而君子不行，止之也。故学曰："迟，彼止而待我，我行而就之，则亦或迟或速，或先或后，胡为乎其不可以同至也？"故蹞步而不休，跛鳖千里；累土而不辍，丘山崇成[5]；厌其源[6]，开其渎[7]，江河可竭；一进一退，一左一右，六骥不致。彼人之才性之相县也[8]，岂若跛鳖之与六骥足哉？然而跛鳖致之，六骥不致，是无他故焉，或为之，或不为尔。

【注释】

[1] 止：止境，终点。

[2] 意：通"抑"，还是。

[3] 坚白：即"离坚白"，这是战国时名家人物公孙龙提出的一个命题，认为"坚"和"白"是事物的两种各自独立的属性。参见《公孙龙·坚白论》。　同异：战国时名家人物惠施提出的一个命题，认为事物之间的同异是相对的。参见《庄子·天下》篇。　有厚无厚：也是惠施提出的一个哲学命题，认为"无厚，不可积也，其大千里"（《庄子·天下》），没有厚度的东西，是不能累积起来的，但面积仍可大至千里。一说是春秋时邓析的命题，参见《邓析子·夫厚》。

[4] 倚魁：通"奇傀（guī）"，怪异。

[5] 崇：同"终"。

[6] 厌（yā）：同"压"，堵塞。

[7] 渎：沟渠。

[8] 县：通"悬"。

【译文】

骏马一天能跑千里路，劣马跑十天也能到达。你想要穷尽无尽的路程，追逐没有终点的目标吗？那么就是筋骨折断，一辈子也不能到达。如果有一个终点，那么路程虽然遥远，也可或快或慢、或先或后到达，怎么不能到达目的地呢？不知道走路的人是要穷尽无穷的路程，追逐无极的目标呢？还是要有个终点呢？那些“坚白”、“同异”、“有厚无厚”等命题的考察，并不是不明察，然而君子不参加这些辩论，是因为有所节制；那些怪异的行为，不是不难做，然而君子不去做，是因为有所节制。所以学者说：“我落后了，他停下来等我，我赶上去，那也不过或慢些，或快些，或先到，或后到，为什么不能同时到达呢？”所以一步一步地走下去，瘸腿的乌龟也能走一千里；不停地堆积泥土，山丘终能堆成；堵塞水源，挖开渠道，长江、黄河也会枯竭；一会儿前进，一会儿后退，一会儿向左，一会儿向右，就是六匹骏马拉车也不能到达终点。人与人之间才性的差别，哪有瘸腿的乌龟和六匹骏马那样大呢？然而瘸腿的乌龟能够到达目的地，六匹骏马却不能，这没有别的原因，只是一个去做，一个不做吧。

道虽迩[1]，不行不至；事虽小，不为不成。其为人也多暇日者，其出入不远矣[2]。好法而行，士也；笃志而体[3]，君子也；齐明而不竭[4]，圣人也。人无法，则伥伥然[5]；有法而无志其义[6]，则渠渠然[7]；依乎法而又深其类，然后温温然。

【注释】

[1]迩：近。

[2]入：疑当为“人”字之误（王念孙说）。

[3]体：实践。

[4]齐：全。

[5]伥（chāng）伥然：不知所措的样子。

[6]志：识。

[7]渠渠然：仓促，匆忙的样子。渠，通“遽”。

【译文】

道路虽近，但不走就不能到达；事情虽小，但不做不能成功。那些有很多空闲时间的人，超出平常人也不会很远。爱好礼法且能实行的，是士；意志坚强且身体力行的，是君子；思虑全面而又永不枯竭的，是圣人。人没有礼法，就会不知所措；有了礼法而不了解它的意义，就会局促不安；遵循礼法而又深入了解它的准则，然后就会悠闲自若。

礼者，所以正身也；师者，所以正礼也。无礼，何以正身？无师，吾安知礼之为是也？礼然而然，则是情安礼也；师云而云，则是知若师也[1]。情安礼，知若师，则是圣人也。故非礼[2]，是无法也；非师，是无师也。不是师法而好自用，譬之，是犹以盲辨色，以聋辨声也，舍乱妄无为也。故学也者，礼法也。夫师，以身为正仪[3]，而贵自安者也。《诗》云[4]：“不识不知，顺帝之则。”此之谓也。

【注释】

[1] 知：通“智”。

[2] 非：违背。

[3] 正仪：准则。

[4]《诗》：指《诗经·大雅·皇矣》。

【译文】

礼，是用来正身的；老师，是用来正礼的。没有礼，用什么来端正人的身心呢？没有老师，我如何知道礼是这样的呢？礼是这样就这样做，就是性情安于礼；老师怎样说就怎样说，就是智慧有如老师。性情安于礼，智慧有如老师，那就是圣人。所以，违背礼就是没有法度；违背老师，就是没有老师。不遵从老师和礼法而喜欢自以为是，就好比让瞎子来辨别颜色，让聋子来分辨声音，除了昏乱妄为之外什么也做不了了。所以，学习就是学习礼法。老师，就是要身为表率，而又重视安心于这样做。《诗经》中说：“不知不觉，顺从上帝的法则。”说的就是这种情况。

端悫顺弟[1]，则可谓善少者矣；加好学逊敏焉，则有钧无上[2]，可以为君子者矣。偷儒惮事，无廉耻而嗜乎饮食，则可谓恶少者矣；加惕悍而不顺[3]，险贼而不弟焉，则可谓不详少者矣[4]，虽陷刑戮可也[5]。老老，而壮者归焉[6]，不穷穷，而通者积焉[7]，行乎冥冥而施乎无报，而贤、不肖一焉。人有此三行，虽有大过，天其不遂乎？

【注释】

[1]弟：通“悌”，尊敬兄长。

[2]钧：通“均”，相等。

[3]惕：通“荡”，放荡。

[4]详：通“祥”（杨倞说）。

[5]陷：遭受。

[6]老老：尊重老人。

[7]穷穷：轻视处于困境的人。　积：聚集。

【译文】

忠厚诚实而又顺从兄长，就可以称为好少年；再加上好学、谦逊、敏捷，那就只有和他相等的而没有超过他的，便可以成为君子了。懒惰、懦弱、怕事，没有廉耻而又贪图享受，那就可以称为坏少年了；再加上放荡凶悍而不顺从礼法，奸诈害人而又不尊敬兄长，就可以称作不祥的少年了，即使遭受刑罚诛杀也是可以的。爱护老人那么青壮年也会归顺，不使穷困的人走投无路那么显达的人也会聚集过来，偷偷地做好事而又不求回报，那么贤能的人和无能的人便都会来归附。人有了这三种品行，即使有大祸，上天也会保佑他的。

君子之求利也略，其远害也早，其避辱也惧，其行道理也勇。君子贫穷而志广，富贵而体恭，安燕而血气不惰[1]，劳倦而容貌不枯，怒不过夺，喜不过予。君子贫穷而志广，隆仁也；富贵而体恭，杀势也[2]；安燕而血气不惰，柬理也[3]；劳倦而容貌不枯，好交也[4]；怒不过夺，喜不过予，是法胜私也。《书》曰[5]：“无有作好，遵王之道；无有作恶，遵王之路。”此言君子之能以公义胜私欲也。

【注释】

[1]燕：通“宴”，安闲。

[2]杀：灭。

[3]柬：选择。

[4]交：当作“文”字（王念孙说）。

[5]《书》：指《尚书·洪范》。

【译文】

君子对于追求利益是淡泊的，对于远离祸害是有预见的，他谨慎地避开灾祸，勇敢地奉行道义。君子贫穷但志向远大，富贵但体貌恭敬，安逸但精神不懈怠，劳倦但容貌端正，愤怒也不过分地惩罚别人，高兴也不过分地奖赏别人。君子贫穷但志向远大，是要推崇仁爱；富贵但体貌恭敬，是要减弱威势；安逸但精神不懈怠，是要选择合理的生活；劳倦但容貌端正，是要注重礼节；愤怒但不过分惩罚，高兴但不过分奖赏，是法度胜过私情。《尚书》中说："不要有所偏好，遵循先王的正道；不要有所憎恶，遵循先王的正路。"这是说君子能用公正的道义战胜个人的私欲。

【评析】

修身、齐家、治国平天下三项命题在中国文化系统中呈现递进建构，其中修身是基点与核心。先秦儒家主张从天子至庶人，每一个人都应当注重修身，通过修身达到"怀仁"、"知礼"的人格高度，从而能以"仁道"处理人间最重要的"五伦"关系，即君臣、父子、夫妇、兄弟、朋友。这是先秦儒家的教育理想，修身的关键在于躬身实践。在孔子和孟子的理论推衍中，尧舜时代人心皆敦厚，因而仁和笃实为人自身所固有，之所以后来会世风日下，是因为人心布满了尘世的污垢。孔子提倡"笃行"，孟子主张"力行"，就是要使其在道德实践中清除污垢，恢复本性，做回仁人君子。主张"性恶论"的荀子虽然不相信人天性有所谓的"良知、良能"，而认为"礼义之道"是个人后天学习得来，但也非常重视身体力行，认为就如路再近，不走就不能到，事再小，不做就不能成一样，君子的诞生也是在师的引导下躬行礼的各种要求，"化性起伪"的过程。

"君子"这个概念，本来是指有贵族身份或家世的人，孔子转而借之，用以指称有道德修养的人。达则兼济天下，穷则独善其身，是儒家君子期望实现的人生价值。当然与经邦济世的最高理想相比，后者或能以执着坚持人格操守，不枉得一隐逸贤士之名自许，但苦涩与无奈势难避免。若能兼济天下，则最佳的方式莫若为帝王师。"师"不仅是荀子预设的，个人化性起伪的修身过程时，极度重视的角色，也是完成这一过程的君子心仪的实现自我价值的最好舞台。以"师"的身份将自己的政治理想传达给为政者，借助为政者的权力将理想化为现实，是每个儒者的梦想，但拥有这份幸运的儒者实在不多。社会的发展并不完全像先秦儒家所设计的那样，因为在君明臣忠的太平治世中，儒者虽尚有建功立业的可能，但在民不聊生的乱世里，任你满腹经国治世之韬略，依旧回天无力。这类"种下的是龙种，收获的是跳蚤"的巨大反差和戏谑，西方启蒙思想家与我国后来的儒者都曾经历，沉重的历史失落感都曾感受，区别在于：前者纷纷从塑造资产阶级，开创历史新纪元的英雄形象、浪漫主义者，转变为揭露资产阶级原始积累的罪恶的批判现实主义者，激情尚在，而后者则更多的因沉重和苦闷以及对这份沉重和苦闷的排遣，转而接受老庄、佛释学说，在希望和无望相更迭的心境中走过一生。从儒家的修身思想中，逐步出现了儒释道交融互补的泛儒化转变。

不苟

【题解】

本文以"不苟"为题，较为系统地讨论了君子的道德行为问题。荀子指出"君子行不贵苟难，说不贵苟察，名不贵苟传，唯其当之为贵"，君子不做不苟之事，立身行事要以"礼"为准则；君子能根据道义随机行事，因时屈伸，"以义变应，知当曲直"；君子要有真诚的美德，真诚是君子立身之基，政事之本，"君子养心莫善于诚"，"夫诚者，君子之所守也，而政事之本也"。此外，荀子还强调君子行事要"操弥约而事弥大"，善于用简单的方法成就伟大的事业。

君子行不贵苟难，说不贵苟察，名不贵苟传，唯其当之为贵。故怀负石而赴河，是行之难为者也，而申徒狄能之[1]；然而君子不贵者，非礼义之中也。山渊平，天地比[2]，齐、秦袭[3]，入乎耳，出乎口[4]，钩有须[5]，卵有毛[6]，是说之难持者也，而惠施、邓析能之[7]；然而君子不贵者，非礼义之中也。盗跖吟口[8]，名声若日月，与舜、禹俱传而不息[9]；然而君子不贵者，非礼义之中也。故曰：君子行不贵苟难，说不贵苟察，名不贵苟传，唯其当之为贵。《诗》曰[10]："物其有矣，惟其时矣。"此之谓也。

【注释】

[1] 申徒狄：相传为殷商末年人，因痛恨自己的治国大道不能实行，怀抱石头投河自杀。

[2] 山渊平，天地比：谓从空间高低的差别都是相对的方面来说，高山与深渊一样平，天与地一样高。这是名家人物惠施的一个命题，《庄子·天下》篇作"天与地卑，山与泽平"。比，齐等。

[3] 齐、秦袭：春秋战国时齐国在今山东北部，秦国在今陕西境内，两国相距甚远，但从宇宙角度来看，二者可合为一体。袭，合。

[4] 入乎耳，出乎口：这二句文意不明，一说指山有耳、口，人站在山上呼喊，群山都回荡着他的声音，这就好似山听到了人的声音，又回答了人的呼喊。

［5］钩有须：指妇女体内含有产生胡须的因素，所以说妇女有胡须。钩，通“妪”，妇女。

［6］卵有毛：卵中含有产生羽毛的因素，所以说卵有毛。

［7］惠施：战国时宋国人，曾任梁相，名家代表人物之一，与庄子为友，事迹散见于《庄子》、《韩非子》等。　邓析：春秋时郑国人，主刑名，法家前期人物。

［8］吟口：传颂于众人之口。

［9］舜：传说中的上古帝王，姓姚，名重华，因建国于虞，故称有虞氏。

［10］《诗》：指《诗经·小雅·鱼丽》。

【译文】

君子做事不以苟且难能为可贵，辩说不以苟且明察为可贵，名声不以苟且流传为可贵，只有符合礼义才可贵。所以怀抱石头投河自杀，这是难以做到的事情，而申徒狄能够做到；然而君子并不认为他的行为可贵，因为它不符合礼义的标准。高山和深渊一样平，天和地一样高，齐国和秦国连在一起，从耳朵中进入，从嘴巴中出来，妇女有胡须，卵有羽毛，这些都是难以把握的辩说，而惠施和邓析却能加以辩论；然而君子不认为他们的学说可贵，因为它们不符合礼义的标准。盗跖被人们广泛传颂，名声就像太阳、月亮一样，和舜、禹一起流传不息；然而君子并不认为他的名声可贵，因为它不符合礼义的标准。所以说，君子做事不以苟且难能为可贵，辩说不以苟且明察为可贵，名声不以苟且流传为可贵，只有符合礼义为可贵。《诗经》中说：“虽有其物，但须合时宜。”说的就是这个道理。

君子易知而难狎[1]，易惧而难胁，畏患而不避义死，欲利而不为所非，交亲而不比[2]，言辩而不辞[3]。荡荡乎[4]，其有以殊于世也。

【注释】

［1］知：交接。　狎（xiá）：不礼貌的亲近。

［2］比：结党。

［3］辩：雄辩。

［4］荡荡：形容心胸宽广。

【译文】

君子容易结交却不可亵渎，容易恐惧却不可胁迫，害怕患祸却甘愿为正义而死，想得到利益却不做不正确的事情，与人亲密交往却不结党营私，言谈善辩却不玩弄辞藻。胸怀坦荡啊，他们和世俗是不同的。

君子能亦好，不能亦好；小人能亦丑，不能亦丑。君子能，则宽容易直以开道人[1]；不能，则恭敬繜绌以畏事人[2]。小人能，则倨傲僻违以骄溢人；不能，则妒嫉怨诽以倾覆人。故曰：君子能，则人荣学焉；不能，则人乐告之。小人能，则人贱学焉；不能，则人羞告之。是君子、小人之分也[3]。

【注释】

[1]道：通“导”，引导，开导。

[2]繜（zǔn）绌：谦虚退让。繜，通“撙”，抑制。绌，通“黜”。

[3]分：区别。

【译文】

君子有才能也美好，没有才能也美好；小人有才能也丑恶，没有才能也丑恶。君子有才能，就宽容大度、诚心诚意地开导别人；没有才能，就恭敬谦逊地小心对待别人。小人有才能，就傲慢邪僻地凌辱别人；没有才能，就妒嫉诽谤来倾轧别人。所以说：君子有才能，那么人们以向他学习为光荣；没有才能，人们也乐意告诉他知识。小人有才能，那么别人以向他学习为耻辱；没有才能，人们也羞于告诉他。这就是君子和小人的区别。

君子宽而不僈[1]，廉而不刿[2]，辩而不争，察而不激，寡立而不胜[3]，坚强而不暴，柔从而不流，恭敬谨慎而容，夫是之谓至文。《诗》曰[4]：“温温恭人，惟德之基。”此之谓矣。

【注释】

[1]僈：通“慢”，懈怠。

[2]廉：方正、刚直。 刿（guì）：以刃伤人。

[3]寡：当为“直”字（王念孙说）。

[4]《诗》：指《诗经·大雅·抑》。

【译文】

君子宽容却不懈怠，方正却不伤害别人，善辩却不争吵，明察却不偏激，为人正直却不盛气凌人，坚定刚强却不凶暴，宽柔和顺却不随波逐流，恭敬谨慎却从容不迫，这就是最好的礼义了。《诗经》中说："温和谦恭的人啊，以道德为根基。"说的就是这种人。

君子崇人之德，扬人之美，非谄谀也；正义直指[1]，举人之过，非毁疵也[2]；言己之光美，拟于舜、禹，参于天地[3]，非夸诞也；与时屈伸，柔从若蒲苇，非慑怯也；刚强猛毅，靡所不信[4]，非骄暴也。以义变应，知当曲直故也。《诗》曰[5]："左之左之，君子宜之；右之右之，君子有之。"此言君子能以义屈信变应故也。

【注释】

[1]义：通"议"，议论。

[2]毁疵：毁谤。

[3]参：比。

[4]信：通"伸"。

[5]《诗》：指《诗经·小雅·裳裳有华》。

【译文】

君子推崇别人的美德，褒扬别人的优点，并不是阿谀奉承；公正地议论、直率地指出别人的过错，并不是诽谤污蔑；称说自己的美好，可以和舜、禹相比拟，和天地相参配，并不是狂妄荒诞；随着形势的变化或屈或伸，柔顺得就像蒲苇一样，并不是胆小怕事；刚强勇猛，从不向人屈服，并不是骄横凶暴。这是因为能根据道义随机应变，懂得因时或伸或屈的缘故。《诗经》中说："向左向左，君子宜于在左；向右向右，君子也常在右。"这是说君子能根据道义时屈时伸地应付变化。

君子，小人之反也。君子大心则天而道[1]，小心则畏义而节；知则明通而类，愚则端悫而法；见由则恭而止[2]，见闭则敬而齐[3]；喜则和而理，忧则静而理；通则文而明，穷则约而详。小人则不然，大心则慢而暴，小心则淫而倾；知则攫盗而渐[4]，愚则毒贼而乱；见由则兑而倨[5]，见闭则怨而险；喜则轻而翾[6]，忧则挫而慑；通则骄而偏，穷则弃而儑[7]。传曰："君子两进，小人两废[8]。"此之谓也。

【注释】

[1]"天而道"前当补一"敬"字（王念孙说）。

[2]由：任用。

[3]闭：堵塞。

[4]攫（jué）：夺。 渐：奸诈。

[5]兑：通"悦"，喜悦。 倨：傲慢。

[6]翾（xuān）：通"儇"，轻佻。

[7]儑：通"隰"（xí），卑下。

[8]废：堕落。

【译文】

君子，与小人相反。君子往大的方面用心就会敬重上天而遵循天道，往小的方面用心就会畏惧道义而有所节制；聪明就会明智睿达而触类旁通，愚钝就会端正诚恳而遵守礼法；被任用，就会恭敬而有礼，不被任用，就会肃敬而戒慎；高兴时就会平和而守理，忧愁时就会冷静而理智；显达时就会文雅而明智，穷困时就会简约而安详。小人就不这样，往大的方面用心就会轻慢而凶暴，往小的方面用心就会邪僻而倾轧；聪明就会巧取豪夺而奸诈，愚钝就会凶残而作乱；被任用就会高兴而傲慢，不被任用就会怨恨而阴险；喜悦时就会轻薄而浮躁，忧虑时就会垂头丧气而胆小怕事；显达时就会骄傲而偏邪，穷困时就会自暴自弃而神情沮丧。古书上说："君子在不同的两种情况下都会进步，小人在不同的两种情况下都会堕落。"说的就是这个道理。

君子治治，非治乱也。曷谓邪？曰：礼义之谓治，非礼义之谓乱也。故君子者，治礼义者也，非治非礼义者也。然则国乱将弗治与？曰：国乱而治之者，非案乱而治之之谓也[1]，去乱而被之以治[2]；人污而修之者[3]，非案污而修之之谓也，去污而易之以修。故去乱而非治乱也，去污而非修污也。治之为名，犹曰君子为治而不为乱，为修而不为污也。

【注释】

[1]案：通"按"，按照。

[2]被：用在动词前，表示受动。

[3]修：整治。

【译文】

君子治理安定的国家，而不治理混乱的国家。这是什么意思呢？回答是：合乎礼义叫做安定，不合乎礼义叫做混乱。所以君子治理符合礼义的国家，不治理不符合礼义的国家。那么国家混乱就不治理了吗？回答是：国家混乱而去治理，并不是依据原有的混乱去治理它的意思，而是先除去混乱再加以治理；人的品行有污秽需要整治，并不是在污秽的基础上去整治它，而是去掉污秽换上美好的品行。所以去掉混乱并不是治理混乱，去掉污秽并不是整治污秽。治理作为一个名称，就好比说君子治理安定的国家而不治理混乱的国家，做美好的事而不做污秽的事。

君子絜其辩而同焉者合矣[1]，善其言而类焉者应矣。故马鸣而马应之[2]，非知也，其势然也。故新浴者振其衣[3]，新沐者弹其冠[4]，人之情也。其谁能以己之潐潐[5]，受人之掝掝者哉[6]！

【注释】

[1]絜：同"洁"。 辩：当为"身"字（卢文弨说）。

[2]此句下当脱"牛鸣而牛应之"六字（卢文弨说）。

[3]浴：洗澡。 振：抖。

[4]沐：洗头。

[5]潐潐（jiào）：清白。

[6]掝掝（huò）：混浊肮脏。

【译文】

君子洁身自好，那么志同道合的人就会聚集过来；言论美好，那么有相同观点的人就会响应。所以马叫就有马来应和，牛叫就有牛来应和，并不是因为它们有智慧，客观形势就是这样。所以刚洗过澡的人会抖抖自己的衣服，刚洗过头的人会弹弹自己的帽子，这是人之常情。谁愿意以自己的清白接受别人的混浊肮脏呢！

君子养心莫善于诚，致诚则无它事矣，唯仁之为守，唯义之为行。诚心守仁则形，形则神，神则能化矣；诚心行义则理，理则明，明则能变矣。变化代兴[1]，谓之天德[2]。天不言而人推高焉，地不言而人推厚焉，四时不言而百姓期焉。夫此有常，以至其诚者也。君子至德，嘿然而喻[3]，未施而亲，不怒而威。夫此顺命，以慎其独者也。善之为道者，不诚则不独，不独则不形，不形则虽作于心，见于色，出于言，民犹若未从也[4]，虽从必疑。天地为大矣，不诚则不能化万物；圣人为知矣，不诚则不能化万民；父子为亲矣，不诚则疏；君上为尊矣，不诚则卑。夫诚者，君子之所守也，而政事之本也。唯所居以其类至，操之则得之，舍之则失之。操而得之则轻，轻则独行，独行而不舍则济矣[5]。济而材尽，长迁而不反其初，则化矣。

【注释】

[1]变：改变旧质叫做变。 化：使人向善叫做化。

[2]天德：阴阳交替、四时运行等自然规律叫做天德。

[3]嘿：通“默”，不说话。

[4]犹若：犹然。

[5]济：成功。

【译文】

君子修养身心没有比真诚更好的了，达到真诚就不用从事其他的事情了，只要坚守仁爱、奉行道义就行了。真心实意地坚守仁爱，仁爱就会表现在行动上，表现在行动上就显得神明，显得神明就会化育万物；真心实意地奉行道义，做事就会有条理，有条理就明白易知，就能使人改变。改变和感化交相作用，这就叫做天然的德行。上天不说话而人们都仰慕它高远，大地不说话而人们都仰慕它深厚，四季不说话而人们知道它们的变化。因为它们有各自的规律，所以才达到了真诚。君子有了至高的德行，虽然默不作声人们也会明白，没有布施恩惠人们也来亲近，不用发怒也有威严。这是因为他顺从天命，因而独自一人时也谨慎不苟。要做行道的人，不真诚就不能专一于仁义。不能专一于仁义，他的德行就不能表现在外面。德行不能表现在外面，那么即使发自内心，表现在脸色上，从嘴巴中说出来，人们也不会顺从他。即使顺从他，也会产生怀疑。天地算是大的了，不真诚就不能化育万物；圣人算是聪明的了，不真诚就不能感化万民；父子算是亲密的了，不真诚就会疏远；君主算是尊贵的了，不真诚就不会受到尊敬。真诚，是君子所坚守的，也是政事的根本。只有坚守真诚同类才会聚拢来，保持真诚就会得到同类，舍掉真诚就会失去同类。保持真诚，获得同类就会轻松不费力，轻松不费力就能专心于仁义，专心于仁义而不舍弃就会成功。成功了就会人尽其材，永远使人向善而不返回到本性，那么人们就被教化了。

君子位尊而志恭，心小而道大，所听视者近，而所闻见者远。是何邪？则操术然也。故千人万人之情，一人之情是也；天地始者，今日是也；百王之道，后王是也。君子审后王之道，而论于百王之前，若端拜而议[1]。推礼义之统[2]，分是非之分，总天下之要，治海内之众，若使一人，故操弥约而事弥大[3]。五寸之矩，尽天下之方也。故君子不下室堂而海内之情举积此者，则操术然也。

【注释】

[1]拜：当为“拱”字（王念孙说）。

[2]统：纲领。

[3]弥：愈。

【译文】

君子地位尊贵而态度谦恭，心虽小但志向远大，所听到、看到的很近但见多识广。这是为什么呢？是因为所用的方法使他这样。所以千人万人的性情，就是一个人的性情；天地开始时的样子，就是今天的样子；百代帝王的治国之道，和后代帝王是一样的。君子审察后代帝王的治国之道再去评论古时百代帝王的治国之道，就好似端坐拱手来议论一样从容不迫。推原礼义的纲领，分清是非的界限，总揽天下的枢要，治理天下百姓，就像役使一人一样，所以使用的方法越简单而成就的事业就越广大。五寸大小的曲尺，可以穷尽天下所有的方形。所以君子不用离开室堂而天下的情况都汇集到这里，是因为使用的方法才这样的。

不苟

有通士者，有公士者，有直士者，有悫士者，有小人者。上则能尊君，下则能爱民，物至而应，事起而辨[1]，若是，则可谓通士矣。不下比以暗上，不上同以疾下[2]，分争于中，不以私害之，若是，则可谓公士矣。身之所长，上虽不知，不以悖君[3]；身之所短，上虽不知，不以取赏，长短不饰，以情自竭，若是，则可谓直士矣。庸言必信之，庸行必慎之，畏法流俗而不敢以其所独甚[4]，若是，则可谓悫士矣。言无常信，行无常贞，唯利所在，无所不倾，若是，则可谓小人矣。

【注释】

[1]辨：通“办”（辦），治。

[2]疾：通“嫉”。

[3]悖：怨恨。

[4]甚：当作“是”字（王念孙说）。

【译文】

有通达之士，有公正之士，有耿直之士，有忠厚之士，还有小人。对上能尊重君主，对下能爱护百姓，事情来了能够应付，事情发生了能够处理，像这样，就可以称为通达之士。不与下面的人勾结来欺骗君主，不向上苟合君主残害臣民，在分争之中保持公正，不以个人私利损害别人，像这样，就可以称为公正之士。自己的优点，君主虽然不知道，并不因此而怨恨；自己的缺点，君主虽然不知道，也不因此骗取奖赏，优点、缺点不加掩饰，全都如实地表露出来，像这样，就可以称为耿直之士。日常的言论必定诚实可信，日常的行为必定谨慎小心，不敢效法流俗，也不敢自以为是，像这样，就可以称为忠厚之士。说话经常不讲信用，行为经常不忠贞，只要有利可图，无所不做，像这样，就可以称为小人。

公生明，偏生暗，端悫生通，诈伪生塞，诚信生神，夸诞生惑。此六生者，君子慎之，而禹、桀所以分也。

【译文】

公正产生光明，偏私产生黑暗，端正忠厚产生通达，奸诈虚伪产生闭塞，真诚可信产生神明，虚夸妄诞产生惑乱。这六种情况，君子要慎重地对待，这也是禹和桀不同的地方。

欲恶取舍之权[1]：见其可欲也，则必前后虑其可恶也者；见其可利也，则必前后虑其可害也者；而兼权之，孰计之[2]，然后定其欲恶取舍。如是，则常不失陷矣[3]。凡人之患，偏伤之也。见其可欲也，则不虑其可恶也者；见其可利也，则不顾其可害也者。是以动则必陷，为则必辱，是偏伤之患也。

【注释】

[1]权：标准。

[2]孰：通“熟”，仔细。

[3]陷：失败。

【译文】

喜爱还是厌恶、获取还是舍弃的衡量标准是：看见自己喜欢的东西，就一定要前前后后考虑它可恶的一面；看见有利可图的事情，就一定要思前想后考虑它有害的一面；一定要两方面权衡，深思熟虑，然后再决定喜欢还是厌恶，获取还是舍弃。像这样，就不会经常失败了。大凡人们的祸患，往往都是片面性伤害了他们。看见喜欢的东西，就不考虑它可恶的一面；看见有利可图的事情，就不考虑它有害的一面。因此一行动就必定会失改，做事就必定会受辱，这是片面性造成的祸患。

人之所恶者，吾亦恶之。夫富贵者则类傲之[1]，夫贫贱者则求柔之[2]，是非仁人之情也，是奸人将以盗名于晻世者也[3]，险莫大焉。故曰：盗名不如盗货。田仲、史鳝不如盗也[4]。

【注释】

[1]类：都。

[2]求：务。

[3]晻：同“暗”。

[4]田仲：又叫陈仲子，战国时齐国人，不食兄禄，以清高著称。 史鳝(qiū)：字子鱼，又叫史鱼，春秋时卫国大夫，屡谏卫灵公不听，死时叫儿子不要

入殓，后人称之为“尸谏”，孔子称其正直。

【译文】

人们所厌恶的，我也厌恶。对于富贵的人统统蔑视，对于贫穷的人一味屈从，这并不是仁人的性情，是奸恶之徒在黑暗的乱世中盗取名誉的手段，用心没有比这更险恶的了。所以说：盗取名誉的人还不如盗取财货的人。田仲、史鰌连盗贼还不如。

【评析】

“行不贵苟难，说不贵苟察，名不贵苟传，唯其当之为贵”，是荀子在《不苟》中开篇即现的主旨。在他看来，“君子”的可贵处不在于他能为小人所不能为之事，而在于他能时时以“礼义”这根准绳来确定自己该做什么，不该做什么。该做的，即使只是细微琐事都愿亲力亲为；不该做的，就算做了能轰动一世也统统不屑。不矫揉，不造作，见危致命，见得思义，一切都自自然然，这就是君子。若如本文篇末提到的田仲、史鰌之流，或出身贵族却以织草鞋为生，以示清高，或命其子在他死后以其尸体向君主做最后的进谏，以表忠心，都不过是靠特立独行来沽名钓誉，为真正的仁人君子所不齿。

如果把荀子用来区分君子与小人的依据比喻成一杆称的话，应该说，在“礼义”这杆明称背后，还藏着一杆暗称，那就是“诚”。“君子养心莫善于诚，致诚则无它事矣”，即明白地昭示了荀子在论及君子对其心境的修养时，将“诚”摆在了一个多么重要的位置上。“诚”意味着真挚，真挚才会专一，专一于对仁爱的坚守，专一于对礼义的身体力行，借此才能形成对更多人的道德感召，化成天下。就像不一定所有的人都能真正理解僧人对佛的礼拜而随其剃度出家，但却常会为他们笃信佛义的虔诚所感染，内心因此而多一分沉静，少一点喧嚣一样，君子不可能寄望所有的人都像自己一样恪守做君子的要义，怀仁爱人，但至少可以用其身践行仁义的专注与执着去打动别的人，使他们尽可能地按照礼义的规范来立身行事。如果缺乏这份真诚，那么任何对于仁义道德的诉求都将成为一种苍白的自我标榜与伪装，感动不了自己，更感动不了他人。无论贵为君王，还是亲如父子，都将得不到臣与子的尊重与亲近。“父子为亲矣，不诚则疏。君上为尊矣，不诚则卑。”个中深意早已被荀子身前、身后的历史反复演绎、印证，历久而弥新。

就君王言，荀子明确地说，诚者即“政事之本也”。仁与德并非是简单的政治口号，喊喊而已，而要实实在在地体现在治理国家的过程中，让百姓看得到，感受得到。如果不是这样，说得再富丽堂皇，装得再慈眉善目，百姓也不会信服。君主把心掏给臣子、百姓看，臣子、百姓才会把心交给君主，要是像西周幽王那样，为博褒姒一笑，烽火戏诸侯，不与臣民真诚相待，最终还是会自尝苦果。历史上多少政权的转换更迭，多少帝王的匆匆谢幕，总能由此得到或多或少的解释。

就父子言，亲情之所以会成为世界上最无私的感情，就在于彼此之间拒绝任何的虚伪与欺骗，无论这种欺骗是否出于善意。年幼的子女对父母都怀着全心全意的依恋与信任，幼小的心灵完全不会对父母设防。这个时期如果遭遇父母的谎言，不仅会在父子母女的关系上留下难以消除的伤痕，更会对其以后的人格养成造成长久的影响。所以曾子为了妻子对儿子的一句戏言真的动手杀猪，就是想要告诉儿子人与人之间应该真诚。或许今人免不了撇撇嘴巴嘟哝一声“迂腐”，但曾子却用自己的方式向我们诠释了何谓荀子所倡导的“夫诚者，君子之所守也”。

社会发展至今，礼义越来越重要，却日渐被淡忘。在许多人急于向前看，却只看到一片情感的荒芜时，或许我们应该适时地回头，去重温荀子关于如何锤炼健康人格的启示，以此来帮助我们在现实中分辨自己与他人的言行。在一个以礼义为准则，以真诚为沟通规范的社会里，所有人的生活应会更为和谐。

荣辱

【题解】

本文主要论述了荀子的荣辱观。荀子指出人们自身的言行是招致荣辱的主要原因，荣与辱的根本区别在于其行为是否正确处理了道义与利益之间的关系，“先义而后利者荣，先利而后义者辱”。荀子认为，君子与小人的资质、秉性、智力和才能是一样的，“材性知能，君子、小人一也”，对物质欲望与权势地位的追求是与生俱来的，但由于后天所求得的方式不同，其行为举止和习俗的积累不同，从而造成了荣辱的不同。因此在荀子看来，“尧、禹者，非生而具者也，夫起于变故，成乎修修之为，待尽而后备者也”。荀子又强调，社会要实现和谐，就要做到“群居和一之道”，即以礼义来分别人群的高下，使贵贱有等，长幼有序。

侨泄者[1]，人之殃也。恭俭者，偋五兵也[2]。虽有戈矛之刺，不如恭俭之利也。故与人善言，暖于布帛；伤人之言[3]，深于矛戟。故薄薄之地，不得履之[4]，非地不安也。危足无所履者[5]，凡在言也。巨涂则让[6]，小涂则殆，虽欲不谨，若云不使[7]。

【注释】

[1] 侨（jiāo）泄：傲慢。侨，同“骄”。泄，同“媟”（xiè），轻慢。

[2] 偋（bǐng）：同“屏”，屏除。　五兵：古代的五种兵器，刀、剑、矛、戟、矢。

[3] 之：当作“以”（王念孙说）。

[4] 履：踩。

[5] 危足：侧足。

[6] 涂：通“涂”，道路。　让：通“攘”，拥挤。

[7] 云：有。

【译文】

骄傲轻慢，是人的祸患。恭敬谦卑，可以防止各种兵器的伤害。即使有戈矛的尖锐，也不如恭敬谦卑的锋利。所以和别人说好话，比给人衣服还要温暖；用恶语伤害别人，比用矛戟伤得还深。所以广阔的土地，不能走在上面，并不是地面不平。侧着脚也没有地方立足，都是由于说话的缘故。大路拥挤，小路危险，即使不想谨慎，也好像有什么迫使他要谨慎似的。

快快而亡者，怒也；察察而残者，忮也[1]；博而穷者，訾也[2]；清之而俞浊者[3]，口也；豢之而俞瘠者[4]，交也；辩而不说者[5]，争也；直立而不见知者，胜也；廉而不见贵者，刿也[6]；勇而不见惮者，贪也；信而不见敬者，好剸行也[7]。此小人之所务，而君子之所不为也。

【注释】

[1] 忮（zhì）：忌恨。

[2] 訾（zǐ）：诋毁。

[3] 俞：通“愈”，更加。

[4] 豢（huàn）：养。　瘠：瘦、弱。

[5] 说：通“悦”。

[6] 刿（guì）：伤害。

[7] 剸：同“专”。

【译文】

逞一时的痛快而导致死亡的，是因为忿怒；善于明察而遭到残害的，是因为忌恨；知识渊博而处境困窘的，是因为诋毁；希望名声清白反而越来越坏的，是由于说话不当；用酒肉结交朋友而交情反而越来越淡的，是由于以利相交；善于辩论却不被人喜欢的，是由于争论；行为正直却不为人赏识，是由于好胜；为人方正却不受人尊重，是由于伤人；勇猛却不被人畏惧，是由于贪婪；守信用却不被人尊敬，是由于喜好独断专行。这些都是小人所做的，而君子是不会做的。

斗者，忘其身者也，忘其亲者也，忘其君者也。行其少顷之怒，而丧终身之躯，然且为之，是忘其身也；室家立残，亲戚不免乎刑戮，然且为之，是忘其亲也；君上之所恶也，刑法之所大禁也，然且为之，是忘其君也。忧忘其身，内忘其亲，上忘其君，是刑法之所不舍也，圣王之所不畜也。乳彘触虎[1]，乳狗不远游，不忘其亲也。人也，忧忘其身，内忘其亲，上忘其君，则是人也，而曾狗彘之不若也。凡斗者，必自以为是而以人为非也。己诚是也，人诚非也，则是己君子而人小人也，以君子与小人相贼害也。忧以忘其身，内以忘其亲，上以忘其君，岂不过甚矣哉！是人也，所谓"以狐父之戈钃牛矢"也[2]。将以为智邪？则愚莫大焉。将以为利邪？则害莫大焉。将以为荣邪？则辱莫大焉。将以为安邪？则危莫大焉。人之有斗，何哉？我欲属之狂惑疾病邪[3]，则不可，圣王又诛之。我欲属之鸟鼠禽兽邪，则不可，其形体又人，而好恶多同。人之有斗，何哉？我甚丑之！

【注释】

［1］乳彘触虎：宋浙刻本作"乳彘不触虎"。乳彘（zhì），哺乳的母猪。

［2］狐父：古地名，今河南永城芒砀山附近，其地盛产优质的戈。钃（zhú）：刺。

［3］属：归。

【译文】

争斗的人，忘掉了自己的身体，忘掉了自己的亲人，忘掉了自己的君主。发泄一时的忿怒，而丧失了一生的生命，然而还是去做，这是忘记了自己的身体；家庭立刻被摧残，亲戚也难免受到杀害，然而还是去做，这是忘记了自己的亲人；争斗是君主所厌恶的，刑法所严厉禁止的，然而还是去做，这是忘记了自己的君主。忧患忘记了自己的身体，对内忘记了自己的亲人，对上忘记了自己的君主，这是刑法所不能赦免的，也是圣王所不容许的。哺乳的母猪不触犯老虎，哺乳的母狗不到远处游逛，这是不忘记自己的亲人。作为一个人，忧患忘记了自己的身体，对内忘记了自己的亲人，对上忘记了自己的君主，这种人连猪狗都不如。大凡争斗的人，必定认为自己是正确的而别人是错误的。自己果真是正确的，别人果真是错误的，那么自己就是君子而别人就是小人了，这是以君子的身份同小人相互残害了。忧患忘记了自己的身体，对内忘记了自己的亲人，对上忘记了自己的君主，这难道不是大错特错嘛！这种人，就是平常所说的"用狐父生产的利戈来刺牛粪"。认为他聪明吗？没有比这更愚蠢的了。认为他有利吗？没有比这更有害的了。认为他光荣吗？没有比这更可耻的了。认为他安全吗？没有比这更危险的了。人们之间相互争斗，这是为什么呢？我想把他们归到疯狂、迷乱等精神病一类，却不行，因为圣王又要诛杀他们。我想把他们归到鸟鼠等禽兽一类，那样也不行，因为他们的形体还是人，而喜好和厌恶的情感和别人也大多相同。人们之间相互争斗，为什么呢？我非常鄙视这种行为！

有狗彘之勇者，有贾盗之勇者，有小人之勇者，有士君子之勇者：争饮食，无廉耻，不知是非，不辟死伤[1]，不畏众强，恈恈然唯利饮食之见[2]，是狗彘之勇也。为事利，争货财，无辞让，果敢而振[3]，猛贪而戾，恈恈然唯利之见，是贾盗之勇也。轻死而暴，是小人之勇也。义之所在，不倾于权，不顾其利，举国而与之不为改视，重死、持义而不桡[4]，是士君子之勇也。

【注释】

[1] 辟：通“避”，躲避。

[2] 恈恈（móu）然：形容非常贪婪的样子。　利：当为衍文（王引之说）。

[3] 振：当为“很”字（王引之说）。

[4] 桡：同“挠”，屈从。

【译文】

有狗和猪的勇敢，有商贾和盗贼的勇敢，有小人的勇敢，有士与君子的勇敢：争夺吃喝，没有廉耻，不分是非，不避死伤，不怕众人的强大，贪婪地只看到吃的和喝的，这是狗和猪的勇敢。做事贪图利益，争夺财物，毫不谦让，行为果断而狠毒，凶猛贪心而暴戾，贪婪地只看到利益，这是商贾和盗贼的勇敢。轻视死亡而又残暴，这是小人的勇敢。合乎道义的事情，不屈从于权势，不考虑自己的利益，把整个国家给他也不改变做法，重视生命但为了坚持正义而永不屈服，这是士与君子的勇敢。

鲦䱁者[1]，浮阳之鱼也，胠于沙而思水[2]，则无逮矣[3]。挂于患而欲谨[4]，则无益矣。自知者不怨人，知命者不怨天，怨人者穷，怨天者无志[5]。失之己，反之人[6]，岂不迂乎哉[7]！

【注释】

[1] 鲦鉥（tiáo qiáo）：二者皆鱼名。

[2] 胠：通“阹”（qū），搁浅。

[3] 逮：及。

[4] 挂：遭到。

[5] 志：识。

[6] 反：责。

[7] 迂：远。

【译文】

鲦、鉥，是喜欢浮出水面感受阳光的鱼，一旦搁浅在沙滩上再想回到水里，那就来不及了。遭到灾患而再想谨慎，那就没有用了。有自知之明的人不埋怨别人，知道命运的人不埋怨上天，埋怨别人的人就会困窘，埋怨上天的人没有见识。失误在自己，却反过来责难别人，难道不是离事实太远了嘛！

荣辱之大分，安危利害之常体：先义而后利者荣，先利而后义者辱；荣者常通，辱者常穷；通者常制人，穷者常制于人，是荣辱之大分也。材悫者常安利[1]，荡悍者常危害；安利者常乐易，危害者常忧险；乐易者常寿长，忧险者常夭折，是安危利害之常体也。夫天生蒸民[2]，有所以取之。志意致修，德行致厚，智虑致明，是天子之所以取天下也。政令法，举措时，听断公，上则能顺天子之命，下则能保百姓，是诸侯之所以取国家也。志行修，临官治，上则能顺上，下则能保其职，是士大夫之所以取田邑也。循法则、度量、刑辟、图籍，不知其义，谨守其数[3]，慎不敢损益也，父子相传，以持王公，是故三代虽亡，治法犹存，是官人百吏之所以取禄秩也。孝弟原悫[4]，軥录疾力[5]，以敦比其事业而不敢怠傲[6]，是庶人之所以取暖衣饱食，长生久视，以免于刑戮也。饰邪说，文奸言，为倚事[7]，陶诞、突盗[8]，惕悍憍暴[9]，以偷生反侧于乱世之间，是奸人之所以取危辱死刑也。其虑之不深，其择之不谨，其定取舍楛僈[10]，是其所以危也。

【注释】

[1] 材悫：材性质朴。

[2] 蒸民：众民。

[3] 数：条文。

[4] 弟：同“悌”。 原：同“愿”，诚实。

[5] 軥（qú）录：勤劳。軥，通“劬”。 疾力：努力。

[6] 敦：治。 比：通“庀”（pǐ），治理。

[7] 倚：通“奇”。

[8] 陶：同“謟”，传播流言蜚语。

[9] 憍：通“骄”。

[10] 楛僈：轻率。僈，同“慢”，轻率。

【译文】

光荣、耻辱的根本区别，安危、利害的一般情形是：以道义为先而以利益为后的就光荣，以利益为先而以道义为后的就耻辱；光荣的人常常显达，耻辱的人常常穷困；显达的人常常统治别人，穷困的人常常被人统治，这是光荣和耻辱的根本区别。本性纯朴的人常常安全受益，放荡凶悍的人常常危险受害；安全受益的人常常欢乐平和，危险受害的人常常忧愁不安；欢乐平和的人常常长寿，忧愁不安的人常常夭折，这是安危利害的一般情形。上天生下众民，都有取得各自地位的道理。思想感情极其美好，德行极其忠厚，智虑极其高明，这是天子取得天下的原因。政令合乎法度，措施合乎时宜，处理事情公正，对上能顺从天子的命令，对下能保护百姓，这是诸侯取得国家的原因。志向和行为美好，为官善于治理，对上能顺从国君，对下能坚守自己的职位，这是士大夫取得田地封邑的原因。遵循法令、度量、刑法、地图和户籍，即使不了解它们的意义，也严格地遵守它们的规定，小心地不敢增减，代代相传，来扶持王公，因此夏、商、周三代虽然灭亡了，它们的政策法令仍然存在着，这是各级官吏取得俸禄职位的原因。孝顺父母，尊敬兄长，忠厚诚实，勤劳努力，来从事他的事业而不敢懈怠轻慢，这是老百姓穿得暖吃得饱，健康长寿，避免刑法杀戮的原因。粉饰异端邪说，美化邪恶的言论，干荒诞不经的事情，虚妄夸诞，强取豪夺，放荡、凶悍、骄横、粗暴，苟且偷生混迹于混乱的社会，这是奸邪的人所以招致危险、耻辱、死亡、刑罚的原因。他们考虑问题不深入，选择不慎重，决定取舍时太轻率，这是他们所以危险的原因。

荣辱

材性知能，君子、小人一也。好荣恶辱，好利恶害，是君子、小人之所同也，若其所以求之之道则异矣。小人也者，疾为诞而欲人之信己也[1]，疾为诈而欲人之亲己也，禽兽之行而欲人之善己也。虑之难知也，行之难安也，持之难立也，成则必不得其所好[2]，必遇其所恶焉。故君子者，信矣，而亦欲人之信己也；忠矣，而亦欲人之亲己也；修正治辨矣，而亦欲人之善己也。虑之易知也，行之易安也，持之易立也，成则必得其所好，必不遇其所恶焉。是故穷则不隐，通则大明，身死而名弥白[3]。小人莫不延颈举踵而愿曰[4]："知虑材性，固有以贤人矣。"夫不知其与己无以异也，则君子注错之当[5]，而小人注错之过也。故孰察小人之知能，足以知其有余，可以为君子之所为也。譬之，越人安越，楚人安楚，君子安雅[6]，是非知能材性然也，是注错习俗之节异也。仁义德行，常安之术也，然而未必不危也；污僈、突盗[7]，常危之术也，然而未必不安也。故君子道其常，而小人道其怪。

【注释】

[1]疾：极力。

[2]成：终。

[3]白：彰明。

[4]踵：脚后跟。

[5]注错：行为举措。注，置。错，通"措"。

[6]雅：通"夏"，华夏，指中国（中原地区）。

[7]污僈：污秽奸诈。僈，通"漫"。

【译文】

资质、秉性、智力和才能，君子与小人是一样的。爱好光荣，厌恶耻辱，喜欢利益，憎恶祸害，君子和小人是相同的，至于他们所求得的方式就不同了。那些小人，极力做荒诞的事情却还要别人相信自己，拼命做奸诈的事情却还要别人亲近自己，行为如同禽兽却还要别人善待自己。考虑问题不明事理，做起事来不稳妥，坚持的主张不成立，最终得不到别人所喜欢，而必然会遭到人们厌恶。至于君子，对人诚实，也愿意别人相信自己；对人忠诚，也愿意别人亲近自己；品行正直，办事得当，也愿意别人善待自己。考虑问题容易明达事理，做起事来容易稳妥，坚持的观点容易成立，最终一定会得到别人所喜欢，一定不会遭到人们厌恶。所以君子在失意时，名声也不会被隐没，在得意时名声会显赫，死了后名声更加辉煌。小人对此没有不伸长脖子踮起脚跟羡慕地说："他们的智力、思虑、资质、秉性本来就有超过别人的地方啊！"其实他们不知道君子与自己没有什么不同，只是君子行为举措得当，小人行为举措错误罢了。所以仔细地考察小人的智力和才能，可以知道他们能够绰绰有余地做到君子可以做到的一切。打个比方说，越国人安居在越国，楚国人安居在楚国，君子安居在中原地带，这并不是智力、才能、资质、秉性造成的，而是由于行为举止和习俗不同所形成的。遵守仁义、德行是经常保持安全的方法，然而不一定不会发生危险；污秽奸诈、强取豪夺，是经常遭受危险的根源，然而不一定不会安全。所以君子遵循正常的途径，小人遵循诡异的途径。

凡人有所一同：饥而欲食，寒而欲暖，劳而欲息，好利而恶害，是人之所生而有也，是无待而然者也，是禹、桀之所同也。目辨白黑美恶，耳辨音声清浊，口辨酸咸甘苦，鼻辨芬芳腥臊，骨体肤理辨寒暑疾养[1]，是又人之所常生而有也[2]，是无待而然者也，是禹、桀之所同也。可以为尧、禹，可以为桀、跖，可以为工匠，可以为农贾，在势注错习俗之所积耳[3]，是又人之所生而有也，是无待而然者也，是禹、桀之所同也[4]。为尧、禹则常安荣，为桀、跖则常危辱；为尧、禹则常愉佚，为工匠、农贾则常烦劳。然而人力为此而寡为彼，何也？曰：陋也。尧、禹者，非生而具者也，夫起于变故，成乎修修之为[5]，待尽而后备者也。

【注释】

[1] 疾养：痛痒。养，通"痒"。

[2] 常：疑为衍文（王先谦说）。

[3] 势：无实义，当为衍文（王先谦说）。

[4] "是又人之所生而有也"三句：此三句疑为衍文（王念孙说）。

[5] 修之：此二字疑为衍文（俞樾说）。

【译文】

大凡人都有相同的地方：饥饿了就想吃东西，寒冷了就想暖和，劳累了就想休息，喜欢利益而厌恶祸害，这是人生下来就会有的本性，是无所依靠就会这样的，这是禹和桀所相同的。眼睛能分辨白黑、美丑，耳朵能分辨声音的清浊，嘴巴能分辨酸咸甜苦，鼻子能分辨芳香、恶臭，身体肌肤能分辨冷热、痛痒，这也是人生下来就有的本性，是无所依靠就这样的，也是禹桀所共有的。人可以成为尧、禹，可以成为桀、跖，可以成为工匠，也可以成为农民和商人，这都是人们的行为举止和习俗长期积累形成的。成为尧、禹就会常常安乐光荣，成为桀、跖就会经常危险耻辱；成为尧、禹就会常常愉快安逸，成为工匠、农民、商人就会常常烦恼劳累。然而人们极力做烦恼劳累的事而很少做欢乐安逸的事，为什么呢？回答是：由于他们浅陋啊！尧、禹这样的人，并不是生下来就具备圣人品德的，而是从经历各种磨难开始，成功于长期的身心修养，等把旧的恶质去掉之后才具备圣人品德啊！

人之生，固小人，无师、无法，则唯利之见耳。人之生，固小人，又以遇乱世，得乱俗，是以小重小也，以乱得乱也。君子非得势以临之，则无由得开内焉[1]。今是人之口腹，安知礼义？安知辞让？安知廉耻、隅积[2]？亦呥呥而嚵[3]，乡乡而饱已矣[4]。人无师、无法，则其心正其口腹也。今使人生而未尝睹刍豢稻粱也[5]，惟菽藿糟糠之为睹[6]，则以至足为在此也。俄而粲然有秉刍豢稻粱而至者，则瞲然视之曰[7]：“此何怪也？”彼臭之而无嗛于鼻[8]，尝之而甘于口，食之而安于体，则莫不弃此而取彼矣。今以夫先王之道，仁义之统，以相群居，以相持养，以相藩饰，以相安固邪？以夫桀、跖之道，是其为相县也[9]，几直夫刍豢稻粱之县糟糠尔哉！然而人力为此而寡为彼，何也？曰：陋也。陋也者，天下之公患也，人之大殃大害也。故曰：仁者好告示人。告之示之，靡之儇之[10]，鈆之重之[11]，则夫塞者俄且通也，陋者俄且僩也[12]，愚者俄且知也。是若不行，则汤、武在上曷益[13]？桀、纣在上曷损？汤、武存则天下从而治，桀、纣存则天下从而乱。如是者，岂非人之情固可与如此，可与如彼也哉！

【注释】

[1] 内：通“纳”。

[2] 隅积：指大道的局部和整体。

[3] 呥呥（rán）：咀嚼的样子。 噍（jiào）：咀嚼。

[4] 乡乡：形容吃得很有滋味。乡，通“芗”，香。

[5] 刍豢：牛羊猪狗等，泛指家畜。刍，吃草的家畜。豢，吃粮食的家畜。

[6] 菽藿（shū huò）：豆和豆叶。

[7] 瞲（xuè）然：吃惊的样子。

[8] 臭：通“嗅”。 无：当为衍字（王念孙说）。 嗛（qiè）：快意，满足。

[9] 县：同“悬”。

[10] 靡：顺从（杨倞说）。 儇（xuān）：聪明，慧。

[11] 鈆（yán）：通“沿”，遵循。

[12] 僩（xiàn）：宽大，开阔。

[13] 汤：商汤，子姓，名履，又称成汤，击溃了夏桀，建立了商朝。 武：周武王姬发，周文王之子，继承父业灭掉了商纣，建立了周朝。

【译文】

人的本性本来就是小人，如果没有老师的教导，没有礼法的约束，就会只看到利益。人的本性本来就是小人，又因遇到混乱的年代，接触了混乱的习俗，这就小上加小，从混乱中得到混乱。君子如果得不到势位来统治他们，就没有办法开导他们的内心。现在人们只知口腹之欲，哪里知道什么是礼节道义？什么是推辞谦让？什么是廉洁耻辱、大道的局部和整体？也只是知道嘴巴不停地吃东西，有滋有味地吃个饱而已。人如果没有老师的教导，没有礼法的约束，他的心正如他的口腹一样。假使人生下后从来没见过羊牛猪狗和稻米、谷子等，只见过大豆、豆叶和糟糠之类，就会认为这就是最可口的食物了。忽然有个人很显眼地拿着肉食和细粮走过来，他就会惊讶地看着它们说：“这是什么怪东西呀？”他闻闻它感到很好闻，尝一尝感到香甜可口，吃了它觉得全身舒适，就没人不丢弃粗粮而选取肉食、细粮了。现在是要用先王的道术、仁义的纲纪，使人们相互群居在一起，相互保养，相互文饰，实现相互安全稳定吗？这与桀、跖的道术比，二者相差太远了，岂止是肉食、细粮和糟糠的差别呢！但是人们却极力去走桀、跖的道路而很少实行先王的圣道，为什么呢？回答说：是因为浅陋无知。浅陋无知，是天下人的共同患祸，也是人们的大灾大害。所以说：仁爱的人喜欢把道理告诉、示范给别人。把道理告诉、示范给别人，使他们养成习惯，使他们遵循，并反复重申这些道理，那么闭塞的人很快就会明白，浅陋无知的人很快就会胸怀宽大，愚蠢的人很快就会聪明起来。如果不这样做，那么商汤、武王处在高位有什么好处？夏桀、商纣处在高位有什么损害呢？商汤、武王在，天下就会太平；夏桀、商纣在，天下就随之混乱。像这样看来，岂不是人们的性情本来可以像这样，也可以像那样嘛！

人之情，食欲有刍豢，衣欲有文绣，行欲有舆马，又欲夫余财蓄积之富也，然而穷年累世不知不足[1]，是人之情也。今人之生也，方知蓄鸡狗猪彘，又蓄牛羊，然而食不敢有酒肉；余刀布[2]，有囷窌[3]，然而衣不敢有丝帛；约者有筐箧之藏，然而行不敢有舆马。是何也？非不欲也，几不长虑顾后而恐无以继之故也[4]。于是又节用御欲[5]，收敛蓄藏以继之也，是于己长虑顾后，几不甚善矣哉！今夫偷生浅知之属，曾此而不知也，粮食大侈，不顾其后，俄则屈安穷矣，是其所以不免于冻饿，操瓢囊为沟壑中瘠者也[6]。况夫先王之道，仁义之统，《诗》、《书》、《礼》、《乐》之分乎？彼固天下之大虑也，将为天下生民之属长虑顾后而保万世也，其沵长矣[7]，其温厚矣[8]，其功盛姚远矣[9]，非孰修为之君子莫之能知也[10]。故曰：短绠不可以汲深井之泉[11]，知不几者不可与及圣人之言。夫《诗》、《书》、《礼》、《乐》之分，固非庸人之所知也。故曰：一之而可再也，有之而可久也，广之而可通也，虑之而可安也，反鈆察之而俞可好也。以治情则利，以为名则荣，以群则和，以独则足，乐意者其是邪？

【注释】

[1] 不知不足：当作“不知足”（杨倞说）。

[2] 刀布：古代两种货币。

[3] 囷（qūn）：圆形的谷仓。　窌（jiào）：地窖。

[4] 几不：当为衍文（王念孙说）。

[5] 御欲：节制欲望。御，制。

[6] 瘠（zì）：通“胔”（王念孙说），未完全腐烂的尸体。

[7] 沵：古“流”字。

[8]温：通“蕴”。

[9]姚：通“遥”，遥远。

[10]“孰”前当补一“顺”字（王念孙说）。孰：通“熟”，精通。

[11]绠（gěng）：汲水的绳子。

【译文】

人之常情，吃东西希望有肉食，穿衣服希望有华丽的文采锦绣，行路希望有车马，又希望财富积蓄得很丰富，可是一年年，一代代不知满足，这就是人之常情。现在，人活在世上，知道畜养鸡、狗、猪，又畜养牛、羊，然而吃饭不敢有酒肉；有剩余的钱财，有粮仓地窖，然而穿衣不敢穿丝绸锦帛；藏着一箱箱的贵重物品，然而出行不敢乘车马。这是为什么？并不是不想，而是从长远考虑，为以后打算，害怕以后没有东西维持自己生活的缘故啊！于是又省吃俭用，抑制欲望，收藏积蓄用以维持以后的生活，这对于自己从长远考虑，为以后打算，难道不是很好吗？现在那些苟且偷生、浅陋愚昧之辈，竟连这种道理也不懂，粮食极端浪费，不考虑以后的生计，很快财物用尽陷于穷困了，这就是他们不免受冻挨饿，手持讨饭的瓢和布袋饿死在沟壑中的原因。更何况了解先王的大道，仁义的纲领，《诗》、《书》、《礼》、《乐》的要义呢！这些原则、纲领之类本来就是对于天下的深思熟虑，为天下的百姓从长远考虑，顾及以后而永保世代平安的，它源远流长，积蓄丰厚，功业无穷，若不是谨慎熟练、修养有为的君子不会知道这些道理的。所以说：短绳不能汲取深井中的泉水，知识达不到的人不能和他谈论圣人的言论。《诗》、《书》、《礼》、《乐》的要义，并不是常人所能了解的。所以说：知道其一，才可以知道其二，掌握了它才可以永远拥有它，推广运用它才可以事事通达，常常思考它才可以平安，始终遵循它，观察它就会更喜欢它。用它来陶冶性情就会受益，用它来取得名声就会光荣，用它来和众人相处就会融洽和睦，用它来独善其身就会快乐无穷，想来应是这样吧。

夫贵为天子，富有天下，是人情之所同欲也。然则从人之欲则势不能容，物不能赡也[1]。故先王案为之制礼义以分之[2]，使有贵贱之等，长幼之差，知愚、能不能之分，皆使人载其事而各得其宜，然后使悫禄多少厚薄之称，是夫群居和一之道也。故仁人在上，则农以力尽田，贾以察尽财，百工以巧尽械器，士大夫以上至于公侯，莫不以仁厚知能尽官职，夫是之谓至平。故或禄天下而不自以为多，或监门、御旅、抱关、击柝而不自以为寡[3]。故曰："斩而齐[4]，枉而顺，不同而一。"夫是之谓人伦。《诗》曰[5]："受小共大共[6]，为下国骏蒙[7]。"此之谓也。

【注释】

[1]赡：满足。

[2]案：语助词，无实义。

[3]御（yà）：通"迓"，迎。　柝（tuò）：打更用的梆子。

[4]斩（chán）：通"儳"，不齐。

[5]《诗》：指《诗经·商颂·长发》。

[6]共：通"拱"，法度。

[7]骏蒙：庇护。骏，通"恂"。

【译文】

贵为天子，富有天下，这是人情所共同追求的。然而顺从人们的欲望是客观形势不能容许的，在物质上也是不能满足的。所以先王为人们制定了礼义分别高下，使人们有贵和贱的等级，长和幼的差别，聪明和愚蠢、有能力和没有能力的区分，使每个人各司其职、各得其所，然后使俸禄的多少厚薄与其工作相称，这是使人们能群居在一起和谐一致的办法。所以仁人处在上位，农民就会竭力种好庄稼，商人就会运用自己的精明取得财富，各行各业的工匠就会利用自己的技巧制造器械，士大夫以上直到王公侯伯，没有不以仁义忠厚才智来尽职尽责的，这就叫做大治。所以有的人拥有天下也不以为拥有的多，有的人看守城门，迎接宾客，把守关卡，巡夜打更，也不认为自己所得的少。所以说："有不齐才有齐，有不直才能归于顺，有不同才能有统一。"这就是人理伦常。《诗经》中云："接受小的法度和大的法度，使诸侯各国受到庇护。"说的就是这个道理。

【评析】

从本质上来说，人的天性并非"我善故我在"，而是"我欲故我在"。荀子认为，所有人的心底都有着难以满足的欲望，不仅"饥而欲食，寒而欲暖，劳而欲息，好利而恶害"，而且"食欲有刍豢，衣欲有文绣，行欲有舆马，又欲夫余财蓄积之富也"。自诞生之日起，贪婪的欲望就像冲不破的漩涡将我们层层包围。我们不停地向人群索取关爱，向自然索取资源，向社会索取名利，每一次的得到都使我们变得愈发贪婪。人们妄想着能够“贵为天子，富有天下”，纷纷将生存的世界当作繁华名利场，在其中趋骛追逐，穷年累月，永无止境。自私的欲求是人类灵魂中无从抹去的烙印，倘若再身陷一个颠覆礼法、蔑视教化的狂乱年代，我们更会亲眼目睹人与人之间的温情是如何在顷刻之间翻云覆雨地枯萎与凋零的，而唯利是图的小人又是怎样不知疲倦地铸造罪恶与陷害忠良。

在诸雄争霸烽火连天的战国时期，曾有过多少“白骨蔽平原”（王粲《七哀诗》）的惨象呈现在世人的面前；而另一个看不见的战场，更是悄无声息、不分昼夜地潜伏盘旋在每个人的心灵深处。“日月欲明，浮云盖之；河水欲清，沙石秽之；人性欲平，嗜欲害之。”（《淮南子·齐俗训》）追根究底，天性中的贪欲才是我们最大的敌人。为了调节无节制的人类欲望与有限的世界资源之间的持久矛盾，为了避免世人由不知收敛的放纵与狂妄任性的奢求而堕入禽兽不如的耻辱深渊，“先王案为之制礼义以分之”，使众生各司其职，各得其宜，并行以仁义之统，这便是伦理道德的最初缘起，也是荀子心目中一个和谐稳定社会的基本模型。

道德的标准一旦确立，荣辱自然也就有了区分。荀子认为，荣辱的根本区别在于：当一个人处于贵贱穷通、辗转不定的时刻，他最重视的究竟是“义”还是“利”？好荣恶辱是人类本能的心理反应，无论他是君子还是小人。但面对不可揣测的命运时，各人的表现则会有明显的差异。缪塞在《一个世纪儿的忏悔》中曾经写道：“暂时的痛苦使人亵渎、指斥上苍，而巨大的痛苦则既不使人斥责，也不使人亵渎上苍，而只是使人听天由命。”比起法国诗人的无奈与苍白，荀子在《荣辱》篇中则展现了更多中国哲人的自制与豁达：“自知者不怨人，知命者不怨天，怨人者穷，怨天者无志。”命运不相信眼泪，亡羊可以补牢，跌倒可以重来，怨天尤人只是情绪上的泡影，从来都于事无补。司马迁在《报任安书》中说：“仆诚已著此书，藏之名山，传之其人，通邑大都，则偿仆前辱之失，虽万被戮，岂有悔哉！”他超越凡俗的发愤之语，让我们见到了真正荡气回肠的坚毅与勇气。面对世间的屈辱，生或许容易，如果生只是为了自私的欲望；死或许也容易，如果死只是为了逃避失败的难堪：“怯夫慕义，何处不免焉？”最难得是能像司马子长那样，为了完成一个“究天人之际，通古今之变，成一家之言”的理想，可以“就极刑而无愠色”，更可以在血泪之中守住自己被践踏的尊严而终成伟业。“祸莫憯于欲利，悲莫痛于伤心，行莫丑于辱先，诟莫大于宫刑”，如果生命已经走到了痛心绝望的极致，还有什么痛楚与屈辱是我们不可以去忍受与担当的呢？只要心中有光明，黑暗就不会是永恒的宿命。荣耀与屈辱有时是相对的，或许今生的忍辱负重，正是为了万世的无上光荣。岁月流徙，如今的道德标准可能早已与春秋战国“萧条异代不同时”（杜甫《咏怀古迹》），但荀子的某些箴言却仍然有它不可磨灭的光辉，值得我们长久地反思与铭记：“义之所在，不倾于权，不顾其利，举国而与之不为改视，重死持义而不桡，是士君子之勇也。”拂去千载尘埃，这段言辞中的义无反顾，依旧如同他当初落笔时那般诚挚动人。

非　相

【题解】

文章通过批判相人之术，总结出人的吉凶不在相貌，而在于思想、行为的道理，“相形不如论心，论心不如择术”。荀子认为，人之所以为人，是因为人有区分事物的能力，“人道莫不有辨”，因而人们要遵守等级名分，尊崇礼法，效法圣王，“辨莫大于分，分莫大于礼，礼莫大于圣王。”并能运用“以近知远，以一知万，以微知明”的认识方法对事物作出正确判断。此外，荀子反复强调了“君子必辩”的重要性，指出君子一定要能言善辩，言论要有文采并合乎礼法。

相人，古之人无有也，学者不道也。古者有姑布子卿[1]，今之世，梁有唐举[2]，相人之形状、颜色而知其吉凶、妖祥，世俗称之。古之人无有也，学者不道也。故相形不如论心，论心不如择术[3]。形不胜心，心不胜术。术正而心顺之，则形相虽恶而心术善，无害为君子也；形相虽善而心术恶，无害为小人也。君子之谓吉，小人之谓凶。故长短、小大、善恶形相，非吉凶也。古之人无有也，学者不道也。

【注释】

［1］姑布子卿：姓姑布，字子卿，春秋时郑国人，曾给孔子和赵襄子看过相，事迹见《韩诗外传》和《史记·赵世家》。

［2］唐举：战国时魏国（梁）人，曾为李兑、蔡泽看相，事迹见《史记·蔡泽列传》。

［3］择：辨别。　术：道术。

【译文】

观看人的相貌来推断人的吉凶祸福，古人没有这种事，学者也不谈论这种事。古时有个人叫姑布子卿，当今之世，魏国有个人叫唐举，他们看人的形体、容貌就知道吉凶、祸福，世俗之人称赞他们。古人没有这种事，学者也不谈论这种事。观察人的相貌不如研究他的思想，研究他的思想不如辨别他的行为。相貌比不上思想，思想比不上行为。行为正确，思想就会顺从它，那么相貌虽丑但思想行为美好，不会妨害他成为君子；相貌虽好而思想行为恶劣，也妨害不了他成为小人。君子就是吉祥，小人就是凶险。所以高矮、大小、相貌的美丑，和吉凶没有关系。古时的人没有这种事，学者也不谈论这种事。

盖帝尧长，帝舜短；文王长[1]，周公短[2]；仲尼长[3]，子弓短[4]。昔者，卫灵公有臣曰公孙吕[5]，身长七尺，面长三尺，焉广三寸[6]，鼻、目、耳具，而名动天下。楚之孙叔敖[7]，期思之鄙人也[8]，突秃长左，轩较之下[9]，而以楚霸。叶公子高[10]，微小短瘠，行若将不胜其衣。然白公之乱也[11]，令尹子西、司马子期皆死焉[12]；叶公子高入据楚，诛白公，定楚国，如反手尔，仁义功名善于后世。故事不揣长[13]，不挈大[14]，不权轻重，亦将志乎尔。长短、小大、美恶形相，岂论也哉！

【注释】

[1] 文王：周文王，姓姬，名昌，周武王之父。

[2] 周公：周文王的儿子，周武王的弟弟，名旦。

[3] 仲尼：孔子（前551—前479），名丘，字仲尼，儒家学派的创始人。

[4] 子弓：孔子的弟子，姓冉，名雍，字仲弓。

[5] 卫灵公：春秋时卫国国君。　公孙吕：人名，事迹不详。

[6] 焉：通“颜”，额。

[7] 孙叔敖：春秋时楚庄王之相，辅助庄王成就了霸业。

[8] 期思：楚国邑名，在今河南淮滨。　鄙人：郊野之人。

[9] 轩较（jué）：古代士大夫以上乘坐的车。轩，车前的直木。较，车前的横木。

[10] 叶（shè）公子高：春秋时楚国大夫，姓沈，名诸梁，字子高。因封地在叶（今河南叶县），故称叶公。

[11] 白公：名胜，楚平王之孙，白公之乱，事见《左传·哀公十六年》。

[12] 令尹：古时楚国掌管行政的最高长官。　子西：即公子申，楚平王的儿子。　司马：古时掌管军事的最高长官。　子期：公子结，楚平王的儿子。

[13] 揣：估量。

[14] 挈（xié）：通“絜”，量物体的周围长度，也泛指衡量。

【译文】

据说帝尧身材高，帝舜身材矮，周文王身材高，周公身材矮，孔子身材高，子弓身材矮。从前，卫灵公有个大臣叫公孙吕，身长七尺，脸长三尺，额宽三寸，鼻子、眼睛、耳朵都有，而他的名声却传遍天下。楚国的孙叔敖，是期思这个地方的乡下人，头顶秃，左手长，站在轩车上个子还在车箱的横木之下，却成就了楚国的霸业。叶公子高，矮小瘦弱，走起路来好像连衣服也支撑不住。但白公作乱时，令尹子西、司马子期都被白公杀了；叶公子高领兵占据楚国，杀死白公，安定楚国，好似把手掌翻过来一样容易，他的仁义功名流传后世。所以评价他人不用估量他的高矮，不用衡量他的大小，不用称量他的轻重，只要看他的志向就可以了。形体的高矮、大小、美丑，难道还值得一谈嘛！

且徐偃王之状[1]，目可瞻马；仲尼之状，面如蒙倛[2]；周公之状，身如断菑[3]。皋陶之状[4]，色如削瓜；闳夭之状[5]，面无见肤；傅说之状[6]，身如植鳍[7]；伊尹之状[8]，面无须麋[9]；禹跳，汤偏，尧、舜参牟子[10]。从者将论志意，比类文学邪？直将差长短，辨美恶，而相欺傲邪？

【注释】

[1] 徐偃王：西周时徐国国君，其人偃仰而不能俯，故谓之偃王。后周王命楚国消灭了他。

[2] 蒙倛：古时驱疫避邪用的一种面目丑恶的假面具。

[3] 菑（zì）：通“椔”，立着的枯树。

[4] 皋陶（yáo）：相传舜时掌管刑法的官。

[5] 闳（hóng）夭：周文王的大臣。

[6] 傅说（yuè）：商王武丁的相。

[7] 植鳍：竖起的鱼鳍，指驼背。

[8] 伊尹：商汤王之相。

[9] 麋：通“眉”。

[10] 牟：通“眸”，瞳人。

【译文】

再说徐偃王的形貌，眼睛只能仰视远处的马；孔子的形貌，脸像戴了一个可怕的假面具；周公的形貌，身体像折断的枯树；皋陶的形貌，脸色就像削了皮的瓜；闳夭的形貌，满脸胡须，都看不到皮肤了；傅说的形貌，身体像立起来的鱼鳍一样驼背；伊尹的形貌，脸上没有胡须和眉毛；禹腿瘸，汤半身偏枯，尧、舜有重瞳。信从相面的人是应谈论他们的志向，比较他们的学问呢？还是只区别他们的高矮，分辨他们的美丑来互相欺骗、傲视呢？

古者桀、纣长巨姣美[1]，天下之杰也；筋力越劲[2]，百人之敌也。然而身死国亡，为天下大僇[3]，后世言恶则必稽焉[4]。是非容貌之患也。闻见之不众，论议之卑尔。今世俗之乱君[5]，乡曲之儇子[6]，莫不美丽姚冶[7]，奇衣妇饰，血气态度拟于女子；妇人莫不愿得以为夫，处女莫不愿得以为士，弃其亲家而欲奔之者，比肩并起。然而中君羞以为臣[8]，中父羞以为子，中兄羞以为弟，中人羞以为友，俄则束乎有司而戮乎大市[9]，莫不呼天啼哭，苦伤其今而后悔其始。是非容貌之患也。闻见之不众，论议之卑尔。然则从者将孰可也？

【注释】

[1] 姣：美好。

[2] 越劲：敏捷有力。

[3] 僇（lù）：同“戮”，耻辱。

[4] 稽：引证。

[5] 乱君：疑当为“乱民”（俞樾说）。

[6] 儇（xuān）子：轻薄巧慧的人。

[7] 姚冶：妖艳。

[8] 中：才智一般。

[9] 束：捆绑。

【译文】

古时候，夏桀、商纣长得高大英俊，是天下相貌出众的人。他们身体强壮有力，足以抵挡上百人。然而身死国灭，为天下人耻笑，后代的人凡是讲到恶人就一定拿他们做例子。这并不是容貌造成的祸患。信从相面的人见闻不广，所以谈论起来才这么卑下。现在世俗间的乱民，乡村中的轻薄男子，个个美丽妖艳，穿着奇装异服，打扮得像妇女一样，神情态度模仿女子；妇人们没有谁不想让他做自己的丈夫，姑娘们没有谁不想让他做自己的未婚夫，抛弃了自己的父母亲人想与他私奔的女人，比比皆是。然而一般的君主羞于以他为臣，一般的父亲羞于以他为儿子，一般的人羞于以他为朋友，不久他们就被官府绑着在大街闹市上处死，他们没有不呼天喊地，痛哭流涕的，悲痛今天的下场而悔恨自己当初的所作所为。这并不是容貌的患祸。信从相面的人因为见闻不广，所以谈论起来才这么卑下。既然这样，那么学者应该赞同哪一种呢?

人有三不祥：幼而不肯事长，贱而不肯事贵，不肖而不肯事贤，是人之三不祥也。人有三必穷：为上则不能爱下，为下则好非其上，是人之一必穷也。乡则不若[1]，偝则谩之[2]，是人之二必穷也。知行浅薄，曲直有以相县矣[3]，然而仁人不能推，知士不能明[4]，是人之三必穷也。人有此三数行者[5]，以为上则必危，为下则必灭。《诗》曰[6]："雨雪瀌瀌[7]，宴然聿消[8]。莫肯下隧[9]，式居屡骄[10]。"此之谓也。

【注释】

[1] 乡：通"向"，当面。　若：顺。

[2] 偝：通"背"。　谩：诽谤。

[3] 有：通"又"。　县：同"悬"，悬殊。

[4] 明：尊崇。

[5] 三：疑为衍文（王引之说）。

[6]《诗》：指《诗经·小雅·角弓》。

[7] 瀌瀌（biāo）：雪下得很大的样子。

[8] 宴然：日出天晴的样子。宴，通"曣"，晴朗。　聿（yù），语助词。

[9] 隧：通"坠"。

[10] 式：语助词。

【译文】

人有三种不祥：年幼而不肯侍奉年长的人，卑贱而不肯侍奉尊贵的人，不肖而不肯侍奉有贤德的人，这是人的三种不祥。人有三种必然穷困的事：作为上级却不爱护下级，作为下级却喜欢非议上级，这是第一种必然穷困。当面不顺从，背后又谩骂人家，这是第二种必然穷困。智能品行浅薄，辨别是非的能力又和别人相差很远，然而对于仁人又不推崇，对于智士又不尊重，这是第三种必然穷困。人有了这三不祥、三必穷，处在上位则必然危险，处在下位必然灭亡。《诗经》中说："大雪纷纷扬扬下，太阳出来就融化。不肯屈居人下，为官却又骄横。"说的就是这种人。

人之所以为人者，何已也[1]？曰：以其有辨也。饥而欲食，寒而欲暖，劳而欲息，好利而恶害，是人之所生而有也，是无待而然者也，是禹、桀之所同也。然则人之所以为人者，非特以二足而无毛也，以其有辨也。今夫狌狌形笑[2]，亦二足而毛也[3]，然而君子啜其羹，食其胾[4]。故人之所以为人者，非特以其二足而无毛也，以其有辨也。夫禽兽有父子而无父子之亲，有牝牡而无男女之别[5]，故人道莫不有辨。

【注释】

[1]已：通"以"，缘故。

[2]狌狌：即猩猩。 形笑：疑为"形状"（俞樾说）。

[3]"毛"前疑脱一"无"字（俞樾说）。

[4]胾（zì）：大块的肉。

[5]牝牡（pìn mǔ）：雌雄。

【译文】

人之所以称为人，是因为什么呢？回答是：因为他有区别事物的能力。饥饿了想吃，寒冷了想暖和，劳累了想休息，喜欢利益而厌恶祸患，是人生下来就有的本性，是无所依待就会这样的，这是禹、桀相同的地方。然而人之所以为人，并不只是因为人有两只脚、身上没有毛，而是因为人有区别事物的能力。现在猩猩的形状，也是两只脚、脸上无毛，然而君子却喝它的汤，吃它的肉。所以人之所以称为人，并不只是因为有两只脚、没有毛，而是因为有区别事物的能力。禽兽有父子之实却没有父子之情，有雌雄的不同却没有男女的分别，所以为人之道就在于对事物有所区别。

辨莫大于分[1]，分莫大于礼，礼莫大于圣王。圣王有百，吾孰法焉？故曰[2]：文久而息[3]，节族久而绝[4]，守法数之有司极礼而褫[5]。故曰：欲观圣王之迹，则于其粲然者矣，后王是也。彼后王者，天下之君也。舍后王而道上古，譬之，是犹舍己之君而事人之君也。故曰：欲观千岁，则数今日；欲知亿万，则审一二；欲知上世，则审周道；欲知周道，则审其人所贵君子。故曰：以近知远，以一知万，以微知明。此之谓也。

【注释】

［1］分：名分等级。

［2］故：疑为衍文（王念孙说）。

［3］文：礼义制度。

［4］节族（zòu）：古乐的节奏。族，通“奏”。

［5］礼：疑为衍文（俞樾说）。 褫（chǐ）：废弛。

【译文】

对事物的区别没有比等级名分更重要的了，等级名分没有比礼义更重要的了，礼义没有比圣王更重要的了。圣王有上百个，我效法谁呢？回答是：礼义制度年代久了就湮灭了，音乐的节奏时间久了就失传了，掌管礼的机构因年代久远也废驰了。所以说：想要看圣王的事迹，那么其中最显明的人物，便是后王了。所谓后王，就是当今天下的君王。舍弃后王而称道上古的帝王，打个比方说，就好像舍弃自己的君王去侍奉别人的君王。所以说：想要了解千年的历史就要观察现在，想要知道亿万就要详审一二，想要知道上古的情况就要研究当今周王朝的治国之道，想要研究周王朝的治国之道就要审察他们所尊重的君子。所以说：由近知道远，由一知道万，由隐微知道显明。说的就是这种情况。

夫妄人曰：“古今异情，其以治乱者异道。[1]”而众人惑焉。彼众人者，愚而无说、陋而无度者也。其所见焉，犹可欺也，而况于千世之传也！妄人者，门庭之间，犹可诬欺也，而况于千世之上乎！圣人何以不欺[2]？曰：圣人者，以己度者也。故以人度人，以情度情，以类度类，以说度功，以道观尽，古今一度也[3]。类不悖[4]，虽久同理，故乡乎邪曲而不迷[5]，观乎杂物而不惑，以此度之。五帝之外无传人[6]，非无贤人也，久故也。五帝之中无传政，非无善政也，久故也。

禹、汤有传政而不若周之察也，非无善政也，久故也。传者久则论略，近则论详，略则举大，详则举小。愚者闻其略而不知其详，闻其详而不知其大也[7]。是以文久而灭，节族久而绝。

【注释】

[1]“以”前当脱一“所”字（王念孙说）。

[2]“欺”前当脱一“可”字（王念孙说）。

[3]度：当为衍文（王念孙说）。

[4]悖：背离。

[5]乡：通“向”。

[6]五帝：古代典籍中所谓五帝所指不一，此处当为：伏羲、神农、黄帝、尧、舜。

[7]详：疑当为“小”字（王念孙说）。

【译文】

狂妄无知的人说：“古代和现在的情况不一样，用来治乱的方法也不一样。”于是众人迷惑不解。那些一般人，愚昧而不能辨说，见识鄙陋而不能判断。他们亲眼看到的事物，尚且可以欺骗他们，何况是千年的传闻呢！那些狂妄的骗子，就是在门庭间发生的事，还可用来欺骗别人，何况千年前的事呢！圣人为什么不能被欺骗呢？回答是：圣人是能用自己的意志判断事物的人。所以说以今人推断古人，以今人之情推断古人之情，以现在的某一类事物推断古代的同类事物，以流传下的言论推断古人的功业，以客观事物的规律推断万事万物的道理，古代和现在是相同的。只要是同类而不相违背，即使时间久了，道理也是一样的，所以圣人面对邪说也不会被迷惑，观察杂乱的事物也不困惑，就是因为用这种道理去度量它。五帝之前没有人的事迹流传下来，并不是没有贤德的人，而是时间久的缘故。五位帝王中没有谁的政事流传下来，并不是他们没有好的政绩，而是时间久的缘故。夏禹和商汤有政事流传下来，但不如周朝的详细清楚，并不是没有善政，是因为时间久远的缘故。流传的东西时间久了，说起来就简略，近代的事情讲起来才详细，简略了就只能举其大要，详细了就能列举细节。愚笨的人听到大略不知道详情，听到细节却不知大要。所以礼仪制度年代久远就湮灭了，音乐的节奏时间长了就失传了。

凡言不合先王，不顺礼义，谓之奸言，虽辩，君子不听。

法先王，顺礼义，党学者[1]，然而不好言，不乐言，则必非诚士也。故君子之于言也[2]，志好之，行安之，乐言之。故君子必辩。凡人莫不好言其所善，而君子为甚。故赠人以言，重于金石珠玉；观人以言[3]，美于黼黻文章[4]；听人以言，乐于钟鼓琴瑟。故君子之于言无厌。鄙夫反是，好其实，不恤其文[5]，是以终身不免埤污、佣俗[6]。故《易》曰[7]："括囊，无咎无誉。"[8]腐儒之谓也。

【注释】

[1] 党：亲近。

[2] 言：一说当为"善"字（王引之说）。

[3] 观：当为"劝"字（王念孙说）。

[4] 黼黻（fǔ fú）文章：古代礼服上所绣的花纹。

[5] 恤：顾及。

[6] 埤：通"卑"。　佣：通"庸"。

[7]《易》：指《周易·坤卦》。

[8] 括：扎结。

【译文】

大凡言论不合乎先王的道义，不顺从礼义，就叫做奸邪之言，即使说得有条理，君子也不听。效法先王，遵循礼义，亲近有学识者，但是不喜欢言谈圣王，不乐于宣言礼义，那也一定不是诚实好善之士。所以君子对于正确的言论，心里喜欢它，行动上遵循它，又乐于谈论它。所以君子一定善辩。凡人没有不乐于谈论自己喜欢的东西，君子尤其是这样。所以以善言赠送别人，觉得比金石珠玉还贵重；以善言勉励别人，比礼服上色彩斑斓的花纹还美丽；把善言讲给别人听，比钟鼓琴瑟还悦耳动听。所以君子对于善言是不会厌倦的。鄙陋的人与此相反，只注重实际而不注意文采，因此终身免不了卑贱和庸俗。所以《易经》上说："扎紧了口的袋子，既没有过错，也没有赞誉。"说的就是这种迂腐的儒生。

凡说之难[1]，以至高遇至卑，以至治接至乱。未可直至也，远举则病缪[2]，近世则病佣[3]。善者于是间也，亦必远举而不缪，近世而不佣，与时迁徙，与世偃仰，缓急、嬴绌[4]，府然若渠匽、檃栝之于己也[5]，曲得所谓焉，然而不折伤。故君子之度己则以绳，接人则用抴[6]。度己以绳，故足以为天下法则矣；接人用抴，故能宽容，因求以成天下之大事矣[7]。故君子贤而能容罢[8]，知而能容愚，博而能容浅，粹而能容杂，夫是之谓兼术。《诗》曰[9]：“徐方既同[10]，天子之功。”此之谓也。

【注释】

[1]说（shuì）：劝说。

[2]缪：通“谬”。

[3]世：当为“举”字（俞樾说）。 佣：通“庸”，庸俗。

[4]赢：通“赢”，盈余。 绌：屈，不足。

[5]府：通“俯”。 渠匽：拦水坝。匽，通“堰”。 檃栝（yǐn kuò）：矫正曲木的工具。

[6]抴（yè）：通“枻”，短桨，这里指船。

[7]求：当为“众”字之误（王念孙说）。

[8]罢：通“疲”，软弱无能的人。

[9]《诗》：指《诗经·大雅·常武》。

[10]徐方：徐国。

【译文】

大凡劝说的难处是：用最高深的道理劝说最卑陋的人，用最理想的治国之道改变最混乱的局面。这不能直接达到目的，因为列举远古的例子就会陷于谬误，列举近世的例子就会陷于庸俗。善于劝说的人在二者之间，必定能做到列举远古的例子而不谬误，列举近世的例子而不庸俗，劝说的内容随着时代的变迁而变迁，随着社会的变化而变化，或缓或急，或盈余或不足，应对自如，就像拦水坝控制水流、檃栝矫正曲木那样控制自己，委婉曲折地达到劝说的目的，而又不挫伤别人。所以君子律己要像工匠用绳墨取直一样严格要求自己，待人要像船工驾船迎客一样热情耐心。律己像用绳墨一样严格要求自己，所以足以成为天下人效法的榜样。待人像梢公接客一样耐心热情，所以能宽容大度，依靠众人成就天下大业。所以君子贤能又能容纳无能的人，聪明而能容纳愚蠢的人，博学而能容纳浅陋的人，纯粹又能容纳驳杂的人，这就叫做兼容并包之法。《诗经》中说：“徐国已经来归顺，这是天子的功劳。”说的就是这种情况。

谈说之术：矜庄以莅之[1]，端诚以处之，坚强以持之，分别以喻之[2]，譬称以明之，欣驩、芬芗以送之[3]，宝之，珍之，贵之，神之，如是则说常无不受。虽不说人，人莫不贵，夫是之谓为能贵其所贵[4]。传曰：“唯君子为能贵其所贵。”此之谓也。

【注释】

[1]莅：接近。

[2]分别：应与下文的“譬称”互换（王念孙说）。

[3]驩：同“欢”，欢喜，高兴。 芬芗（xiāng）：和气。芗，通“香”。

[4]为：当为衍文（王引之说）。

【译文】

谈说的方法是：严肃庄重地面对他，端正诚恳地对待他，坚定刚强地扶持他，用比喻的方法来启发他，用分析的方法来开导他，要和颜悦色地对待他，使自己的谈论显得宝贵、珍重、重要、神奇。如果能这样，那么劝说就不会不被接受。即使不取悦别人，人们也没有不尊重的，这就叫做能使自己尊重的东西得到尊重。古书上说：“只有君子能使自己尊重的东西得到尊重。”说得就是这个道理。

君子必辩。凡人莫不好言其所善，而君子为甚焉。是以小人辩言险，而君子辩言仁也。言而非仁之中也，则其言不若其默也，其辩不若其呐也[1]；言而仁之中也，则好言者上矣，不好言者下也。故仁言大矣。起于上所以道于下[2]，正令是也[3]；起于下所以忠于上，谋救是也。故君子之行仁也无厌。志好之，行安之，乐言之，故言君子必辩。小辩不如见端，见端不如见本分[4]。小辩而察，见端而明，本分而理，圣人、士君子之分具矣。

【注释】

[1]呐（nè）：同“讷”，说话迟钝。

[2]道：通“导”。

[3]正：通“政”。

[4]见：当为衍文（王引之说）。

【译文】

君子一定能言善辩。大凡人没有不爱好谈论他喜欢的东西，而君子更是这样。所以小人谈论险恶而君子谈论仁义。言谈不符合仁义之道，那么他开口说话还不如沉默寡言，能言善辩还不如木讷迟钝；言谈合于仁义之道，那么善于谈论的就是上等，不善于谈论的就是下等。所以合乎仁义的言谈是重要的。由君主制定用来引导臣民的，是政令；发起于臣民用来效忠君主的，是建议、补救。所以君子奉行仁义是没有满足的。心里喜欢它，行动上遵循它，乐意谈论它，所以说君子一定能言善辩。辩论小事不如揭示头绪，揭示头绪不如遵循名分。辩论小事能明察秋毫，揭示头绪能明了清楚，遵循名分能有条理，这样圣人和士君子的名分就具备了。

有小人之辩者，有士君子之辩者，有圣人之辩者：不先虑，不早谋，发之而当，成文而类，居错、迁徙[1]，应变不穷，是圣人之辩者也。先虑之，早谋之，斯须之言而足听[2]，文而致实[3]，博而党正[4]，是士君子之辩者也。听其言则辞辩而无统，用其身则多诈而无功，上不足以顺明王，下不足以和齐百姓，然而口舌之均，噡唯则节[5]，足以为奇伟、偃却之属[6]，夫是之谓奸人之雄。圣王起，所以先诛也，然后盗贼次之。盗贼得变，此不得变也。

【注释】

[1]居：通“举”。

[2]斯须：片刻。

[3]致：同“质”，信。

[4]党：通“谠”，直言。

[5]噡：同“谵”，多言。

[6]偃却：同“偃蹇”，骄横、傲慢。

【译文】

有小人的辩论，有士君子的辩论，有圣人的辩论：不事先考虑，不早做打算，一说话就很恰当，既有文采又合乎礼法，行为变化，都能应付自如，不会穷于应答，这是圣人的辩论。事先考虑，早做打算，语言简短而动听，既有文采又很信实，既渊博又雅正，这是士君子的辩论。听他讲话振振有辞却不得要领，任用他则狡猾奸诈而毫无功效，对上不能顺从贤明的圣王，对下不能使百姓和谐统一，然而讲话动听，谈吐不凡，称得上是夸夸其谈、自高自大之类，这是奸人中的突出者。圣王出现，一定先诛杀这类人，然后再诛杀盗贼。盗贼能够改变，而这类人是不会改变的。

【评析】

单就字面意思理解，《非相》应该是一篇批判相形论命之术的驳论文，然而荀子写作此文的更深层含义却是要推出他心目中最有效的治国之道。

“人之所以为人者，非特以其二足而无毛也，以其有辨也。”在荀子看来，人和禽兽的根本区别就在于是否具有辨别是非善恶的能力，否则人只不过是会直立行走的高等动物罢了。日常生活中，人们常常容易被姣美的面容迷惑，从而丧失了基本的是非准则，直至被现实击得头破血流，方才痛觉今是而昨非。荀子以尧、舜、伊尹、周公、孔子以及桀、纣等诸多古代名人妍丑不一的长相为例，指出国家的盛衰兴亡与统治者的外在容貌并无直接关联，甚至在历史的进程中往往还会出现“世俗乱君”与“乡曲儇子”这类金玉其外、败絮其中的反例。人们之所以被迷惑，并非是帝王们故意以外在容貌设下骗局，主要还是由于自身“闻见之不众，论议之卑尔”。“善琴弈者不视谱，善相马者不按图。”（魏源《默觚·学篇》）只有空洞无知的灵魂才会把形式美作为判断人物的唯一标准。飘风骤雨不终朝，战争年代的变幻无常使人们的心灵变得日益脆弱空虚，荀子振策警言：“相形不如论心，论心不如择术。”正是为了点醒那些将生命的希望寄托于求签祝祷，相形占梦的俗世庸夫。

荀子从外表深入到思想，再由思想言及行动，本文正题也随之渐渐明朗：“辨莫大于分，分莫大于礼，礼莫大于圣王。”这意味着人们不仅应当具有辨析是非善恶的能力，更应当依据圣王制定的礼法分清贵贱等差，因为稳定的社会秩序是国富民强的根本保证。荀子笔下的“圣王”与一般古书中的“圣王”含义有所不同。儒家谈论王道政治向来以史为鉴，但荀子认为，与其一味地惜往日而叹今朝，生搬硬套古代帝王的过期政策，不如在“法先王”的同时也关注一下那些能够在现实政治环境中起到立竿见影之效的礼法与策略，无论它们源自上古还是当今，也无论它们远在四方还是近在身旁。

先秦诸子在连年的战乱纷争中跌碎了太多的梦境：孔老夫子游列国，说诸侯，办私学，作《春秋》，希冀再现周道辉煌，却一生流离失所，屡遭困厄，惶惶兮如丧家之犬；墨子尚贤尚同，非乐非攻，节葬节用，他擎着爱的大纛，不惜摩顶放踵、赴火蹈刃，却因为自苦太甚而终不能在世间完全推行自己的理论；其余诸子或是辩驳形名，探求阴阳，或是运筹帷幄，论战沙场，或是泠然御风，寄情八荒，抑或是逍遥云端，魂系梦乡。经过激烈的争论与痛苦的反思，人们发现，无论在时间的经度上，还是空间的纬度上，那个曾让自己日夜企盼的理想国并不存在。现实主义于是顺理成章地及时觉醒，并在荀子笔下得以登峰而造极。当众生齐然一片地倚赖着对洪荒年代以及三皇五帝的追忆与赞颂来忘却荒谬残酷的今世时，荀子却愤而起言，推翻“舍后王而道上古”的一贯传统，而将近世的“后王”与往昔的“周道”一同纳入了自己制定的模范政治体系。拂去漫长的历史传播过程赋予旧人旧事的层层光环，是荀子第一次将“昨天”与“今天”放到了平等的地位加以审视。“君子贤而能容罢，知而能容愚，博而能容浅，粹而能容杂”，荀子披沙沥金地汇百家之学于一身，方最终做到了“以近知远，以一知万，以微知明”，成为一代学术宗师。

最后，荀子在文中提出“君子必辩”的主张，“小辩不如见端，见端不如见本分”。辩论批驳不是为了逞一时的口舌之快，而是为了探询真理和创造幸福。与其成为《易经》里那个“无咎无誉”的腐儒，莫若“文而致实，博而党正”，做一名以经世济国为己任的“士君子”。学术研究也并非官僚体制下的附庸产品，真正的学者敢于言人所不能言，行人所不能行，他们坚毅而高洁的学术操守任凭何等的强权也无法撼动，而他们杰出的智慧与人格将如同日月星辰一般，永远照耀在历史的天空。

非十二子

【题解】

本文是一篇了解先秦诸子流派和学术思想的重要参考文献。荀子对六种学说、十二个代表人物一一进行了评判，充分表现了他崇尚礼法、兼善天下的治国理念。文中荀子对儒家人物孔子和子弓做了充分肯定，对子思和孟子进行了激烈的抨击，并对孔子之后分化形成的儒家内部学派代表人物子张、子夏、子游提出了批评，指出了他们在思想和行为上的偏颇。此外，荀子还阐扬了自己的政治理想人物"士君子"形象，对他们的行为标准和道德规范提出了要求。

假今之世[1]，饰邪说，文奸言[2]，以枭乱天下[3]，矞宇嵬琐[4]，使天下混然不知是非治乱之所存者，有人矣。

【注释】

[1]假：借。

[2]文：修饰。

[3]枭：通"挠"，扰。

[4]矞：通"谲"，诡诈。　宇：通"訏"（xū），虚夸。　嵬：通"傀"（guī），怪诞。　琐：卑微。

【译文】

乘借当今的世道，粉饰邪说，美化奸言，来扰乱天下，利用诡诈、虚夸、怪诞、卑琐的手段，使天下人混混然不知是与非、治与乱的根本所在，这样的人大有人在。

纵情性，安恣睢[1]，禽兽行，不足以合文通治[2]；然而其持之有故，其言之成理，足以欺惑愚众。是它嚣、魏牟也[3]。

【注释】

[1]恣睢（suī）：放纵。

[2] 文：礼法。

[3] 它嚣：人名，生平不详。　魏牟：战国时魏国公子。《汉书·艺文志》道家有《公子牟》四篇。

【译文】

放纵情性，生活放荡，行为如同禽兽，既不合于礼文，也不顺应法治；然而话说得却有根有据，言之有理，足以欺骗迷惑愚昧的民众，它嚣、魏牟就是这种人。

忍情性，綦谿利跂[1]，苟以分异人为高，不足以合大众、明大分；然而其持之有故，其言之成理，足以欺惑愚众。是陈仲、史鰌也[2]。

【注释】

[1] 綦谿（qí xī）：綦，极。谿，通"蹊"，小路。　利跂（qǐ）：离世独立。利，通"离"。跂，通"企"，踮着脚。

[2] 陈仲、史鰌：见《不苟》篇。

【译文】

抑制情性，行为孤僻，离世独立，以追求与众不同为高明，不能团结民众，不能彰显等级名分；但是话说得有根有据，言之有理，足以欺骗、迷惑愚昧的民众，陈仲、史鰌就是这种人。

不知壹天下，建国家之权称，上功用，大俭约而僈差等[1]，曾不足以容辨异、县君臣[2]；然而其持之有故，其言之成理，足以欺惑愚众。是墨翟、宋鈃也[3]。

【注释】

[1] 上：同"尚"。　大：重视。　僈：轻慢。

[2] 县：通"悬"，悬殊。

[3] 墨翟（dí）：即墨子，春秋战国之际鲁国人，墨家学派创始人。主张兼爱、平等。　宋鈃（jiān）：战国时宋人，主张禁欲、禁战。其事参见《庄子·天下》篇。

【译文】

不懂得统一天下，建立国家的礼法制度，崇尚功用，重视节俭而轻视等级差别，以至于不能容许人与人之间有差异，君与臣之间有等级；但是话说得有根有据，言之有理，足以欺骗迷惑愚昧的民众，墨翟、宋钘就是这种人。

尚法而无法，下修而好作[1]，上则取听于上，下则取从于俗，终日言成文典，反紃察之[2]，则倜然无所归宿[3]，不可以经国定分；然而其持之有故，其言之成理，足以欺惑愚众。是慎到、田骈也[4]。

【注释】

[1]下修：当作“不循”（王念孙说）。

[2]反紃（xún）：反复。紃，通“循”，顺着。

[3]倜（tì）然：远离的样子。

[4]慎到：见《修身》篇。　田骈（pián）：战国时齐国人，早期法家代表人物。其事参见《庄子·天下》篇。

【译文】

崇尚法治实际上却不讲法治，不遵循古人，喜欢另搞一套，对上听从君王，对下则顺从世俗，终日谈论礼法条文，若反复研究考察，就发现其远离实际，落不到实处，不能用来治理国家，确定名分；但是话说得有根有据，言之有理，足以欺骗迷惑愚昧的民众。慎到、田骈就是这种人。

不法先王，不是礼义[1]，而好治怪说，玩琦辞[2]，甚察而不惠[3]，辩而无用，多事而寡功，不可以为治纲纪；然而其持之有故，其言之成理，足以欺惑愚众。是惠施、邓析也[4]。

【注释】

[1]是：赞同。

[2]琦：通“奇”，奇异。

[3]惠：当为“急”字（王念孙说）。

[4]惠施、邓析：见《不苟》篇。

【译文】

不效法先王，不赞成礼义，而喜欢钻研怪诞的学说，玩弄奇异的言辞，明察秋毫却没有用处，能言善辩却不切实际，做事很多但功效很少，不能作为治国的纲领和法则；但是话说得有根有据，言之有理，足以欺骗迷惑愚昧的民众。惠施、邓析就是这种人。

略法先王而不知其统[1]，犹然而材剧志大[2]，闻见杂博。案往旧造说[3]，谓之“五行”[4]。甚僻违而无类[5]，幽隐而无说，闭约而无解。案饰其辞而祗敬之曰[6]：“此真先君子之言也。”子思唱之[7]，孟轲和之[8]。世俗之沟犹瞀儒[9]，嚾嚾然不知其所非也[10]，遂受而传之，以为仲尼、子游为兹厚于后世[11]，是则子思、孟轲之罪也。

【注释】

[1] 统：纲领。

[2] 剧：巨。

[3] 案：通“按”，按照。　造说：创造新学说。

[4] 五行：即五常，仁、义、礼、智、信。

[5] 僻违：邪僻。　类：法。

[6] 案：语助词。　祗（zhī）：敬。

[7] 子思：孔子的孙子，名伋，字子思，相传《中庸》是其创作。

[8] 孟轲：即孟子，字子舆，战国中期邹国人，是孔子之后儒家最重要的代表人物之一，世称“亚圣”，著有《孟子》。

[9] 沟（kòu）犹瞀（mào）：愚昧。沟，通“怐”，愚。犹，语助词。瞀，愚。

[10] 嚾嚾（huān）然：喧嚣的样子。

[11] 子游：当为“子弓”之误（郭嵩焘说）。　厚：重。

【译文】

粗略地效法先王却不了解他们的纲领，悠然地一副才高志大、见多识广的样子。按照往古的旧闻编造出新的学说，叫做“五行”。非常邪僻而不合礼法，幽深隐微而无法讲说，闭塞不通而难以理解。却粉饰他们的言辞，毕恭毕敬地说：“这才真正是先君子的言论啊！”子思倡导，孟轲应和。世俗间那些愚昧的儒生跟着吵吵嚷嚷却不知道他们的错误，于是接受了他们的学说，并传授它，还以为孔子、子弓因为他们的言论而为后世所重，这就是子思和孟轲所犯的错误。

若夫总方略，齐言行，壹统类，而群天下之英杰，而告之以大古[1]，教之以至顺；奥窔之间[2]，簟席之上[3]，敛然圣王之文章具焉[4]，佛然平世之俗起焉[5]；六说者不能入也，十二子者不能亲也；无置锥之地，而王公不能与之争名，在一大夫之位，则一君不能独畜，一国不能独容；成名况乎诸侯[6]，莫不愿以为臣[7]。是圣人之不得势者也，仲尼、子弓是也。

【注释】

[1]大古：即太古。

[2]奥窔（yào）：堂室之内。奥，屋子的西南角。窔，屋子的东南角。

[3]簟（diàn）席：竹席。

[4]敛然：聚集的样子。

[5]佛（bó）然：兴起的样子。佛，通“勃”。

[6]成：通“盛”。　况：比。

[7]“愿”后脱一“得”字（王引之说）。

【译文】

至于总揽治国的方针、策略，齐同人们的言行，统一国家的纲纪条律，而集合起天下的英雄豪杰，告诉他们古代帝王的业迹，教导他们最高的治国大道；在室堂之内，竹席之上，圣王的典章制度在此具备，太平盛世的风俗在此兴起；上述六种学说不能侵入，十二子也不能亲近；虽然没有立锥之地，但王公大人们不能与他争名；身虽处一大夫之位，但一国的君王不能单独占有他，一个国家不能单独容纳他；他的盛名比同诸侯，君王们没有不希望让他来当自己的臣子的。这是圣人中没有得到权势的人啊！孔子、子弓就是这样的人。

壹天下，财万物[1]，长养人民，兼利天下，通达之属，莫不从服，六说者立息，十二子者迁化，则圣人之得势者，舜、禹是也。今夫仁人也，将何务哉？上则法舜、禹之制，下则法仲尼、子弓之义，以务息十二子之说。如是，则天下之害除，仁人之事毕，圣王之迹著矣。

【注释】

［1］财：通“裁”，控制，安排。

【译文】

统一天下，安排万物，养育人民，使天下人都得到好处，凡能到达的地方，没有不服从的，上述六种学说立刻消失，十二个人也随之转变，弃邪从正，这是圣人中得到权势的人，舜、禹就是这种人。现在的仁人应该做什么呢？对上应效法舜、禹的典章制度，对下应效法孔子、子弓的道义，以求务必平息十二子的学说。像这样，天下的祸害消除了，仁人的事业完成了，圣王的政迹就彰显了。

信信，信也；疑疑，亦信也。贵贤，仁也；贱不肖，亦仁也。言而当，知也；默而当，亦知也。故知默犹知言也。故多言而类，圣人也；少言而法，君子也；多少无法而流湎然［1］，虽辩，小人也。故劳力而不当民务，谓之奸事，劳知而不律先王，谓之奸心，辩说譬谕，齐给便利而不顺礼义，谓之奸说。此三奸者，圣王之所禁也。知而险，贼而神，为诈而巧［2］，言无用而辩，辩不惠而察［3］，治之大殃也。行辟而坚［4］，饰非而好，玩奸而泽，言辩而逆，古之大禁也。知而无法，勇而无惮，察辩而操僻，淫大而用之［5］，好奸而与众，利足而迷，负石而坠，是天下之所弃也。

【注释】

［1］流湎：沉湎。

［2］为：通“伪”，虚伪。

［3］惠：当为“急”字。（王念孙说）。

［4］辟：通“僻”。

［5］大（tài）：同“汰”，骄奢。

【译文】

相信可信的，是诚实；怀疑可疑的，也是诚实。尊重贤能，是仁爱；鄙视不贤的人，也是仁爱。说话恰当，是明智；沉默得当，也是明智。所以懂得沉默如同懂得说话一样。说话多而合乎礼义，是圣人；说话少而合乎法度，是君子；说多说少都不合法度而沉湎其中，即使善辩，也是小人。所以费尽全力而不合百姓的要求，叫做奸事；绞尽脑汁而不合先王的法则，叫做邪心；能说善辩，善用譬喻，反应敏捷而不合礼义，叫做奸说。这三种奸邪是圣王所禁止的。聪明而阴险，心狠手辣而善变，行为奸诈而巧妙，说话不切实际却头头是道，论辩毫无用处却明察秋毫，这是治国的大祸害。行为乖僻而顽固，掩饰错误而巧妙，玩弄阴谋而圆滑，能言善辩而违背常理，这是古代的大忌讳。聪明而不守法度，勇敢而肆无忌惮，明察善辩而行为邪僻，骄奢淫逸而刚愎自用，喜好阴谋诡计而党羽众多，如同爱走捷径而误入迷途，身背石头而掉入深渊，这都是天下人所厌弃的。

兼服天下之心：高上尊贵不以骄人，聪明圣知不以穷人，齐给速通不争先人，刚毅勇敢不以伤人；不知则问，不能则学，虽能必让，然后为德。遇君则修臣下之义，遇乡则修长幼之义，遇长则修子弟之义，遇友则修礼节辞让之义，遇贱而少者则修告导宽容之义。无不爱也，无不敬也，无与人争也，恢然如天地之苞万物[1]。如是，则贤者贵之，不肖者亲之。如是而不服者，则可谓訞怪狡猾之人矣[2]，虽则子弟之中，刑及之而宜。《诗》云[3]：“匪上帝不时[4]，殷不用旧。虽无老成人，尚有典刑。曾是莫听，大命以倾[5]。”此之谓也。

【注释】

[1] 恢然：广大的样子。　苞：通“包”，包括，包容。

[2] 訞：通“妖”，怪异。

[3]《诗》：指《诗经·大雅·荡》。

[4] 匪：通“非”。　时：通“是”。

[5] 大命：国家命运。

【译文】

使天下人心悦诚服的方法是：不因身居要职、地位显贵而傲视别人，不因聪明睿智而刁难别人，不因才思敏捷、反应迅速而与人争先，不因刚毅勇猛而伤害别人；不懂就问，不会就学，即使有才能也要谦让，这样才算有德行。面对君王就要奉行臣下的义务，面对乡亲就要讲究长幼的辈分，面对长辈就要实行子弟之道，面对朋友就要讲究礼节谦让，面对地位卑贱而年纪又小的就要实行教导宽容之道。对人无所不爱，无所不敬，不与人争斗，心胸宽阔得就像天地包容万物一样。如果这样，贤能的人就会尊重你，不肖者也会亲近你。那么还不服从的人，就是那些乖邪狡猾的人了，即使是自己的子弟中人，对他施加刑罚也是应该的。《诗经》中说："不是上帝的不对，而是商纣王抛弃了旧典章。虽然没有了老成持重的大臣，还有典章制度可依循。如连这个也不听，国家因此而倾覆。"说的就是这个道理。

古之所谓士仕者[1]，厚敦者也，合群者也，乐富贵者也，乐分施者也，远罪过者也，务事理者也，羞独富者也。今之所谓士仕者，污漫者也，贼乱者也，恣睢者也，贪利者也，触抵者也[2]，无礼义而唯权势之嗜者也。古之所谓处士者，德盛者也，能静者也，修正者也，知命者也，著是者也。今之所谓处士者，无能而云能者也，无知而云知者也，利心无足而佯无欲者也，行伪险秽而强高言谨悫者也，以不俗为俗，离纵而跂訾者也[3]。

【注释】

[1] 士仕：当为"仕士"（王念孙说）。

[2] 触抵：触犯法律。

[3] 离纵：背离常道。纵，通"踪"。 訾：通"跐"（cǐ），踮脚走路。

【译文】

古代所谓做官的士人，是忠厚老实，团结群众，安于富贵，乐善好施，远离罪过，做事有条理，羞于独自富裕的人。当今所谓做官的士人，是污秽卑鄙，为非作歹，放纵任性，贪图私利，触犯法令，不讲礼义而一心追求权势的人。古代所谓的隐士，是道德高尚，淡泊宁静，行为端正，乐天知命，宣扬正义的人。当今所谓的隐士，是没有才能而自称有才能，没有知识而自称有知识，贪得无厌而假装没有私欲，行为阴险肮脏而自吹谨慎老实，以不顺从世俗为习俗，背离常道而标榜特立独行的人。

士君子之所能不能为：君子能为可贵，不能使人必贵己；

能为可信，不能使人必信己；能为可用，不能使人必用己。故君子耻不修[1]，不耻见污；耻不信，不耻不见信[2]；耻不能，不耻不见用。是以不诱于誉，不恐于诽，率道而行[3]，端然正己，不为物倾侧，夫是之谓诚君子。《诗》云[4]："温温恭人，维德之基。"此之谓也。

【注释】

[1]修：善。

[2]见：被。

[3]率：循。

[4]《诗》：指《诗经·大雅·抑》。

【译文】

士君子所能做和不能做的是：君子能够做到让人尊重，但不能使人一定尊重自己；能够做到让人信任，但不能使人一定信任自己；能够做到被人任用，但不能使人一定任用自己。所以君子以品行不好为羞耻，不以被人污辱为耻；以不讲信用为羞耻，不以不被信任为耻；以没有才能为羞耻，不以不被任用为耻。因此不被名誉所诱惑，不被诽谤所吓倒，按照道义行事，严肃地端正自己，不为外物所动摇，像这样才是真正的君子。《诗经》中说："温和谦恭的人啊，以道德为基础。"说的就是这样的人。

士君子之容：其冠进[1]，其衣逢[2]，其容良[3]，俨然[4]，壮然[5]，祺然[6]，蕼然[7]，恢恢然，广广然，昭昭然，荡荡然，是父兄之容也。其冠进，其衣逢，其容悫，俭然，恀然[8]，辅然，端然，訾然[9]，洞然，缀缀然[10]，瞀瞀然[11]，是子弟之容也。

【注释】

[1]进：通"峻"，高。

[2]逢：宽大。

[3]良：温和。

[4]俨然：庄重的样子。

[5]壮然：威武的样子。

[6]祺然：安详的样子。

[7]蕼（sì）然：宽舒的样子。

[8]恀（chǐ）然：温顺的样子。

[9]訾（zī）然：勤勉的样子。

[10]缀缀然：亲附的样子。

[11]瞀瞀然：拘谨的样子。

【译文】

士君子的容貌是：他的帽子高高，他的衣服宽大，他的面容温和、庄严、威武、安详、宽舒、大方、开阔、明朗、坦荡，这是父兄的仪态。他的帽子高高，他的衣服宽大，他的面容诚实、谦虚、温顺、亲切、端正、勤劳、恭敬、亲附、拘谨，这是子弟的仪态。

吾语汝学者之嵬容[1]：其冠絻[2]，其缨禁缓[3]，其容简连；填填然，狄狄然[4]，莫莫然，瞡瞡然[5]，瞿瞿然[6]，尽尽然，盱盱然[7]。酒食声色之中则瞒瞒然[8]，瞑瞑然；礼节之中则疾疾然，訾訾然；劳苦事业之中则儢儢然[9]，离离然[10]，偷儒而罔[11]，无廉耻而忍謑詢[12]。是学者之嵬也。

【注释】

[1]嵬容：怪异的容貌。

[2]絻：当为“俛”，俯。

[3]缨：帽带。　禁：通“紟”，腰带。

[4]狄狄然：跳跃的样子。狄，通“趯”（yuè）。

[5]瞡瞡（guī）然：见识短浅的样子。瞡，同“规”。

[6]瞿瞿然：左右顾盼的样子。

[7]盱盱（xū）然：瞪目直视的样子。

[8]瞒瞒然：闭目的样子。

[9]儢儢（lǚ）：懈怠的样子。

[10]离离然：不亲自动手的样子。

[11]儒：通“懦”。　罔：不怕别人议论。

[12]謑詢（xǐ gòu）：同“謑诟”，辱骂。

【译文】

我告诉你们那些学者的丑态：帽子戴得很低，帽带和腰带系得很松，神态傲慢；得意洋洋，时而上窜下跳，时而沉默寡言，见识鄙陋，时而左顾右盼，消沉沮丧，时而瞪目直视。吃喝玩乐时沉醉迷乱；行使礼仪时骂骂咧咧，口出怨言；从事艰苦的劳动时，懒散懈怠，躲躲藏藏，苟且偷安而不怕指责，没有廉耻而忍受辱骂。这就是那些学者的丑态。

弟陀其冠[1]，神禫其辞[2]，禹行而舜趋，是子张氏之贱儒也[3]。正其衣冠，齐其颜色，嗛然而终日不言[4]，是子夏氏之贱儒也[5]。偷儒惮事，无廉耻而耆饮食[6]，必曰："君子固不用力"，是子游氏之贱儒也[7]。彼君子则不然，佚而不惰[8]，劳而不僈[9]，宗原应变，曲得其宜，如是，然后圣人也。

【注释】

[1] 弟（tuí）佗：颓唐，形容帽子歪斜。

[2] 神禫（chōng dàn）：通"冲淡"。

[3] 子张：姓颛孙，名师，春秋时陈国人，孔子的弟子。

[4] 嗛（xián）然：口中衔着东西的样子。

[5] 子夏：姓卜，名商，春秋时卫国人，孔子的弟子。

[6] 耆：通"嗜"，爱好。

[7] 子游：姓言，名偃，字子游，春秋时吴国人，孔子的弟子。

[8] 佚：通"逸"，安逸。

[9] 僈：通"慢"，懈怠，怠惰。

【译文】

帽子歪歪斜斜，说话平淡寡味，模仿禹、舜走路的样子，这是子张氏一类的贱儒生。衣冠齐整，面色庄重，嘴里像含着东西一样整天不说话，这是子夏氏一类的贱儒生。苟且、懦弱、胆小怕事，没有廉耻而嗜好吃喝，总是说："君子本来就不用劳作"，这是子游氏一类的贱儒生。君子却不这样，他们安逸而不懒惰，辛劳而不懈怠，遵守原则而又随机应变，各方面都处理得恰到好处，像这样，然后才能成为圣人。

【评析】

终其一生，荀子都在寻找一位能够一统天下的明君，其著书立说无不由此出发。他在《非十二子》中写道：想要"兼服天下"，就得遵循长幼尊卑之序，秉持宽容辞让之礼，甚至还得做到泛爱众生。这种表面上的与世无争，底下却潜伏着欲得人心而王天下的宏图大志。在荀子立下的"行为规范"中，有一条所谓"遇贱而少者则修告导宽容之义"，然而放到现实里，荀子本人都未必能做到"恢然如天地之苞万物"，至少在《非十二子》中，我们就看不到他所推崇的包容一切的雅量。

荀子开篇即骂："假今之世，饰邪说，文奸言，以枭乱天下，矞宇嵬琐，使天下混然不知是非治乱之所存者有人矣。"言下之意，这些人似乎都是恶贯满盈，贻害天下，罪无可赦，直当立惩不贷。紧接着，荀子一口气批倒它嚣、魏牟、陈仲、史鰌、墨翟、宋鈃、慎到、田骈、惠施、邓析、子思、孟轲十二子，将他们的学说归为六种类型，一一指出弊病："不足以合文通治"、"不足以合大众，明大分"、"不足以容辨异，县君臣"、"倜然无所归宿，不可以经国定分"、"辩而无用，多事而寡功，不可以为治纲纪"、"甚僻违而无类，幽隐而无说，闭约而无解"。荀子衡量诸子学说的唯一标准就是能否为现实政治所用，否则一律归之为"欺惑愚众"的"邪说"。篇末，荀子更是怒斥子张氏、子夏氏、子游氏三派儒家后学为"贱儒"，言辞酷烈，流露出深恶痛绝的个人情感。郭沫若以为"荀子骂人每每不揭出别人的宗旨，而只是在枝节上作人身攻击"（《十批判书·儒家八派的批判》）。我们通过《非十二子》这篇檄文也的确感受到了浓重的火药味。荀子在《荣辱》篇中曾经说起："伤人之言，深于矛戟。"现在却是他自己举起矛戟，想要进行一场思想上的清敌运动。"今夫仁人也，将何务哉？上则法舜、禹之制，下则法仲尼、子弓之义，以务息十二子之说，如是则天下之害除，仁人之事毕，圣王之迹著矣。"荀子身处"诸侯异政，百家异说"（《解蔽》）的乱世，他亲眼目睹了长期分裂格局所造成的山河破败、礼崩乐坏，使他产生了对于"四海之内若一家"（《议兵》）的深切渴望。统一思想的最终目的还是为了成就统一天下的霸业，故而荀子"总方略，齐言行，壹统类"，视十二子为阻挠大一统进程的天下大患，断言"圣王起，所以先诛也"（《非相》）。秦灭六国后，李斯主张"焚书坑儒"，这等极端行为也正显示出了荀子的思想投影。到了汉代，武帝采纳董仲舒的建议，"罢黜百家、独尊儒术"，开儒学正统之先声，似乎同样缘自荀子的理论。

相比之下，《庄子·天下》虽然也是先秦学术史著作，却有着与《非十二子》迥然不同的学术气度与思想倾向。《天下》篇把超越百家学说、遍包宇宙万物的“古之道术”作为学术的最高境界，惜叹“后世之学者，不幸不见天地之纯，古人之大体”，认定“道术将为天下裂”；但同时也对各派学说的历史起源和自身价值进行了褒贬得当的客观评论，并肯定了百家之学“皆有所长，时有所用”。钱钟书先生曾以《非十二子》与《天下》篇为例，论述荀、庄两派的学术思想差异：“荀门户见深，伐异而不存同，舍仲尼、子弓外，无不斥为‘欺惑愚众’，虽子思、孟轲亦勿免于‘非’、‘罪’之诃焉。庄固推关尹、老聃者，而豁达大度，能见异量之美，故未尝非‘邹鲁之士’，称墨子曰‘才士’，许彭蒙、田骈、慎到曰‘概乎皆尝有闻’；推一本以贯万殊，明异流之出同源，高瞩遍包，司马谈殆闻其风而说者欤？”（《管锥编·史记会注考证》）他恰如其分地点评了《非十二子》中的偏颇意识与《天下》篇中的宽容精神。青史为鉴，对于学术思想乃至政治、军事、商业、科技、艺术等各个领域的百家争鸣，究竟应当独尊一统还是兼收并蓄？毋庸置疑，一切粗暴的手段只能给文明带来毁灭性的灾难，而给我们自身留下追悔莫及的感伤。与其执意专断地恪守己见，面对异己力量谩骂不休，不若虚怀兼顾，去其糟粕而取其菁华，因为这将是维护国家持久兴盛与政局长期平衡的唯一杠杆。

仲尼

【题解】

本文主要阐述了两个问题：一是治国之王道。荀子指出齐桓公任用管仲完成霸业有其合理性与必然性，但为仲尼之徒所不耻，因为他实行的是霸道，而并非是以政治教化和礼义制度为治国原则的王道，“彼非本政教也，非致隆高也，非綦文理也，非服人之心也”。二是君子“持宠、处位终身不厌之术”的为官之道。荀子强调，君子要得到君主宠幸，保住高位，一方面要加强自身道德修养，恭敬谦逊；另一方面要忠诚地侍奉君主，始终坚持以礼法作为“通天下之行术”。

仲尼之门人[1]，五尺之竖子，言羞称乎五伯[2]，是何也？曰：然。彼诚可羞称也。齐桓[3]，五伯之盛者也，前事则杀兄而争国[4]；内行则姑、姊、妹之不嫁者七人，闺门之内，般乐、奢汏[5]，以齐之分奉之而不足[6]；外事则诈邾[7]，袭莒[8]，并国三十五。其事行也若是其险污、淫汏也，彼固曷足称乎大君子之门哉？

【注释】

[1]人：当为衍文（王念孙说）。下同。

[2]五伯：即春秋五霸。荀况以齐桓公、晋文公、楚庄王、吴王阖闾、越王勾践为五伯。

[3]齐桓：齐桓公，姓姜，名小白，以管仲为相，成为春秋时期的第一个霸主。

[4]杀兄而争国：公元前686年，齐襄公昏庸无道，齐国将乱，管仲、召忽奉公子纠出奔鲁国，鲍叔奉公子小白出奔莒国。第二年，齐襄公被杀，小白先回到齐国，立为桓公，并迫使鲁国杀死了哥哥公子纠。

[5]般（pán）乐：过度玩乐。　奢汏：奢侈。汏，同“汰”，侈。

[6]分：半，指赋税的一半。

[7]邾（zhū）：古国名，在今山东邹县一带。

[8]袭莒（jǔ）：指桓公与管仲谋划攻打莒国一事。莒，古国名，在今山东莒县一带。

【译文】

孔子的门下，五尺高的童子都以谈论五霸为耻。这是为什么呢？回答说：是的。五霸确实让人感到羞耻。齐桓公，是五霸中最负盛名的一个，以前他杀死自己的哥哥来争夺国家的政权；家内姑姑、姐姐、妹妹中没有出嫁的有七人，在宫廷闺门中，纵情享乐，奢侈无度，以齐国赋税的一半奉养她们还不够；对外则是欺诈邾国，袭击莒国，吞并了三十五个诸侯国。他的所作所为是这样的阴险、污秽、淫逸、奢侈，他哪里有资格被孔子的门下所称道呢？

若是而不亡，乃霸，何也？曰：於乎[1]！夫齐桓公有天下之大节焉，夫孰能亡之？倓然见管仲之能足以托国也[2]，是天下之大知也。安忘其怒，出忘其仇[3]，遂立以为仲父，是天下之大决也。立以为仲父，而贵戚莫之敢妒也；与之高、国之位[4]，而本朝之臣莫之敢恶也；与之书社三百[5]，而富人莫之敢距也[6]。贵贱长少，秩秩焉，莫不从桓公而贵敬之[7]，是天下之大节也。诸侯有一节如是，则莫之能亡也；桓公兼此数节者而尽有之，夫又何可亡也？其霸也，宜哉！非幸也，数也[8]。

【注释】

[1] 於乎：同“呜呼”。

[2] 倓（tán）然：安然不疑的样子。　管仲：名夷吾，字仲，春秋时著名的政治家，起初辅助公子纠，纠被杀后，经鲍叔推荐做了齐相，帮助桓公成就了霸业，桓公尊之为“仲父”。

[3] “安忘”二句：指齐襄王被杀后，公子小白与纠争夺王位，管仲曾带兵拦击回齐国的公子小白，并用箭射中其衣带钩，小白装死逃脱。后小白立为桓公，不记前嫌，用管仲为相。安，语气词。出，当为衍文（王念孙说）。

[4] 高、国：指高氏和国氏，均是齐国世袭贵族，位列上卿。

[5] 书社：按社登记入册的人口和土地。古代二十五家立社，社内户口登录在簿册上。

[6] 距：通“拒”。

[7] 秩秩：有顺序的样子。

[8] 数：必然性。

【译文】

像这样却没有灭亡，反而称霸，为什么呢？回答说：哎！齐桓公掌握了治理天下的大原则，谁还能使他灭亡呢？毫不怀疑地预见管仲的治国才能，完全可以把整个国家托付给他，这是天下的大智慧啊！忘记了对管仲的愤怒，忘记了对管仲的仇恨，进而尊称他为仲父，这是天下最英明的决断啊！尊称管仲为仲父，而贵族和皇亲国戚们没有人敢忌妒他；给他高氏、国氏那样尊贵的地位，而朝廷上的大臣们没有人敢怨恨他；给他三百社的封地，而富人们没有人敢抗拒他。不管是尊贵的，还是卑贱的，年长的，还是年幼的，都井然有序，没有人不顺从桓公并都尊敬他，这是治理天下的大原则。诸侯们只要掌握了其中的一个原则，就没有人能灭掉他；桓公把这几个原则都掌握了，又怎么可能灭亡呢？桓公称霸是理所当然的啊！并非侥幸，而是必然的。

然而仲尼之门人，五尺之竖子，言羞称乎五伯，是何也？曰：然。彼非本政教也，非致隆高也[1]，非綦文理也[2]，非服人之心也。乡方略[3]，审劳佚[4]，畜积、修斗而能颠倒其敌者也。诈心以胜矣。彼以让饰争，依乎仁而蹈利者也，小人之杰也，彼固曷足称乎大君子之门哉？

【注释】

[1] 致：极。

[2] 綦（qí）：极。

[3] 乡：通“向”，趋向，崇尚。

[4] 佚：通“逸”，安逸。

【译文】

然而孔子的门下，五尺高的童子都以谈论五霸为耻。这是为什么呢？回答说：是的。因为五霸没有把政治教化作为治国之本，没有把礼义推崇到应有的高度，没有使礼义制度极有条理，没有使人心悦诚服。他们只是注重方法谋略，注意使百姓劳逸结合，蓄积财物，加强战备因而能够倾覆他的敌人。他们是用欺诈之心来取胜的。是以礼让来掩饰争斗，打着仁爱的名义而谋求利益的人，是小人中的杰出者，他们哪有资格被孔子的门人称道呢？

彼王者则不然。致贤而能以救不肖，致强而能以宽弱，战必能殆之而羞与之斗，委然成文以示之天下，而暴国安自化矣，有灾缪者，然后诛之[1]。故圣王之诛也，綦省矣。文王诛四[2]，武王诛二[3]，周公卒业[4]，至于成王则安以无诛矣。故道岂不行矣哉？文王载百里地而天下一，桀、纣舍之，厚于有天下之势而不得以匹夫老。故善用之，则百里之国足以独立矣；不善用之，则楚六千里而为仇人役[5]。故人主不务得道而广有其势，是其所以危也。

【注释】

[1] 缪：通“谬”，谬戾。

[2] 文王诛四：指文王讨伐了密、阮、共、崇四个小国（在今陕西、甘肃一带）。

[3] 武王诛二：指武王讨伐了商朝和奄国（在今山东曲阜一带）。

[4] 周公卒业：指周公帮助武王灭商，后又辅佐成王执政，平定了叛乱，完成了周王朝的最后大业。

[5] 楚：春秋战国时的诸侯大国，在今湖北和湖南一带，后为秦所灭。

【译文】

那王者就不这样。他们自己极其贤能却能帮助不贤能的人，极其强大却能宽容弱者，打仗一定能战胜对方但耻于进行战争，将灿烂的礼文昭示于天下，强暴的国家自然就会转化了，对那些有危害和谬误的国家才加以讨伐。所以说圣王讨伐的国家是极少的。文王只讨伐了四个，武王讨伐了两个，周公最后完成了大业，到了成王时天下安定就没有可讨伐的了。所以大道哪能不会实行呢？文王凭借方圆百里的土地而统一了天下，桀、纣抛弃了大道，虽然掌握了统治天下的大权却不能像普通百姓一样活到老。所以善用治国之道，百里见方的小国也足以独立生存；不善于运用治国之道，就像楚国那样虽拥有六千里广阔的土地还是被仇敌所驱使。所以一国之君不努力追求治国之道而只扩大他的势力，是他所以危险的原因。

持宠、处位终身不厌之术：主尊贵之，则恭敬而僔[1]；主信爱之，则谨慎而嗛[2]；主专任之，则拘守而详；主安近之，则慎比而不邪[3]；主疏远之，则全一而不倍[4]；主损绌之[5]，则恐惧而不怨。贵而不为夸，信而不处谦[6]，任重而不敢专，财利至则善而不及也，必将尽辞让之义然后受，福事至则和而理，祸事至则静而理，富则施广，贫则用节，可贵、可贱也，可富、可贫也，可杀而不可使为奸也，是持宠、处位终身不厌之术也。虽在贫穷徒处之势，亦取象于是矣，夫是之谓吉人。《诗》云[7]："媚兹一人[8]，应侯顺德。永言孝思，昭哉嗣服[9]。"此之谓也。

【注释】

[1]僔（zǔn）：通"撙"，谦让。

[2]嗛：同"谦"，谦虚。

[3]慎：通"顺"，顺从。

[4]倍：通"背"。

[5]绌：通"黜"，罢免。

[6]谦：通"嫌"，嫌疑。

[7]《诗》：指《诗经·大雅·下武》。

[8]媚：爱。

[9]昭：光明。 嗣：继承。 服：事。

【译文】

保住尊崇，守住职位，终身不被厌弃的方法是：君主尊重你，你就要恭敬而谦让；君主信任、爱护你，你就要谨慎谦虚；君主把大权交托给你，你就要安于职守详明法度；君主亲近你，你就要顺从亲附而不邪恶；君主疏远你，你就要一心一意、忠心耿耿而不背叛；君主贬损、罢免你，你就要心怀恐惧而不怨恨。富贵了也不奢侈，得到信任也要避免嫌疑，承担重任时也不敢独断专行，财利来临时，而自己的善行还不足以得到它，就一定要尽谦让之礼才接受，吉事来临时就要平和地对待它，祸事来临时就要冷静地处理它，富裕了就要广施恩惠，贫穷了就要节俭费用，要做到可以富贵，也可以卑贱，可以富裕，也可以贫穷，可以被杀头，却不可以被迫使去做奸邪的事，这是保住尊崇，守住职位，终身不被厌弃的方法。即使身在贫穷、孤独的情况下，也要按上述方法去做，这就可以叫做吉祥的人了。《诗经》中说："可爱的武王，能够继承祖先的美德。永远心怀忠孝之心，多么光明呀，继承了祖先的大业。"说的就是这种人。

求善处大重，理任大事[1]，擅宠于万乘之国，必无后患之术：莫若好同之，援贤博施，除怨而无妨害人。能耐任之[2]，则慎行此道也。能而不耐任，且恐失宠，则莫若早同之，推贤让能，而安随其后。如是，有宠则必荣，失宠则必无罪，是事君者之宝而必无后患之术也。故知者之举事也，满则虑嗛[3]，平则虑险，安则虑危，曲重其豫[4]，犹恐及其祸，是以百举而不陷也。孔子曰："巧而好度必节，勇而好同必胜，知而好谦必贤。"此之谓也。愚者反是。处重擅权，则好专事而妒贤能，抑有功而挤有罪，志骄盈而轻旧怨，以悋啬而不行施道乎上[5]，为重招权于下以妨害人，虽欲无危，得乎哉？是以位尊则必危，任重则必废，擅宠则必辱，可立而待也，可炊而僥也[6]。是何也？则堕之者众而持之者寡矣[7]。

【注释】

［1］理：当为衍文（俞樾说）。

［2］能：当为衍文（王念孙说）。下句"能而不耐任"中"能"同。　耐：通"能"，能够。

［3］嗛：满足。

［4］曲：周全。　豫：准备。

［5］悋啬：同"吝啬"。

［6］僥：通"竟"，尽。

［7］堕：毁。

【译文】

谋求善于保持高位，掌握大权，能够在万乘之国中独得君主的宠幸，而又一定没有后患的方法是：没有比和君主同心同德更好的了，推荐贤人，广施恩惠，消除怨恨而又不妨害别人。有能力胜任这种职务，就要谨慎地奉行此道；如果不能胜任，而且害怕失去宠幸，那就不如及早和君主同心同德，推荐贤人，让位给有才能的人，而心甘情愿地跟随在他的后面。像这样，得到宠幸就一定光荣，失去宠幸就一定没有罪过，这是侍奉君主的法宝，而又一定没有后患的方法。所以聪明的人行事，盈满了就要考虑到不足，顺利时就要考虑到艰险，安全时就要考虑到危险，周全地做好防范，还担心遭到祸患，所以做什么事也不会有失误了。孔子说："灵巧而爱好法度就一定能做的很恰当，勇敢而又能与人同心协力就一定会胜利，聪明而又谦虚就一定贤德。”说的就是这个道理。愚蠢的人相反。他们处在高位独揽大权时，就喜欢独断专行、妒贤忌能，压制有功的人而排挤有罪过的人，态度傲慢而轻视过去的旧怨，在上吝啬不行施舍之道，在下为了抬高身份则招揽权力来妨害别人，即使想没有危险，能办得到吗？所以职位高了就必然危险，权力大了就必然被罢免，独受宠幸就必定会遭受耻辱，这种结果稍立片刻就可到来，做一顿饭的工夫就可以发生。这是为什么呢？就是因为毁坏他的人多而扶持他的人少啊！

天下之行术：以事君则必通，以为仁则必圣[1]，立隆而勿贰也[2]。然后恭敬以先之，忠信以统之，慎谨以行之，端悫以守之，顿穷则从之，疾力以申重之。君虽不知，无怨疾之心；功虽甚大，无伐德之色[3]；省求，多功，爱敬不倦：如是，则常无不顺矣。以事君则必通，以为仁则必圣，夫是之谓天下之行术。少事长，贱事贵，不肖事贤，是天下之通义也。有人也，势不在人上，而羞为人下，是奸人之心也。志不免乎奸心，行不免乎奸道，而求有君子、圣人之名，辟之，是犹伏而咶天[4]，救经而引其足也[5]。说必不行矣，俞务而俞远[6]。故君子时诎则诎[7]，时伸则伸也。

【注释】

[1] 为仁：做人。与“事君”相对为义（俞樾说）。仁，通“人”。

[2] 隆：崇高，此处指礼法。

[3] 伐：自夸。

[4] 辟：通“譬”。 咶（shì）：通“舐”。

[5] 经：上吊。

[6] 俞：通“愈”，越。

[7] 诎：通“屈”，屈服。

【译文】

通行于天下的方法：用它来侍奉君主就一定通达，用它来做人就一定圣明，确立以礼法作为最高准则而不能动摇。然后以恭敬来引导它，以忠信来统率它，谨慎地实行它，真诚地守护它，处境困顿时就要努力地反复重申它。君主即使不了解，也没有怨恨之心；功劳即使很大，也没有夸耀的神色；要求少，功劳多，敬爱君主始终不倦：像这样，就不会经常碰到不顺的时候了。用它来侍奉君主就一定通达，用它来做人就一定圣明，这就叫做通行于天下的方法。年少的侍奉年长的，卑贱的侍奉尊贵的，不贤的侍奉贤能的，这是天下普遍的原则。有这样一种人，地位不在别人之上却耻于居于人下，这是奸邪人的心思。思想上不免有奸诈的想法，行为上不免有奸邪的做法，却谋求君子、圣人的名声，打个比方说，就像趴在地上去舐天，解救上吊的人却拉他的脚。这种做法是行不通的，离目标愈走愈远。所以君子在时势要求屈从时就屈从，在时势要求大显身手时就要大显身手。

【评析】

司马迁在《史记·管晏列传》中对管仲辅佐齐桓公的功业作了这样的概括："管仲既用，任政于齐，齐桓公以霸，九合诸侯，一匡天下，管仲之谋也。" 在管仲的政治实践中，"霸业"与"德治"作为其思想学说中的重要两端发挥了重要的作用。一方面，他十分重视"礼"在治国中的地位和作用，把礼、义、廉、耻视为"国之四维"，这使他赢得了孔子"微管仲，吾其被发左衽矣"（《论语·宪问》）的盛赞，并将其一部分礼义思想加以继承发展。但是管仲同时提出的另外一个重要思想"仓廪实则知礼节，衣食足则知荣辱"（《管子·牧民》）则被忽略了。孔子既不熟谙怎样才能让老百姓"仓廪实、衣食足"，也不感觉让老百姓过上富裕的日子最是重要，甚至鄙视立志务农的人，在《论语》中公然把向他请教怎样种庄稼的樊迟说成是小人。这应当与孔子并无实际从政经验有关。先秦诸子大多是坐而论道之士，笔下纵有千言，手中却无寸柄。管仲算是一个少有的例外，身居要职使他可以将自己的理论变为现实。

这样来看，管仲另一方面主张创立新法，以法律手段推行经济、军事等政策，以达到富国强兵的目的就属理所应当。在具体的实践过程中，两者被颇具策略性地结合在一起。在辅佐齐桓公争霸的过程中，管仲利用周天子的招牌，提出"尊王攘夷"的口号，使齐国打败了北边的山戎，控制了南边楚国的进犯，并吞灭了许多小国，也就是荀子所说的"并国三十五"，使齐国由西周初封时处于海滨徐、莱之间方圆百里的国家，发展成为春秋时代举足轻重的大国。而由于身处时代的不同，与孔子相比，荀子在尊君、富民等思想上与管仲有更多的投机契合之处。荀子曾至齐"稷下学宫" 讲学，而这个学术研讨场所的主流学术思想正是管仲学说。

孔子虽然对管仲维护中原礼仪文化传统，使民数世受其利的功勋赞誉有加，但同时也批评了管仲在执政后期生活过分奢侈，有违“礼”的原则，认为有僭越之嫌。孔子甚至尖刻地讥讽说：“管氏而知礼，孰不知礼？”（《论语·八佾》）而在这个问题上，荀子则给予了折衷的认同：“立以为仲父，而贵戚莫之敢妒也；与之高、国之位，而本朝之臣莫之敢恶也；与之书社三百，而富人莫之敢距也。”虽是就齐桓公重用管仲的英明决断之处而言，但也可据此推断荀子对管仲居官不崇俭的态度：这是管仲不尽善的地方，不值得称道，但相比管仲对齐桓公的辅佐之功，所谓不崇俭也就微不足道了。

儒效

【题解】

本文主要讨论了儒者的社会作用、行为品德以及政治理想。首先，荀子认为儒者为官会使政治美好，为民则使风俗淳朴，他极力推崇像周公一样的“大儒”，认为他们能实行“法后王，统礼义，一制度”的政治主张，在统一和治理天下中发挥着不可替代的作用。其次，荀子还热情讴歌了圣人的理想人格，认为圣人集天下大道和百王之道于一身，是大道的枢要，“圣人也者，道之管也。此外，荀子还提出“圣人也者，人之所积”的观点，认为圣人并不是天生的，而是后天长期实践形成的，因此普通人皆可以成为圣人。

大儒之效[1]：武王崩[2]，成王幼，周公屏成王而及武王以属天下[3]，恶天下之倍周也[4]。履天子之籍[5]，听天下之断[6]，偃然如固有之[7]，而天下不称贪焉；杀管叔，虚殷国[8]，而天下不称戾焉[9]；兼制天下，立七十一国，姬姓独居五十三人，而天下不称偏焉。教诲、开导成王，使谕于道，而能揜迹于文、武[10]。周公归周，反籍于成王，而天下不辍事周，然而周公北面而朝之。天子也者，不可以少当也，不可以假摄为也。能则天下归之，不能则天下去之，是以周公屏成王而及武王以属天下，恶天下之离周也。成王冠[11]，成人，周公归周反籍焉，明不灭主之义也。周公无天下矣，乡有天下[12]，今无天下，非擅也[13]；成王乡无天下，今有天下，非夺也，变势次序节然也。故以枝代主而非越也[14]，以弟诛兄而非暴也，君臣易位而非不顺也。因天下之和，遂文、武之业，明枝主之义，抑亦变化矣，天下厌然犹一也[15]。非圣人莫之能为，夫是之谓大儒之效。

【注释】

[1] 效：作用。

[2] 崩：古时君主去世称“崩”。

[3]屏(bǐng):庇护。 及:兄终弟继为及。 属:使……归属。

[4]倍:通“背”。

[5]履:登上。 籍:通“阼”,帝位。

[6]听:察。

[7]偃然:心安理得的样子。

[8]杀管叔,虚殷国:武王死后,年幼的成王继位,周公摄政,管叔等人不服,于是策动商纣王的儿子武庚带领殷国遗民一起造反。周公东征平叛,杀了二人,将殷民迁到洛邑,殷都变成了废墟。管叔,武王的弟弟,周公旦的哥哥叔鲜,被封于管(今河南郑州),故称为管叔。虚,通“墟”。

[9]戾:残暴。

[10]揜(yǎn):承袭。

[11]冠(guàn):古代男子二十行加冠之礼,表示成人。

[12]乡:通“向”,从前。下同。

[13]擅:通“禅”,禅让。

[14]枝:枝子,嫡长子以外的宗族子孙。周公系武王之弟,故称“枝”。

[15]厌(yān)然:安然。

【译文】

大儒的作用是:武王死时,成王还年幼,周公旦庇护成王继承了武王的大业来维系天下,是因为恐怕天下人背叛周王朝。他摄政之后,处理天下政事,好像自己本来就拥有这权力一样,而天下人却并不说他贪心;他杀死了管叔,迁移了殷民使殷都变成了废墟,而天下人却不认为他暴戾;全面控制了天下,分封了七十一个诸侯国,仅姬姓就占据了五十三个,而天下人却不认为他偏袒。教诲开导成王,使成王明晓治国大道,而能沿袭文王、武王的足迹前进。周公把天下和王位归还成王,而天下人没有停止侍奉周朝,然而周公自己也立于臣位向北朝拜。天子这个职位,不可以由年幼的人来承担,不可以由别人代为行事。天子有能力天下人就会归顺他,没有能力天下人就会抛弃他,所以周公旦庇护成王,继承了武王来维系天下,是因为恐怕天下人背叛周王朝。成王行了冠礼,长大成人了,周公把天下和王位返还他,表明他不敢泯灭主上的道义。周公没有天下了,从前拥有天下,现在没有了天下,并不是禅让;成王从前没有天下,现在拥有了天下,并不是篡夺,地位次序的变化应该是这样。所以周公以旁枝的身份来代替君主执政并不算越权,以弟弟的身份诛杀兄长并不算暴虐,君与臣交换位置也不算不顺。凭借天下的和平局面，完成了文王和武王的事业，表明了旁枝与君主之间的道义，虽然也有一些变化，天下还是安安稳稳地统一着。只有圣人能做到这一点，这就叫做大儒的作用。

秦昭王问孙卿子曰[1]："儒无益于人之国？"孙卿子曰："儒者法先王，隆礼义，谨乎臣子而致贵其上者也。人主用之，则势在本朝而宜；不用，则退编百姓而悫，必为顺下矣。虽穷困冻餧[2]，必不以邪道为贪；无置锥之地，而明于持社稷之大义；呜呼而莫之能应[3]，然而通乎财万物、养百姓之经纪[4]。势在人上则王公之材也，在人下则社稷之臣，国君之宝也。虽隐于穷阎漏屋[5]，人莫不贵之，道诚存也。仲尼将为司寇[6]，沈犹氏不敢朝饮其羊[7]，公慎氏出其妻[8]，慎溃氏踰境而徙[9]，鲁之粥牛马者不豫贾[10]，必蚤正以待之也[11]。居于阙党[12]，阙党之子弟罔不分[13]，有亲者取多，孝弟以化之也。儒者在本朝则美政，在下位则美俗，儒之为人下如是矣。"

【注释】

[1]秦昭王：即秦昭襄王，名稷。　孙卿子：即荀子。

[2]餧：同"馁"，饥饿。

[3]呜呼：呼号。呜，当为"嘄"字之误，"嘄"同"叫"（王念孙说）。

[4]财：通"裁"。　经纪：纲纪。

[5]阎：里巷。　漏：通"陋"。

[6]司寇：春秋战国时的最高司法官。

[7]沈犹氏：春秋时鲁国人。《家语》云："沈犹氏常朝饮其羊以诈市人。"

[8]公慎氏：春秋时鲁国人。《家语》云："公慎氏妻淫不制。"

[9]慎溃氏：春秋时鲁国人。《家语》云："慎溃氏奢侈踰法。"

[10]粥：通"鬻"，卖。　豫贾：虚定高价。豫，欺骗。贾，通"价"。

[11]蚤：通"早"。

[12]阙党：阙里，孔子故里。

[13]罔：通"网"。　不：通"罘（fú）"，捕兽的网。

【译文】

秦昭王问荀子说："儒者对于国家没有什么益处吧？"荀子说："儒者

效法先王，遵循礼义，谨慎地守着臣子的职位而极其尊敬他的君主。君主用他，他在朝廷做事很合适；不用他，就会退居民间老实地生活，必定是一个顺从的百姓。即使穷困受冻挨饿，也不会用歪门邪道去贪求财利；即使无立足之地，也明白维持社稷的重要性；即使奋声疾呼而无人响应，可他们通晓管理万物、抚育百姓的纲纪。职位在别人之上就会具有王公大臣的才干，职位在别人之下也是社稷的大臣，国家的珍宝。即使隐居于偏僻的小巷和简陋的小屋里，人们也没有不尊重他的，大道掌握在他们手中。孔子将要做鲁国的司寇时，沈犹氏不敢在早晨让他的羊喝水，公慎氏休掉了自己荒淫的妻子，慎溃氏越过边境逃走了，鲁国卖牛、卖马的也不敢哄抬价格了，他们必定要及早改正自己的行为来待孔子。孔子住在阙党时，阙党的子弟将网获的鱼兽分配时，有父母的必定多分些，这是孔子的孝悌感化了他们。儒者在朝廷上做官就会使政治美好，在下做百姓就会使风俗淳朴，儒者作为臣民就是这样啊！”

王曰：“然则其为人上何如？”孙卿曰：“其为人上也广大矣：志意定乎内，礼节修乎朝，法则度量正乎官，忠信爱利形乎下，行一不义、杀一无罪而得天下，不为也。此君义信乎人矣，通于四海，则天下应之如讙[1]。是何也？则贵名白而天下治也[2]。故近者歌讴而乐之，远者竭蹶而趋之[3]，四海之内若一家，通达之属莫不从服，夫是之谓人师。《诗》曰[4]：‘自西自东，自南自北，无思不服[5]。’此之谓也。夫其为人下也如彼，其为人上也如此，何谓其无益于人之国也？”昭王曰：“善。”

【注释】

[1]讙（huān）：喧，齐声回答。

[2]治：当为“愿”字（顾千里说）。

[3]竭蹶：竭尽全力，不辞劳苦。

[4]《诗》：指《诗经·大雅·文王有声》。

[5]思：语助词。

【译文】

秦昭王说：“那么儒者位在人上，又怎么样呢？”荀子回答说：“儒者位在人上作用就大了：他内心有坚强的意志，善于运用礼节整治朝廷，使法律准则及规章制度在各级官吏中得以公正实施，使忠诚、老实、仁爱的品德流行于天下，做一件不义的事情，杀害一个无罪的人而得到天下，他也不做。这样君主的道义就会取信于民，传遍四海，天下人就像异口同声地欢呼一样来响应。这是为什么呢？是因为他尊贵的名声显著，而天下得到治理一样。所以近处的人歌颂欢迎他，远处的人不辞劳苦来投奔他，四海之内就像一家人，凡是能到达的地方没有不服从的，这就叫做人民的表率。《诗经》中说：'从西到东，从南到北，没有哪个人不服从。'说的就是这种情况。儒者位在人下像那样，位在人上像这样，怎么能说他对于国家没有益处呢？"昭王说："好啊！"

先王之道，仁之隆也，比中而行之[1]。曷谓中？曰：礼义是也。道者，非天之道，非地之道，人之所以道也，君子之所道也。君子之所谓贤者，非能遍能人之所能之谓也；君子之所谓知者，非能遍知人之所知之谓也；君子之所谓辩者，非能遍辩人之所辩之谓也；君子之所谓察者，非能遍察人之所察之谓也：有所正矣[2]。相高下，视墝肥[3]，序五种[4]，君子不如农人；通货财，相美恶，辩贵贱，君子不如贾人；设规矩，陈绳墨，便备用，君子不如工人；不恤是非然不然之情，以相荐撙[5]，以相耻怍[6]，君子不若惠施、邓析。若夫谪德而定次[7]，量能而授官，使贤不肖皆得其位，能不能皆得其官，万物得其宜，事变得其应，慎、墨不得进其谈，惠施、邓析不敢窜其察，言必当理，事必当务，是然后君子之所长也。

【注释】

[1]比：顺。

[2]正：当为"止"字（王念孙说）。

[3]墝（qiāo）：土地贫瘠。

[4]五种：黍、稷、豆、麦、麻。

[5]荐：通"践"。 撙（zǔn）：抑。

[6]怍（zuò）：惭愧。

[7]谪：当为"谲"字（王念孙说），决。

【译文】

先王的治国之道，是仁的最崇高的表现，是顺着中正的道路来实行的。什么叫做中正的道路？回答说：就是礼义。所谓道，不是天之道，不是地之道，是人所行的道，是君子所行的道。君子所说的贤能，并不是能够做到人们所能做到的所有事情；君子所说的智慧，并不是能够知道人们所能知道的所有事情；君子所说的善辩，并不是能够明辨善辩的人所能辩论的所有事情；君子所说的明察，并不是能够明察善于观察的人所能观察的所有事情：君子的能力是有一定限度的。观察田地地势的高低，识别土壤的肥沃与贫瘠，安排五谷的种植季节，君子不如农民；使货币财物流通，察看货物的好坏，分辨货物的贵贱，君子不如商人；设立规矩，陈列绳墨，方便器具的使用，君子不如工人；不顾是非对错，互相践踏，互相羞辱，君子不如惠施、邓析。至于依照德行来确定等级次序，衡量才能来授予官职，使贤能的和不贤能的都能得到相应的地位，有能力的和没有能力的都能得到相应的职位，万物都能得到合理的利用，各种事变都能得到相应的处理，使慎到、墨翟不能宣传他们的言论，惠施、邓析不敢兜售他们的诡辩，言谈合乎道理，事情符合要求，这才是君子所擅长的。

凡事行，有益于理者立之，无益于理者废之，夫是之谓中事。凡知说，有益于理者为之，无益于理者舍之，夫是之谓中说。事行失中谓之奸事，知说失中谓之奸道。奸事奸道，治世之所弃，而乱世之所从服也。若夫充虚之相施易也[1]，坚白、同异之分隔也，是聪耳之所不能听也，明目之所不能见也，辩士之所不能言也，虽有圣人之知，未能偻指也[2]。不知无害为君子，知之无损为小人。工匠不知无害为巧，君子不知无害为治。王公好之则乱法，百姓好之则乱事。而狂惑戆陋之人[3]，乃始率其群徒，辩其谈说，明其辟称[4]，老身长子，不知恶也。夫是之谓上愚，曾不如相鸡狗之可以为名也。《诗》曰[5]：“为鬼为蜮[6]，则不可得。有靦面目[7]，视人罔极？作此好歌，以极反侧。”此之谓也。

【注释】

[1] 充：实。 施：通“移”，转移，转化。

[2] 偻（lǚ）指：屈指可数。

[3] 戆（zhuàng）：愚蠢。

[4] 辟：通"譬"。

[5]《诗》：指《诗经·小雅·何人斯》。

[6] 蜮（yù）：短狐，传说可以含沙射影使人得病。

[7] 覼（miǎn）：面貌丑陋。

【译文】

大凡行事，有益于理的就做它，无益于理的就废止，这就叫做正确地处理事情。大凡研习学说，有益于理的就学习它，无益于理的就舍弃它，这就叫做正确地对待学说。行事失去了正确性就叫做奸邪的事情，研习学说失去了正确性就叫做邪恶的道路。奸邪的事情和邪恶的道路，是安定的社会所抛弃，而混乱的社会所依从的。至于实和虚的相互转化，坚白和同异的不同，是耳朵敏锐的人不能听懂，眼睛明亮的人不能看见，善辩的人也不能说清的，即使有圣人的智慧，也不能搬着手指头把它们讲清楚。不知道这些事不妨害成为君子，知道这些事也还是小人。工匠不知道这些事无害于成为巧匠，君子不知道这些事无害于治理国家。王公喜欢它就会扰乱了法度，百姓喜欢它就会搞乱了事情，但那些狂惑、愚蠢、鄙陋的人，竟率领他们的门徒，申辩他们的学说，阐明他们的譬喻称谓，直到自己衰老，儿子长大，也不知道厌弃。这样的人就叫做最愚蠢的人，还不如分辨鸡狗的人可以出名。《诗经》中说："你若是鬼是怪，我自然无法看见你。你这丑陋的面目，给人看就看不透？作这支善意的歌，来揭露你的反复无常。"说的就是这种人。

我欲贱而贵，愚而智，贫而富，可乎？曰：其唯学乎！彼学者，行之，曰士也；敦慕焉，君子也；知之，圣人也。上为圣人，下为士君子，孰禁我哉？乡也，混然涂之人也[1]，俄而并乎尧、禹，岂不贱而贵矣哉？乡也，效门室之辨[2]，混然曾不能决也，俄而原仁义，分是非，图回天下于掌上而辩白黑[3]，岂不愚而知矣哉？乡也，胥靡之人[4]，俄而治天下之大器举在此，岂不贫而富矣哉？今有人于此，屑然藏千溢之宝[5]，虽行貣而食[6]，人谓之富矣。彼宝也者，衣之不可衣也，食之不可食也，卖之不可偻售也，然而人谓之富，何也？岂不大富之器诚在此也？是杅杅亦富人已[7]，岂不贫而富矣哉！

【注释】

[1]混然：无所知的样子。 涂：通“途”。

[2]效：考。

[3]图回：运转。 而：如。

[4]胥靡：空无所有。胥，空疏。靡，无。

[5]溢：通“镒”，二十四两。

[6]貣（tè）：乞讨。

[7]杅杅：同“于于”，广大。 已：同“矣”。

【译文】

我想由卑贱变得高贵，由愚蠢变得聪明，由贫穷变得富有，可以吗？回答说：只有学习吧！那些学习的人，将学到的东西付诸行动，就叫做士；勤勉努力，就是君子；通晓它，就是圣人。上可以为圣人，下可以为士君子，谁能阻止我呢？从前，一无所知的是乡村百姓，忽然间能与尧、禹相比，难道不是由卑贱变得高贵了吗？从前，考察门外与门内的事情，也茫然不能决断，忽然间能探讨仁义的本源，分清是非，运转天下于手掌之中就像辨别黑白，难道不是由愚蠢变得聪明了吗？从前，是个一无所有的人，忽然间治理天下的大权握在了手中，难道不是由贫穷变得富有了吗？现在有这么一个人，他零碎地藏着价值千金的珠宝，即使靠讨饭生活，人们还是说他富有。那些珠宝，穿又不能穿，吃又不能吃，卖掉吧又不能很快地出售，然而人们说他富有，为什么呢？难道不是珍贵的珠宝的确在他这儿吗？那知识渊博也是富人了，难道不是由贫穷变得富有了吗？

故君子无爵而贵，无禄而富，不言而信，不怒而威，穷处而荣，独居而乐，岂不至尊、至富、至重、至严之情举积此哉？故曰：贵名不可以比周争也，不可以夸诞有也，不可以势重胁也，必将诚此然后就也。争之则失，让之则至，遵道则积[1]，夸诞则虚。故君子务修其内而让之于外，务积德于身而处之以遵道，如是，则贵名起如日月，天下应之如雷霆。故曰：君子隐而显，微而明，辞让而胜。《诗》曰[2]：“鹤鸣于九皋[3]，声闻于天。”此之谓也。鄙夫反是，比周而誉俞少[4]，鄙争而名俞辱，烦劳以求安利，其身俞危。《诗》

曰[5]："民之无良，相怨一方。受爵不让，至于己斯亡。"此之谓也。故能小而事大，辟之是犹力之少而任重也，舍粹折无适也[6]。身不肖而诬贤，是犹伛伸而好升高也[7]，指其顶者愈众。故明主谲德而序位，所以为不乱也；忠臣诚能然后敢受职，所以为不穷也。分不乱于上，能不穷于下，治辩之极也。《诗》曰[8]："平平左右，亦是率从。"是言上下之交不相乱也。

【注释】

[1]遵道：当为"遵遁"（王念孙说），即"逡巡"，谦虚退让。下同。

[2]《诗》：指《诗经·小雅·鹤鸣》。

[3]九皋：曲折遥远的沼泽。

[4]俞：通"愈"。

[5]《诗》：指《诗经·小雅·角弓》。

[6]粹：通"碎"。

[7]伛（yǔ）：驼背。　伸：当为"身"字（杨倞说）。

[8]《诗》：指《诗经·小雅·采菽》。

【译文】

所以君子没有爵位也高贵，没有俸禄也富有，不说话也取信于人，不发怒也威严，处境穷困也光荣，独自闲居也快乐，难道不是最高贵、最富有、最庄重、最威严的东西都集中在学习中了吗？所以说：尊贵的名声并不是依靠拉帮结派争得的，并不是靠夸耀吹嘘拥有的，并不是靠权势地位威胁来的，必定是真诚的学习然后才得到的。争夺就会失去，礼让就会得到，谦虚就会积累，夸耀吹嘘就会落空，所以君子一定要加强内在的修养，行为上要谦让；一定要积累德行而又谦虚，像这样，那么尊贵的名声就会像太阳、月亮一样升起，天下人就会如雷霆般地响应。所以说：君子隐居也显著，卑微也荣耀，辞让也会胜过别人。《诗经》中说："鹤在沼泽中鸣叫，声音响彻云霄。"说的就是这种情况。鄙陋的人则相反，拉帮结派而荣誉愈来愈少，卑鄙地争夺而名声愈来愈臭，殚心竭虑地追求安逸与私利，自身却越来越危险。《诗经》中说："那些人总是不善良，相互抱怨怪一方。接受爵位不谦让，直到自己被灭亡。"说的就是这种人。所以说能力小却想做大事，就像力气小而挑重担，除了骨碎腰折，没有别的下场了。自己不贤却自诩贤能，就像驼背的人总想升高一样，指着他的头笑他的人就更多了。所以贤明的君主评定德行来安排官位，这样就不会产生混乱；忠诚的臣子确实有能力然后才敢接受官位，就是为了防止陷于困境。君主安排名分不混乱，臣下有能力而不会陷于困境，这是治国的最高境界了。《诗经》中说："任用左右的人很公正，人民就会很顺从。"说的是君臣上下的关系相互不错乱。

以从俗为善，以货财为宝，以养生为己至道，是民德也。行法至坚[1]，不以私欲乱所闻，如是，则可谓劲士矣。行法至坚，好修正其所闻以桥饰其情性[2]，其言多当矣而未谕也，其行多当矣而未安也，其知虑多当矣而未周密也，上则能大其所隆，下则能开道不己若者[3]，如是，则可谓笃厚君子矣。修百王之法若辨白黑，应当时之变若数一二，行礼要节而安之若生四枝[4]，要时立功之巧若诏四时[5]，平正和民之善，亿万之众而博若一人[6]，如是，则可谓圣人矣。

【注释】

[1] 至：当作"志"字（王念孙说）。

[2] 桥：通"矫"，矫正。

[3] 道：通"导"，开导。

[4] 四枝：四肢。枝，通"肢"。

[5] 诏：告。

[6] 博：当作"抟"字（王念孙说），聚集。

【译文】

以随从习俗作为美德，以钱财货物作为珍宝，以保养长生作为自己最高的追求，这是百姓的德行。行为公正，意志坚定，不因个人的私欲歪曲所学的东西，像这样，就可以叫做刚强之士。行为公正，意志坚定，喜欢修正他学到的东西来矫正他的性情，他的言论多半很恰当但未能完全讲明白，他的行为多半是正确的但不完全妥当，他的思虑多半是恰当的但还不周密，对上能发扬光大他所尊崇的礼义，对下能开导不如自己的人，像这样，就可以叫做诚实忠厚的君子了。学习百王的法度就像分辨黑白那样清晰，应付时局的变化就像数一、二那样容易，奉行礼法遵守礼节就像身上生出四肢那样自然，抓住时机建立功业的技巧就像预告四季那样准确，治理政治，安定百姓非常妥善，使亿万群众团结得就像一个人，像这样，就可以叫做圣人了。

井井兮其有理也，严严兮其能敬己也，分分兮其有终始也[1]，猒猒兮其能长久也[2]，乐乐兮其执道不殆也[3]，炤炤兮其用知之明也[4]，修修兮其用统类之行也[5]，绥绥兮其有文章也[6]，熙熙兮其乐人之臧也[7]，隐隐兮其恐人之不当也，如是，则可谓圣人矣。此其道出乎一。曷谓一？曰：执神而固。曷谓神？曰：尽善挟治之谓神[8]，万物莫足以倾之之谓固[9]。神固之谓圣人。圣人也者，道之管也[10]。天下之道管是矣，百王之道一是矣。故《诗》、《书》、《礼》、《乐》之归是矣。《诗》言是，其志也；《书》言是，其事也；《礼》言是，其行也；《乐》言是，其和也；《春秋》言是，其微也。故《风》之所以为不逐者[11]，取是以节之也；《小雅》之所以为《小雅》者，取是而文之也；《大雅》之所以为《大雅》者，取是而光之也；《颂》之所以为至者，取是而通之也：天下之道毕是矣。乡是者臧，倍是者亡。乡是如不臧，倍是如不亡者，自古及今，未尝有也。

【注释】

[1]分分：当作“介介”（王念孙说），坚固的样子。

[2]猒猒（yàn）：通“厌厌”，安静的样子。

[3]乐乐：犹“落落”，坚定的样子。 殆：通“怠”。

[4]炤炤：同“照照”，明察的样子。

[5]修修：端正的样子。 统类：纲纪，指礼法。

[6]绥绥：从容的样子。

[7]熙熙：和乐的样子。 臧：善，好。

[8]挟（jiā）：通“浃”，周洽。

[9]“万物”句前当补“何谓固？曰”四字（王引之说）。

[10]管：枢要。

[11]《风》：即《国风》，主要是各地民歌，与下文的《雅》、《颂》一起构成《诗经》的主要内容。雅，是正的意思，分小雅和大雅，指朝廷的雅乐。颂，是宗庙祭祀的舞曲。

【译文】

整整齐齐啊是那样有条理，威严庄重啊是那样严格要求自己，坚定不移啊是那样有始有终，安安静静啊是那样长久不息，高高兴兴啊是那样不懈地坚守着道义，明明白白啊做事多么英明，端端正正啊严格地执行法度，从从容容啊行为是那样合乎礼义，和和乐乐啊那样喜欢别人的美德，忧心忡忡啊那样害怕别人行为的不当，像这样，就可以叫做圣人了。圣人的品德产生于专一。什么叫做专一？回答是：保持神明稳固。什么叫做神明？回答是：用最好的方法全面地治理国家就叫做神明。什么叫做稳固？回答是：一切事物都不能将它倾覆，就叫做稳固。达到了神明稳固就叫做圣人。圣人就是大道的枢要。天下大道都集中在这里，百王之道也统一在这里。所以《诗》、《书》、《礼》、《乐》最终也归宿在这里。《诗》说的是思想意志；《书》说的是政事；《礼》说的是行为；《乐》说的是和谐；《春秋》说的是微言大义。所以，《国风》之所以不淫荡，是因为用它来加以节制；《小雅》之所以为《小雅》，是因为用它来加以文饰；《大雅》之所以为《大雅》，是因为用它来加以发扬光大；《颂》之所以达到极致，是因为用它来加以贯通：天下的大道全都在这里。顺从它的就美好，违背它的就灭亡。顺从它的如果不好，违背它的如果不灭亡，从古到今，还没有过。

客有道曰："孔子曰：'周公其盛乎！身贵而愈恭，家富而愈俭，胜敌而愈戒。'"应之曰："是殆非周公之行，非孔子之言也。武王崩，成王幼，周公屏成王而及武王，履天子之籍，负扆而坐[1]，诸侯趋走堂下。当是时也，夫又谁为恭矣哉？兼制天下，立七十一国，姬姓独居五十三人焉，周之子孙苟不狂惑者，莫不为天下之显诸侯，孰谓周公俭哉？武王之诛纣也，行之日以兵忌，东面而迎太岁[2]，至汜而泛[3]，至怀而坏[4]，至共头而山隧[5]。霍叔惧曰[6]：'出三日而五灾至，无乃不可乎？'周公曰：'刳比干而囚箕子[7]，飞廉、恶来知政[8]，夫又恶有不可焉？'遂选马而进，朝食于戚[9]，暮宿于百泉[10]，厌旦于牧之野[11]，鼓之而纣卒易乡，遂乘殷人而诛纣。盖杀者非周人，因殷人也。故无首虏之获，无蹈难之赏，反而定三革[12]，偃五兵，合天下，立声乐，于是《武》、《象》起而《韶》、《护》废矣[13]。四海之内，莫不变心易虑以化顺之，故外阖不闭[14]，跨天下而无蕲[15]。当是时也，夫又谁为戒矣哉？”

【注释】

[1] 扆（yǐ）：宫殿中门窗之间的屏风。 坐：当为“立”字（王念孙说）。

[2] 迎：逆。 太岁：即岁星，古时迷信的人认为冲犯它的方位就会遭殃。

[3] 汜（sì）：今河南汜水。

[4] 怀：怀城，在黄河附近。

[5] 共（gòng）头：山名，在今河南辉县。 隧：通“坠”。

[6] 霍叔：武王的弟弟。

[7] 比干：纣王的叔父，因劝谏而被剖腹挖心。 箕子：纣王的叔父，因进谏而被囚禁。

[8] 飞廉、恶来：都是纣王的宠臣。

[9] 戚：地名，在今河南濮县。

[10] 百泉：地名，在今河南淇县。

[11] 厌（yā）旦：当作“旦厌”（俞樾说），早晨逼近牧野。 牧：在今河南淇县。

[12] 三革：指犀牛、兕、牛的皮革。一说指甲、胄、盾。

[13]《武》、《象》：周武王时的乐曲名。 《韶》、《护》：分别是舜和汤时的乐曲名。

[14] 阖：门户。

[15] 蕲（qí）：通“圻”，疆界。

【译文】

有客人说道：“孔子说：‘周公真伟大啊！身份高贵而更加恭敬，家庭富有而更加节俭，战胜了敌人而更加警惕。’”荀子回答说：“这大概不是周公的行为，也不是孔子所说的话。武王死了，成王年幼，周公庇护成王而继承武王，登上了天子的职位，背靠屏风而站立，诸侯在堂下小步快跑来朝见。在那个时候，他又对谁恭敬呢？全面掌管了国家，分封了七十一个诸侯国，姬姓诸侯就占了五十三人，周室的子孙只要不是狂妄愚蠢的，没有不成为天下显贵诸侯的，谁说周公节俭呢？武王讨伐纣王时，出师那天正好是兵家忌讳的日子，向东冲犯了太岁星，到达汜水时河水泛滥，到达怀城时城墙坍塌，到达共头山时山体堕落，霍叔害怕地说：‘出兵三日就遇上了五次灾难，是不是不应该啊？’周公说：‘纣王将比干剖腹挖心，又囚禁了箕子，飞廉、恶来当权，讨伐他又有什么不可以呢？'于是战马齐头并进，在戚地吃了早饭，在百泉夜宿，次日清晨逼近了牧野，一击鼓纣王的士卒就倒戈投降了，于是凭借殷人的力量杀掉了商纣。可见，诛杀纣王的并不是周人，而依靠的是商人。所以没有斩获的头颅和俘虏，没有冲锋陷阵的奖赏，周兵返回后收藏了盔甲，放下了武器，统一了天下，设置了音乐，于是《武》、《象》兴起而《韶》、《护》废止了。四海之内，没有人不改变思想归顺周朝的，所以国门不闭，走遍天下也没有疆界。在这个时候，又警惕谁呢？"

造父者[1]，天下之善御者也，无舆马则无所见其能。羿者[2]，天下之善射者也，无弓矢则无所见其巧。大儒者，善调一天下者也，无百里之地则无所见其功。舆固马选矣，而不能以至远一日而千里，则非造父也。弓调矢直矣，而不能以射远中微，则非羿也。用百里之地，而不能以调一天下，制强暴，则非大儒也。彼大儒者，虽隐于穷阎漏屋，无置锥之地，而王公不能与之争名；在一大夫之位，则一君不能独畜，一国不能独容，成名况乎诸侯，莫不愿得以为臣；用百里之地而千里之国莫能与之争胜，笞棰暴国[3]，齐一天下，而莫能倾也。是大儒之征也[4]。其言有类，其行有礼，其举事无悔，其持险应变曲当，与时迁徙，与世偃仰，千举万变，其道一也。是大儒之稽也[5]。其穷也，俗儒笑之；其通也，英杰化之，嵬琐逃之，邪说畏之，众人愧之。通则一天下，穷则独立贵名，天不能死，地不能埋，桀、跖之世不能污，非大儒莫之能立，仲尼、子弓是也。

【注释】

[1] 造父：周穆王的车夫。

[2] 羿（yì）：也叫后羿、夷羿，夏代东夷族有穷氏的首领，善于射箭。

[3] 笞棰（chī chuí）：用鞭子打。

[4] 征：验。

[5] 稽：考。

【译文】

造父，是天下善于驾驭车马的人，没有车马就没有办法显现出他的才能。后羿，是天下善于射箭的人，没有弓箭就没有办法显现出他的技艺。大儒，是善于协调天下的人，没有方圆百里的地方就不能显现出他的功业。如果车子坚固而马匹又是精选的，但却不能以日行千里的速度到达远方，那就不是造父了。弓调好了，箭笔直了，却不能射中远处微小的目标，那就不是后羿了。凭借方圆百里的土地，却不能协调天下，制服强暴，那就不是大儒了。那些大儒，即使隐居在贫穷的里巷和简陋的小屋里，没有立锥之地，但王公们也无法与他争夺名声；即使只处在一个大夫的职位，但一个国家的国君不能独自奉养他，一个国家也无法独自容纳他，他的盛名能与诸侯相比，没有哪个诸侯国不想让他来做臣子；统辖百里见方的小国，但方圆千里的国家也无法与他匹敌，鞭挞强暴的国家，协调天下，没有人能倾覆他。这是大儒的特征。他的言论合乎法度，他的行为合乎礼义，他做事从不后悔，他处理危险应付突变都很恰当，因时制宜，随世应变，千万种变化，他的原则始终如一。这是大儒的标准。他失意时，俗儒讥笑他；他通达时，英雄豪杰都被他感化，奸诈鄙陋的人都逃避他，主张邪说的人都害怕他，众人都感到惭愧。他通达时就协调天下，穷困时就独自树立高贵的名声，天也不能使他死亡，地也不能将他埋葬，桀、跖所处的时代也不能使他污秽，不是大儒不能这样立身处世，仲尼、子弓就是这样的人。

故有俗人者，有俗儒者，有雅儒者，有大儒者。不学问，无正义，以富利为隆，是俗人者也。逢衣浅带，解果其冠[1]，略法先王而足乱世术，缪学杂举，不知法后王而一制度，不知隆礼义而杀《诗》、《书》；其衣冠行伪已同于世俗矣[2]，然而不知恶者；其言议谈说已无以异于墨子矣，然而明不能别；呼先王以欺愚者而求衣食焉，得委积足以掩其口则扬扬如也；随其长子，事其便辟[3]，举其上客，僡然若终身之虏而不敢有他志[4]，是俗儒者也。法后王，一制度，隆礼义而杀《诗》、《书》，其言行已有大法矣，然而明不能齐法教之所不及，闻见之所未至，则知不能类也；知之曰知之，不知曰不知，内不自以诬，外不自以欺，以是尊贤畏法而不敢怠傲，是雅儒者也。法先王，统礼义，一制度，以浅持博，以古持今，以一持万，苟仁义之类也，虽在鸟兽之中，若别白黑；倚物怪变[5]，所未尝闻也，所未尝见也，卒然起一方[6]，则举统类而应之，无所儗㤰[7]，张法而度之，则晻然若合符节[8]，是大儒者也。故人主用俗人则万乘之国亡，用俗儒则万乘之国存，用雅儒则千乘之国安，用大儒则百里之地久而后三年，天下为一，诸侯为臣，用万乘之国则举错而定，一朝而伯[9]。

【注释】

[1] 解果（xiè kè）：又作“蟹蜾”，中间高两旁低的帽子。

[2] 伪：通“为”。

[3] 便辟（pián bì）：通“便嬖”，君主宠爱的小臣。

[4] 億然：心安理得的样子。億，当为“亿”字（王念孙说）。

[5] 倚：通“奇”。

[6] 卒：通“猝”，仓猝。

[7] 儗：通“疑”。 怎：通“怍”，惭愧。

[8] 晻然：形容合拍。晻，通“奄”。 符节：古代作凭证的信物，一分为二，双方各执一半。

[9] 伯：通“白”，名声显著。

【译文】

所以有俗人，有俗儒，有雅儒，有大儒。不学习，没有正义感，把财富和利益作为一生的追求，这是俗人。衣服宽大，腰带宽松，帽子中间高两边低，粗略地效法先王而足以扰乱当今天下的道术，学说荒谬，行为杂乱，不知道效法后王，统一制度，不知道遵循礼义而轻《诗》、《书》；他的穿戴、行为已经和世俗一样了，然而却不知厌恶；他的言谈议论已经和墨子没有什么不同了，然而他的智慧却不能辨别；称说先王欺骗愚蠢的人来谋取衣食，得到一点蓄积够勉强维持生计就得意洋洋了；跟在君王、世子的后面，侍奉他宠爱的小臣，吹捧他的座上客，心安理得地好像是他终生的奴仆，而不敢有其他的志向，这是俗儒。效法后王，统一制度，尊崇礼义而轻《诗》、《书》，他的言行已经合乎法度了，然而他的智慧不能达到法规礼教所没有触及的地方、自己没有听到看到的地方，他的智慧还不能触类旁通；知道就说知道，不知道就说不知道，对内不自我欺骗，对外不欺骗别人，依照这样尊敬贤人畏惧法制而不敢懈怠骄傲，这就是雅儒。效法先王，总括礼义，统一制度，能从浅显把握广博，从古代把握现代，从一把握万，对那些仁义之类的东西，即使在鸟兽之中，就像能辨别白黑一样容易；离奇的事物、怪诞的变化，没有听到过，没有看到过，突然出现在某个地方，就会用纲领法纪来应付，没有什么疑惑不安，应用礼法去衡量，就会像符节相合一样合拍，这就是大儒。所以君主任用俗人，那么万乘之国也会灭亡；任用俗儒，那么万乘之国就会勉强生存；任用雅儒，那么千乘之国就会平安；任用大儒，那么百里见方的小国最多不过三年，就会统一天下，诸侯臣服，如果治理万乘之国那么一行动天下就会平定，一个早晨就会声名显赫。

不闻不若闻之，闻之不若见之，见之不若知之，知之不若行之，学至于行之而止矣。行之，明也，明之为圣人。圣人也者，本仁义，当是非，齐言行，不失豪厘[1]，无他道焉，已乎行之矣。故闻之而不见，虽博必谬；见之而不知，虽识必妄；知之而不行，虽敦必困。不闻不见，则虽当，非仁也。其道百举而百陷也。故人无师无法而知，则必为盗；勇，则必为贼；云能[2]，则必为乱；察，则必为怪；辩，则必为诞。人有师有法而知，则速通；勇，则速威；云能，则速成；察，则速尽；辩，则速论[3]。故有师法者，人之大宝也；无师法者，人之大殃也。人无师法则隆性矣，有师法则隆积矣，而师法者，所得乎情，非所受乎性，不足以独立而治。性也者，吾所不能为也，然而可化也；情也者，非吾所有也，然而可为也。注错习俗，所以化性也；并一而不二，所以成积也。习俗移志，安久移质，并一而不二则通于神明，参于天地矣。

【注释】

[1] 豪：通“毫”。

[2] 云：有。

[3] 论：决断。

【译文】

没有听到不如听到，听到不如看到，看到不如了解，了解它不如实践，学习到了实践就终止了。实践，就是明达事理，明达事理就是圣人。圣人，就是以仁义为根本，正确地判断是非，言行一致，不差毫厘，没有其他的道路，就在于把学到的东西运用到实践中。所以听到却没有看到，即使听到的很广博，也一定会有错误；看到了却不了解，即使记住了，也必然虚妄；了解了却不去实践，即使知识丰富，也必然困惑。不听不看，即使恰当，也不是仁。这种方法做一百次就会失误一百次。所以人如果没有老师，不懂礼法而聪明，就一定会成为强盗，如果勇敢就一定会成为乱贼，如果有才能就一定会作乱，如果明察就一定会产生怪论，如果善辩就一定会荒诞。人如果有老师，懂礼法而聪明，就会很快地通晓事理，如果勇敢就会很快能树立威严，如果有才能就会很快地成功，如果明察就会迅速详尽地了解事物，如果善辨就会快速地决断。所以有老师、懂礼法的人，是人们的一大财宝；没有老师、不懂礼法的人，是人们的大患害。人如果没有老师，不懂礼法就会放纵本性，有老师，懂礼法就会不断积累学习，而老师和礼法，是从高尚的情操中得来的，不是从先天本性那里秉承来的，不能独立地自我养成。本性，不是人为造成的，然而可以转化它；情性，不是我们固有的，然而可以形成。行为习俗，是用来改变本性的；专心一致，是用来形成积习的。行为习惯会改变人的意志，安于习俗时间长了就会改变人的气质，专心一致就会通于神明，和天地相匹配了。

故积土而为山，积水而为海，旦暮积谓之岁，至高谓之天，至下谓之地，宇中六指谓之极[1]，涂之人百姓积善而全尽谓之圣人。彼求之而后得，为之而后成，积之而后高，尽之而后圣。故圣人也者，人之所积也。人积耨耕而为农夫[2]，积斲削而为工匠[3]，积反货而为商贾[4]，积礼义而为君子。工匠之子莫不继事，而都国之民安习其服，居楚而楚，居越而越，居夏而夏，是非天性也，积靡使然也。故人知谨注错，慎习俗，大积靡，则为君子矣；纵性情而不足问学，则为小人矣。为君子则常安荣矣，为小人则常危辱矣。凡人莫不欲安荣而恶危辱，故唯君子为能得其所好，小人则日徼其所恶[5]。《诗》曰[6]：“维此良人，弗求弗迪；唯彼忍心，是顾是复。民之贪乱，宁为荼毒。”[7]此之谓也。

【注释】

[1] 六指：指上下四方。

[2] 耨（nào）：锄草。

[3] 斲（zhuó）：斫，砍。

[4] 反：通“贩”，贩卖。

[5]徼：通"邀"，招致。

[6]《诗》：指《诗经·大雅·桑柔》。

[7]迪：任用。 荼毒：残害。

【译文】

所以堆积泥土就会成为高山，积聚水流就会成为大海，一天天积累起来就叫做年，最高的就叫做天，最低的就叫做地，上下四方就叫做极，普通百姓积累善行达到了完美就叫做圣人。那都是追求以后才能得到，努力之后才能成功，不断积累才能提高，达到完善然后才能成为圣人。所以圣人是普通人长期积累的结果。人们积累了耕种的经验就成为农夫，积累了砍削的经验就成为工匠，积累了贩卖货物的经验就会成为商人，积累了礼义就成为君子。工匠的儿子没有不继承父亲的事业的，而国都里的人民习惯于他们的习俗，住在楚国就像楚国人，住在越国就像越国人，住在中原地区就像中原地区的人，这不是天性，而是长期积累磨炼使他们这样的。所以人们知道举止谨慎，小心地对待风俗习惯，重视积累磨炼，就会成为君子；放纵性情而不好好学习，就会成为小人。成为君子就会经常得到安宁和光荣，成为小人就会常常碰到危险和耻辱。凡是人没有不想得到安宁、光荣而厌恶危险、耻辱的，所以只有君子能得到他所喜爱的东西，小人则每天都招来他所厌恶的东西。《诗经》中说："这些善良的人，你不去求取任用他；那些残忍的人，你却照顾爱护他。老百姓一心要作乱，难道甘心受残害。"说的就是这种情况。

人论[1]：志不免于曲私而冀人之以己为公也，行不免于污漫而冀人之以己为修也，其愚陋沟瞀而冀人之以己为知也[2]，是众人也。志忍私然后能公，行忍情性然后能修，知而好问然后能才，公修而才，可谓小儒矣。志安公，行安修，知通统类，如是则可谓大儒矣。大儒者，天子三公也[3]。小儒者，诸侯大夫士也。众人者，工农商贾也。礼者，人主之所以为群臣寸尺寻丈检式也[4]，人伦尽矣。

【注释】

[1]论：通"伦"，等类。

[2]其：当为"甚"字（王念孙说）。

［3］三公：辅佐君王的最高官员，太师、太傅、太保。一说司马、司徒、司空。

［4］检式：法度。

【译文】

人的类别是：思想上不免于偏私却希望别人认为自己公正，行为上不免于污秽却希望别人认为自己美好，非常愚昧无知却希望别人认为自己聪明，这是一般民众。思想上能克服私心然后能为公，行为上能克服本性然后才美好，聪明而又喜欢请教然后有才能，公正美好而又有才能，可以叫做小儒了。思想上习惯于公正，行为上习惯于美好，智慧能够通晓纲纪法度，像这样就可以叫做大儒了。大儒，可以做天子的三公。小儒，可以做诸侯的士大夫。一般民众，只能当工匠、农民和商人了。礼义，是君主为权衡群臣制定的法度。人的类别就是这些。

君子言有坛宇[1]，行有防表[2]，道有一隆。言道德之求[3]，不下于安存；言志意之求，不下于士；言道德之求，不二后王。道过三代谓之荡，法二后王谓之不雅。高之下之，小之臣之[4]，不外是矣，是君子之所以骋志意于坛宇宫廷也。故诸侯问政不及安存，则不告也；匹夫问学不及为士，则不教也；百家之说不及后王，则不听也。夫是之谓君子言有坛宇，行有防表也。

【注释】

［1］坛宇：指界限。坛，堂基。宇，屋边。

［2］防表：标准。

［3］道德：疑为“政治”（杨倞说）。

［4］臣：当为“巨”字（同上）。

【译文】

君子说话有一定的界限，行为有一定的标准，为道有一定的专重。说起政治的要求，不能低于使百姓安定和生存；谈到思想的要求，不能低于一个士的标准；谈论道德的要求，不能对后王有二心。为政之道超过了三代就叫流荡，治法背离了后王就叫做不正。高的、低的，小的、大的方面，都不外这样，这就是君子的思想驰骋于这些界限内的原因。所以君子请教政治不涉及安定生存，就不告诉他；普通人请教学问不涉及做士的问题，就不教导他；百家的学说不涉及到后王，就不听它。这就是君子说话有一定的界限，行为有一定的标准。

【评析】

道家因循着个人主义路线，视浮生如萍寄，世事同一梦，但求自身逍遥自在，哪管人间沧海桑田。儒家则时时处处以天下为己任，即使是作为个人毕生追求的“三不朽”理想——立德、立功、立言，也是心系政务，志在功名。纵然孔子一时兴起，曾经声称“道不行，乘桴浮于海”（《论语·公冶长》），但观其一生所为，又怎是甘心于“系而不食”的“匏瓜”？身处战国末年的荀子对孔子颇为称道，推崇备至，并尊其为“大儒”，这些结论的出处即在本篇《儒效》中。

儒学的命运和其他学说一样，在其正统地位尚未确立之时，也曾受到质疑与否定。荀子深入剖析儒者与现实世界的紧密关联，指出儒者与那些不学无术、一心只作稻粱谋的俗人决不可同日而语。儒者在其位则忠于职责，不在其位则安分守己。为臣民，则具有道德上的感召力与威慑力；为人君，则能使“四海之内若一家”。荀子从实用的角度出发，将“大儒”的作用定位于辅佐政局，光大礼乐，振兴社稷，最终消除了秦昭王关于“儒学无用”的看法。

荀子对于各类学说向来抱着务实态度，认为：“不闻不若闻之，闻之不若见之，见之不若知之，知之不若行之，学至于行之而止矣。”这番话对于理论与实践的认识不偏不废，循序渐进，不仅在两千多年前的战国时期称得上是金玉良言，时至今日也同样值得我们咀嚼回味。事实上，中国思想界一直有着倡导学以致行的优秀传统，《中庸》主张为学之道要“博学之，审问之，慎思之，明辨之，笃行之”，刘向认为“夫耳闻之不如目见之，目见之不如足践之，足践之不如手辨之”（《说苑·政理》），王廷相指出“君子之学”必定“博于外而尤贵精于内，讨诸理而尤贵达于事”（《慎言·潜心》）。这些言论或雅正或通俗，与荀子的“学至于行之而止矣”多有异曲同工之妙。

荀子针对儒者本身道德操行与学问素养的不同，将其分类为俗儒、雅儒、大儒。无论是逢迎主上、谬说取宠的俗儒，还是尊贤畏法、循规蹈矩的雅儒，抑或触类旁通、平定天下的大儒，荀子淡淡几笔扫过，便已入木三分地写尽儒家众生相。同时，荀子又根据儒者在现实政治中的作用，将其分为士、君子、圣人三个层次。以今天的眼光看来，成为一名“行法至坚，不以私欲乱所闻”

的士已是难能可贵，更毋论承受所谓“穷处而荣，独居而乐”的人生境遇。“贵名起如日月，天下应之如雷霆”，这是人人倾羡的结局，但没有经历高贵的寂寞，又怎么可能成为一名“言必当理，事必当务”的“笃厚君子”？眷恋着浮世虚名薄利的小人，永远也无法体会到荀子衷心颂扬的圣人境界：“井井兮其有理也，严严兮其能敬己也，分分兮其有终始也，猒猒兮其能长久也，乐乐兮其执道不殆也，炤炤兮其用知之明也，修修兮其用统类之行也，绥绥兮其有文章也，熙熙兮其乐人之臧也，隐隐兮其恐人之不当也。”长歌如是，在荀子眼中，圣人就是神圣坚定的大道载体，就是儒家经典的灵魂化身，也将是天下万民的最终归宿。

但上苍不会轻易赐给我们这样一剂灵丹妙药，更不会让我们平白无故地享尽太平盛世。面对真实人生，太多的乐观容易使人盲目，甚至受伤，太多的悲观又容易使人绝望，甚至冷漠。自私与懒惰在人类的天性里日夜作祟，但每当我们昏昏昧昧就要随波逐流的时候，却总会有一些力量，叫醒我们内心深处的良知，让我们最终坚守住灵魂的清白。这种力量或许曾在漫长的历史进程中遭遇过千难万险，却“天不能死，地不能埋，桀跖之世不能污”，流传至今，依然熠熠生辉；更或许，它就生根于我们周围最平凡的人与事中，桃李不言，下自成蹊。讲求务实的荀子在文末写道：“圣人也者，人之所积也。”这未尝不是道德沦丧的世界里一线希望的曙光。“彼求之而后得，为之而后成，积之而后高，尽之而后圣。”圣人并非九霄云外永远不可企及的神祇，他们和常人唯一的差别就是对于理想的执着信念和对于善行的坚持不懈，正是凭借朝朝暮暮的博学精思、言行积累，圣人才最终成为人世间完美的道德楷模。

王制

【题解】

本文主要论述了荀子的王道治国理想。荀子主要从政治、经济、军事等方面宣扬了“王者”之道。政治上，主张平政爱民，隆礼敬士，尚贤使能，严明法度，贵贱有等，富国强兵；经济上，努力发展农业，使百姓富裕，府库充实，减少赋税，合理利用自然资源，加强贸易与货物流通；军事上，静兵息民，不以兵强天下，而以道德征服天下，“仁眇天下，义眇天下，威眇天下”，不战而屈人之兵。

请问为政？曰：贤能不待次而举，罢不能不待须而废[1]，元恶不待教而诛，中庸民不待政而化[2]。分未定也则有昭缪[3]。虽王公士大夫之子孙[4]，不能属于礼义，则归之庶人。虽庶人之子孙也，积文学[5]，正身行，能属于礼义，则归之卿相士大夫。故奸言、奸说、奸事、奸能、遁逃反侧之民，职而教之，须而待之，勉之以庆赏，惩之以刑罚，安职则畜[6]，不安职则弃。五疾[7]，上收而养之，材而事之，官施而衣食之，兼覆无遗。才行反时者死无赦。夫是之谓天德，王者之政也[8]。

【注释】

[1] 罢（pí）：通“疲”，软弱。

[2] 民：当为衍文（王念孙说）。

[3] 昭缪（mù）：同“昭穆”，古代宗庙的排列顺序，祖庙居中，父辈的庙在左叫昭，子辈的庙在右叫穆，以此来区分上下次序。

[4] 句末当脱一“也”字（王先谦说）。

[5] 文学：文献典籍。

[6] 畜：收养。

[7] 五疾：哑、聋、瘸、断臂、侏儒。

[8] 句首当脱一“是”字（王念孙说）。

【译文】

请问如何治理国家？回答说：贤能的人不必按照等级次序进行提拔，软弱无能的人可立即罢免，罪魁祸首不需要教育就可以杀掉，普通百姓不需行政力量就可以教化。名分未定时就应像昭穆那样确定上下等级。即使王公士大夫的子孙，不能遵守礼义，也要归入平民百姓。即使平民百姓的子孙，只要积累了知识，行为端正，能遵守礼义，就归入卿相士大夫。所以那些传播邪恶的言论、鼓吹邪恶的学说、做邪恶的事情、有奸邪的才能、逃跑流窜和反复无常的人，就要强制他们工作并进行教育，耐心地等待他们转变，用奖赏勉励他们，用刑罚惩治他们，安心工作就留下，不安心工作就抛弃。对有残疾的五种人，国家收留并养活他们，根据能力安排工作，官府任用他们并提供衣食，要全面照顾没有遗漏。对那些用才能和行为与时事对抗的人要坚决杀掉不能赦免。这就叫做天德，是圣王所采取的政治措施。

听政之大分[1]：以善至者待之以礼，以不善至者待之以刑。两者分别则贤不肖不杂，是非不乱。贤不肖不杂则英杰至，是非不乱则国家治。若是，名声日闻，天下愿[2]，令行禁止，王者之事毕矣。凡听，威严猛厉而不好假道人[3]，则下畏恐而不亲，周闭而不竭，若是，则大事殆乎弛，小事殆乎遂[4]。和解调通，好假道人而无所凝止之[5]，则奸言并至，尝试之说锋起[6]，若是，则听大事烦，是又伤之也。故法而不议，则法之所不至者必废；职而不通，则职之所不及者必队[7]。故法而议，职而通，无隐谋，无遗善，而百事无过，非君子莫能。故公平者，职之衡也；中和者，听之绳也。其有法者以法行，无法者以类举，听之尽也；偏党而无经，听之辟也[8]。故有良法而乱者有之矣；有君子而乱者，自古及今，未尝闻也。传曰："治生乎君子，乱生乎小人。"此之谓也。

【注释】

[1]听：处理。

[2]愿：仰慕。

[3]假：宽容。

[4]遂：通"坠"，失坠。

[5]凝止：限制。

[6]锋：通“蜂”。

[7]队：通“坠”。

[8]辟：通“僻”，偏邪。

【译文】

处理政事的要领是：对怀着善意而来的要以礼相待，对不怀善意而来的要以刑相待。把两者区分开，贤能的人和不贤能的人就不会掺杂在一起，是非就不会混乱了。贤能的人和不贤能的人不掺杂在一起，那么英雄豪杰就会到来；是与非不混乱，那么国家就会治理好。像这样，名声就会一天天显赫，天下人就会仰慕，就会有令必行，有禁必止，王者的事业就完成了。凡是处理政事，如果过分威严猛厉而不喜欢宽容、引导，那么下面的人就会畏惧害怕而不亲近，就会隐瞒实情而不全讲出来。像这样，那么大事就会废弛，小事就会落空。如果凡事随和，喜欢宽容而没有节制，那么邪恶的言论就会一块到来，尝试性的学说就会蜂拥而起，像这样，就会听到的太多，事情就会烦琐。所以制定了法令而不加以讨论，那么法令所涉及不到的地方一定会废止。规定了职权而不互相沟通，那么职权所达不到的地方一定会出现漏洞。所以制定了法令而加以讨论，规定了职权而互相沟通，没有隐瞒的计谋，没有遗漏的善行，就会什么事情也不会犯错误，这只有君子才能办到。因此公平是职权的尺度，中和是处理政事的准绳。有法令规定的就依法行使，没有法令规定的就用类推的方法处理，这是处事政事的最好方法了；偏袒同党而没有准则，这是处理政事的邪路。所以有好的法令而发生动乱的国家是有的；有君子而国家混乱的，从古到今，却没有听说过。古书上说：“国家安定产生于君子，国家混乱产生于小人。”说的就是这种情况。

分均则不偏，势齐则不壹，众齐则不使。有天有地而上下有差，明王始立而处国有制。夫两贵之不能相事，两贱之不能相使，是天数也[1]。势位齐而欲恶同，物不能澹则必争[2]，争则必乱，乱则穷矣。先王恶其乱也，故制礼义以分之，使有贫富贵贱之等，足以相兼临者，是养天下之本也。《书》曰[3]：“维齐非齐。”[4]此之谓也。

【注释】

[1]天数：自然的道理。

[2]澹：通“赡”，满足。

[3]《书》：指《尚书·吕刑》。

[4]维：语助词。

【译文】

名分相同就不能有所偏重，权势相同就不能统一，众人平等就不能互相役使。有天有地就有上下的差别，圣明的君王一开始当政，处理国事就有了一定的等级制度。两个同样富贵的人不能互相侍奉，两个一样卑贱的人不能相互役使，这是自然的道理。权势地位相同了，喜好与厌恶也相同，财物不能满足就互相争斗，争斗就会混乱，混乱就一定会穷困。先王厌恶这种混乱，所以制定礼义来区分，使人们有贫富贵贱的差别，足以全面进行统治，这是养育天下的根本。《尚书》中说：“要想齐就必须不齐。”说的就是这个道理。

马骇舆则君子不安舆，庶人骇政则君子不安位。马骇舆则莫若静之，庶人骇政则莫若惠之。选贤良，举笃敬，兴孝弟，收孤寡，补贫穷，如是，则庶人安政矣。庶人安政，然后君子安位。传曰：“君者，舟也；庶人者，水也。水则载舟，水则覆舟。”此之谓也。故君人者欲安则莫若平政爱民矣，欲荣则莫若隆礼敬士矣，欲立功名则莫若尚贤使能矣，是君人者之大节也。三节者当，则其余莫不当矣；三节者不当，则其余虽曲当，犹将无益也。孔子曰：“大节是也，小节是也，上君也。大节是也，小节一出焉，一入焉，中君也。大节非也，小节虽是也，吾无观其余矣。”成侯、嗣公[1]，聚敛计数之君也，未及取民也；子产[2]，取民者也，未及为政也；管仲，为政者也，未及修礼也。故修礼者王，为政者强，取民者安，聚敛者亡。故王者富民，霸者富士，仅存之国富大夫，亡国富筐箧，实府库。筐箧已富，府库已实，而百姓贫，夫是之谓上溢而下漏。入不可以守，出不可以战，则倾覆灭亡可立而待也。故我聚之以亡，敌得之以强。聚敛者，召寇[3]、肥敌、亡国、危身之道也，故明君不蹈也[4]。

【注释】

[1] 成侯、嗣公：皆战国时卫国国君。

[2] 子产：姓公孙，名侨，字子产，春秋时郑国大夫，著名的政治家。

[3] 召：通“招”。

[4] 蹈：踩。

【译文】

马拉车受惊，那么君子就不能安坐在车子上；百姓被政治吓怕，那么君子就不能安坐在他们的职位上。马拉车受惊了，那就没有比让它安静下来更好的了；百姓被政治吓怕了，那就没有比给他们恩惠更好的了；选用贤良的人，提拔忠厚老实的人，提倡孝悌，收养孤儿寡妇，救济贫穷的人，那么百姓就安于政治了。百姓安于政治，然后君子就安于职位了。古书上说：“君主，就像船；百姓，就像水。水能浮起船，水也能倾覆船。”说的就是这个道理。所以处在君位上的人要想安定没有比政治平和，爱护人民更好的了，要想荣耀没有比遵循礼义，尊敬士人更好的了，要想建立功名没有比崇尚贤良任用能人更好的了，这是做好君主的重要方面。这三个方面做得恰当，那么其余方面没有不恰当的了；这三个方面做得不恰当，那么其余方面即使做得都很恰当，也还是没有用处。孔子说：“大方面对，小方面也对，这是上等的君主。大方面对，小方面有时对有时不对，这是中等的君主。大方面不对，小节即使对，我也不用看其他方面了。”成侯、嗣公，是聚敛钱财、精打细算的君王，没有能够得到民心；子产，得到民心了，但没能处理好政事；管仲，善于处理政事，但没有能够实行礼义。所以实行礼义的国家就能统一天下，善理政事的国家就强大，得到民心的国家就安定，聚敛钱财的国家就灭亡。所以行王道的君主使百姓富裕，行霸道的君主使士人富裕，勉强生存的国家使大夫富裕，即将灭亡的国家富了国君的箱子，充实了府库。箱子塞满了，府库充实了，而百姓贫穷了，这就叫做上面溢出下面漏空。这样的国家对内不可以防守，对外不可以战斗，那么倾覆灭亡立刻就会到了。所以我聚敛这些钱财就会灭亡，敌人得到这些钱财就会强大。聚敛钱财，是招来敌寇、养肥敌人、灭亡国家、危害自身的道路，所以圣明的君主是不走这条路的。

王夺之人，霸夺之与[1]，强夺之地。夺之人者臣诸侯，夺之与者友诸侯，夺之地者敌诸侯。臣诸侯者王，友诸侯者霸，敌诸侯者危。用强者，人之城守，人之出战[2]，而我以力胜之也，则伤人之民必甚矣。伤人之民甚，则人之民恶我必甚矣；人之民恶我甚，则日欲与我斗。人之城守，人之出战，而我以力胜之，则伤吾民必甚矣。伤吾民甚，则吾民之恶我必甚矣；吾民之恶我甚，则日不欲为我斗。人之民日欲与我斗，吾民日不欲为我斗，是强者之所以反弱也。地来而民去，累多而功少，虽守者益，所以守者损，是以大者之所以反削也[3]。诸侯莫不怀交接怨而不忘其敌[4]，伺强大之间，承强大之敝[5]，此强大之殆时也。知强大者不务强也[6]，虑以王命全其力，凝其德。力全则诸侯不能弱也，德凝则诸侯不能削也，天下无王霸主则常胜矣。是知强道者也。

【注释】

[1] 与：同盟国。

[2] 出：当为“士”字（俞樾说）。下同。

[3] 上“以”字当为衍文（俞樾说）。

[4] 怀交接怨：当为“怀怨交接”（俞樾说）。

[5] 承：趁。敝：衰败。

[6] 强大：当为“强道”（王引之说）。

【译文】

王者争夺人心，霸者争夺盟国，强者争夺土地。争夺人心的使诸侯臣服，争夺盟国的与诸侯为友，争夺土地的与诸侯为敌。使诸侯臣服的称王，与诸侯为友的称霸，与诸侯为敌的危险。使用武力争夺土地的，人家的城池守得很牢固，人家的士兵拼命战斗，而我以武力战胜他们，那么伤害人家的民众必然很厉害。伤害人家的民众很厉害，那么人家的民众怨恨我也一定很厉害；人家的民众怨恨我很厉害，就会天天想与我战斗。人家的城池守得很牢固，人家的士兵拼命战斗，那么伤害自己的民众也一定很厉害。伤害自己的民众很厉害，那么自己的民众也一定十分怨恨我；自己的民众十分怨恨我，就会天天不想为我战斗。人家的民众天天想与我战斗，自己的民众天天不想为我战斗，这就是强国变成弱国的原因。土地夺来了而人心失去了，负担多了而功效少了，虽然守卫的土地增多了，而守卫土地的民众减少了，这是大国反而削弱的原因。诸侯国没有不心怀怨恨表面与它结交而不忘记他的敌人的，时刻窥伺强国的可乘之机，趁强国疲敝之时来攻击，这就是强国危险的时候了。知道强大之道的君主是不追求武力的，而是考虑利用王命来保全他的力量，积累自己的德行。力量保全了那么诸侯就不能使它衰弱了，德行积累了那么诸侯就不能将它削弱了，如果天下没有王者或霸主那么他就会常常取胜了。这是知道强大之道的君主。

彼霸者不然，辟田野，实仓廪，便备用，案谨募选阅材伎之士[1]，然后渐庆赏以先之，严刑罚以纠之。存亡继绝，卫弱禁暴，而无兼并之心，则诸侯亲之矣；修友敌之道以敬接诸侯，则诸侯说之矣。所以亲之者，以不并也，并之见则诸侯疏矣；所以说之者，以友敌也，臣之见则诸侯离矣。故明其不并之行，信其友敌之道，天下无王霸主[2]，则常胜矣。是知霸道者也。闵王毁于五国[3]，桓公劫于鲁庄[4]，无它故焉，非其道而虑之以王也。彼王者不然，仁眇天下[5]，义眇天下，威眇天下。仁眇天下，故天下莫不亲也；义眇天下，故天下莫不贵也；威眇天下，故天下莫敢敌也。以不敌之威，辅服人之道，故不战而胜，不攻而得，甲兵不劳而天下服。是知王道者也。知此三具者，欲王而王，欲霸而霸，欲强而强矣。

【注释】

[1]案：语助词。　选阅：选拔。　伎：通“技”，技能，才能。

[2]霸：当为衍文（王念孙说）。

[3]闵王毁于五国：指齐闵王（也作湣王）四十年，燕将乐毅联合燕、赵、楚、魏、秦攻破齐国，闵王逃到莒。

[4]桓公劫于鲁庄：公元前681年，齐桓公与鲁庄公结盟于柯，桓公被鲁臣曹沫劫持，被迫答应归还鲁国土地。

[5]眇：高。

【译文】

那些行霸道的人不这样，开辟田野，充实粮仓，改进器具，谨慎地招募、选拔武艺高强的人，然后用重赏来引导他们，用严刑来纠正他们。使将要灭亡的国家得以保存，使将要断绝的后代得以延续，保卫弱小，禁止强暴，却没有兼并他国的野心，那么诸侯就会亲近他；以友好平等的态度同诸侯交往，诸侯就会喜欢他。之所以亲近他，是因为他不兼并别国，如果兼并的意图显现出来，诸侯就会疏远他；之所以喜欢他，是因为他态度友好平等，如果臣服他国之心显现出来，诸侯就会离开他。所以表明自己不会有兼并他国的行为，信守友好平等的原则，如果天下没有称王的君主，就会常常胜利了。这是知道称霸之道的君主。齐闵王被五国毁灭，齐桓公被鲁庄公劫持，没有其他的原因，就是因为没有实行正确的道路却想天下称王。那些行王道的人却不这样，仁爱高于天下，道义高于天下，威望高于天下。仁爱高于天下，所以天下人没有不亲近他的；道义高于天下，天下人没有不尊重他的；威望高于天下，天下人没有人敢与他为敌。用无敌的威望，辅助仁义之道，所以不用战斗就可以胜利，不用进攻就可以达到目的，不动用一兵一卒天下就臣服了。这是知道称王之道的君主。知道这三种治国之道的君主，想称王就称王，想称霸就称霸，想强大就强大。

王者之人：饰动以礼义[1]，听断以类，明振毫末[2]，举措应变而不穷。夫是之谓有原[3]。是王者之人也。

【注释】

[1]饰：通“饬”，整饬。

[2]振：考察。

[3]原：根本。

【译文】

王者应该是这样：用礼义来端正自己的行为，用法令来决断政事，明察秋毫，采取措施随时应变而不会束手无措。这就叫做有根本。这是行王道的君主。

王者之制：道不过三代[1]，法不贰后王[2]。道过三代谓之荡，法贰后王谓之不雅。衣服有制，宫室有度，人徒有数，丧祭械用皆有等宜[2]，声则凡非雅声者举废，色则凡非旧文者举息，械用则凡非旧器者举毁。夫是之谓复古。是王者之制也。

【注释】

[1]三代：指夏、商、周。

[2] 宜：通“仪”，仪等，等级。

【译文】

王者的制度：治国原则不能超过三代，法度不能背离后王。治国原则超过三代叫做流荡，法度背离后王叫做不正。衣服有规定，宫室有标准，随从有数目，丧葬祭祀所用的器具都有等级，音乐凡是不符合正声的都要废除，颜色凡是不合乎原来色彩的统统禁止，器具凡是不同于古代器具的都要销毁。这就叫做复古。这是行王道的君主的制度。

王者之论[1]：无德不贵，无能不官，无功不赏，无罪不罚，朝无幸位，民无幸生，尚贤使能而等位不遗，析愿禁悍而刑罚不过[2]，百姓晓然皆知夫为善于家而取赏于朝也，为不善于幽而蒙刑于显也。夫是之谓定论。是王者之论也。

【注释】

[1] 论：通“伦”。

[2] 析愿：当作“折愿”（王念孙说），制裁狡诈的人。愿，通“傆”，狡诈。

【译文】

王者的用人方针：没有德行就不能尊贵，没有才能就不能当官，没有功劳就不能奖赏，没有罪过就不能惩罚，朝廷上没有侥幸能得到职位的，百姓中没有不务正业能侥幸生存的，崇尚贤者，任用能者，使等级地位与之相称而没有遗漏，制裁狡诈的人，禁止凶暴的人，而量刑适中，百姓都清楚地知道在家里做好事就会得到朝廷的奖赏，在暗地里做坏事就会在众人面前受到惩罚。这就叫做不变的准则。这是行王道的君主的用人方针。

王者之等赋[1]，政事[2]，财万物，所以养万民也。田野什一，关市几而不征[3]，山林泽梁以时禁发而不税，相地而衰政[4]，理道之远近而致贡，通流财物粟米，无有滞留，使相归移也[5]。四海之内若一家，故近者不隐其能，远者不疾其劳，无幽闲隐僻之国莫不趋使而安乐之。夫是之为人师。是王者之法也。

【注释】

[1]“之”字后当脱一“法”字（王念孙说），本句应作“王者之法”。

[2]政：通“正”，摆正，处理。

[3]几：通“讥”，查问。

[4]衰（cuī）：差别。 政：通“征”。

[5]归（kuì）：通“馈”，赠送。

【译文】

王者的法度：按等级征收赋税，处理好民事，管理好万物，这是用来养育万民的方法。农田征收十分之一的税，关卡和市场只监察而不征税，山林湖泊按时关闭、开放而不收税，视土地的肥瘠分别征税，区分道路的远近交纳贡品，财物、粮食要顺畅流通，不能有滞留，使各地互通有无。四海之内就像一家人，所以近处的人不隐藏他的才能，远处的人奔走劳苦也没有怨言，不管多么偏远的国家没有不听从役使而安乐的。这就叫做人民的师表。这就是行王道的君主的法度。

北海则有走马、吠犬焉，然而中国得而畜使之；南海则有羽翮、齿革、曾青、丹干焉[1]，然而中国得而财之；东海则有紫、紶、鱼、盐焉[2]，然而中国得而衣食之；西海则有皮革、文旄焉[3]，然而中国得而用之。故泽人足乎木，山人足乎鱼，农夫不斫削、不陶冶而足械用，工贾不耕田而足菽粟。故虎豹为猛矣，然君子剥而用之。故天之所覆，地之所载，莫不尽其美，致其用，上以饰贤良，下以养百姓而安乐之。夫是之谓大神。《诗》曰[4]：“天作高山，大王荒之。[5]彼作矣，文王康之。”[6]此之谓也。

【注释】

[1]翮（hé）：大鸟的羽毛。 曾青：铜精，可供绘画和熔化黄金。 丹干：朱砂。

[2]紫：通“絺”（chī），细麻布。 紶：当为“綌”（xì）字（王引之说），粗麻布。

[3]文旄（máo）：染上色彩的牦牛尾。

[4]《诗》：指《诗经·周颂·天作》。

[5] 大王：即古公亶（dǎn）父，周文王的祖父。 荒：开辟。

[6] 康：安。

【译文】

北方出产快马和猎犬，然而中原地区能够得到并蓄养、役使它；南方出产羽毛、象牙、犀牛皮、曾青和丹砂，然而中原地区能够得到并利用它；东方出产粗细麻布、鱼和盐，然而中原地区能够得到并制衣和食用；西方出产皮革和牦牛尾，然而中原地区能够得到并使用它。所以渔民有足够的木材，山民有足够的鱼，农民不用砍伐，不用烧窑冶炼也有足够的器械用具，工匠和商人不用耕田也有足够的粮食。虎豹够凶猛的了，然而君子能够剥下它们的皮来使用。所以天所覆盖的，地所承载的，没有不充分表现出它们的长处，发挥它们的效用的，对上可以作为贤良人的装饰，对下可以养育百姓使他们安居乐业。这就叫做大治。《诗经》中说："上天生成了这座高山，太王将它开辟。已经创建了基业，文王使它平安。"说的就是这个意思。

以类行杂[1]，以一行万，始则终，终则始，若环之无端也，舍是而天下以衰矣。天地者，生之始也；礼义者，治之始也；君子者，礼义之始也。为之，贯之，积重之，致好之者，君子之始也[2]。故天地生君子，君子理天地。君子者，天地之参也[3]，万物之总也，民之父母也。无君子则天地不理，礼义无统，上无君师，下无父子，夫是之谓至乱。君臣、父子、兄弟、夫妇，始则终，终则始，与天地同理，与万世同久，夫是之谓大本。故丧祭、朝聘、师旅一也，贵贱、杀生、与夺一也，君君、臣臣、父父、子子、兄兄、弟弟一也，农农、士士、工工、商商一也。

【注释】

[1] 类：统类，指总原则。

[2] 之始：当为衍文（王引之说）。

[3] 参：配合。

【译文】

以事物的总法则去治理纷杂的事物，用统一的原则贯穿万事万物，从开始到结束，从结束到开始，就像圆环一样没有尽头，舍弃了这个原则那么天下就要衰亡了。天地，是生命的本原；礼义，是治国的本原；君子，是礼义的本原。实行礼义，贯彻礼义，积累加强礼义，极其喜好礼义，这是君子。所以天地生育君子，君子治理天地。君子，是天地的匹配，万物的总领，人民的父母。如果没有君子，天地就得不到治理，礼义就没有头绪，上没有君师，下没有父子，这就叫做大乱。君臣、父子、兄弟、夫妇之间的伦理关系，从开始到结束，从结束到开始，与天地同理，与万世并存，这就叫做最大的根本。所以丧葬、祭祀、朝聘和用兵，都是一个道理；贵与贱、杀与生、给与夺，都是一个道理；君要像君，臣要像臣，父要像父，子要像子，兄要像兄，弟要像弟，都是一个道理；农民要像农民，士人要像士人，工人要像工人，商人要像商人，都是一个道理。

水火有气而无生[1]，草木有生而无知，禽兽有知而无义，人有气，有生，有知，亦且有义，故最为天下贵也。力不若牛，走不若马，而牛马为用，何也？曰：人能群，彼不能群也。人何以能群？曰：分。分何以能行？曰：义。故义以分则和，和则一，一则多力，多力则强，强则胜物，故宫室可得而居也。故序四时，裁万物，兼利天下，无它故焉，得之分义也。故人生不能无群，群而无分则争，争则乱，乱则离，离则弱，弱则不能胜物，故宫室不可得而居也，不可少顷舍礼义之谓也。能以事亲谓之孝，能以事兄谓之弟[2]，能以事上谓之顺，能以使下谓之君。君者，善群也。群道当则万物皆得其宜，六畜皆得其长[3]，群生皆得其命。故养长时则六畜育，杀生时则草木殖，政令时则百姓一，贤良服。

【注释】

[1] 气：古人认为气是一种物质，万物都是由气构成的。

[2] 弟：通“悌”。

[3] 六畜：猪、羊、牛、马、鸡、狗。

【译文】

水火有气却没有生命，草木有生命却没有知觉，禽兽有知觉却没有道义，人有气，有生命，有知觉，而且也有道义，所以是天下最尊贵的。人的力气不如牛，奔跑不如马，而牛、马为人驱使，为什么呢？回答是：人能组成社会群体，而牛、马不能。人为什么能组成社会群体？回答是：人有等级名分。等级名分为什么能够实行？回答是：人有道义。所以用道义来区分名分，人们就能和谐相处，和谐相处就能团结一致，团结一致就有力量，有力量就强大，强大了就能战胜外物，所以人才能得以在宫室中居住。所以人们根据四时的顺序，管理万物，使天下都受益，没有别的原因，就是因为有了名分和道义。所以人要生存就不能没有群体，有了群体没有名分就要争斗，争斗就会混乱，混乱就会离散，离散就会力量削弱，力量削弱就不能战胜外物，所以就不能在宫室中安居了，这就是说人一刻也不能放弃礼义。能用礼义侍奉父母叫做孝，能用礼义侍奉兄长叫做悌，能用礼义侍奉君主叫做顺，能用礼义役使臣下叫做君。所谓君，就是善于把人组织成群体的人。组织群体的方法得当，万物就各得其宜，六畜都能得以生长，一切生物都能安享各自的命。所以养育生长适时，六畜就会繁衍兴旺；砍伐种植适时，草木就会茂盛；政令适时，百姓就会一心，贤良之人就会服从。

圣王之制也，草木荣华滋硕之时则斧斤不入山林[1]，不夭其生，不绝其长也；鼋鼍、鱼鳖、鳅鳣孕别之时[2]，罔罟毒药不入泽[3]，不夭其生，不绝其长也；春耕，夏耘，秋收，冬藏四者不失时，故五谷不绝而百姓有余食也；污池、渊沼、川泽谨其时禁[4]，故鱼鳖优多而百姓有余用也；斩伐养长不失其时，故山林不童而百姓有余材也[5]。圣王之用也，上察于天，下错于地[6]，塞备天地之间，加施万物之上，微而明，短而长，狭而广，神明博大以至约。故曰：一与一是为人者谓之圣人[7]。

【注释】

[1] 滋：生长。　硕：茂盛。

[2] 鼋（yuán）：大鳖。　鼍（tuó）：鳄鱼的一种。　孕别：产卵。

[3] 罔罟：渔网。

[4] 污：池塘。

[5] 童：山无草木。

[6] 错：通“措”。

[7] 与：举。

【译文】

圣王的制度是，草木开花滋长的时期就不能进入山林砍伐，为的是不使它们过早夭折，不断绝它们的成长；鼋、鼍、鱼、鳖、泥鳅、鳝鱼等产卵的时候，渔网和毒药不能投入湖泽，为的是不使它们过早夭折，不断绝它们的成长；春天耕种，夏天锄草，秋天收获，冬天收藏，这四事都不能失去时节，所以五谷就不会断绝而百姓有多余的粮食；池塘、湖泊、河泽严格禁止一定时期内捕捞，所以鱼鳖繁多而百姓吃不完用不尽；砍伐种植不失时节，所以山林就不会光秃而百姓有多余的木材可用。圣王的作用是，上观察天时，下顺从地利，充满天地之间，作用到万物之上，隐微而又显明，短暂而又长久，狭小而又广阔，神明博大而又十分简约。所以说：用道义去统帅一切的人就是圣人。

序官[1]：宰爵知宾客、祭祀、飨食、牺牲之牢数[2]，司徒知百宗、城郭、立器之数[3]，司马知师旅、甲兵、乘白之数[4]。修宪命，审诗商[5]，禁淫声，以时顺修，使夷俗邪音不敢乱雅，大师之事也[6]。修堤梁，通沟浍，行水潦[7]，安水臧[8]，以时决塞，岁虽凶败水旱，使民有所耘艾，司空之事也[9]。相高下，视肥墝，序五种，省农功，谨蓄藏，以时顺修，使农夫朴力而寡能，治田之事也。修火宪，养山林薮泽草木鱼鳖百索[10]，以时禁发，使国家足用而财物不屈，虞师之事也。顺州里，定廛宅[11]，养六畜，闲树艺，劝教化，趋孝弟[12]，以时顺修，使百姓顺命，安乐处乡，乡师之事也。论百工，审时事，辨功苦，尚完利，便备用，使雕琢文采不敢专造于家，工师之事也。相阴阳，占祲兆[13]，钻龟陈卦，主攘择五卜[14]，知其吉凶妖祥，伛巫、跛击之事也[15]。修采清[16]，易道路，谨盗贼，平室律，以时顺修，使宾旅安而货财通[17]，治市之事也。抃急禁悍[18]，防淫除邪，戮之以五刑[19]，使暴悍以变，奸邪不作，司寇之事也[20]。本政教，正法则，兼听而时稽之，度其功劳，论其庆赏，以时慎修，使百吏免尽而众庶不偷，冢宰之事也[21]。论礼乐，正身行，广教化，美风俗，兼覆而调一之，辟公之事也[22]。全道德，致隆高，綦文理，一天下，振毫末，使天下莫不顺比从服，天王之事也。故政事乱，则冢宰之罪也；国家失俗，则辟公之过也；

天下不一，诸侯俗反[23]，则天王非其人也。

【注释】

[1]序：通“叙”。

[2]宰爵：官名。　牺牲：古代祭祀用的猪、牛、羊等。

[3]司徒：掌管民政的最高长官。　百宗：百族。

[4]司马：掌管军队的最高长官。　乘：四马拉一车叫乘。　白：通“伯”，古代军队编制，百人为伯。

[5]商：通“章”。

[6]大师：即太师，掌管音乐的最高长官。

[7]潦：通“涝”，水灾。

[8]臧：通“藏”，水藏即水库。

[9]司空：掌管土木工程的最高长官。

[10]索：当为“素”字（王引之说），蔬菜。

[11]廛（chán）：古代城邑居民的房子。

[12]趋：通“促”，敦促，促进。

[13]祲（jìn）：古人认为它是阴阳二气相侵形成不同的云气，预示着吉凶。

[14]五卜：指占卜时出现的雨、霁、蒙、驿、克五种兆形。

[15]击：通“觋（xí）”，男巫。

[16]採：当为“埰”字（俞樾说），坟墓。　清：同“圊”，厕所。

[17]宾：当作“商”字（王引之说）。

[18]抃急：当作“折愿”（王念孙说）。

[19]五刑：墨（脸上刺字）、劓（yì，割鼻子）、剕（fèi，断足）、宫（阉割）、大辟（砍头）。

[20]司寇：掌管刑罚的最高长官。

[21]冢宰：相国。

[22]辟公：诸侯。

[23]俗：欲，企图。

【译文】

论述官吏的职责：宰爵掌管接待宾客、祭祀、宴饮、祭品的数量，司徒掌管宗族、城郭、陈列器械的数量，司马掌管军队、铠甲兵器、车马士卒的数量。修改法令，审查诗歌，禁止淫声，按时整治，使蛮夷的风俗和邪恶的音乐不敢扰乱正声，这是太师的职责。修缮堤坝、桥梁，疏通沟渠，排除低洼积水，加固水库，根据时节决口或堵塞，即使遇到饥荒旱涝之年，也使农民有所耕耘，有所收获，这是司空的职责。观察地势的高下，审视土壤的肥瘠，根据时节安排各种农作物的播种，检查农民的生产情况，认真储藏，按时整治，使农民朴实地尽力耕作而不学习其他技能，这是田官的职责。制定防火的法令，保护山林、沼泽、湖泊中的草木、鱼鳖和各种蔬菜，根据时节禁止或开放，使国家财物充足而没有竭尽，这是虞师的职责。和顺州里，安定住宅，饲养六畜，学习种植，勉力教化，督促孝悌，按时整治，使百姓服从命令，安居乡里，这是乡师的职责。评定百工，审察时事，分辨产品的优劣，注重产品的坚固耐用，方便器械使用，使器具的雕琢、有彩色花纹的礼服的裁制不敢在家里私自进行，这是工师的职责。观察阴阳的变化，看云气吉凶，钻龟甲占卜、用蓍草算卦，主管攘除不祥，择取吉事，预知吉凶灾祥，这是驼背的巫婆和瘸腿的男觋的职责。整理墓地、厕所，维修道路，严禁盗贼，管理旅馆和店铺，按时整治，使商人、旅客安全，货财流通，这是治市的职责。制裁奸诈，禁止凶暴，防止淫荡，铲除奸邪，用五刑来惩治，使凶暴强悍的人转变，奸邪之事不再发生，这是司寇的职责。以政治教化为本，端正法令规则，多方听取意见而且经常考察，衡量功劳，评定奖赏，按时整治，使百官尽职尽责而且百姓也不苟且偷生，这是冢宰的职责。制定礼乐，端正行为，推广教化，美化风俗，对百姓全面照顾而协调统一，这是诸侯的职责。完善道德，推崇礼义，追求完备，统一天下，明察秋毫，使天下人无不顺从归服，这是天子的职责。所以政事混乱就是冢宰的罪过；国家风俗败坏就是诸侯的罪过；天下不统一，诸侯想叛乱，那么天子就不是合适的人选。

具具而王[1]，具具而霸，具具而存，具具而亡。用万乘之国者，威强之所以立也，名声之所以美也，敌人之所以屈也，国之所以安危臧否也，制与在此[2]，亡乎人。王、霸、安存、危殆、灭亡，制与在我，亡乎人。夫威强未足以殆邻敌也[3]，名声未足以县天下也[4]，则是国未能独立也，岂渠得免夫累乎[5]？天下胁于暴国，而党为吾所不欲于是者[6]，日与桀同事同行，无害为尧，是非功名之所就也，非存亡安危之所堕也[7]。功名之所就，存亡安危之所堕，必将于愉殷赤心之所。诚以其国为王者之所，亦王；以其国为危殆灭亡之所，亦危殆灭亡。

【注释】

[1] 具具：前一“具”是动词，具备；后一“具”是名词，条件。

[2] 制：关键。 与：通“举”，都，全。

[3] 殆：危及。

[4] 县：通“悬”。

[5] 岂渠：怎么。渠，通“讵”，难道。

[6] 党：同“倘”，假如。

[7] 堕：当为“随”字（俞樾说）。

【译文】

具备了王者的条件就称王，具备了霸者的条件就称霸，具备了生存的条件就生存，具备了灭亡的条件就灭亡。治理拥有万辆兵车的大国，它的威武强大所以能够树立，名声所以能够美好，敌人所以能够屈服，国家所以安定、繁荣，关键在于自己而不在别人。称王还是称霸，安全、存在还是危险、灭亡，关键在于自己而不在别人。威武强大不足以使邻国危险，名声不足以远扬天下，那么就是这个国家还未能完全独立，又怎能免除祸患呢？天下为强暴的国家胁迫，而假如这不是我想看到的，即使每天与桀共同做事，共同行动，也不会妨害自己成为尧一样的圣人，但这并不是功名成就的关键，也不是安危存亡的原因。功名成就的关键，存亡安危的原因，必定取决于国家强盛时你的诚心之所在。如果诚心想把自己的国家作为奉行王道的地方，就可以称王；想把自己的国家作为危险灭亡的地方，那就会危险灭亡。

殷之日，案以中立无有所偏而为纵横之事[1]，偃然案兵无动，以观夫暴国之相卒也[2]。案平政教，审节奏，砥砺百姓，为是之日，而兵剸天下劲矣[3]；案然修仁义[4]，伉隆高[5]，正法则，选贤良，养百姓，为是之日，而名声剸天下之美矣。权者重之，兵者劲之，名声者美之。夫尧、舜者，一天下也，不能加毫末于是矣。权谋倾覆之人退，则贤良知圣之士案自进矣；刑政平，百姓和，国俗节，则兵劲城固，敌国案自诎矣[6]；务本事，积财物，而勿忘栖迟薛越也[7]，是使群臣百姓皆以制度行，则财物积，国家案自富矣。三者体此而天下服，暴国之君案自不能用其兵矣。何则？彼无与至也。彼其所与至者，必其民也，其民之亲我也欢若父母，好我芳若芝兰；反顾其上则若灼黥，若仇雠。彼人之情性也虽桀、跖，岂有肯为其所恶贼其所好者哉？彼以夺矣。故古之人有以一国取天下者，非往行之也，修政其所莫不愿，如是而可以诛暴禁悍矣。故周公南征而北国怨，曰："何独不来也？"东征而西国怨，曰："何独后我也？"孰能有与是斗者与？安以其国为是者王。

【注释】

［1］案：语助词。 纵横：合纵连横。

［2］卒：通"捽"（zuó），冲突。

［3］剸（zhuān）：通"专"。 劲：强劲。"劲"前当脱一"之"字（王先谦说）。

［4］然：当为衍文（俞樾说）。

［5］伉：极。

［6］诎：通"屈"。

［7］忘：通"妄"。 栖迟：丢弃。 薛越：同"屑越"，散乱。

【译文】

在国家强盛时，要保持中立，不要有所偏袒而去做合纵连横的事，要静悄悄地按兵不动，来旁观暴国之间的互相争斗。要平定政教，审察礼乐，训练百姓，做到了这一点的日子，那么兵力就是天下最强劲的了；实行仁义，推崇礼义，修正法则，选拔贤良，养育百姓，做到了这一点的日子，那么名声就是天下最美好的了。这样就可以达到权力牢固，兵力强劲，名声美好。像尧、舜那样统一天下的人，也不能再对此增加一丝一毫了。搞权术耍计谋、倾轧别人的人被斥退，那么贤良圣明的人自然就会到来了；刑罚政令平和，百姓和睦，国家的风俗节俭，那么就会兵力强劲，城防坚固，敌国自然就屈服了；致力农事，积累财物，而不要随便糟蹋浪费，使群臣百姓都能按制度行事，那么财物就会积聚，国家自然就会富裕了。三者都能按照以上说的做，天下就会臣服了，暴国的君主自然不能动用武力了。为什么呢？因为没有人跟他一起来了。跟他一起来的，必定是他的百姓，但他的百姓亲近我就像亲近父母一样，喜欢我就像喜欢芝兰的芳香一样。反过来看他们的君主，就像皮肤被灼烧、脸上被刺字一样，就像仇敌一样。人的情性即使像桀、跖一样，又哪里肯为他所厌恶的人去残害他所喜爱的人呢？他的人民已经被我们争取过来了。所以古时的人有凭借一国取得天下的，并不是以武力去征服，而是修明政治使天下人没有不羡慕的，像这样就可以诛灭强暴，禁止凶悍了。所以周公向南征讨时北边的国家埋怨说："为何单单不来我们这里？"向东征讨时西边的国家埋怨说："为何偏偏将我们丢在后面？"谁能和这样的人争斗呢？能把自己的国家治理成这样就可以称王了。

殷之日，安以静兵息民，慈爱百姓，辟田野，实仓廪，便备用，安谨募选阅材伎之士；然后渐赏庆以先之，严刑罚以防之，择士之知事者使相率贯也，是以厌然畜积修饰而物用之足也。兵革器械者，彼将日日暴露毁折之中原，我今将修饰之，拊循之[1]，掩盖之于府库；货财粟米者，彼将日日栖迟薛越之中野，我今将畜积并聚之于仓廪；材技股肱、健勇爪牙之士[2]，彼将日日挫顿竭之于仇敌，我今将来致之、并阅之，砥砺之于朝廷[3]。如是，则彼日积敝，我日积完；彼日积贫，我日积富；彼日积劳，我日积佚。君臣上下之间者，彼将厉厉焉日日相离疾也，我今将顿顿焉日日相亲爱也[4]，以是待其敝。安以其国为是者霸。

【注释】

[1] 拊循：安抚。

[2] 股肱（gōng）：大腿和上臂，比喻得力之臣。 爪牙：勇士。

[3] 阅：接纳。

[4] 顿顿焉：亲厚、诚恳的样子。顿，通"敦"。

【译文】

在国家强盛时，要停止战争，使人民休养生息，爱护百姓，开垦田野，充实粮仓，方便器用，小心招募、选择武艺高强之士；然后用奖赏来引导他们，用严刑来防范他们，选择其中明达事理的人来统帅他们，这样就可以安心地积蓄粮食，改造器械，财物器用就会充足了。兵革器械之类，别国天天将它们暴露毁坏在旷野中，而我们却修理改造它们，保养它们，把它们保存在府库中；货财粮食之类，别国天天浪费、糟蹋在旷野中，而我们却积累并储存在粮仓中。有才有艺的栋梁、刚健勇敢的武士，别国天天让他们同仇敌作战而遭受挫折、困顿，而我们却招抚他们，接纳他们，并在朝廷上激励他们。像这样，别国就会一天天衰败，我们就会一天天完好；别国就会一天天贫穷，我们就会一天天富裕；别国就会一天天劳苦，我们就会一天天安逸。至于君臣上下之间，别国将会凶恶地一天天互相背离嫉恨，我们却会诚恳地一天天互相亲近友爱，以此来等待敌国的衰敝。把国家治理成这样的就可以称霸了。

立身则从佣俗[1]，事行则遵佣故[2]，进退贵贱则举佣士，之所以接下之人百姓者则庸宽惠，如是者则安存。立身则轻楛，事行则蠲疑[3]，进退贵贱则举佞侻[4]，之所以接下之人百姓者则好取侵夺，如是者危殆。立身则憍暴，事行则倾覆，进退贵贱则举幽险诈故，之所以接下之人百姓者，则好用其死力矣，而慢其功劳，好用其籍敛矣[5]，而忘其本务，如是者灭亡。此五等者，不可不善择也，王霸、安存、危殆、灭亡之具也。善择者制人，不善择者人制之；善择之者王，不善择之者亡。夫王者之与亡者，制人之与人制之也，是其为相县也亦远矣。

【注释】

［1］佣：通“庸”，平常。

［2］故：惯例。

［3］蠲（juān）疑：迟疑。

［4］侻：通“锐”，口才好，口齿伶俐。

［5］籍敛：征收田税。

【译文】

立身则随从日常的习俗，行事则遵循平常的惯例，举贤任能则推荐普通人，对待下属百姓则宽厚恩惠，像这样的就会安全生存。立身则轻率粗劣，行事则迟疑不决，举贤任能则推荐口齿伶俐的奸佞小人，对待下属百姓则巧取豪夺，像这样就会危险。立身则傲慢暴躁，行事则倾轧陷害，举贤任能则举荐阴险奸诈的人，对待下属百姓则只想让他们尽力卖命而抹杀他们的功劳，只想让他们交纳赋税而不顾他们的本业，像这样的就会灭亡。这五种情况，不能不好好选择，这是称王、称霸、安存、危险、灭亡的条件。善于选择的可以制服人，不善选择的被人制服；善于选择的就称王，不善选择的就灭亡。称王和灭亡，制服和被人制服，这两者相差也太远了。

【评析】

孔、孟早就在反复推崇王道，并非荀子首创此说。但与前者只是空洞地倡导不同，荀子自王之“为政”、“听政”始，至王之“立身”、“事行”止，把王道的具体内容阐述得全面而详备，其政治思想的轮廓亦随卷渐次展开。

在这个缜密周全的施政体系当中，关于如何增长经济的阐述显得很是醒目。怎样有效地开发自然是荀子在很多篇目里都曾涉及的一个主题，人的主体性与自然的本体性是这个主题的两面，荀子试图通过对这两面的辩证整合来促成整个社会的和谐发展。这种求和谐的意识源于中国哲学的基本精神，即天人合一，这是许多学人心目中最理想的生活境界。但是与他们更多的将人作为天的附庸，不断呼吁人应顺其自然，不应听凭自己的无尽欲望而向自然无度索取不同，荀子在主张尊重自然的同时，将人作为独立并具有支配能力的个体摆在了一个非常重要的位置上。

儒家以“仁”为本。“仁”包含着同情和爱，而这种同情和爱所施与的对象不仅有人类，还有自然万物。至宋明时“仁”更被赋予了一种普遍的生命关怀意味。据说程颐的学生宋哲宗曾随意手折柳枝，程颐非常严肃地告诫他不可这样，并从发芽的柳树谈到“生”，从“生”再谈到“仁”，讲了一大番道理。荀子则认为，万物不管怎样可贵，都不可能与人相媲美。因为“水火有气而无生，草木有生而无知，禽兽有知而无义；人有气、有生、有知，亦且有义，故最为天下贵也”，有了这么多与生俱来的优势，所以人能“制天命而用之”。（《天论》）

作为一个被无数先人或时人深深思慕的力量化身，“天”的神秘莫测早已为人所熟知与敬畏。然而片面强调人的主体性，一味的盲动与无序不仅改善不了人的生活，还会给自己带来意想不到的灾难。所以荀子提出要“适时”，希望借此走通人与自然和谐共处之路，一步步接近褪去神性光环的自然之天。具体而言，即“草木荣华滋硕之时，则斧斤不入山林，不夭其生，不绝其长也；鼋鼍鱼鳖鳅鳝孕别之时，罔罟毒药不入泽，不夭其生，不绝其长也；春耕，夏耘，秋收，冬藏，四者不失时，故五谷不绝而百姓有余食也；污池、渊沼、川泽谨其时禁，故鱼鳖优多，而百姓有余用也；斩伐养长不失其时，故山林不童而百姓有余材也”。荀子认为，这不仅要作为一种倡导，更要成为一种法度，并设立专门的官员也就是“虞师”来督管，以切实保障“以时禁发”的实行，这在当时无疑是极具见地的新见。

时至今日，我们已经从传统的农业社会迈进工业社会。在这个人们疯狂追求更高品质的物质生活的年代，自然的承受能力总被有意无意地忽略。我们似乎终于得到了自己梦寐以求的一切，却几乎同时迎来了自然的反击。作为共同构成世界这个大整体的两个部分，人类与自然如何走出相互折磨的困境，是我们在重温荀子眼中的“王者之制”时无法回避的问题所在。

富 国

【题解】

本文主要阐述了荀子的富国思想。荀子认为国家要富强，就要制定等级名分，做到“明分使群”。荀子强调君王是管理名分的关键，“人君者，所以管分之枢要也”，因此，要美之、安之、贵之。荀子提出国家富强的途径是“节用裕民”，具体讲即“节用以礼，裕民以致”。“节用以礼”，就是要按照“贵贱有等，长幼有差，贫富轻重皆有称”的原则，合理分配物质资料，使人民“衣食百用出入相掩”；“裕民以致”，就是要求君主以德化民，推行仁政，做到“利而不利也，爱而不用也”。此外，荀子还提出实行强本抑末、开源节流、发展农业等一系列经济措施。

万物同宇而异体，无宜而有用为人[1]，数也[2]。人伦并处[3]，同求而异道，同欲而异知，生也[4]。皆有可也，知愚同；所可异也，知愚分。势同而知异，行私而无祸，纵欲而不穷，则民心奋而不可说也[5]。如是，则知者未得治也，知者未得治则功名未成也，功名未成则群众未县也[6]，群众未县则君臣未立也。无君以制臣，无上以制下，天下害生纵欲。欲恶同物，欲多而物寡，寡则必争矣。故百技所成，所以养一人也。而能不能兼技，人不能兼官，离居不相待则穷，群而无分则争。穷者，患也；争者，祸也。救患除祸，则莫若明分使群矣。强胁弱也，知惧愚也，民下违上，少陵长[7]，不以德为政，如是，则老弱有失养之忧，而壮者有分争之祸矣。事业所恶也，功利所好也，职业无分，如是，则人有树事之患，而有争功之祸矣。男女之合、夫妇之分、婚姻、娉内、送逆无礼[8]，如是，则人有失合之忧，而有争色之祸矣。故知者为之分也。

【注释】

[1]为：通“于”。

[2]数：自然道理。

[3]伦：类。

[4]生：通“性”，天性。

[5]奋：奋起相争。

[6]县：通“悬”。

[7]陵：侵犯。

[8]娉内：同“聘纳”，古代婚礼。聘，问名。纳，纳币，收彩礼。　送：送女。　逆：迎娶。

【译文】

万物同生于自然界中而形体不同，没有固定的用途却对人有用处，这是自然规律。人类共处，具有共同的需求而满足需求的方法不一样，具有共同的欲望而实现欲望的智慧却不一样，这是人的本性。对事物有所肯定，聪明和愚蠢的人都一样；但所肯定的事物不一样，这是聪明和愚蠢的人的区别。如果地位相同而智慧不一样，谋取私利而没有祸患，放纵欲望而没有节制，那么民心就会竞相争夺而不能说服。像这样，那么聪明的人就无法进行治理，聪明的人无法进行治理那么功名就不能成就，功名不能成就那么群众就没有等级差别，群众没有等级差别那么君臣的名分就不能确立。没有君主来制约群臣，没有上级来制约下级，天下人就会毁坏本性放纵情欲。人们喜好和厌恶相同的东西，喜好多但东西少，东西少就一定会争夺。所以百工所生产的产品，是用来养活一个人的。但一个人的能力不能同时掌握多种技艺，一人也不能同时身兼数职，如果离群独居不互相依赖就会穷困，群居但没有名分等级就会争夺。穷困是忧患，争夺是灾难，解除忧患，消除灾难，没有比确定名分，使人民组成群体更好的了。强大的威胁弱小的，聪明的害怕愚蠢的，下民违抗上级，年小的欺负年长的，不以仁德来处理政事，像这样，那么老人、弱者就会有无人供养的忧患，而强壮的人就会有分裂争夺的灾祸。做事情是人们所厌恶的，功名利益是人们所喜好的，职业没有分工，像这样，那么人们不仅会有难以成就事业的忧患，而且有争夺功名的灾祸。男女的结合，夫妇的名分，婚姻嫁娶不依礼节，像这样，那么人们就有失掉家庭的忧患，且有争夺美色的灾祸了。所以聪明的人为此规定了名分。

足国之道，节用裕民而善臧其余[1]。节用以礼，裕民以政。彼裕民，故多余。裕民则民富，民富则田肥以易[2]，田肥以易则出实百倍。上以法取焉，而下以礼节用之，余若丘山，不时焚烧，无所臧之，夫君子奚患乎无余？故知节用裕民，则必有仁义圣良之名，而且有富厚丘山之积矣。此无它故焉，生于节用裕民也。不知节用裕民则民贫，民贫则田瘠以秽[3]，田瘠以秽则出实不半，上虽好取侵夺，犹将寡获也，而或以无礼节用之，则必有贪利纠譑之名[4]，而且有空虚穷乏之实矣。此无它故焉，不知节用裕民也。《康诰》曰[5]："弘覆乎天，若德裕乃身。"[6]此之谓也。

【注释】

[1]臧（cáng）：通"藏"，保藏。

[2]易：治理。

[3]秽：荒芜。

[4]纠：收。　譑（jiǎo）：通"挢"，取。

[5]《康诰》：《尚书》篇名。

[6]弘：广大。　若：顺。

【译文】

富国的途径是，节约费用，使人民富余，并妥善贮存多余的财物。按照礼制节约费用，制定政策使人民富裕。使人民富裕了，才会多有盈余。实行使人民富裕的政策那么人民才会富有，人民富裕了就会田地肥沃而且能得到治理，田地肥沃而且能得到治理那么产量就会增加百倍。君主依照法律收取赋税，下民按照礼制节约使用，那么剩余的粮食就会堆积如山，即使时常焚烧，也没有地方贮藏，君子哪里还用担忧没有余粮呢？所以知道节约费用，使百姓富裕，那就一定会有仁义、贤良的美名，并且财富积累得像山丘一样。这没有别的原因，就是由于节约费用，使人民富裕了。不知道节约费用、使人民富裕的道理，就会使人民贫穷，人民贫穷就会田地贫瘠而且荒芜，田地贫瘠而且荒芜那么产量会达不到正常收成的一半，君主即使巧取豪夺，仍将得到很少，况且有时还不以礼制节约使用，那么就一定会有贪婪敛取的名声，并且有空虚贫困的结果。这没有别的原因，就是因为不知道节约费用，使人民富裕的缘故。《康诰》中说："像天一样覆盖万物，又顺乎德行，那么你就会富裕了。"说的就是这个道理。

礼者，贵贱有等，长幼有差，贫富轻重皆有称者也。故天子袾裷，衣冕[1]，诸侯玄裷，衣冕，大夫裨，冕[2]，士皮弁，服[3]。德必称位，位必称禄，禄必称用。由士以上则必以礼乐节之，众庶百姓则必以法数制之。量地而立国，计利而畜民，度人力而授事，使民必胜事，事必出利，利足以生民，皆使衣食百用出入相揜[4]，必时臧余，谓之称数。故自天子通于庶人，事无大小多少，由是推之。故曰：朝无幸位，民无幸生。此之谓也。轻田野之税，平关市之征，省商贾之数，罕兴力役，无夺农时，如是，则国富矣。夫是之谓以政裕民。

【注释】

[1] 袾（zhù）：纯赤色的衣服。　裷（gǔn）：通“衮”，龙袍。　冕：礼帽。

[2] 裨（pí）：大夫所穿的礼服。

[3] 皮弁（biàn）：一种用白鹿皮做的帽子。

[4] 揜（yǎn）：同“掩”，合。

【译文】

所谓礼，是指贵贱有等级，长幼有差别，贫富和地位都要有相应的规定。所以天子穿红色的龙袍，戴礼帽，诸侯穿黑色的龙袍，戴礼帽，大夫穿裨衣，戴礼帽，士穿皮衣，戴皮帽。道德一定与地位相称，地位一定与俸禄相称，俸禄一定与能力相称。士以上一定要用礼乐节制他们，普通百姓一定要用法律制度制约他们。丈量土地来分封诸侯，计算收益来畜养人民，估量人力来安排工作，使人民一定胜任自己的事情，做这些事情一定要有收益，这些收益要足以养活人民，要使衣食及日常费用支收平衡，一定要及时地贮藏多余的财物，这叫做合乎法度。所以从天子到普通百姓，事情不论大小，都要依此类推。所以说：朝廷上没有侥幸就能得到的职位，百姓中没有不务正业就能侥幸生存的。说的就是这个道理。减轻田地的赋税，免除关卡集市的税收，减少商人的数量，少兴徭役，不侵占农时，像这样，那么国家就富强了。这就叫做依靠政策使人民富裕。

人之生，不能无群，群而无分则争，争则乱，乱则穷矣。故无分者，人之大害也；有分者，天下之本利也；而人君者，所以管分之枢要也。故美之者，是美天下之本也；安之者，是安天下之本也；贵之者，是贵天下之本也。古者先王分割而等异之也，故使或美、或恶，或厚、或薄，或佚、或乐[1]，或劬、或劳，非特以为淫泰、夸丽之声，将以明仁之文，通仁之顺也。故为之雕琢、刻镂、黼黻、文章[2]，使足以辨贵贱而已，不求其观；为之钟鼓、管磬、琴瑟、竽笙[3]，使足以辨吉凶、合欢定和而已，不求其余；为之宫室台榭，使足以避燥湿、养德、辨轻重而已，不求其外。《诗》曰[4]："雕琢其章，金玉其相。亹亹我王，纲纪四方。"[5]此之谓也。

【注释】

[1]或佚或乐：当作"或佚乐"（王念孙说）。第二个"或"字衍。下句同。

[2]黼（fú）：白黑相间的花纹。　黻（fǔ）：黑青相间的花纹。　文：青赤相间的花纹。　章：赤白相间的花纹。

[3]磬（qìng）：一种石制的乐器。

[4]《诗》：指《诗经·大雅·棫朴》。

[5]相：质料。　亹亹（wěi）：勤勉的样子。

【译文】

人活着，不能没有群体，有群体而没有等级名分就会争斗，争斗就会混乱，混乱就会穷困。所以没有等级名分，是人类的大祸害；有等级名分，是天下的根本利益；人君，是管理名分的关键。所以赞美君主，就是赞美天下的根本；维护君主，就是维护天下的根本；尊重君主，就是尊重天下的根本。古时先王用等级名分来区分他们，所以使他们有的美好，有的丑恶，有的尊贵，有的卑贱，有的安逸快乐，有的辛苦劳累，并不是故意制造荒淫或华丽的名声，而是为了明确仁义的制度，贯彻仁义的秩序。所以雕刻各种器物，在衣服上绣上各种花纹，使它们足以辨别贵贱罢了，不追求美观；制作钟鼓、管磬、琴瑟、竽笙等乐器，使它们足以分辨吉凶，增加欢乐和谐罢了，不求别的；建造宫室台榭，使它们足以避免燥热潮湿，修养德性，分辨贵贱罢了，没有另外追求。《诗经》中说："雕琢它们成纹章，金玉之质显本相。勤勤恳恳的君王，治理着四面八方。"说的就是这个道理。

若夫重色而衣之[1]，重味而食之，重财物而制之，合天下而君之，非特以为淫泰也，固以为王天下[2]，治万变，材万物[3]，养万民，兼制天下者[4]，为莫若仁人之善也夫！故其知虑足以治之，其仁厚足以安之，其德音足以化之，得之则治，失之则乱。百姓诚赖其知也，故相率而为之劳苦以务佚之[5]，以养其知也；诚美其厚也，故为之出死断亡以覆救之，以养其厚也；诚美其德也，故为之雕琢、刻镂、黼黻、文章以藩饰之，以养其德也。故仁人在上，百姓贵之如帝，亲之如父母，为之出死断亡而愉者，无它故焉，其所是焉诚美，其所得焉诚大，其所利焉诚多。《诗》曰[6]："我任我辇，我车我牛，我行既集，盖云归哉！"[7]此之谓也。

【注释】

[1] 重（chóng）：多种多样。

[2] 王：当为"一"字（王先谦说）。

[3] 材：通"裁"，管理。

[4] 制：当为"利"字（王先谦说）。

[5] 佚：通"逸"。

[6]《诗》：指《诗经·小雅·黍苗》。

[7] 任：肩负。 辇：拉车。

【译文】

至于穿各种各样颜色华丽的衣服，吃美味佳肴，聚集大量财物为其所用，使整个天下都归他统治，并不是故意要荒淫骄奢，而只是认为统一天下、处理各种变化、管理万物、养育万民、使天下人都得到恩惠的，没有比仁人更好的了！所以他的智慧足以治理天下，他的仁义宽厚足以安抚天下，他的道德声望足以教化天下，得到他，天下就会安定；失去他，天下就会混乱。百姓诚然要依赖他的智慧，所以争先劳苦以使他安逸，以保养他的智慧；百姓诚然赞美他的仁厚，所以出生入死来保卫他，以保养他的仁厚；百姓诚然赞美他的道德，所以雕刻各种器物，在衣服上绣上各种花纹来装饰他，以保养他的道德。所以仁人处在君位上，百姓就像尊重上帝一样尊重他，就像亲近父母一样亲近他，为他出生入死也高兴，没有别的原因，就是因为他的政令确实好，他的成就确实大，他给予人民的实在多。《诗经》中说："我肩扛，我拉车，我驾车，我牵牛，我们的行程结束了，大家可以回家了！"说的就是这个。

故曰：君子以德，小人以力。力者，德之役也。百姓之力，待之而后功；百姓之群，待之而后和；百姓之财，待之而后聚；百姓之势，待之而后安；百姓之寿，待之而后长。父子不得不亲，兄弟不得不顺，男女不得不欢，少者以长，老者以养。故曰："天地生之，圣人成之。"此之谓也。今之世而不然：厚刀布之敛以夺之财，重田野之税以夺之食，苛关市之征以难其事[1]。不然而已矣，有掎絜伺诈[2]，权谋倾覆，以相颠倒，以靡敝之[3]，百姓晓然皆知其污漫暴乱而将大危亡也。是以臣或弑其君，下或杀其上，粥其城[4]，倍其节[5]，而不死其事者，无它故焉，人主自取之。《诗》曰[6]："无言不雠，无德不报。"[7]此之谓也。

【注释】

[1] 苛：加重。

[2] 掎絜（jǐ qiè）：指责。

[3] 靡敝：毁坏。

[4] 粥：通"鬻"，卖。

[5] 倍：通"背"，违背。

[6]《诗》：指《诗经·大雅·抑》。

[7] 雠（chóu）：应答。

【译文】

所以说：君子依靠道德，小人依靠力气。力气，是受道德来役使的。百姓的力气，依靠君子的道德教化才能有功效；百姓的群体，依靠君子的道德教化才能和睦；百姓的财物，依靠君子的道德教化才能积聚；百姓的地位，依靠君子的道德教化才能安定；百姓的寿命，依靠君子的道德教化才能长久。父子得不到它就不亲近，兄弟得不到它就不和顺，男女得不到它就不欢乐，年少的依靠它来成长，年老的依靠它来保养。所以说："天地生育了他们，圣人成就了他们。"说的就是这个道理。现在的世道却不这样：加重对货币的敛取来搜刮百姓的钱财，加重对田地的赋税来掠夺百姓的粮食，加重关卡、集市的税收来阻碍他们的贸易。不仅这样，还故意挑剔，伺机敲诈，玩弄权术，倾轧陷害，来互相倾覆，来竭立败坏，百姓清楚地知道他们的污秽暴乱将导致巨大的灾难与灭亡。所以有的臣子杀死了他们的君主，有的下级杀死了他们的上级，出卖城池，违背节操，而不为君主去卖命，没有别的原因，君主咎由自取。《诗经》中说："没有说话不应答，没有恩德不报答。"说的就是这个道理。

兼足天下之道在明分。掩地表亩，刺屮殖谷[1]，多粪肥田，是农夫众庶之事也。守时力民，进事长功，和齐百姓，使人不偷，是将率之事也[2]。高者不旱，下者不水，寒暑和节而五谷以时孰[3]，是天下之事也[4]。若夫兼而覆之，兼而爱之，兼而制之，岁虽凶败水旱，使百姓无冻餧之患，则是圣君贤相之事也。

【注释】

[1] 屮：古"草"字。

[2] 率：通"帅"。

[3] 孰：通"熟"。

[4] 下：当为衍字（王念孙说）。

【译文】

使天下都富足的方法在于确定等级名分。耕种田地，表明田界，除去杂草，种植谷物，多施肥料使田地肥沃，是农夫百姓的事情。遵守农时，使人民努力，促进生产，提高功效，使百姓和睦，使人民不苟且偷生，这是将帅的事情。使高处的田地不干旱，低洼的田地不受涝，寒暑合乎节令，五谷按时成熟，这是上天的事情。至于普遍地保护百姓，普遍地爱护百姓，普遍地管理百姓，即使遇到水涝或旱灾的凶年，也使百姓不挨饿受冻，这是圣君贤相的事情。

墨子之言，昭昭然为天下忧不足[1]。夫不足，非天下之公患也，特墨子之私忧过计也[2]。今是土之生五谷也，人善治之则亩数盆[3]，一岁而再获之，然后瓜、桃、枣、李一本数以盆鼓[4]，然后荤菜、百疏以泽量[5]，然后六畜禽兽一而剸车[6]；鼋鼍、鱼鳖、鳅鳣以时别，一而成群，然后飞鸟、凫雁若烟海，然后昆虫万物生其间，可以相食养者不可胜数也。夫天地之生万物也，固有余足以食人矣；麻葛、茧丝、鸟兽之羽毛齿革也，固有余足以衣人矣。夫有余不足[7]，非天下之公患也，特墨子之私忧过计也。

【注释】

［1］昭昭然：通“懆懆”，忧愁的样子。

［2］特：只，不过。 过计：过分忧虑。

［3］盆：古代一种量器。

［4］本：株。

［5］荤菜：指葱、姜、蒜一类有辛辣气味的蔬菜。 疏：通“蔬”。

［6］剸（zhuān）：通“专”。

［7］有余：当为衍文（王先谦说）。

【译文】

墨子的言论，惶惶不安地为天下人忧虑财物不足。财物不足，并不是天下人的共同祸患，只不过是墨子个人的担心过分罢了。现在这土地里生长出五谷，只要人们善于治理它，每亩地就会生产出几盆粮食，一年可以收获两次，然后瓜、桃、枣、李每一棵的产量也要用盆计算，各种蔬菜也要用池泽来计量，六畜和禽兽每一样都用车来装；鼋、鼍、鱼、鳖、泥鳅、鳣鱼等按时繁殖，一只就能繁殖成一大群，然后飞鸟、凫雁多如烟海，昆虫万物生长于其间，可以供人食用的东西数不胜数。天地生长万物，本来就绰绰有余足以供人食用了；麻葛、茧丝、鸟兽的羽毛、牙齿、皮革等，本来就绰绰有余足以供人穿戴了。财物不足，并不是天下人的共同祸患，只不过是墨子个人的担心过分罢了。

天下之公患，乱伤之也。胡不尝试相与求乱之者谁也？我以墨子之“非乐”也，则使天下乱，墨子之“节用”也，则使天下贫，非将堕之也[1]，说不免焉。墨子大有天下，小有一国，将蹙然衣粗食恶[2]，忧戚而非乐，若是则瘠[3]，瘠则不足欲，不足欲则赏不行。墨子大有天下，小有一国，将少人徒，省官职，上功劳苦，与百姓均事业，齐功劳，若是则不威，不威则罚不行。赏不行，则贤者不可得而进也；罚不行，则不肖者不可得而退也。贤者不可得而进也，不肖者不可得而退也，则能不能不可得而官也。若是，则万物失宜，事变失应，上失天时，下失地利，中失人和，天下敖然[4]，若烧若焦。墨子虽为之衣褐带索，嚽菽饮水[5]，恶能足之乎？既以伐其本，竭其原，而焦天下矣。

【注释】

[1] 堕（huī）：通"隳"，诋毁。

[2] 蹙然：忧心忡忡的样子。

[3] 瘠：生活贫困。

[4] 敖：通"熬"。

[5] 嚽（chuò）：通"啜"。　菽：豆叶。

【译文】

天下的共同患祸，是混乱造成的。为什么不试着去探求一下造成混乱的是谁呢？我认为墨子"非乐"的主张会使天下混乱，墨子"节用"的主张会使天下贫穷，并不是有意诋毁他，而是他的学说不免会这样。墨子权势大到如果能统治天下，小到如果能统治一国，将会忧心忡忡地穿着粗布衣服，吃着恶劣食物，忧愁地反对音乐，如果这样生活就会贫困，生活贫困就不会满足欲望，不满足欲望则奖赏就不会实行。墨子权势大到如果能统治天下，小到如果能统治一国，将会减少随从，削减官职，推崇功业和劳苦，同百姓做一样的事情，建立一样的功劳，如果这样就没有威严，没有威严则惩罚就不会实行。奖赏不能实行，那么贤能的人就不能得到任用；惩罚不能实行，那么不贤能的人就不能被斥退。贤能的人不能得到进用，不贤能的人不能得到斥退，那么有能力的人和没有能力的人就不可能得到相应的职位。如果这样，那么万物就会失调，事情突变就会得不到及时的处理，上失去天时，下失去地利，中失去人和，天下就像被煎熬一样，像被火烧焦一样。墨子即使身穿粗布衣，腰系粗绳，吃豆叶，喝白水，又怎能使天下富足呢？既然已失去了根本，堵塞了源头，那么天下就焦枯了。

故先王圣人为之不然。知夫为人主上者不美不饰之不足以一民也，不富不厚之不足以管下也，不威不强之不足以禁暴胜悍也。故必将撞大钟、击鸣鼓、吹笙竽、弹琴瑟以塞其耳，必将雕琢、刻镂、黼黻、文章以塞其目[1]，必将刍豢稻粱、五味芬芳以塞其口，然后众人徒、备官职、渐庆赏、严刑罚以戒其心。使天下生民之属皆知己之所愿欲之举在是于也，故其赏行；皆知己之所畏恐之举在是于也，故其罚威。赏行罚威，则贤者可得而进也，不肖者可得而退也，能不能可得而官也。若是，则万物得宜，事变得应，上得天时，下得地利，中得人和，则财货浑浑如泉源[2]，汸汸如河海[3]，暴暴如丘山[4]，不时焚烧，无所臧之，夫天下何患乎不足也？故儒术诚行，则天下大而富，使而功，撞钟击鼓而和。《诗》曰[5]：“钟鼓喤喤，管磬玱玱，降福穰穰。降福简简，威仪反反。既醉既饱，福禄来反。”[6]此之谓也。故墨术诚行则天下尚俭而弥贫，非斗而日争，劳苦顿萃而愈无功，愀然忧戚非乐而日不和。《诗》曰[7]：“天方荐瘥，丧乱弘多。民言无嘉，憯莫惩嗟。”[8]此之谓也。

【注释】

[1]雕：同“雕”，雕刻。

[2]浑浑：水流的样子。

[3]汸汸（pāng）：水流盛大的样子。汸，同“滂”。

[4]暴暴：突起的样子。

[5]《诗》：指《诗经·周颂·执竞》。

[6]喤喤（huáng）：钟鼓声。　玱玱（qiāng）：管磬声。　穰穰（rǎng）：众多。　简简：盛大的样子。　反反（bǎn）：庄重的样子。　反：通“返”。

[7]《诗》：指《诗经·小雅·节南山》。

[8]瘥（cuó）：疫病。　憯（cǎn）：曾，竟。

【译文】

所以古代的君王和圣人就不这样做。他们知道作为君主不华美，不修饰就不足以统一人民，不富有，不丰厚就不足以管理下民，不威严，不强大就不足以禁止强暴，战胜凶悍。所以一定要撞击大钟，敲打响鼓，吹奏笙竽，弹奏琴瑟来满足他的耳朵，一定要在各种器物上雕刻图案，在衣服上绣上各种花纹来满足他的眼睛，一定要用肉食、细粮和芬芳的五味来满足他的嘴巴，然后增加仆人，完备官职，加重奖赏，严厉刑罚来警戒人心。使天下的百姓都知道自己想得到的全在这里，所以君主的奖赏能够实行；都知道自己所畏惧的全在这里，所以君主的惩罚有威严。奖赏能够实行，惩罚有威严，那么贤能的人就可以得到进用，不贤能的人就可以被斥退，有能力的人和没有能力的人就可得到相应的官职。如果这样，那么万物就会和谐，事情突变就会得到及时的处理，上得到天时，下得到地利，中得到人和，财货就像泉水一样汩汩而出，像江河大海一样滚滚而来，像丘山一样高高堆积，即使不时焚烧，也没有地方收藏，天下怎么还会害怕财物不足呢？所以儒术真正能实行，那么天下就会太平而且富有，役使百姓而有成效，撞钟击鼓而一片和乐。《诗经》中说："钟鼓声宏亮，管磬乐悠悠，大福从天降。天降大福无边长，威仪堂皇又端庄。既已酒醉饭也饱，福禄定会长又长。"说的就是这个道理。所以墨子的学说如果推行那么天下就会崇尚节俭而更加贫穷，反对争斗却日日争斗，劳苦憔悴却越来越没有功效，忧愁悲伤地反对音乐却更加不和睦。《诗经》中说："上天连续降灾难，丧亡祸乱到处见。百姓没人说好话，但却仍不惩罚他。"说的就是这个。

垂事养民[1]，拊循之，呕呕之[2]，冬日则为之饘粥[3]，夏日则为之瓜麮[4]，以偷取少顷之誉焉，是偷道也，可以少顷得奸民之誉，然而非长久之道也。事必不就，功必不立，是奸治者也。傮然要时务民[5]，进事长功，轻非誉而恬失民，事进矣而百姓疾之，是又不可偷偏者也。徙坏堕落，必反无功。故垂事养誉，不可，以遂功而忘民，亦不可，皆奸道也。

【注释】

[1] 垂：弃置。

[2] 呕（wā）呕：做小儿声表示慈爱。

[3] 饘（zhān）：稠粥。

[4] 麮（qù）：大麦粥。

[5] 傮然：嘈杂的样子。傮，通"嘈"，嘈杂。

【译文】

丢下政事而以小恩小惠养育人民，安抚他们，疼爱他们，冬天为他们准备稠粥，夏天为他们准备瓜果和麦粥，来骗取一时的赞誉，这是一种苟且的做法，可以暂时得到奸民的赞誉，然而并不是长久的办法。事业一定没有成就，功名一定没有建立，这是奸邪的治国方法。忙乱地抢时间强迫人民从事劳动，促进生产提高功效，不管百姓的毁誉，不在乎丧失民心，事业有了进展而百姓却怨恨他，这又是一种不可做的苟且偏激的做法。其结果是败坏堕落，一定反而没有功效。所以丢下政事窃取名誉不行，一心想成就功业而忘记百姓也不行，这都是奸邪的方法。

故古人为之不然，使民夏不宛暍[1]，冬不冻寒，急不伤力，缓不后时，事成功立，上下俱富，而百姓皆爱其上，人归之如流水，亲之欢如父母，为之出死断亡而愉者，无它故焉，忠信、调和、均辨之至也[2]。故君国长民者欲趋时遂功，则和调累解，速乎急疾；忠信均辨，说乎赏庆矣；必先修正其在我者，然后徐责其在人者，威乎刑罚。三德者诚乎上，则下应之如景向，虽欲无明达，得乎哉？《书》曰[3]：“乃大明服，惟民其力懋[4]，和而有疾。”此之谓也。

【注释】

[1]宛：通“蕴”，暑气。暍（yē）：中暑。

[2]辨：通“遍”。

[3]《书》：指《尚书·康诰》。

[4]力懋（mào）：勤勉。

【译文】

所以古人不这样做，使百姓夏天不受热中暑，冬天不挨冻受寒，紧急时不伤害劳力，松缓时不耽误农时，事业成就，功名建立，上下都富裕，而百姓都爱戴他的君主，人们归顺他就像流水一样，亲近他就像亲近父母一样，为他出生入死而心甘情愿，没有别的原因，就是因为君主非常忠信、平和、公正。所以统治国家、领导人民的人，想要争取时间建立功业，那么调和宽缓就比急于求成效果更好；忠信公平就比奖赏更使人高兴；一定先要纠正自己身上的缺点，然后慢慢批评别人的缺点，就比刑罚更有威力。这三种品德如果真正能够集中在君主身上，那么臣民就会如影随形、如响随声一样来响应，即使不想显赫通达，也不可能啊！《尚书》中说：“君主英明而服众，人民就会很勉力，既和谐又迅速。”说的就是这个道理。

故不教而诛，则刑繁而邪不胜；教而不诛，则奸民不惩；诛而不赏，则勤属之民不劝[1]；诛赏而不类，则下疑俗俭而百姓不一[2]。故先王明礼义以壹之，致忠信以爱之，尚贤使能以次之，爵服庆赏以申重之，时其事、轻其任以调齐之，潢然兼覆之[3]，养长之，如保赤子。若是，故奸邪不作，盗贼不起，而化善者劝勉矣。是何邪？则其道易，其塞固，其政令一，其防表明。故曰：上一则下一矣，上二则下二矣，辟之若草木，枝叶必类本。此之谓也。

【注释】

[1]厲：当为“厉”字（王念孙说）。

[2]俭：当为“险”字（杨倞说）。

[3]潢（huàng）然：大水涌至的样子。潢，通“滉”。

【译文】

所以不教育就诛杀，那么刑罚繁多也不能战胜邪恶；教育而不诛杀，那么奸邪的人就得不到惩罚；诛杀而不奖赏，那么勤劳的人就得不到鼓励；诛杀和奖赏如果不符合法律，那么下民疑惑，风俗险恶而百姓就会行为不一。所以先王明确礼义来统一百姓，努力做到忠信来爱护百姓，崇尚贤者，使用能人来安排他们，用爵位、官服、奖赏来激励他们，依照时节安排事情，减轻他们的负担来调剂他们，全面地照顾他们，抚养他们，就像保护婴儿一样。如果这样，奸邪就不会发生，盗贼就不会兴起，向善的人就得到鼓励了。这是为什么呢？因为先王的方法简易，堵塞邪恶的方法坚强有力，他的政策始终如一，他的禁令明确清晰。所以说：上面一心，下面就一心；上面三心二意，下面就三心二意；就好比草木，它的枝叶一定是由根决定。说的就是这个道理。

不利而利之，不如利而后利之之利也；不爱而用之，不如爱而后用之之功也。利而后利之，不如利而不利者之利也；爱而后用之，不如爱而不用者之功也。利而不利也，爱而不用也者，取天下矣。利而后利之，爱而后用之者，保社稷也。不利而利之，不爱而用之者，危国家也。

【译文】

不给人民利益却向人民索取利益，不如先给人民利益而后向他们索取利益更有利；不爱护人民而使用他们，不如先爱护他们而后使用他们更有成效。给人民利益而后索取利益，不如给人民利益而不向他们索取利益更有利；爱护人民而后使用他们，不如爱护人民而不使用他们更有成效。给人民利益而不向他们索取利益，爱护人民而不使用他们，就可以取得天下。先给人民利益而后向他们索取利益，爱护人民而后使用他们，可以保住社稷。不给人民利益而向他们索取利益，不爱护人民而使用他们，会使国家危险。

观国之治乱臧否，至于疆易而端已见矣[1]。其候徼支缭[2]，其竟关之政尽察[3]，是乱国已。入其境，其田畴秽，都邑露[4]，是贪主已。观其朝廷则其贵者不贤，观其官职则其治者不能，观其便嬖则其信者不悫[5]，是暗主已。凡主相臣下百吏之俗[6]，其于货财取与计数也，须孰尽察[7]，其礼义节奏也，芒轫僈楛[8]，是辱国已。其耕者乐田，其战士安难，其百吏好法，其朝廷隆礼，其卿相调议，是治国已。观其朝廷则其贵者贤，观其官职则其治者能，观其便嬖则其信者悫，是明主已。凡主相臣下百吏之属，其于货财取与计数也，宽饶简易，其于礼义节奏也，陵谨尽察[9]，是荣国已。贤齐则其亲者先贵，能齐则其故者先官，其臣下百吏，污者皆化而修，悍者皆化而愿[10]，躁者皆化而悫[11]，是明主之功已。

【注释】

[1]易：通“场”，边界。　端：端倪。

[2]候：哨兵。　徼（jiào）：巡逻。　支缭：到处巡察。

[3]竟：通“境”，边境。

[4]露：破败。

[5]悫：诚实。

[6]俗：当为“属”字（俞樾说）。

[7]须：当为“顺”字（俞樾说）。

[8]芒：通“茫”。　轫：懒散。　僈：通“慢”。　楛：粗劣。

[9]陵：严明。

[10]愿：诚实。

[11]躁：通“剿”，狡猾。

【译文】

观察一个国家的治乱好坏，到了它的边界，端倪就已经显现出来了。如果哨兵不停地巡逻，边境关卡的管理十分苛刻，这是混乱的国家。进入国境，田野荒芜，城墙倒塌，这是个贪婪的君主。观察他的朝廷则地位尊贵的人不贤能，观察他的官吏则处理政事的人没有能力，观察他的亲信则受到信任的人不诚实，这是个昏庸的君主。大凡君主、卿相和各级官吏，对于货物钱财出入的计算极其精细，对于礼义制度则茫然而又懈怠，这是个可耻的国家。农民乐意种田，战士甘于殉难，百官爱好法律，朝廷崇尚礼义，卿相协调商议，这是个安定的国家。观察他的朝廷则地位尊贵的人贤能，观察他的官吏则处理政事的人有能力，观察他的亲信则受到信任的人诚实，这是贤明的君主。大凡君主、卿相和各级官吏，对于货物钱财出入的计算宽松简易，对于礼义制度则严肃谨慎，这是个荣耀的国家。如果贤德相同，那么他亲近的人先尊贵；如果能力相同，那么有旧交情的人先做官，他的臣下百官，行为污秽的都变得美好，凶悍的都变得善良，狡猾的都变得诚实，这是贤明君主的功劳。

观国之强弱、贫富有征：上不隆礼则兵弱，上不爱民则兵弱，已诺不信则兵弱[1]，庆赏不渐则兵弱[2]，将率不能则兵弱[3]。上好功则国贫，上好利则国贫，士大夫众则国贫，工商众则国贫，无制数度量则国贫[4]。下贫则上贫，下富则上富。故田野县鄙者[5]，财之本也；垣窌仓廪者[6]，财之末也。百姓时和、事业得叙者[7]，货之源也；等赋府库者，货之流也。故明主必谨养其和，节其流，开其源，而时斟酌焉，潢然使天下必有余而上不忧不足[8]。如是则上下俱富，交无所藏之，是知国计之极也。故禹十年水，汤七年旱，而天下无菜色者，十年之后，年谷复熟而陈积有余。是无它故焉，知本末源流之谓也。故田野荒而仓廪实，百姓虚而府库满，夫是之谓国蹶[9]。伐其本，竭其源，而并之其末[10]，然而主相不知恶也，则其倾覆灭亡可立而待也。以国持之而不足以容其身，夫是之谓至贫，是愚主之极也。将以求富而丧其国，将以求利而危其身。古有万国，今有十数焉。是无它故焉，其所以失之一也。君人者亦可以觉矣。百里之国足以独立矣。

【注释】

[1] 诺：许诺。

[2] 渐：加重。

[3] 率：通“帅”。

[4] 制数：限量。 度量：标准。

[5] 县鄙：泛指乡村。

[6] 垣（yuán）：矮墙，指货仓。 窌（jiào）：通“窖”，地窖。

[7] 叙：通“序”。

[8] 天：当为“夫”字（王先谦说）。

[9] 蹶：倾覆。

[10] 并之：聚集。

【译文】

观察一个国家的强弱、贫富有一定的征兆：君主不崇尚礼义兵力就弱，君主不爱护百姓兵力就弱，对已许的诺言不讲信用兵力就弱，奖赏不丰厚兵力就弱，将帅没有能力兵力就弱。君主好大喜功国家就贫穷，君主喜欢利益国家就贫穷，士大夫众多国家就贫穷，工人商人众多国家就贫穷，没有一定的规章制度国家就贫穷。百姓贫穷君主就贫穷，百姓富裕君主就富裕。所以田野和乡村，是财富的根本；货仓和粮库，是财富的末节。百姓按时劳作，生产有秩序，这是货财的源泉；按等级缴纳的赋税和贮存货物的国库，这是货财的支流。所以贤明的君主一定小心地维持和谐的局面，节制支流，开发源泉，而又不时地加以考虑，使百姓的财富源源不断，富足有余，而君主也不用担心财物不足了。如果这样，那么君主和百姓都会富足，双方财物多得都没有地方贮藏，这是最懂得治国大计的。所以大禹时十年水灾，商汤时七年旱灾，但天下却没有人面有饥色，十年之后，谷物丰收而贮存的粮食还有剩余。这没有别的原因，是因为懂得本与末、源与流的关系。所以田野荒芜而粮仓充实，百姓贫乏而国库富足，这可以说国家快要灭亡了。砍断根本，枯竭源泉，把钱财都聚敛到国库中，然而君主和卿相却不知道它的危害，那么国家的倾覆灭亡马上就会来到了。用整个国家来供养他还不能容纳他，这就叫做最大的贪婪，这是最愚蠢的君主了。想要追求富裕反而丧失了国家，想要追求利益反而危害了自身。古时有上万个国家，现在只剩下十几个了。这没有别的原因，他们失去国家的道理是一样的。作为人君的也可以觉醒了吧。方圆百里的小国是完全可以独立存在的。

凡攻人者，非以为名，则案以为利也，不然，则忿之也。仁人之用国，将修志意，正身行，伉隆高，致忠信，期文理[1]。布衣紃屦之士诚是[2]，则虽在穷阎漏屋，而王公不能与之争名；以国载之，则天下莫之能隐匿也。若是，则为名者不攻也。将辟田野，实仓廪，便备用，上下一心，三军同力，与之远举极战则不可。境内之聚也，保固视可，午其军[3]，取其将，若拨麷[4]。彼得之不足以药伤补败。彼爱其爪牙，畏其仇敌，若是，则为利者不攻也。将修小大强弱之义以持慎之，礼节将甚文，珪璧将甚硕[5]，货赂将甚厚，所以说之者，必将雅文辩慧之君子也。彼苟有人意焉，夫谁能忿之？若是，则忿之者不攻也。为名者否，为利者否，为忿者否，则国安于盘石，寿于旗、翼[6]。人皆乱，我独治；人皆危，我独安；人皆失丧之，我按起而治之。故仁人之用国，非特将持其有而已也，又将兼人。《诗》曰[7]："淑人君子，其仪不忒[8]。其仪不忒，正是四国。"此之谓也。

【注释】

[1] 期：通"綦"，极。

[2] 紃屦（xún jù）：用粗麻绳编成的鞋。

[3] 午：通"迕"，迎。

[4] 麷（fēng）：蒲草。

[5] 珪璧：玉器。

[6] 旗、翼：皆为星宿名。旗，通"箕"。

[7]《诗》：指《诗经·曹风·鸤鸠》。

[8] 忒（tè）：差错。

【译文】

凡是进攻别人的，不是为了名声，就是为了利益，要不然，就是因为怨恨对方。仁人治理国家，就一定培养意志，端正行为，崇尚礼义，恪守忠信，严守法度。身着布衣、脚穿麻鞋的士人如果真这样，那么即使住在偏僻的小巷与简陋的小屋里，王公也不能同他争夺名声；把国家委托给他，那么天下没有人能埋没他。若这样，那么追求名声的国家就不会来攻打了。讲究仁德的人在国内，必将开垦田地，充实粮仓，方便器用，上下一条心，三军同努力。别国若是长途跋涉来苦战，也肯定是不行的。因为这样的国家兵力聚集了，防守巩固了，可以把握有利战机，迎头击敌，俘虏敌将，这就像拔蒲草一样容易。而那进攻的国家得到的东西，也还不够用来医治伤员、弥补损失。国君爱护他的将士，畏惧他的敌人，像这样，那么追求利益的国家就不会来攻打了。讲究仁德的人必将小心地遵照小国和大国、强国和弱国之间的道义，礼节将十分完备，会见时赠送的玉器等礼物将十分硕大，进俸的财物十分丰厚，用来游说对方的使者，必定是文雅善辩聪明的君子。对方假如还有些通情达理的话，怎么又能怨恨呢？如果这样，那么为发泄怨恨的国家也不会来攻打了。追求名声的不来攻打，追求利益的不来攻打，发泄怨恨的不来攻打，那么国家就会像磐石一样稳固，就会像箕星、翼星一样长久。别国都混乱，唯独我安定；别国都危险，唯独我安全；别国都衰败了，我奋起征服他们。所以仁人治理国家，并非仅仅维持自己的国家，还要兼顾别国。《诗经》中说："那善良的君子，他的言行没差错。他的言行没差错，可以治理四国。"说的就是这种情况。

持国之难易：事强暴之国难，使强暴之国事我易。事之以货宝，则货宝单而交不结[1]；约信盟誓，则约定而畔无日[2]；割国之锱铢以赂之[3]，则割定而欲无厌。事之弥烦[4]，其侵人愈甚，必至于资单国举然后已。虽左尧而右舜，未有能以此道得免焉者也。譬之是犹使处女婴宝珠，佩宝玉，负戴黄金而遇中山之盗也，虽为之逢蒙视[5]，诎要桡腘[6]，君卢屋妾[7]，由将不足以免也。故非有一人之道也，直将巧繁拜请而畏事之[8]，则不足以持国安身，故明君不道也。必将修礼以齐朝，正法以齐官，平政以齐民，然后节奏齐于朝，百事齐于官，众庶齐于下。如是，则近者竞亲，远方致愿，上下一心，三军同力，名声足以暴炙之[9]，威强足以捶笞之，拱揖指挥，而强暴之国莫不趋使，譬之，是犹乌获与焦侥搏也[10]。故曰：事强暴之国难，使强暴之国事我易。此之谓也。

【注释】

[1] 单：通"殚"，尽。

[2] 畔：通"叛"，违背，背离。

[3] 锱铢：锱和铢都是古代重量单位。此处指极少的土地。

[4] 烦：当为“顺”字（王念孙说）。

[5] 逢蒙视：不敢正视。

[6] 诎要：通“屈腰”，弯腰。　桡腘（náo guó）：屈膝。桡，通“挠”，曲。腘，膝盖后面弯曲处。

[7] 君：当为“若”字（刘台拱说）。　卢屋妾：陋室中的小妾。卢，通“庐”。

[8] 巧繁：花言巧语。繁，通“敏”。

[9] 暴：同“曝”，晒。

[10] 乌获：传说是秦国的大力士，能举千斤重。　焦侥（yáo）：传说中的矮人。

【译文】

维持国家的难和易的方法：侍奉强暴的国家难，使强暴的国家侍奉自己容易。用货物财宝侍奉强暴的国家，那么货物财宝用完了而邦交仍没有缔结起来；和他们签订盟约立下誓言，那么盟约签订没几天他们就背信弃义；割掉国家的一小块土地来贿赂他们，那么割完后他们的欲望仍不会满足。侍奉他们越依顺，他们的侵略就越厉害，一定要到财物用尽，国土割光然后才会停止。即使你左边有尧，右边有舜这样的贤人，也没有能用这种方法得到幸免的。打个比方说，就好像让一个姑娘脖子上系着珠宝，身上佩带着玉器，背负着黄金，而遇到了山中的强盗，即使不敢正视强盗一眼，弯腰屈膝，像家中的婢妾一样，还是不能幸免于难的。所以没有让人民团结一致的方法，只是好言好语下拜请求，畏畏缩缩地来侍奉他们，那就不足以保住国家，保全自己。所以贤明的君主不这样做。他们必将制定礼义来整顿朝廷，修正法律来治理百官，处理政事来整治百姓，然后朝廷上严肃礼义，百官忙于政事，百姓齐心协力。像这样，那么邻近的人就争着来亲近，远方的人也表示归顺，上下一条心，三军同努力，名声足以威慑他们，武力足以征服他们，拱着手指挥，强暴的国家没有不听从驱使的，这就好比大力士乌获与矮子焦侥搏斗一样。所以说：侍奉强暴的国家难，使强暴的国家侍奉自己容易。说的就是这个道理。

【评析】

中国传统文化素来以“和”为美，为政之道讲究“政通人和”，富国之道亦然。人与人要和，人与自然也要和，这是荀子的富国理想。

然而社会是一个由众多形形色色的人组成的大集体，从贵为天子到普通的守门人，都有各种各样的欲求，每个人在实现自己的欲求的过程中难免相互碰撞、摩擦，因而求“和”并非一件易事，于是荀子提倡重礼。在儒家学说中，礼是一个内涵丰富的概念，有各种仪文形式，如事生送死是其固有之义。对于这些繁琐礼节，墨子批判最力，认为其过于华而不实，故应一概摒弃，但荀子却更多地关注到这些仪式背后的文化意义与社会功能，主张这是为政所必需。综上，作为权利与身份的象征，奢华的生活赋予了王者君临天下的尊贵气质，不怒自威，构成对臣下无形的震慑力，从而能更好地协调臣下的所欲与所恶，使其相安无事；同时它是皇室对外宣传的门面，直接彰显着一个王朝的实力强弱，维系着百姓对它的信心。在荀子的论述下，礼便向更具实在意义的政治范畴过渡，成为为政治目的而设、承担文饰社会功能的施政手段。汉高祖刘邦称帝后，丞相为他主持建造了未央宫，刘邦嫌他太奢侈，劳民伤财太甚，萧何解释说天子以四海为家，非壮丽无以重威，就是这个道理。从下讲，爱美之心人皆有之，像墨子那样鼓吹禁欲、非乐，把人人都变成苦行僧，只会导致人民怨声载道，反不若在百姓劳作之余击鼓吹笙以塞其耳，雕琢刻镂以塞其目，五味芬芳以塞其口来得更人性化呢！

古代社会的农耕性质产生了中国传统“靠天吃饭”的哲学，关于人与自然的关系，儒家孔、孟都推崇“天人合一”的理念，至荀子提出“天人相分”的命题，认为人为万物之灵，可以“制天命而用之”（《天论》），但他的“天人相分”仍然以“天人合一”为前提，反复强调自然虽无意志，但能否顺应它的规律则决定着人间的治乱祸福。具体到衣食之给，只要人依时而动，因地制宜，则谷不可胜食，禽不可胜数，完全不用像墨子那样整天愁眉苦脸担心着资源不足。不论是否出于自觉，荀子的这些思想已经具有了淳朴的和谐生态意识。在人类享受着以透支和破坏大自然为代价而获得的远比荀子时代舒适的物质生活，却不得不同时面临粮食短缺、环境污染、资源匮乏、能源枯竭等一系列危机的当代，荀子为我们重新找回昔日的栖身家园提供了另一种选择，当下不断被提出与探讨的可持续发展及和谐社会理论就是这种传统天人观在更高层面上的一次回归。

王霸

【题解】

本文是一篇讨论如何统一天下、治理天下的政治论文。荀子认为国家是天下最有力的工具，君主是天下最有力的地位。“国者，天下之利用也；人主者，天下之利势也。”因此，一个国家的前途如何，关键在于君主选择什么样的道路：“用国者，义立而王，信立而霸，权谋立而亡。”荀子强调君主只要坚守大道，崇尚礼法，抓住最重要的事情，选择一个贤能的国相，让百官坚守法度，各负其责，同时公正爱民，取得民心，就可以称王称霸，一统天下。

国者，天下之制利用也[1]；人主者，天下之利势也。得道以持之，则大安也，大荣也，积美之源也。不得道以持之，则大危也，大累也，有之不如无之，及其綦也[2]，索为匹夫不可得也，齐湣、宋献是也[3]。故人主，天下之利势也，然而不能自安也，安之者必将道也[4]。故用国者[5]，义立而王，信立而霸，权谋立而亡。三者，明主之所谨择也，仁人之所务白也。

【注释】

[1] 制：当为衍文（杨倞说）。

[2] 綦：极。

[3] 齐湣（mǐn）：齐湣王（也作闵王），齐宣王之子，战国时齐国国君。其执政时齐国先盛后衰，后攻打燕国时为乐毅所败，死于山东莒县。　宋献：宋康王，名偃，战国时宋国最后一任国君，为齐湣王所灭。

[4] 将：奉行。

[5] 用：治理。

【译文】

国家，是天下最有力的工具；君主，是天下最有利的地位。掌握治国大道来持守它们，就会非常安定，非常光荣，是积累美名的源泉。不能掌握大道来持守它们，就会非常危险，非常劳累，拥有它们还不如没有，到走投无路时，要想成为普通百姓也不可能，齐湣王、宋献王就是这样。所以君主是天下最有利的地位，然而不能自动安定天下，要安定天下必定要掌握大道。所以治理国家的人，实行了礼义就能称王，建立了信用就能称霸，搞权术阴谋就要灭亡。这三种情况，是贤明的君主要谨慎选择的，是仁人一定要明白的。

挈国以呼礼义而无以害之[1]，行一不义，杀一无罪而得天下，仁者不为也，擽然扶持心、国[2]，且若是其固也。之所与为之者之人，则举义士也；之所以为布陈于国家刑法者，则举义法也；主之所极然帅群臣而首乡之者[3]，则举义志也。如是，则下仰上以义矣，是綦定也[4]。綦定而国定，国定而天下定。仲尼无置锥之地，诚义乎志意，加义乎身行，著之言语，济之日[5]，不隐乎天下，名垂乎后世。今亦以天下之显诸侯诚义乎志意，加义乎法则度量，著之以政事，案申重之以贵贱杀生，使袭然终始犹一也，如是，则夫名声之部发于天地之间也[6]，岂不如日月雷霆然矣哉？故曰：以国齐义，一日而白，汤、武是也。汤以亳[7]，武王以鄗[8]，皆百里之地也，天下为一，诸侯为臣，通达之属，莫不从服，无它故焉，以济义矣。是所谓义立而王也。

【注释】

[1] 挈（qiè）：管理。

[2] 擽（luò）然：形容石头坚固的样子。擽，通“砾”。

[3] 主：当为衍文（王引之说）。 极然：迫切的样子。 首向：追求。乡，通“向”。

[4] 綦：当为“基”字（杨倞说）。下同。

[5] 济：成功。

[6] 部：通“勃”，勃发。

[7] 亳（bó）：商汤的国都，在今河南商丘。

[8] 鄗（hào）：西周国都，在今陕西西安，一作“镐”。

【译文】

统领全国来倡导礼义而不要用别的东西来损害它，做一件不义的事情，杀害一个无罪的人而取得天下，仁人不会这样做，他坚定地用礼义来维护自己的思想和国家，就像磐石一样坚固。凡是和他一起来治理国家的人，都是遵守礼义的人；凡是在国内颁布的刑法，都是合乎礼义的法律；君主所迫切地带领群臣来追求的，都是合乎礼义的志向。像这样，臣民以礼义来仰慕君主，基础就稳固了。基础稳固了国家就稳固了，国家稳固了天下就安定了。孔子没有立锥之地，但他真诚地用礼义来指导自己的思想，用礼义来约束自己的行为，表白在言语中，到他成功时，不隐没于天下，名声流传后世。现在如果也让天下那些显赫的诸侯真诚地用礼义指导自己的思想，把它运用到法律制度上，落实到政事中，用提拔、废黜、处死、赦免等手段来反复申明它，使它连续始终如一。如果这样，那么他们的名声就会流传于天地之间，难道不就像日月雷霆那样了吗？所以说：整个国家都遵循礼义，一日就能名扬天下，商汤、周武王就是这样。商汤凭借亳，周武王凭借鄗，都是只有方圆百里的地方，却统一了天下，臣服了诸侯，凡是能到达的地方没有不归顺的，这没有别的原因，就是因为遵循了礼义。这就是所说的实行了礼义就能称王天下。

德虽未至也，义虽未济也，然而天下之理略奏矣[1]，刑赏已诺，信乎天下矣，臣下晓然皆知其可要也。政令已陈，虽睹利败，不欺其民；约结已定，虽睹利败，不欺其与[2]。如是，则兵劲城固，敌国畏之，国一綦明，与国信之，虽在僻陋之国，威动天下，五伯是也[3]。非本政教也，非致隆高也，非綦文理也，非服人之心也，乡方略[4]，审劳佚，谨畜积，修战备，齺然上下相信[5]，而天下莫之敢当。故齐桓、晋文、楚庄、吴阖闾、越勾践，是皆僻陋之国也，威动天下，强殆中国[6]，无它故焉，略信也[7]。是所谓信立而霸也。

【注释】

[1] 奏：通“凑”，聚。

[2] 与：同盟国。

[3] 五伯：即下文的齐桓、晋文、楚庄、吴阖闾、越勾践。

[4] 乡：通“向”。

[5] 齺（zōu）然：牙齿上下相咬的样子。

[6] 殆：危及。

[7] 略：取得。

【译文】

道德虽然还没有完善，礼义虽然还没有完备，然而天下的道理大体都聚集在这里了，刑罚与奖赏、禁止与承诺，都已经取信于天下了，臣民们都清楚地知道君主可以信赖。政令已经公布，即使看到他的利益有所损失，也不欺骗民众；盟约已经缔结，即使看到他的利益有所损失，也不欺骗他的盟国。像这样，就会兵力强劲，城防坚固，敌国就会害怕，国家统一，约定明确，盟国信任，即使是偏僻落后的国家，也能威震天下，五伯就是这样。他们虽没有把政治教化作为根本，没有追求完备的礼义，没有完善礼法制度，没有使人心悦诚服，但他们注重方针策略，强调劳逸结合，谨慎积蓄，加强战备，上下互相信任就像牙齿相合一样，所以天下没有人敢同他们对抗。所以齐桓公、晋文公、楚庄王、吴王阖闾、越王勾践，都是偏僻落后的国家，却威震天下，他们的强大足以危及中原各国，这没有别的原因，就是因为能取信于天下。这就是所说的建立了信用就能称霸。

挈国以呼功利，不务张其义，齐其信，唯利之求，内则不惮诈其民而求小利焉，外则不惮诈其与而求大利焉，内不修正其所以有[1]，然常欲人之有，如是，则臣下百姓莫不以诈心待其上矣。上诈其下，下诈其上，则是上下析也[2]，如是，则敌国轻之，与国疑之，权谋日行，而国不免危削，綦之而亡，齐闵、薛公是也[3]。故用强齐，非以修礼义也，非以本政教也，非以一天下也，绵绵常以结引驰外为务[4]。故强，南足以破楚，西足以诎秦[5]，北足以败燕，中足以举宋[6]。及以燕、赵起而攻之，若振槁然，而身死国亡，为天下大戮[7]，后世言恶则必稽焉[8]。是无它故焉，唯其不由礼义而由权谋也。三者，明主之所以谨择也，而仁人之所以务白也。善择者制人，不善择者人制之。

【注释】

[1] 以：通“已”。

[2] 析：离。

[3] 薛公：战国时齐国贵族，姓田名文，号孟尝君，曾任齐闵王的相，因封于薛（今山东滕县），故称薛公。

[4] 绵绵：接连不断。　结引：结交。

[5] 诎：通“屈”，屈服。

[6] 举：攻占。

[7] 戮：耻辱。

[8] 稽：考。

【译文】

统领全国来倡导功利，而不致力于发扬礼义，恪守信用，唯利是图，对内欺压人民而攫取小利，对外欺诈盟国而追求大利，不管好自己国家已有的东西，却常想得到别人拥有的东西，像这样，那么臣下、百姓就没有不以欺诈之心来对待君主的了。君主欺诈臣下，臣下欺诈君主，那就是上下分崩离析，像这样，敌国就会轻视他，盟国就会怀疑他，即使每天施行权术阴谋，国家也难免不危险削弱，发展到极点就会灭亡，齐闵王、孟尝君就是这样。他们掌握着强大的齐国政权，不是用它来修正礼义，不是以此把政治教化作为根本，不是用它来统一天下，而是不断地的把结交邦国、弛骋国外作为要务。所以它强大时，向南能够击破楚国，向西能够使秦国屈服，向北能够击败燕国，中间能够攻占宋国。但等到燕国和赵国一块发兵攻打时，就像摇落的枯树叶一样，身死国灭，成为天下最大的耻辱，后代谈论丑恶的事就一定提到他们。这没有别的原因，就是因为不实行礼义而玩弄权术阴谋。这三种情况，贤明的君主一定要谨慎选择，而仁人必须要弄明白。善于选择的就能制服别人，不善于选择的就被别人制服。

国者，天下之大器也，重任也，不可不善为择所而后错之[1]，错险则危；不可不善为择道然后道之，涂薉则塞[2]，危塞则亡。彼国错者，非封焉之谓也[3]，何法之道，谁子之与也。故道王者之法与王者之人为之，则亦王；道霸者之法与霸者之人为之，则亦霸；道亡国之法与亡国之人为之，则亦亡。三者，明主之所以谨择也，而仁人之所以务白也。

【注释】

[1] 错：通“措”，安置。

[2] 涂：道路。 薉：同“秽”，污秽。

[3] 封：疆界。

【译文】

国家，是天下最大的工具，最重的担子，不可以不认真选择处所然后来安置它，安置在危险的地方就危险了；不可以不认真选择道路然后来引导它，道路污秽就堵塞了，危险而又堵塞，国家就会灭亡。国家的安置，并不是所说的立好边界一类，而是走什么样的治国之道，任用什么样的人来治理国家。所以实行王者的方法，任用奉行王者之道的一类人来治国，就会称王天下；实行霸者的方法，任用奉行霸者之道的一类人来治国，就会称霸天下；实行亡国的方法，任用奉行亡国之道的一类人来治国，就会灭亡。这三种情况，贤明的君主一定要谨慎选择，而仁人必须要弄明白。

故国者，重任也，不以积持之则不立。故国者，世所以新者也，是惮[1]，惮，非变也，改王，改行也[2]。故一朝之日也，一日之人也，然而厌焉有千岁之固[3]，何也？曰：援夫千岁之信法以持之也[4]，安与夫千岁之信士为之也。人无百岁之寿，而有千岁之信士，何也？曰：以夫千岁之法自持者，是乃千岁之信士矣。故与积礼义之君子为之则王，与端诚信全之士为之则霸，与权谋倾覆之人为之则亡。三者，明主之所以谨择也，而仁人之所以务白也。善择之者制人，不善择之者人制之。

【注释】

[1] 惮：通“禅”，指君王的更替。

[2] 王：古“玉”字。

[3] 厌焉：安然。 固：当为“国”字（王先谦说）。

[4] 援：援引。

【译文】

所以国家是最重的担子，不依靠长期积累起来的方法来维持它就不会巩固。国家，世代都在更新，但这只是执政者的变更，而不是根本性的变革，只是改变佩玉、改变走法而已。所以岁月短暂得如同早上的太阳，人生短暂得就像一天，然而却安然存在着千年之国，为什么呢？回答说：是因为利用了那上千年可信赖的法度来维持它，和那些具有千年诚信的士子来一起治理它。人没有百年的寿命，却有千年的诚信之士，为什么呢？回答是：用千年的法度来自我约束，这就是千年的诚信之士。所以同积累礼义的君子来治国就能称王天下，同端正诚实守信的人来治国就能称霸天下，同玩弄权术，阴谋陷害别人的人来治国就会灭亡。这三种情况，贤明的君主一定要谨慎选择，而仁人必须要弄明白。善于选择的就能制服别人，不善于选择的就被别人制服。

彼持国者必不可以独也，然则强固荣辱在于取相矣。身能相能，如是者王。身不能，知恐惧而求能者，如是者强。身不能，不知恐惧而求能者，安唯便僻左右亲比己者之用[1]，如是者危削，綦之而亡。国者，巨用之则大，小用之则小，綦大而王，綦小而亡，小巨分流者存[2]。巨用之者，先义而后利，安不恤亲疏，不恤贵贱，唯诚能之求，夫是之谓巨用之。小用之者，先利而后义，安不恤是非，不治曲直，唯便僻亲比己者之用，夫是之谓小用之。巨用之者若彼，小用之者若此，小巨分流者亦一若彼，一若此也。故曰：粹而王，駮而霸[3]，无一焉而亡。此之谓也。

【注释】

[1] 便僻：通“便嬖”，君主宠信的小臣。

[2] 分流：各占一半。

[3] 駮（bó）：同“驳”，杂。

【译文】

那掌握国家的君主一定不能只靠自己一人，既然这样那么国家的兴衰与荣辱就在于选取国相了。自己有能力，国相也有能力，像这样的君主就能称王于天下。自己没有能力，但知道害怕而去寻求有能力的人，像这样的君主，就能使国家强大。自己没有能力，又不知道害怕而去寻求有能力的人，只知道任用宠信的小臣、左右亲附自己的人，像这样的君主，会使国家危险削弱，发展到极点就会灭亡。国家，大治它就强大，小治就弱小，非常强大就称王，非常弱小就灭亡，小、大各占一半的就能生存。大治，则先讲礼义后讲利益，不分亲疏，不分贵贱，只任用真正有才能的人，这就叫做大治。小治，则先讲利益后讲礼义，不分是非，不管曲直，只任用宠信的小臣和左右亲附自己的人，这就叫做小治。大治的国家像那样，小治的国家像这样，小、大各占一半的，一部分像那样，一部分像这样。所以说：纯粹地大治的国家就称王，驳杂地义利兼顾来治理国家就称霸，一样也做不到的就灭亡。说的就是这个道理。

国无礼则不正。礼之所以正国也，譬之，犹衡之于轻重也，犹绳墨之于曲直也，犹规矩之于方圆也，既错之而人莫之能诬也[1]。《诗》云[2]：“如霜雪之将将[3]，如日月之光明，为之则存，不为则亡。”此之谓也。

【注释】

[1] 错：通“措”。 诬：欺。

[2]《诗》：此句诗当为佚诗，不见于今本《诗经》。

[3] 将（qiāng）将：霜雪覆盖大地的样子。

【译文】

国家没有礼就治理不好。礼之所以用来治理国家，就好比秤是用来衡量轻重的，绳墨是用来分辨曲直的，规、矩是用来判断方圆的一样。已经设置好了，就没有人能进行欺骗了。《诗经》中说：“像霜雪无情那样覆盖大地，像日、月那样光明，实行它就存在，不实行它就灭亡。”说的就是这个道理。

国危则无乐君，国安则无忧民[1]。乱则国危，治则国安。今君人者，急逐乐而缓治国，岂不过甚矣哉？譬之，是由好声色而恬无耳目也[2]，岂不哀哉？夫人之情，目欲綦色，耳欲綦声，口欲綦味，鼻欲綦臭[3]，心欲綦佚。此五綦者，人情之所必不免也。养五綦者有具[4]，无其具，则五綦者不可得而致也。万乘之国，可谓广大、富厚矣，加有治辨、强固之道焉[5]，若是，则恬愉无患难矣，然后养五綦之具具也。故百乐者生于治国者也，忧患者生于乱国者也，急逐乐而缓治国者，非知乐者也。故明君者必将先治其国，然后百乐得其中；暗君必将急逐乐而缓治国，故忧患不可胜校也，必至于身死国亡然后止也，岂不哀哉？将以为乐，乃得忧焉；将以为安，乃得危焉；将以为福，乃得死亡焉，岂不哀哉？於乎[6]！君人者，亦可以察若言矣。故治国有道，人主有职。若夫贯日而治详[7]，一日而曲列之[8]，是所使夫百吏官人为也，不足以是伤游玩安燕之乐。若夫论一相以兼率之，使臣下百吏莫不宿道乡方而务[9]，是夫人主之职也。若是，则一天下，名配尧、禹。之主者，守至约而详，事至佚而功，垂衣裳，不下簟席之上[10]，而海内之人莫不愿得以为帝王。夫是之谓至约，乐莫大焉。

【注释】

[1]民：疑为“君”字（顾千里说）。

[2]由：通“犹”，好像。 恬：安于。

[3]臭（xiù）：气味。

[4]具：条件。

[5]辨：通“办”，治理。

[6]於乎：同“呜呼”。

[7]贯日：累日。

[8]列：疑为“别”字，与“辨”通，治理。

[9]宿道：归于正道。 乡：通“向”。

[10]簟（diàn）：竹席。

【译文】

国家危险就没有高兴的君主，国家安定就没有忧愁的君主。政事混乱那么国家就危险，政事大治那么国家就安定。现在的君主急于追求享乐而疏于治理国家，难道不是大错特错吗？打个比方说，就像是喜好声色而不在意没有耳朵和眼睛一样，难道不可悲吗？人的性情是，眼睛喜欢最美的颜色，耳朵喜欢最美的声音，嘴巴喜欢最好的美味，鼻子喜欢最好的气味，内心喜欢最大的安逸。这五种欲望，是人情所不可避免的。满足这五种欲望要有条件，没有条件，那么这五种欲望就不会得到满足。拥有万辆战车的国家，可以说是地域广大、物产丰富了，又加上有使它得到治理和强大稳固的办法，像这样，那么就会高兴愉快而没有祸患灾难了，然后满足这五种欲望的条件就具备了。所以各种快乐的事情产生于安定的国家，忧患的事情产生于混乱的国家，急于追求享乐而疏于治理国家的人，并不懂得快乐。所以贤明的君主一定要先治理好自己的国家，然后从中得到各种快乐；昏庸的君主一定要先急于追求享乐而疏于治理国家，所以忧患多得数不清，必定到了身死国亡然后才停止，难道不可悲吗？想要得到快乐，竟得到了忧患；想要得到安定，竟得到了危险；想要得到幸福，竟得到了死亡，难道不可悲吗？唉呀！作为人君的也可以明察这些话了。所以治理国家有一定的方法，君主有自己的职责。至于那连续多日才能把事情治理得周详完备，一天之内就曲折周到地解决政事，这是各级官员要做的事，不能因此而伤害了君主游玩休闲的乐趣。至于讨论选择一个国相来全面统率百官，使百官没有不坚持道义沿着正确的方向来办事，这是君主的职责。像这样，就会统一天下，名声与尧、禹相匹配。这样的君主，职责十分简要而又周详，工作十分安逸而又有功效，衣服下垂着，不离开竹席之上，而天下人没有谁不愿意让他来作帝王。这就叫做极其简约，没有比这更大的快乐了。

人主者，以官人为能者也；匹夫者，以自能为能者也。人主得使人为之，匹夫则无所移之。百亩一守，事业穷，无所移之也。今以一人兼听天下，日有余而治不足者，使人为之也。大有天下，小有一国，必自为之，然后可，则劳苦秏顇莫甚焉[1]，如是，则虽臧获不肯与天子易势业[2]。以是县天下[3]，一四海，何故必自为之？为之者，役夫之道也，墨子之说也。论德使能而官施之者，圣王之道也，儒之所谨守也。传曰：“农分田而耕，贾分货而贩，百工分事而劝，士大夫分职而听，建国诸侯之君分土而守，三公总方而议，则天子共己而已[4]。”出若入若，天下莫不平均，莫不治辨，是百王之所同也，而礼法之大分也。

【注释】

[1] 秏顇（hào cuì）：同“耗悴”，耗竭憔悴。

[2] 臧获：奴婢。

[3] 县：通“悬”，掌握，治理。

[4] 共：通“拱”。

【译文】

君主，以善于任用人为有能力；普通百姓，以自己能做事为有能力。君主可以让别人去做，普通百姓就不能推让给别人去做。农夫一人守住一百亩田，耗尽了他一生的力量，因为不能转交给别人。现在君主要靠一个人来处理天下的事情，每天都有空闲而所处理的事情少得不够做，这是因为让别人去做了。大到拥有整个天下，小到拥有一国，每件事情一定要自己亲自去做然后才可以，那么就没有比这更劳累憔悴的了，像这样，那么即使奴婢也不肯与天子交换职事。因此，治理天下，统一四海，为什么一定要亲自去做呢？自己亲自去做，是服劳役人的做法，是墨子的学说。选择有德行、任用有能力的人而委任他们一定的官职，这是圣王的做法，是儒家所严格遵守的。古书上说："农民分到田地去耕种，商人分到货物去贩卖，各种工匠分到事情去劳作，士大夫分到职事去处理，诸侯国的君主分到土地去守卫，三公总领全国的大政来讨论，而天子只要拱着手就行了。"对内，对外都像这样，天下的事就没有不协调的了，没有什么得不到治理的了，这是历代君王的共同之处，而且也是礼法的大纲领。

百里之地，可以取天下，是不虚，其难者在人主之知之也。取天下者，非负其土地而从之之谓也[1]，道足以壹人而已矣[2]。彼其人苟壹，则其土地且奚去我而适它？故百里之地，其等位爵服足以容天下之贤士矣，其官职事业足以容天下之能士矣，循其旧法，择其善者而明用之，足以顺服好利之人矣。贤士一焉，能士官焉，好利之人服焉，三者具而天下尽，无有是其外矣。故百里之地足以竭势矣，致忠信，著仁义，足以竭人矣，两者合而天下取，诸侯后同者先危。《诗》曰[3]："自西自东，自南自北，无思不服。"[1]一人之谓也。

【注释】

[1]负：背负。

[2]壹：团结。

[3]《诗》：指《诗经·大雅·文王有声》。

【译文】

凭借百里见方的地方，就可以取得天下，此话不假，它的困难在于君主要知道怎样去取得天下。取得天下，并不是指其他国家都带着他们的土地来跟随我，而是我的治国之道足以使天下人一心。如果天下人都与我一心，那么他们的土地又怎能离开我到别的地方去呢？所以百里见方的地方，它的等级、爵位及相应的服饰足以容纳天下贤德的人了，它的官职、事业足以容纳天下有才能的人了，遵循原有的法制，选择其中好的公布实施，完全可以顺服爱好财利的人了。贤德的人与我一心了，有才能的人得到官职了，爱好财利的人顺服了，这三者具备而天下就完全归我了，除此之外也没有什么了。所以百里见方的地方完全能够取得天下的权势，恪守忠信，提倡仁义，完全可以取得人心，这两方面合起来就能取得天下，诸侯中归顺晚的就一定会首先有危险。《诗经》中说："从西到东，从南到北，没有不顺从的。"说的就是天下人与我一心。

羿、蠭门者[1]，善服射者也；王良、造父者[2]，善服驭者也；聪明君子者，善服人者也。人服而势从之，人不服而势去之，故王者已于服人矣。故人主欲得善射，射远中微，则莫若羿、蠭门矣；欲得善驭，及速致远，则莫若王良、造父矣；欲得调壹天下，制秦、楚，则莫若聪明君子矣。其用知甚简，其为事不劳而功名致大，甚易处而极可乐也，故明君以为宝，而愚者以为难。

【注释】

[1] 蠭（páng）门：又作"逢蒙"、"蓬蒙"，羿的弟子，善射。

[2] 王良：春秋时晋大夫赵简子的车夫，善于驾车。

【译文】

羿、逢蒙，是善于使射箭的人佩服的人；王良、造父，是善于使驾车的人佩服的人；聪明的君子，是善于使人民佩服的人。人民佩服他那么权势就会随之而来，人民不佩服他那么权势就会离他而去，所以称王的人能够使人民佩服就行了。所以君主想要得到善于射箭的人，既射得远又射得准，就没有比羿和逢蒙更好的了；想要得到善于驾车的人，既跑得快又跑得远，就没有比王良、造父更好的了；要想得到统一天下的人，制服秦国和楚国，就没有比聪明君子更好的了。他用的智慧非常简单，他做事不劳累而功名非常大，他非常容易相处而又极其乐观。所以贤明的君主把他当作宝贝，而愚昧的君主把化当作灾难。

夫贵为天子，富有天下，名为圣王，兼制人，人莫得而制也，是人情之所同欲也，而王者兼而有是者也。重色而衣之，重味而食之，重财物而制之，合天下而君之，饮食甚厚，声乐甚大，台谢甚高[1]，园囿甚广，臣使诸侯，一天下，是又人情之所同欲也，而天子之礼制如是者也。制度以陈，政令以挟[2]，官人失要则死[3]，公侯失礼则幽[4]，四方之国有侈离之德则必灭[5]，名声若日月，功绩如天地，天下之人应之如景向[6]，是又人情之所同欲也，而王者兼而有是者也。故人之情，口好味而臭味莫美焉，耳好声而声乐莫大焉，目好色而文章致繁妇女莫众焉，形体好佚而安重闲静莫愉焉，心好利而谷禄莫厚焉，合天下之所同愿兼而有之，睪牢天下而制之若制子孙[7]，人苟不狂惑戆陋者[8]，其谁能睹是而不乐也哉！欲是之主并肩而存，能建是之士不世绝，千岁而不合，何也？曰：人主不公，人臣不忠也。人主则外贤而偏举，人臣则争职而妒贤，是其所以不合之故也。人主胡不广焉无恤亲疏，无偏贵贱，惟诚能之求？若是，则人臣轻职业让贤而安随其后，如是，则舜、禹还至，王业还起。功壹天下，名配舜、禹，物由有可乐如是其美焉者乎？呜呼！君人者亦可以察若言矣。杨朱哭衢涂[9]，曰："此夫过举蹞步而觉跌千里者夫！[10]"哀哭之。此亦荣辱安危存亡之衢已，此其为可哀甚于衢涂。呜呼哀哉！君人者，千岁而不觉也。

【注释】

[1] 谢：通"榭"，建在高台上的木屋。

[2] 挟：通"浃"，完备。

[3] 要：约束。

[4] 幽：囚。

[5] 侈：通"誃"，背离。

[6] 景：通"影"。

[7] 睪牢：牢笼。睪，当作"皋"字（卢文弨说）。

[8] 戆（zhuàng）：愚。

[9] 杨朱：战国时魏国人，主张"为我"，拔一毛利天下而不为。　衢涂：歧路。衢，十字路口。

[10] 蹞（kuǐ）：半步。

【译文】

尊贵得作为天子，富裕得拥有天下，被人称为圣王，能控制所有的人，没有人能控制他，这是人们所追求的共同欲望，而奉行王道的人完全拥有这一切。穿着华丽的衣服，吃着美味佳肴，拥有大量的钱财，统治了整个天下，饮食非常丰厚，声乐非常宏大，亭台楼榭非常高大，园囿非常广阔，臣服役使诸侯，统一天下，这又是人们所追求的共同欲望，而天子的礼仪制度正是这样。制度已经公布，政令已经完善，官吏失职就要处死，公侯失礼就要囚禁，四方的诸侯国如果离心离德就一定消灭，名声如同日月，功绩如同天地，天下的人就会如影随形，如回声一样响应他，这又是人们所追求的共同欲望，而奉行王道的人完全拥有这一切。所以人的情性是，嘴巴喜欢美味而味道没有比这更香的了，耳朵喜欢声音而音乐没有比这更宏大的了，眼睛喜欢美色而花纹的丰富和美女没有比这更多的了，身体喜欢安逸而安处清闲没有比这更愉快的了，内心喜欢财利而俸禄没有比这更丰厚的了，天下人所共同希望得到的东西君主都拥有了，他牢牢地控制了天下就像控制自己的子孙一样，如果不是狂惑鄙陋的人，谁能看到这些而不快乐呢！想要得到这一切的君主比比皆是，能够建立这一切的士人世代都有。但千年来二者却不能遇合，为什么呢？回答是：君主不公正，臣下不忠心。君主排斥贤能的人而任用自己偏爱的人，臣下争权夺势而妒忌贤能，这是二者不能遇合的原因。君主何不广招贤才而不管亲疏，不分贵贱，只寻求真正有才能的人呢？如果这样，那么臣下就会轻视职位并让位给贤能的人而甘心跟随其后，像这样，那么舜、禹就还会到来，称王天下的大业还能兴起。建立起统一天下的功业，名声可以与舜、禹相匹配，事情哪有比这更快乐、更美好的呢？唉呀！君主也可以明察这些话了。杨朱在岔路口上哭泣，说："这就是多迈半步而发觉已走错千里的地方了。"他伤心地哭了一场。这也是荣辱、安危、存亡的岔路口啊，在这些事情上出错比在岔路口上走错路更厉害！可悲啊！那些人君，千年来还没觉悟啊！

无国而不有治法，无国而不有乱法；无国而不有贤士，无国而不有罢士[1]；无国而不有愿民[2]，无国而不有悍民；无国而不有美俗，无国而不有恶俗。两者并行而国在，上偏而国安，在下偏而国危[3]，上一而王，下一而亡。故其法治，其佐贤，其民愿，其俗美，而四者齐，夫是之谓上一。如是则不战而胜，不攻而得，甲兵不劳而天下服。故汤以亳，文王以鄗，皆百里之地也，天下为一，诸侯为臣，通达之属莫不从服，无它故焉，四者齐也。桀、纣即序于有天下之势[4]，索为匹夫而不可得也，是无它故焉，四者并亡也。故百王之法不同若是，所归者一也。

【注释】

[1] 罢（pí）士：没有德行的人。罢，通“疲”，弱，无能。

[2] 愿：朴实。

[3] 在：当为衍文（王念孙说）。

[4] 序：当为“厚”字之误（同上）。

【译文】

每一个国家都会有使社会安定的法制，每一个国家也都会有使社会混乱的法制；每一个国家都会有贤德之士，每一个国家也都会有不贤德之士；每一个国家都会有朴实的民众，每一个国家也都会有刁悍的民众；每一个国家都会有好风俗，每一个国家也都会有坏风俗。这两种情况同时具有的国家就存在，偏于上一种情况的国家就安定，偏于下一种情况的国家就危险，上面四种情况都具备了的就称王，下面四种情况都具备了的就灭亡。所以他的法律健全，他的辅佐大臣贤能，他的人民朴实，他的风俗美好，这四者具备了，就叫做属于上一种情况。像这样，不用打仗就能取得胜利，不用进攻就能得到土地，不费一兵一卒天下就会臣服。所以汤凭借亳，文王凭借鄗，都是百里见方的地方，统一了天下，臣服了诸侯，凡是能到达的地方没有不降服的，没有别的原因，就是因为上述四者具备了。桀、纣即使掌握了天下的全部权势，最后想要做一个普通百姓也不可能，这没有别的缘故，是因为上述四者都失去了。所以历代君王的治国方法不同，归结起来道理是一样的。

上莫不致爱其下而制之以礼，上之于下，如保赤子。政令制度，所以接下之人百姓，有不理者如豪末[1]，则虽孤独鳏寡必不加焉。故下之亲上欢如父母，可杀而不可使不顺。君臣上下，贵贱长幼，至于庶人，莫不以是为隆正。然后皆内自省以谨于分，是百王之所以同也[2]，而礼法之枢要也。然后农分田而耕，贾分货而贩，百工分事而劝，士大夫分职而听，建国诸侯之君分土而守，三公总方而议，则天子共己而止矣。出若入若，天下莫不平均，莫不治辨，是百王之所同而礼法之大分也。

【注释】

［1］豪末：同“毫末”。

［2］以：当为衍文（王念孙说）。

【译文】

君主没有不极其爱护他的下民而用礼法来约束他们的，君主对于下民，就像保护婴儿一样。政令制度，是用来对待百姓的，有不合理的地方哪怕像毫毛的末端一样微小，即使对孤独鳏寡这样的人也不能加到他们身上。所以百姓亲近君主就如同亲近父母一样高兴，宁可被杀头也不能迫使他们不顺从。君臣、上下，贵贱、长幼，以至普通百姓，没有不把这个作为最高的标准。然后都在内心自我反省来谨守职分，这是历代君王所相同的地方，也是礼法的关键。然后农民分到田地来耕种，商人分到货物去贩卖，各种工匠分到任务去努力，士大夫分到职事去处理，诸侯分到土地去守卫，三公总领全国的大政方针来讨论，而天子只要拱着手就行了。对内、对外都像这样，天下的事没有不公平的了，没有什么得不到治理的了，这是历代君王相同的地方，也是礼法的大纲领。

若夫贯日而治平，权物而称用，使衣服有制，宫室有度，人徒有数，丧祭械用皆有等宜，以是用挟于万物[1]，尺寸寻丈莫得不循乎制度数量然后行，则是官人使吏之事也，不足数于大君子之前。故君人者立隆政本朝而当，所使要百事者诚仁人也，则身佚而国治，功大而名美，上可以王，下可以霸。立隆正本朝而不当，所使要百事者非仁人也，则身劳而国乱，功废而名辱，社稷必危，是人君者之枢机也。故能当一人而天下取，失当一人而社稷危，不能当一人而能当千百人者，说无之有也。既能当一人，则身有何劳而为，垂衣裳而天下定。故汤用伊尹，文王用吕尚[2]，武王用召公[3]，成王用周公旦。卑者五伯，齐桓公闺门之内，县乐奢泰游抏之修[4]，于天下不见谓修，然九合诸侯，一匡天下，为五伯长，是亦无他故焉，知一政于管仲也，是君人者之要守也。知者易为之兴力而功名綦大，舍是而孰足为也？故古之人有大功名者，必道是者也；丧其国，危其身者，必反是者也。故孔子曰：“知者之知，固以多矣，有以守少[5]，能无察乎？愚者之知，固以少矣，有以守多，能无狂乎？”此之谓也。

【注释】

［1］用挟：当为“周浃”二字（王念孙说），周遍。

［2］吕尚：姓姜，名尚，字子牙，世称姜太公，文王尊他为师，后辅佐武王灭商，封于齐。

［3］召（shào）公：姓姬，名奭，周文王的儿子，辅佐武王灭商，封于燕。

［4］泰：通“汰”。 抏：通“玩”。

［5］有：通“又”。

【译文】

至于日积月累地处理政事，权衡事物使它们得到合理的用处，使衣服有一定的规格，宫室有一定的标准，仆人有一定的数量，丧葬祭祀器械用具都符合规定，把这种方法普遍地用到万物之上，尺、寸、寻、丈等都要遵循制度法规然后才能实行，这是各级官吏的事，不值得在君主面前陈说。所以君主如果在朝廷上制定的最高政治准则得当，所任用的掌管各种政事的人是真正的仁人，那么自身安逸而国家也得到治理，功绩大而且名声好，上可以称王，下可以称霸；如果在朝廷上制定的最高政治准则不得当，所任用的掌管各种政事的人不是仁人，那么自身劳苦而国家也混乱，功亏一篑而且名声恶劣，国家也一定危险，这是作为人君的关键。所以能恰当地任用一个人就能取得天下，错误地任用一个人就会使国家危险，不能恰当地任用一个人而能恰当地任用千百人，这种说法是没有的。能够恰当地任用一个人，那么自己就不会有什么劳累，穿着衣服不需要做什么事而天下就平定了。所以汤任用伊尹，文王任用姜尚，武王任用召公，成王任用周公旦。次一等的五霸，齐桓公在宫廷之内，悬置音乐，奢侈放纵，游乐玩耍，可是天下人并不认为他享乐，他多次召集诸侯，一举而匡正了天下，成为五霸的盟主，这也没有别的原因，是因为他懂得把政事都交给管仲，这是君主要遵守的重要原则啊！聪明的君主容易在这方面下力气而取得的功绩名声非常大，除了这个还有什么值得去做呢？所以古代的人有大功绩、大名声的，一定是遵循了这一条道路；丧失了国家，危及自身的，必定是违反了这条道路。所以孔子说：“聪明人的智慧，本来已经很多了，处理的事情又少，能不明察吗？愚蠢人的智慧，本来已经很少了，又处理那么多的事情，能不混乱吗？”说的就是这个道理。

治国者，分已定，则主相、臣下、百吏各谨其所闻，不务听其所不闻；各谨其所见，不务视其所不见。所闻所见诚以齐矣，则虽幽闲隐辟[1]，百姓莫敢不敬分安制以化其上，是治国之征也。主道治近不治远，治明不治幽，治一不治二。主能治近则远者理，主能治明则幽者化，主能当一则百事正。夫兼听天下，日有余而治不足者如此也，是治之极也。既能治近，又务治远；既能治明，又务见幽；既能当一，又务正百，是过者也。过，犹不及也，辟之是犹立直木而求其景之枉也[2]。不能治近，又务治远；不能察明，又务见幽；不能当一，又务正百，是悖者也[3]，辟之是犹立枉木而求其景之直也。故明主好要而暗主好详。主好要则百事详，主好详则百事荒。君者，论一相[4]，陈一法，明一指，以兼覆之，兼炤之[5]，以观其盛者也[6]。相者，论列百官之长，要百事之听，以饰朝廷臣下百吏之分[7]，度其功劳，论其庆赏，岁终奉其成功以效于君。当则可，不当则废。故君人劳于索之，而休于使之。

【注释】

[1] 辟：通“僻”，僻远。

[2] 辟：通“譬”。 景：通“影”。 枉：曲。

[3] 悖：混乱。

[4] 论：通“抡”，选择。

[5] 炤：通“照”，明察。

[6] 盛：通“成”，成就。

[7] 饰：通“饬”，整治。

【译文】

治理国家的人，名分已经确定，那么君主、宰相、大臣、各级官吏都要谨守自己应该听到的，不要务求不应该听到的；都要谨守各自应该看到的，不要务求不应该看到的。所听到的、所看到的和自己的名分齐同了，那么即使幽远偏僻的地方，百姓也没有敢不安分守己来顺从君主的，这是安定国家的特征。君主的治国之道是治理近处不治理远处，治理明处不治理暗处，治理一件主要的大事不治理各种小事。君主能治理好近处那么远处自然也会有条理，君主能治理好明处那么暗处自然也能得到教化，君主能恰当地处理好一件主要的大事，那么各种小事自然会端正。全面地治理天下，每天都有空闲而所治理的事情少得好像不够做就像这样，这是治理天下的最高水平了。既能够治理近处，又务求治理远处；既能够治理明处，又务求治理暗处；既能恰当地治理好一件主要的大事，又务求端正各种小事，这是过分的做法。过分，就像达不到一样。打个比方说，就像树立起一根笔直的木头而要求它的影子弯曲一样。不能够治理近处，又务求治理远处；不能够看清明处，又务求看清暗处；不能够恰当地处理一件主要的大事，又务求端正各种小事，这是混乱的做法。打个比方说，就像树立起一根弯木而要求它的影子笔直一样。所以贤明的君主喜欢简要而昏庸的君主喜欢周详。君主喜欢简要那么各种事情就会周详，君主喜欢周详那么各种事情就会荒废。君主，就是要选择一个国相，公布一套法制，明确一个宗旨，用它们来管理一切，明察一切，来观看它们的成就。国相，就是要选择各部门的长官，掌管各种事情的处理，来整顿朝廷上下各级官吏的职分，考核他们的功绩，评论他们的奖赏，年终将他们的成绩功劳上报给君主。合适就留用，不合适就废止。所以君主在寻找国相时劳累，在使用国相后就安逸了。

用国者，得百姓之力者富，得百姓之死者强，得百姓之誉者荣。三得者具而天下归之，三得者亡而天下去之；天下归之之谓王，天下去之之谓亡。汤武者，循其道，行其义，兴天下同利，除天下同害，天下归之。故厚德音以先之，明礼义以道之，致忠信以爱之，赏贤使能以次之[1]，爵服赏庆以申重之，时其事，轻其任以调齐之，潢然兼覆之，养长之，如保赤子。生民则致宽，使民则綦理，辩政令制度，所以接天下之人百姓[2]，有非理者如豪末，则虽孤独鳏寡必不加焉。是故百姓贵之如帝，亲之如父母，为之出死断亡而不愉者[3]，无它故焉，道德诚明，利泽诚厚也。乱世不然：污漫、突盗以先之，权谋倾覆以示之，俳优、侏儒、妇女之请谒以悖之[4]，使愚诏知[5]，使不肖临贤，生民则致贫隘，使民则綦劳苦。是故百姓贱之如尪[6]，恶之如鬼，日欲司间而相与投藉之[7]，去逐之。卒有寇难之事[8]，又望百姓之为己死，不可得也，说无以取之焉。孔子曰："审吾所以适人，适人之所以来我也[9]。"此之谓也。

【注释】

[1]赏：当作"尚"字（杨倞说）。 次：安排职位。

[2]天：当为衍文（王念孙说）。

[3]不：当为衍文（杨倞说）。一说"愉"当为"偷"字（王念孙说）。

[4]俳（pái）优：古代以乐舞谐戏为业的艺人。 侏儒：因发育不良身材矮小的人。 请谒：说情。

[5]诏：教导。

[6]尪（wāng）：通"尪"，残疾人。

[7]司：通"伺"。 间：间隙。 投藉：践踏。

[8]卒（cù）：通"猝"，突然。

[9]适：当为衍文（王念孙说）。

【译文】

统治国家的人，得到百姓尽力劳动的就富裕，得到百姓拼死作战的就强大，得到百姓赞誉的就光荣。这三者都得到的，那么天下就会归附他；三者都失去的，那么天下就会背离他。天下归附他就叫做称王，天下背离他就叫做灭亡。商汤和周武王，遵循着这条道路，实行礼义，振兴天下人的共同利益，铲除天下人的共同祸害，天下就归顺他们。所以君主加强道德名声来引导人民，申明礼义来教导人民，恪守忠信来爱护人民，崇尚贤人，使用能人来安排职位，用官爵服饰和奖赏来激励他们，依照时节安排事情，减轻他们的负担来调剂他们，全面地照顾他们，抚养他们，就像保护婴儿一样。养育人民非常宽厚，使用人民非常合理，制定政令制度，是用来对待天下百姓的，有不合理的地方哪怕像毫毛的末端一样微小，即使对孤、独、鳏、寡这样的人也不能加到他们身上。所以百姓尊重他就像尊重上帝一样，亲近他就如同亲近父母一样，为他出生入死也心甘情愿，没有别的原因，是因为他的道德实在贤明，恩惠实在深厚。乱世就不这样：以污秽肮脏、欺凌盗窃来引导人民，用玩弄权术、倾轧陷害来诱导人民，用戏子、侏儒、妇女的求见说情来扰乱朝政，使愚蠢的教导聪明的，使不贤能的教导贤能的，使人民非常穷困，又使人民非常劳苦。所以百姓鄙视他如同鄙视残疾人，厌恶他如同厌恶鬼怪，天天想伺机一起践踏他，驱逐他。突然有外寇入侵，又希望百姓为他去拼命，这是不可能的，其治国理论没有可取之处。孔子说："看看自己怎样对待别人，别人也会同样对待自己。"说的就是这个道理。

伤国者何也？曰：以小人尚民而威[1]，以非所取于民而巧[2]，是伤国之大灾也。大国之主也，而好见小利，是伤国；其于声色、台榭、园囿也，愈厌而好新，是伤国；不好循正其所以有，啖啖常欲人之有[3]，是伤国。三邪者在匈中[4]，而又好以权谋倾覆之人断事其外，若是，则权轻名辱，社稷必危，是伤国者也。大国之主也，不隆本行，不敬旧法，而好诈故，若是，则夫朝廷群臣亦从而成俗于不隆礼义而好倾覆也。朝廷群臣之俗若是，则夫众庶百姓亦从而成俗于不隆礼义而好贪利矣。君臣上下之俗莫不若是，则地虽广，权必轻；人虽众，兵必弱；刑罚虽繁，令不下通。夫是之谓危国，是伤国者也。

【注释】

[1]尚：通"上"。

[2]所：时。

[3]啖啖（dàn）：贪婪的样子。

[4]匈：通"胸"。

【译文】

危害国家的是什么呢？回答是：让小人在人民头上作威作福，以不正当的手段对人民巧取豪夺，这是危害国家的大灾难。大国的君主，却喜欢小利，这是危害国家；他对于声色、台榭、园囿，乐此不疲且喜欢新奇，这是危害国家；不喜欢好好治理自己已经拥有的东西，却贪得无厌地时常想得到别人的东西，这是危害国家啊！这三种邪念存在胸中，而又喜欢任用那些玩弄权术、倾轧陷害别人的人在外决断政事，如果这样，那么君主就会权力轻微，名声受辱，政权必然陷入危险，这是危害国家啊！大国的君主，不推崇礼义，不谨守原来的法制，而喜欢奸诈，像这样，那么朝廷上的群臣也会随之养成不崇尚礼义而喜欢倾轧陷害的习俗了。朝廷上君臣上下的习俗像这样，那么普通百姓也会跟着养成不崇尚礼义而喜欢贪图利益的习惯了。君臣上下的习俗如果都像这样，那么土地即使广阔，权力必然轻微；人口即使众多，兵力必然衰弱；刑罚即使繁多，政令也不会贯彻到下面。这就叫做危险的国家，这是危害国家啊！

儒者为之不然，必将曲辨[1]：朝廷必将隆礼义而审贵贱，若是，则士大夫莫不敬节死制者矣。百官则将齐其制度，重其官秩，若是，则百吏莫不畏法而遵绳矣。关市几而不征，质律禁止而不偏[2]，如是，则商贾莫不敦悫而无诈矣。百工将时斩伐，佻其期日而利其巧任[3]，如是，则百工莫不忠信而不楛矣[4]。县鄙则将轻田野之税，省刀布之敛，罕举力役，无夺农时，如是，则农夫莫不朴力而寡能矣。士大夫务节死制，然而兵劲。百吏畏法循绳，然后国常不乱。商贾敦悫无诈则商旅安，货通财[5]，而国求给矣。百工忠信而不楛，则器用巧便而财不匮矣。农夫朴力而寡能，则上不失天时，下不失地利，中得人和，而百事不废。是之谓政令行，风俗美。以守则固，以征则强，居则有名，动则有功。此儒之所谓曲辨也。

【注释】

[1]辨：通“办”，治理。

[2]质律：古代一种评定市价的文书。

[3]佻（yáo）：通“傜”，宽缓。

[4]楛（kǔ）：粗劣。

[5]货通财：当为“货财通”（王念孙说）。

【译文】

儒者就不这样做，必定要周详地治理：朝廷一定要崇尚礼义而区分贵贱，像这样，那么士大夫没有不重视名节以死来维护礼法的。百官也将会遵循统一的制度，注重他们的官职和俸禄，如果这样，那么百吏就没有不畏惧法律而遵守制度的。关卡和集市上只监察而不征税，贸易债券禁止奸人弄虚作假而决不偏私，像这样，那么商人就会敦厚诚实而没有欺诈行为了。各种工匠按时节砍伐树木，放宽他们的期限而充分发挥他们的技巧，像这样，那么各种工匠就忠诚可信而不粗制滥造了。在农村就要减轻田地的赋税，减少对钱财的聚敛，少兴劳役，不要侵占农时，像这样，那么农民就会朴实地尽力劳作而没有其他技能了。士大夫重视名节，以死维持礼法，然后兵力就会强劲。各级官吏畏惧法纪，遵守制度，然后国家就不会经常混乱。商人敦厚诚实没有欺诈那么商业就会安全，货物钱财就会得以流通，国家的需求就会得到供应。各种工匠忠诚可信而不粗制滥造，那么器用就会精巧方便而财物就不会匮乏。农民朴实地尽力劳作而没有其他技能，那么上不会失去天时，下不会失去地利，中会得到人和，而各种事情就不会荒废。这就叫做政令施行，风俗美好。用它来防守就牢固，用它来征伐就强大，安居乐业就会有名声，行动就会有功绩。这就是儒者所说的周详的治理。

【评析】

“王道”和“霸道”二者之间的利弊，是春秋战国时期的士人，尤其是儒生们的争论热点。虽然士人们最终的理想，也只能托庇于大小诸侯的礼遇而得以实现，但“霸道”仍成为大部分人所摈弃的治国思想。一直到周室衰竭的战国中后期，儒生们才渐渐转变长久以来的固执，开始期盼新的天下君主。而“王霸”一题，也可解为“称王与称霸之道”。正如荀子在文中所言：“义立而王，信立而霸，权谋立而亡。”以对礼义的崇尚来定义王道，以信用的守持来定义霸道，实际上是王霸并提，回避了历来儒家在这两个概念于政治、道德上的种种严格区分，来应对诸侯君主，尤其是大国统治者的逐鹿雄心。

在荀子看来，一个理想国家的状态是自上而下地推崇礼义。处于上位的统治者倘若要实现国定乃至天下大定的理想抱负，则须“挈国以呼礼义而无以害之”，由此达到“下仰上以义”的境界。而霸道虽未能完全以礼义来号令民众，达到孔子所说的“北辰居其所而众星共之”（《论语·为政》）完美状态，却能约定举国上下言行一致，“乡方略，审劳佚，谨畜积，修战备，齺然上下相信，而天下莫之敢当”。

然而无论是王道还是霸道，两种政治模式的设想同样要求统治者严于修身，从而使一国之法令、政策能够自上而下地推行。在荀子看来，统治者倘若要使自己的邦国长治久安，则必须为治国思想确立长久推行的指导思想，即“义立”与“信立”，通过长久存在于人们心中的共同信仰和道德来维护一个政权的神圣地位。“援夫千岁之信法以持之也，安与夫千岁之信士为之也。……以夫千岁之法自持者，是乃千岁之信士矣。”荀子虽然将国之长久存在归因于制度的秉持，但制度的秉持仍要通过一代代心存礼义的道德之士来维系。因此，荀子虽然在此强调了法律、制度的长久作用，却仍将这种制度归于人治的范畴，这也是儒、法两家学说的一大区别。

国家的长久兴盛既依赖于“千岁之士”的把持，则君主的择取贤良就显得至关重要。“治国有道，人主有职”，国家的安定除了君主的自我修行和安抚民众之外，更重要的是选取人才。尤其是任命一个国相来辅佐，“使臣下百吏莫不宿道乡方而务”，使得自己的臣民各秉所长，明确分工、分职，从而达到上下有序的和谐社会。君主要达到垂拱而治是可能的，但这绝不等于道家所宣扬的“无为而治”，而是“立隆政本朝而当，所使要百事者诚仁人也”。认识自我，选择人才成为后世君主的明智策略之一。此一论断之后百年，汉高祖刘邦平定天下总结经验，亦谓自己虽不如张子房、萧何、韩信而能取天下，却能择人之长，为己所用，正此断言之明证。

礼的作用在于设定，作为维护一个社会和谐稳定的基本要素，“礼”在这里既带有道德训化的意味，也有一定的强制性。“上莫不致爱其下，而制之以礼。上之于下，如保赤子。政令制度，所以接下之人百姓，有不理者如豪末，则虽孤独鳏寡必不加焉。故下之亲上欢如父母，可杀而不可使不顺。君臣上下，贵贱长幼，至于庶人，莫不以是为隆正。然后皆内自省以谨于分，是百王之所同也，而礼法之枢要也。然后农分田而耕，贾分货而贩，百工分事而劝，士大夫分职而听，建国诸侯之君分土而守，三公总方而议，则天子共己而止矣。出若入若，天下莫不平均，莫不治辨，是百王之所同，而礼法之大分也。”从荀子滔滔不绝的论述中我们可以看出，他推崇的“礼”实际上是礼和法的结合，既包括等级名分，也有政令制度。因此，我们说，荀子通过“礼法”概念的创造而使礼获得了法的性质和特征。

君道

【题解】

本文主要论述了君主的治国大道。荀子首先强调了君子的重要性，认为君子不但是法制的本原，更是治理国家的本原，“君子者，法之原也。”“君子者，治之原也。”为此君主要不断加强道德修养，培养君子的品格，做到“以礼分施，均遍而不偏”。荀子进一步指出君主是百姓的本原，“君者，民之原也”，因此，为君者要亲爱百姓，要“能群”，做到“善生养人者也，善班治人者也，善显设人者也，善藩饰人者也”。荀子还论述了君主应遵循的一些基本原则，如“隆礼至法”、“尚贤使能”、“兼听齐明”、“取人有道，用人有法”、“论德而定次，量能而授官”等。最后，荀子重点阐释了“人主不可以独”的道理，认为君主治国安邦要有“卿相辅佐”，也要有“便嬖左右足信者”，这样就可以“身佚而国治，功大而名美”。

有乱君，无乱国；有治人，无治法。羿之法非亡也，而羿不世中；禹之法犹存，而夏不世王。故法不能独立，类不能自行[1]，得其人则存，失其人则亡。法者，治之端也；君子者，法之原也。故有君子则法虽省，足以遍矣；无君子则法虽具，失先后之施，不能应事之变，足以乱矣。不知法之义而正法之数者，虽博，临事必乱。故明主急得其人，而暗主急得其势。急得其人，则身佚而国治，功大而名美，上可以王，下可以霸；不急得其人而急得其势，则身劳而国乱，功废而名辱，社稷必危。故君人者劳于索之，而休于使之。《书》曰[2]：“惟文王敬忌，一人以择。”此之谓也。

【注释】

［1］类：条例、律令。

［2］《书》：指《尚书·康诰》，文字与今本《尚书》略有出入。

【译文】

有使国家混乱的君主，没有一定混乱的国家；有使国家治理好的人，没有使国家自动治理好的方法。羿的箭法并没有失传，但羿并不能使后代人百发百中；禹的法制仍然存在，但夏并不能世世代代称王。所以法制不能自动起作用，条例不能自动施行，得到合适的人，法制就存在；失去善于治国的人，法制就灭亡。法制，是治理的开始；君子，是法制的本原。所以有了君子，那么法制即使简略，也足以全面实行；没有君子，那么法制即使完备，施行时也会失去先后次序，不能应对事变，足以造成混乱。不懂得法制的意义而只增加法律条文的数目，即使繁多，遇到事情必然混乱。所以贤明的君主急于得到治国的人，而昏庸的君主急于掌握权势。急于得到治国的人，就会自身安逸而且国家安定，功劳大名声美，上可以称王，下可以称霸；不急于得到治国的人而急于得到权势，就会身体劳累而且国家混乱，功业废弛而名声耻辱，国家必定危险。所以君主寻找人才时劳累，而使用人才后就安逸了。《尚书》中说："文王恭敬谨慎，亲自选择一人。"说的就是这个道理。

合符节、别契券者[1]，所以为信也；上好权谋，则臣下百吏诞诈之人乘是而后欺。探筹、投钩者[2]，所以为公也；上好曲私，则臣下百吏乘是而后偏。衡石、称县者[3]，所以为平也；上好倾覆，则臣下百吏乘是而后险。斗斛敦概者[4]，所以为啧也[5]；上好贪利，则臣下百吏乘是而后丰取刻与，以无度取于民。故械数者，治之流也，非治之原也；君子者，治之原也。官人守数，君子养原，原清则流清，原浊则流浊。故上好礼义，尚贤使能，无贪利之心，则下亦将綦辞让，致忠信，而谨于臣子矣。如是，则虽在小民，不待合符节，别契券而信，不待探筹、投钩而公，不待衡石、称县而平，不待斗斛敦概而啧。故赏不用而民劝，罚不用而民服，有司不劳而事治，政令不烦而俗美，百姓莫敢不顺上之法，象上之志[6]，而劝上之事，而安乐之矣。故藉敛忘费[7]，事业忘劳，寇难忘死，城郭不待饰而固，兵刃不待陵而劲，敌国不待服而诎，四海之民不待令而一。夫是之谓至平。《诗》曰[8]："王犹允塞[9]，徐方既来[10]。"此之谓也。

【注释】

［1］契券：古代作为凭据用的契约，一分为二，双方各执一半，用时将两半合在一起作为凭证。

［2］探筹：抽签。　投钩：抓阄。

［3］衡石：泛指称重量的器物。衡，秤。石，古重量单位，一百二十斤为一石。　称县：指秤与秤砣。称，通“秤”。县，通“悬”，秤砣。

［4］斗、斛（hú）、敦（duì）：都是古代量器。　概：刮平斗斛的木板。

［5］啧（zé）：实际。

［6］象：依顺。

［7］藉：通“籍”。

［8］《诗》：指《诗经·大雅·常武》。

［9］犹：道。　允：确实。　塞：充满。

［10］徐方：古代少数民族名，在淮河下游一带。

【译文】

验合符节，辨别契券，是为了讲信用；君主喜欢玩弄权术阴谋，那么大臣百官中的奸诈之人就会借机欺诈。抽签和抓阄，是为了做到公正；君主喜欢偏私，那么大臣百官就会借机进行偏私。衡石和秤，是为了做到公平；君主喜欢颠倒是非，那么大臣百官就会借机搞倾轧陷害。斗、斛、敦、概，是为了做到与实际相符；君主喜欢贪图财利，那么大臣百官就会借机多取少给，没有限度地榨取人民。所以器械度量，是治理国家的支流，不是治理国家的本原；君子，是治理国家的本原。官吏拘守着具体规定，君子保养本原，本原清澈那么支流就清澈，本原浑浊那么支流就浑浊。所以君主喜好礼义，崇尚贤人任用能人，没有贪图财利的想法，那么臣下也会非常谦让，非常忠诚守信，而谨守着臣子的本分。像这样，那么即使在百姓之中，不用验合符节，辨别契券就能讲信用，不用抽签、抓阄就能做到公正，不用衡石和秤就能做到公平，不用斗、斛、敦、概就能做到与实际相符。所以不用奖赏而人民就会勤勉，不用刑罚而人民就会顺服，官吏不用劳累而事情就能得到治理，政令不用繁琐而风俗就会美好，百姓没有人敢不顺从君主的法令、不服从君主的意志，勤勉地为君主做事，而又安心快乐。所以人民缴税时忘记了破费，劳作时忘记了疲劳，敌寇入侵时忘记了死亡，城郭不用整修就坚固，兵刃不用磨砺就锋利，敌国不用征伐就屈服，天下的民众不用命令就一心。这就叫做极其太平。《诗经》中说：“王道遍行天下，徐方也来归顺。”

说的就是这个道理。

请问为人君？曰：以礼分施，均遍而不偏。请问为人臣？曰：以礼待君[1]，忠顺而不懈。请问为人父？曰：宽惠而有礼。请问为人子？曰：敬爱而致文。请问为人兄？曰：慈爱而见友。请问为人弟？曰：敬诎而不苟。请问为人夫？曰：致功而不流[2]，致临而有辨。请问为人妻？曰：夫有礼，则柔从听侍；夫无礼，则恐惧而自竦也[3]。此道也，偏立而乱，俱立而治，其足以稽矣。请问兼能之奈何？曰：审之礼也。古者先王审礼以方皇周浃于天下[4]，动无不当也。故君子恭而不难[5]，敬而不巩[6]，贫穷而不约，富贵而不骄，并遇变态而不穷，审之礼也。故君子之于礼，敬而安之；其于事也，径而不失[7]；其于人也，寡怨宽裕而无阿；其为身也，谨修饰而不危[8]；其应变故也，齐给便捷而不惑；其于天地万物也，不务说其所以然而致善用其材；其于百官之事、技艺之人也，不与之争能而致善用其功；其待上也，忠顺而不懈；其使下也，均遍而不偏；其交游也，缘义而有类；其居乡里也，容而不乱。是故穷则必有名，达则必有功，仁厚兼覆天下而不闵[9]，明达用天地、理万变而不疑，血气和平，志意广大，行义塞于天地之间，仁知之极也。夫是之谓圣人，审之礼也。

【注释】

[1] 待：当为“侍”字（郝懿行说）。

[2] 流：放荡。

[3] 竦（sǒng）：肃敬。

[4] 方（páng）皇：广大。

[5] 难：通“戁”，畏惧。

[6] 巩：通“恐”，恐惧。

[7] 径：直接。

[8] 危：通“诡”，诡诈。

[9] 闵：通“穷”，尽。

【译文】

请问怎样做君主？回答说：用礼义来治理，普遍而不偏私。请问怎样做人臣？回答说：用礼义来侍奉君主，忠诚顺从而不松懈。请问怎样做父亲？回答说：宽厚慈爱而合乎礼。请问怎样做儿子？回答说：敬爱而非常有礼貌。请问怎样做哥哥？回答说：慈爱而友善。请问怎样做弟弟？回答说：恭敬顺从而不马虎。请问怎样做丈夫？回答说：努力做事而不放荡，尽力亲近妻子而又夫妇有别。请问怎样做妻子？回答说：丈夫遵守礼义，就温柔顺从侍奉他；丈夫不遵守礼义，就害怕担心而保持肃敬。这些原则，不能全部做到国家就混乱，全部做到国家就安定，这已经是完全证实了的。请问要全面做到这些怎么办？回答是：通晓礼义。古代先王先通晓礼义然后普遍施行于天下，行为没有不恰当的。所以君子谦恭而不畏惧，敬重而不害怕，贫穷而不卑屈，富贵而不骄傲，遇到任何变化也能应付自如，就是因为通晓礼义的原因。所以君子对于礼义，恭敬而遵守它；对于事情，直接干脆而不失误；对于他人，少怨宽厚而不奉承；对于自己，小心地加强修养而不奸诈；对于各种突然变化，应对自如而不迷惑；对于天地万物，不务求说明它们形成的原因而只是充分利用它们的质材；对于百官做的事和技艺人才，不与他们竞争高下而只是充分利用他们的功绩；他侍奉君主，忠诚顺从而不松懈；他役使下民，一视同仁而不偏私；他与人交往，寻找志趣相投的人而有礼义；他居住在乡里，对人宽容而不作乱。所以贫穷时必定有名声，显达时必定有功劳，仁爱宽厚布施天下而没有止境，明智通达周遍天地，处理万变而不迷惑，心平气和，胸怀广阔，德行道义充满天地之间，仁义智慧都达到了顶点。这就叫做圣人，就是因为他通晓礼义的原因啊！

请问为国？曰：闻修身，未尝闻为国也。君者，仪也[1]，仪正而景正；君者，槃也[2]，槃圆而水圆；君者，盂也，盂方而水方。君射则臣决[3]。楚庄王好细腰[4]，故朝有饿人。故曰：闻修身，未尝闻为国也。

【注释】

[1] 仪：日晷（guǐ），利用日影来测量时间的仪器。　此句下当有“民者，景也”一句（王念孙说）。

[2] 槃：通“盘”。　此句下当有“民者，水也”一句（王念孙说）。

[3] 决：古代射箭时套在右手大拇指上的象骨套子。

[4] 楚庄王：依史书记载当为"楚灵王"。

【译文】

请问怎样治理国家？回答说：只听说过君主怎样修养身心，从没有听说过怎样去治理国家。君主如同测量时间的日晷，人民如同影子，日晷端正影子也端正；君主如同盘子，人民如同盘中的水，盘子圆水也圆；君主如同盂，人民如同盂中的水，盂方水也方。君主射箭臣子也会射箭。楚灵王喜欢细腰的女子，所以宫中就有饿肚子的人。所以说：只听说过君主怎样修养身心，从没有听说过怎样去治理国家。

君者，民之原也，原清则流清，原浊则流浊。故有社稷者而不能爱民、不能利民，而求民之亲爱己，不可得也。民不亲不爱，而求其为己用、为己死，不可得也。民不为己用、不为己死，而求兵之劲、城之固，不可得也。兵不劲、城不固，而求敌之不至，不可得也。敌至而求无危削、不灭亡，不可得也。危削、灭亡之情举积此矣，而求安乐，是狂生者也。狂生者，不胥时而落[1]。故人主欲强固安乐，则莫若反之民；欲附下一民，则莫若反之政；欲修政美国[2]，则莫若求其人。彼或蓄积而得之者不世绝，彼其人者，生乎今之世而志乎古之道。以天下之王公莫好之也，然而于是独好之[3]；以天下之民莫欲之也[4]，然而于是独为之；好之者贫，为之者穷，然而于是独犹将为之也[5]，不为少顷辍焉。晓然独明于先王之所以得之，所以失之，知国之安危、臧否若别白黑。是其人者也，大用之，则天下为一，诸侯为臣；小用之，则威行邻敌；纵不能用，使无去其疆域，则国终身无故。故君人者爱民而安，好士而荣，两者无一焉而亡。《诗》曰[6]："介人维藩[7]，大师为垣。"此之谓也。

【注释】

[1] 胥：通"须"，等待。

[2] 国：当为"俗"字（王念孙说）。

[3] 于是：当为"是子"（王念孙说）。下两个"于是"同。

[4] 欲：当为"为"字（王念孙说）。

[5] 独：当为衍文。（王念孙说）。

[6]《诗》：指《诗经·大雅·板》。

[7] 介人：善人，指有贤德的人。今本作“价人”。 藩：屏障。

【译文】

君主，是人民的本源，本源清澈支流就清澈，本源浑浊支流就浑浊。所以拥有国家的人不能爱护人民、不能为人民谋利，却希望人民亲爱自己，那是不可能的。人民不亲近、不爱戴，却希望他们为自己所用、为自己卖命，那是不可能的。人民不为自己所用、不为自己卖命，却希望兵力强劲、城防坚固，那是不可能的。兵力不强劲，城防不坚固，而希望敌人不来入侵，那是不可能的。敌人来了却希望国家没有危险、不灭亡，那是不可能的。危险、灭亡的情况都聚集在这里了，却还追求安逸享乐，这是狂妄无知的人。狂妄无知的人用不了多久就灭亡。所以君主想要强大巩固、安逸享乐，就不如回到人民上来；想要使臣下归附、统一人民，就不如回到政治上来；想要使政治美好、风俗淳朴，就不如寻求有才能的治国之人。有才能的治国者，历代不乏其人，他们生在当时而向往古代的治国大道。天下的王公没有人喜欢古代的治国大道，然而他们却独自爱好；天下的人民没有人想实行古代的治国大道，然而他们却独自实行；喜好古代治国大道的人会贫困，实行古代治国大道的人会穷苦，然而他们仍要去实行，片刻也不停止。唯独他们清楚地了解先王成功的地方和失败的地方，了解国家的安危好坏就像分辨黑白一样。这种人，重用他们，那么天下就会统一，诸侯就会臣服；不重用他们，那么他们的威望也能震慑邻邦敌国；纵然不能任用他们，只要不让他们离开国土，那么国家就永远没有祸患。所以君主爱护人民就国家安定，喜好士人就国家繁荣，两者一样也没有就会灭亡。《诗经》中说：“贤士是国家的屏障，民众是国家的城墙。”说的就是这个道理。

道者，何也？曰：君道也[1]。君者，何也？曰：能群也。能群也者，何也？曰：善生养人者也，善班治人者也[2]，善显设人者也[3]，善藩饰人者也[4]。善生养人者，人亲之；善班治人者，人安之；善显设人者，人乐之；善藩饰人者，人荣之。四统者俱而天下归之[5]，夫是之谓能群。不能生养人者，人不亲也；不能班治人者，人不安也；不能显设人者，人不乐也；不能藩饰人者，人不荣也。四统者亡而天下去之，夫是之谓匹夫。故曰：道存则国存，道亡则国亡。省工贾，众农夫，禁盗贼，除奸邪，是所以生养之也。天子三公，诸侯一相，大夫擅官，士保职，莫不法度而公，是所以班治之也。论德而定次，量能而授官，皆使其人载其事而各得其所宜。上贤使之为三公，次贤使之为诸侯，下贤使之为士大夫，是所以显设之也。修冠弁衣裳、黼黻文章、琱琢刻镂皆有等差，是所以藩饰之也。故由天子至于庶人也，莫不骋其能，得其志，安乐其事，是所同也。衣暖而食充，居安而游乐，事时制明而用足，是又所同也。若夫重色而成文章，重味而成珍备，是所衍也。圣王财衍以明辨异[6]，上以饰贤良而明贵贱，下以饰长幼而明亲疏，上在王公之朝，下在百姓之家，天下晓然皆知其非以为异也，将以明分达治而保万世也。故天子、诸侯无靡费之用，士大夫无流淫之行，百吏官人无怠慢之事，众庶百姓无奸怪之俗，无盗贼之罪，其能以称义遍矣。故曰："治则衍及百姓，乱则不足及王公。"此之谓也。

【注释】

[1] 君道：当为"君之所道"（王念孙说）。

[2] 班：通"辨"，治理。

[3] 显设：任用。

[4] 藩饰：文饰。

[5] 俱：通"具"。

[6] 衍：富足。

【译文】

道是什么？回答是：是君主所遵循的原则。君主是什么？回答是：君主是能把人组成群体的人。能把人组成群体是指什么？就是指善于养活人，善于治理人，善于任用人，善于以不同的衣服来装饰人。善于养活人的人民就亲近他，善于治理人的人民就顺从他，善于任用人的人民就喜欢他，善于以不同的衣服来装饰人的人民就称赞他。这四个方面具备了天下人就会归顺他，这就叫做把人组织成群体。不能养活人的人民就不会亲近他，不能治理人的人民就不会顺从他，不能任用人的人民就不会喜欢他，不能以不同的衣服来装饰人的人民就不称赞他。这四个方面都不具备天下人就会背离他，这就叫做孤立的独夫。所以说：大道存在国家就存在，大道灭亡国家就灭亡。减少工匠和商人，增加农民，禁止盗贼，铲除奸邪的人，这是养活人的方法。天子下设三公，诸侯下设一相，大夫专职任事，士谨守自己的职责，没有人不依法办事公正无私，这是治理人的方法。按照德行安排等级，权衡能力来授予官职，使每一个人都有自己的职责而且适合他的才能，上等的贤人让他们做三公，次等的贤人让他们做诸侯，下等的贤人让他们做士大夫，这是任用人的方法。修饰帽子、衣服、礼服上的各种花纹、器具上雕刻的图案等都有一定的差别，这是以不同的衣服来装饰人的方法。所以从天子到普通百姓，没有不展示自己的才能，实现自己的志向，安心快乐地做自己的事情的，这都是一样的。穿得暖，吃得饱，住得安心，玩得快乐，事情处理及时，制度明了清楚，财物充足，这又都是一样的。至于用多种颜色绣成衣服上的花纹，用多种食物制成佳肴美味，这是富饶的表现。圣王财物富饶是为了明辨等级差别，对上修饰贤良来表明贵贱，对下修饰长幼来表明亲疏关系，上到王公朝廷，下到百姓人家，天下人都清楚地知道这并不是制造差别，而是用来明确等级名分达到治理，确保万世太平。所以天子、诸侯没有奢侈的费用，士大夫没有放荡的行为，各级官吏没有懈怠的事情，百姓没有奸邪怪诞的习俗，没有偷盗抢劫的罪行，这就能称为道义遍行于天下了。所以说："国家安定百姓也富饶，国家混乱王公也贫穷。"说的就是这个道理。

至道大形：隆礼至法则国有常，尚贤使能则民知方，纂论公察则民不疑[1]，赏克罚偷则民不怠[2]，兼听齐明则天下归之。然后明分职，序事业，材技官能，莫不治理，则公道达而私门塞矣，公义明而私事息矣。如是，则德厚者进而佞说者止，贪利者退而廉节者起。《书》曰[3]："先时者杀无赦，不逮时者杀无赦。"人习其事而固，人之百事如耳目鼻口之不可以相借官也，故职分而民不探[4]，次定而序不乱，兼听齐明而百事不留[5]。如是，则臣下、百吏至于庶人莫不修己而后敢安止，诚能而后敢受职，百姓易俗，小人变心，奸怪之属莫不反悫。夫是之谓政教之极。故天子不视而见，不听而聪，不虑而知，不动而功，块然独坐而天下从之如一体，如四胑之从心[6]。夫是之谓大形。《诗》曰[7]："温温恭人，维德之基。"此之谓也。

【注释】

[1]纂：继。

[2]克：当为“免”字（王念孙说），通“勉”。

[3]《书》：见伪古文《尚书·胤征》。

[4]探：当为“慢”字（王念孙说）。

[5]留：停滞。

[6]胑：同“肢”。

[7]《诗》：指《诗经·大雅·抑》。

【译文】

治国大道最好的表现是：推崇礼义、法制，那么国家就有秩序；崇尚贤能，任用能人，那么人民就知道方向；集体论证，公开审察，那么人民就不怀疑；赏勤罚懒，那么民众就不怠慢；全面听取各方面的意见，洞察一切，那么天下就会归顺。然后明确名分职责，工作有条不紊，使用有技术的人，任用有才能的人，事情都得到治理，那么公正之道就畅通而徇私的后门就堵塞了，公理正义显明了而图谋私利的事情就停止了。像这样，道德高尚的人就得到进用而奸佞奉承的人就被遏止，贪婪的人被斥退而廉洁的人被起用。《尚书》中说：“先于规定时间行动的坚决杀掉，不能及时行动的坚决杀掉。”人们习惯了自己做的事情就会固守不变，人们的各种工作就像耳目鼻口一样不能互相代替。所以职责分明而人民就不会怠慢，等级确定而秩序就不会混乱，全面地听取各方面的意见，洞察一切而各种事情就不会停滞。像这样，那么大臣、百官以及百姓无不修正自己的行为而后才敢安居乐业，真正有才能而后才敢接受职责，百姓改变习俗，小人转变思想，奸邪的人都变得诚实。这就叫做政治教化的极点。所以天子不用眼睛就能看见，不用耳朵就能听见，不用思考就能知道，不用行动就能成功，一个人独自像土块一样坐着而天下人归顺他就像一个整体，就像四肢受思想的支配。这就叫做大道的最好表现。《诗经》中说：“温和谦恭的人，道德是他的根本。”说的就是这个。

为人主者，莫不欲强而恶弱，欲安而恶危，欲荣而恶辱，是禹、桀之所同也。要此三欲，辟此三恶，果何道而便？曰：在慎取相，道莫径是矣。故知而不仁不可，仁而不知不可，既知且仁，是人主之宝也，而王霸之佐也。不急得，不知；得而不用，不仁。无其人而幸有其功，愚莫大焉。今人主有六患[1]：使贤者为之，则与不肖者规之；使知者虑之，则与愚者论之；使修士行之，则与污邪之人疑之。虽欲成功，得乎哉？譬之是犹立直木而恐其景之枉也，惑莫大焉。语曰："好女之色，恶者之孽也。公正之士，众人之痤也[2]。循乎道之人[3]，污邪之贼也。"今使污邪之人论其怨贼而求其无偏，得乎哉？譬之是犹立枉木而求其景之直也，乱莫大焉。故古之人为之不然。其取人有道，其用人有法。取人之道，参之以礼；用人之法，禁之以等。行义动静，度之以礼；知虑取舍，稽之以成；日月积久，校之以功。故卑不得以临尊，轻不得以县重，愚不得以谋知，是以万举不过也。故校之以礼，而观其能安敬也；与之举措迁移，而观其能应变也；与之安燕，而观其能无流慆也[4]；接之以声色、权利、忿怒、患险，而观其能无离守也。彼诚有之者与诚无之者，若白黑然，可诎邪哉！故伯乐不可欺以马，而君子不可欺以人，此明王之道也。

【注释】

[1] 六：疑为"大"字之误（俞樾说）。

[2] 痤（cuó）：疖子。

[3] 乎：当为衍文（王念孙说）。

[4] 慆（tāo）：通"滔"，放荡。

【译文】

作为人君的，没有不希望强大而厌恶衰弱的，希望安定而厌恶危险的，希望光荣而厌恶耻辱的，这是禹和桀都相同的。想要实现这三种欲望，避免这三种厌恶，究竟什么方法更方便呢？回答说：在于慎重地选择国相，没有比这条路更直接的了。所以聪明而不仁爱不行，仁爱而不聪明也不行，既聪明又仁爱，是君主的宝贝，是王者和霸者的助手。不急于得到这样的人，不明智；得到而不任用，不仁爱。没有这种人却想侥幸地建立功业，是再愚蠢不过了。现在君主有大祸患：让贤能的人来做事情，却和不贤能的人来规划；让聪明的人来考虑，却与愚蠢的人来讨论；让品德美好的人来实行，却与污秽奸邪的人来怀疑。即使想要成功，能办得到吗？打个比方说，就好比树立起一根直木却害怕它的影子弯曲，没有比这更迷惑的了。俗语说："美女的姿色，是恶人的灾祸。公正的士人，是众人的疖子。遵守道义的人，是污秽邪恶的人的贼害。”现在让污秽邪恶的人来评论他的怨恨和贼害而要求他没有偏见，能办得到么吗？打个比方说，就好比树立起弯曲的木头而要求它的影子笔直，没有比这更混乱的了。所以古时的人不这样做。他选择人有一定的原则，任用人有一定的方法。选择人的原则，是用礼来检验；任用人的方法，是用等级来限制。他的品行举动，用礼来衡量；他的智慧思虑和判断取舍，用成果来考查；他日积月累的工作，用功效来考核。所以卑贱的不能凌驾尊贵的，权轻的不能衡量权重的，愚蠢的不能评价聪明的，因此做什么事情都不会失误。所以用礼来检验，来观察他是否能安静恭敬；让他不断变动迁移，来观察他是否能随机应变；让他安逸舒适，来观察他是否能不放荡；让他接触声色、权力、忿怒、祸患、危险，来观察他是否能不擅离职守。他真正有无这些品德，就像白与黑一样分明，能歪曲吗？ 所以伯乐不能用马来欺骗他，君子也不能用人来欺骗他，这是圣明君主的治国原则。

人主欲得善射，射远中微者，县贵爵重赏以招致之，内不可以阿子弟[1]，外不可以隐远人，能中是者取之，是岂不必得之之道也哉！虽圣人不能易也。欲得善驭速致远者[2]，一日而千里，县贵爵重赏以招致之，内不可以阿子弟，外不可以隐远人，能致是者取之，是岂不必得之之道也哉！虽圣人不能易也。欲治国驭民，调壹上下，将内以固城，外以拒难，治则制人，人不能制也，乱则危辱灭亡可立而待也。然而求卿相辅佐，则独不若是其公也，案唯便嬖亲比己者之用也，岂不过甚矣哉！故有社稷者莫不欲强，俄则弱矣；莫不欲安，俄则危矣；莫不欲存，俄则亡矣。古有万国，今有数十焉，是无它故，莫不失之是也。故明主有私人以金石珠玉，无私人以官职事业，是何也？曰：本不利于所私也。彼不能而主使之，则是主暗也；臣不能而诬能，则是臣诈也。主暗于上，臣诈于下，灭亡无日，俱害之道也。夫文王非无贵戚也，非无子弟也，非无便嬖也，倜然乃举太公于州人而用之[3]，岂私之也哉！以为亲邪？则周姬姓也，而彼姜姓也。以为故邪？则未尝相识也。以为好丽邪？则夫人行年七十有二，齫然而齿堕矣[4]。然而用之者，夫文王欲立贵道，欲白贵名，以惠天下，而不可以独也，非于是子莫足以举之，故举是子而用之。于是乎贵道果立，贵名果明[5]，兼制天下，立七十一国，姬姓独居五十三人，周之子孙苟不狂惑者，莫不为天下之显诸侯，如是者，能爱人也。故举天下之大道，立天下之大功，然后隐其所怜、所爱，其下犹足以为天下之显诸侯。故曰："唯明主为能爱其所爱，暗主则必危其所爱。"此之谓也。

【注释】

[1] 阿：偏袒。

[2] "速"字前当脱一"及"字（王念孙说）。

[3] 倜（tì）然：超远的样子。　州人：当为"舟人"（俞樾说）。

[4] 齳（yǔn）：同"齫"，没有牙齿的样子。

[5] 明：疑为"白"之误（顾千里说）。

【译文】

君主想要得到善于射箭，射得远又射得准的人，就得用高官和重赏来招引他们，对内不能偏袒自己的子弟，对外不能埋没疏远的人，能够符合这个要求的就录用他，这难道不是一定能得到善射者的办法吗？即使是圣人也不能改变。想要得到善于驾车，既跑得快又跑得远的人，一天能跑千里，就得用高官和重赏来招引他们，对内不能偏袒自己的子弟，对外不能埋没远方的人，能够达到这个要求的就录用他，这难道不是一定能得到善驭者的办法吗？即使是圣人也不能改变。想要治理国家驾驭人民，协调统一上下，对内巩固城防，对外抵御侵略，治理得好就能制服别人，别人就不能制服自己，混乱了那么危险、灭亡就会立刻到来。然而寻求卿相辅佐时，却独独不像这样公正，只任用宠信的小臣和亲近自己的人，这难道不是大错特错吗？所以拥有国家的君主没有不想强大的，但不久就衰弱了；没有不想安全的，但不久就危险了；没有不想存在的，但不久就灭亡了。古代有上万个国家，现在只有几十个了，这没有别的原因，没有不是在用人公正上失误的。所以贤明的君主有把金石珠玉私自给人的，没有把官职事业私自给人的，为什么呢？回答说：这根本不利于所偏爱的人。没有能力而君主使用他，那是君主昏庸；臣子没有才能却妄称有才能，这是臣子的奸诈。君主在上昏庸，臣子在下奸诈，灭亡就不远了，这对君主和臣子都是有害的做法。周文王不是没有尊贵的亲戚，不是没有子弟，不是没有宠信的小臣，却与众不同地从渔民中举用姜太公，难道是对他有私心吗？认为他是亲戚吗？但文王是姬姓，而太公是姜姓。认为他是老朋友吗？但他们素不相识。认为文王喜欢漂亮吗？但太公当时已七十二岁，牙齿也都掉光了。然而还任用他，是因为文王想要建立美好的政治原则，想要宣扬高贵的名声，来布施恩惠于天下，而只靠自己是办不到的，除了此人就没有人可以举用了，所以提拔他来加以任用。于是美好的政治原则果然建立了，高贵的名声果然宣扬了，全面地统一了天下，设立了七十一个诸侯国，姓姬的就独占了五十三个，周室的子孙只要不是狂妄迷惑的人，没有不成为天下显贵的诸侯的，像这样，才真正是爱护人啊！所以遵循天下的治国大道，建立天下的伟大功业，然后偏袒自己所爱怜的人，使他们之中最差的也能成为天下的显贵诸侯。所以说："只有贤明的君主才能痛爱他所宠爱的，昏庸的君主必定会危害他所宠爱的。"说的就是这个道理。

墙之外，目不见也；里之前[1]，耳不闻也；而人主之守司，远者天下，近者境内，不可不略知也。天下之变，境内之事，有弛易齵差者矣[2]，而人主无由知之，则是拘胁蔽塞之端也。耳目之明，如是其狭也；人主之守司，如是其广也；其中不可以不知也，如是其危也。然则人主将何以知之？曰：便嬖左右者，人主之所以窥远收众之门户牖向也[3]，不可不早具也。故人主必将有便嬖左右足信者然后可，其知惠足使规物[4]、其端诚足使定物然后可，夫是之谓国具。人主不能不有游观安燕之时，则不得不有疾病物故之变焉[5]。如是，国者，事物之至也如泉原[6]，一物不应，乱之端也。故曰：人主不可以独也。卿相辅佐，人主之基杖也[7]，不可不早具也。故人主必将有卿相辅佐足任者然后可，其德音足以填抚百姓[8]、其知虑足以应待万变然后可，夫是之谓国具。四邻诸侯之相与，不可以不相接也，然而不必相亲也。故人主必将有足使喻志决疑于远方者然后可。其辩说足以解烦，其知虑足以决疑，其齐断足以距难，不还秩[9]，不反君，然而应薄扞患足以持社稷[10]，然后可，夫是之谓国具。故人主无便嬖左右足信者谓之暗，无卿相辅佐足任者谓之独，所使于四邻诸侯者非其人谓之孤，孤独而晻谓之危[11]。国虽若存，古之人曰亡矣。《诗》曰[12]："济济多士，文王以宁。"此之谓也。

【注释】

[1] 里：指居民区，周代以二十五家为一里。

[2] 驰易：懈怠。 齵差（yú cī）：参差不齐。

[3] 牖向：窗户。

[4] 知惠：通“智慧”。 规物：谋划事情。

[5] 物故：死亡。

[6] 原：通“源”。

[7] 基：当为“綦”字（俞樾说），指鞋带。

[8] 填：即“镇”字（卢文弨说）。

[9] 还：营。 秩：当为“私”字（王念孙说）。

[10] 薄：通“迫”。 扞：同“捍”，抵御。

[11] 晻：昏暗不明。

[12]《诗》：指《诗经·大雅·文王》。

【译文】

墙的外面，眼睛看不到；里门的前面，耳朵听不到；君主所管辖的范围，远至天下，近在一国，不能不大体了解一些情况。天下的变化，国内的事情，有些松懈纷乱了，但君主无从知道，这是受控制被蒙蔽的开始。耳朵眼睛的明辨力，是这样的狭小；君主的管辖范围，是如此的广大；其中的一些情况不能不知道，如果不知道就危险了。然而君主怎样知道呢？回答说：左右亲信和侍从，是君主窥探远方、监督众人的耳目，不能不及早具备。所以君主一定要有足以信赖的左右亲信和侍从然后才可以，他们的智慧足以谋划事情，他们的正直、真诚足以决定事情，然后才可以，这就叫做治国的工具。君主不能没有游玩享乐的时候，也难免有疾病、死亡的变故。这时，国家每天发生的事情就像源泉一样，一件事情没有处理，就是混乱的开始。所以说：君主不能单靠自己。卿相的辅佐，就像君主的鞋带和手杖一样，不能不及早具备。所以君主一定要有足以胜任的卿相辅佐然后才可以。他们的道德声望足以安抚百姓，他们的智谋足以应付各种变化然后才可以，这就叫做治国的工具。与四邻的诸侯国相处，不可能不互相交往，然而不一定互相亲近。所以君主必定要有足以来表明意旨、解决疑难于远方的人然后才可以。他们的辩说足以解除麻烦，他们的智谋足以解决疑难，他们的果断足以抗拒灾难，不推卸责任，也不返回君主身边请示，然而应付紧急情况、抵御祸患足以保卫国家，然后才可以，这就叫做治国的工具。所以君主没有值得信任的左右亲信、侍从叫做昏庸，没有值得任用的卿相辅佐就叫做孤独，出使四邻诸侯国的使者不是合适的人就叫做孤立，孤独而昏庸就叫做危险。国家虽然像是存在，古代的人说它已灭亡了。《诗经》中说："有这么多的贤能之士，文王才得以安宁。"说的就是这个道理。

材人：愿悫拘录[1]，计数纤啬而无敢遗丧[2]，是官人使吏之材也。修饬端正，尊法敬分而无倾侧之心，守职循业[3]，不敢损益，可传世也，而不可使侵夺，是士大夫官师之材也。知隆礼义之为尊君也，知好士之为美名也，知爱民之为安国也，知有常法之为一俗也，知尚贤使能之为长功也，知务本禁末之为多材也，知无与下争小利之为便于事也，知明制度、权物称用之为不泥也，是卿相辅佐之材也，未及君道也。能论官此三材者而无失其次，是谓人主之道也。若是，则身佚而国治，功大而名美，上可以王，下可以霸，是人主之要守也。人主不能论此三材者，不知道此道，安值将卑势出劳[4]，并耳目之乐[5]，而亲自贯日而治详，一内而曲辨之[6]，虑与臣下争小察而綦偏能，自古及今，未有如此而不乱者也。是所谓"视乎不可见，听乎不可闻，为乎不可成"，此之谓也。

【注释】

[1] 拘录：通"劬碌"，勤劳。

[2] 纤啬：精打细算。

[3] 循：当为"修"字（卢文弨说）。

[4] 值：同"直"。

[5] 并：通"屏"，摒弃。

[6] 内：当为"日"字（王先谦说）。

【译文】

任用人才的方法：诚实勤勉，计算得十分精细而不敢有遗漏，这是一般官吏的才能。修身养性、正直诚实，崇尚法制、敬重名分而没有不正当的想法，忠于职守、遵循法典，不敢增加或减少，使它可以传之后代，而不受侵夺，这是士大夫和百官的才能。知道崇尚礼义是为了尊重君主，知道喜好士人是为了名声美好，知道爱护人民是为了国家安定，知道有固定的法律是为了统一习俗，知道崇尚贤能、任用能人是为了增加功效，知道重视农业，限制工商业是为了增加财富，知道不与下级争夺小利是为了便于办大事，知道明确制度、衡量事物符合实用是为了不拘泥常规，这是卿相辅佐的才能，但比不上君主的治国之道。能够选择任用这三种人才而没有失去次序，这才是君主的治国大道。如果能这样，就会自身安逸而国家安定，功绩大而名声美，上可以称王，下可以称霸，这是君主的纲领。君主不能选择任用这三种人才，不知道这个原则，而只是降低身份辛勤劳苦，抛弃了声色娱乐，而亲自整天地处理大小事情，一天之内想把事情全部办完，总想与臣下在一些小事上争聪明而追求某一方面的才能，从古至今，没有这样做而不混乱的。这就是所说的“看那些不可能看见的，听那些不可能听到的，做那些不可能成功的”，说的就是这样。

【评析】

荀子一生，三为稷下学宫之祭酒，也曾奔走于齐、秦、赵、魏之间，向君主们宣讲自己的哲学思想和政治理想。作为儒者，他的际遇比孔子和另外一位儒家的代表人物孟子要好一些，但总的来说，仍是郁郁不得志。当诸侯们试图向这位端立于学术大殿上的儒者发问时，到底有多少虚心求教？又有多少敷衍戏谑的成分呢？而这些好奇和猜忌的目光最终往往会集中于这么一个问题：“请问为国？”此时，荀子凝神正颜道：“闻修身，未尝闻为国也。”君主是万民的仪表，是天下的标准。您那么急迫地问我如何治国，于其身也，却身不正，礼不尊，人才不重，何谈为国之道呢？

荀子因势利导，继续说：河水的清澈取决于水源的纯净，而不是河道的变更。先王的法律条令至今仍在，但曾经辉煌一时的大治之国早已经四分五裂，这难道不应归咎于历代的君主吗？所以，一个国家治乱的关键不但在于法律的严谨和各部门官吏的尽心尽职，更在于作为统治中心的君主理应担负起最重要的责任。

什么是君主最重要的责任呢？除了修身正己之外，荀子在此又提出了君者的必要条件：隆礼至法，选相取才。运用礼、法这些统治的工具，来建立上下有序，各守其位，各尽其用的稳定社会。因此，统治之道的核心就在于“能群”，团结一切可以团结的力量，把整个社会组织成一个紧密协作的集体，从而加强国家的中央集权，达到君民一体的理想境界。在荀子的政治蓝图中，君主承担着一个国家的宗教领袖、法律的制订者和维护者的责任，一言一行都必须严格遵守礼法的规定，并且宣扬着礼法的尊严。因此，后世儒者往往诟病于此，认为荀子的思想带有浓重的法家色彩。

事实上，在君主如何实行君道这一问题上，荀子也始终在现实和理想中苦苦思索，反复均衡。儒家至仁、大治的蓝图是他终生所追求的理想，但在烽烟四起、狡诈丛生的现实面前，君贤臣忠也只是一场一厢情愿的幻梦。梦醒了，便又是欺诈丛生，你死我活的相互屠戮。因此，在具体贯彻时，荀子也往往会出现两难的矛盾。一方面，他认为君主要亲贤人，远小人，竭力批驳“唯便嬖亲比己者之用”的做法，认为这是国家衰弱的发端；另一方面，为了避免君主为下臣所蒙蔽，他又肯定左右亲信的作用：“便嬖左右者，人主之所以窥远收众之门户牖向也，不可不早具也。”其初衷是为了加强君主权力的集中，而事实上却也埋下了君臣猜忌，小人弄权的种子。

从根本上来说，荀子的思想始终给人一种带着镣铐跳舞的感觉。这一镣铐就是君主集权。虽然他对君主提出了种种的要求，例如修身、隆礼、选相、重贤等等，但这所有的一切最终仍是为君主服务的。相对于孟子的民本思想，荀子眼中的君主几乎是不可动摇、不可替代的国家核心。作为天下黎民的本原，他的爱民、利民最终目的是“求民之亲爱己”，“求其为己用，为己死”，以保得自己的国家兵劲城固。可见，在温情脉脉的面纱之下，荀子所维护的仍是君尊臣卑的森严等级。从这一点来看，其对于法律的推崇也以此为前提。“法者，治之端也；君子者，法之原也”，在法治和人治的根本区别上，荀子还是选择了后者；而在民本和君本之间，更是毫无犹疑地选择了后者。虽然在后世正统的官方儒学之中，荀子并未列名，但他的思想却为后世统治者汲取，维护着君权至上的千年体统。

臣道

【题解】

本文主要论述了为臣之道。荀子将臣子分为四种类型："有态臣者，有篡臣者，有功臣者，有圣臣者"，并对他们的行为特征进行了分析。荀子总结了社稷之臣的四种行为："谏、争、辅、拂"，指出臣子要根据不同类型的国君采取不同的行为方式，并强调为臣者要具有顺从、忠诚、恭敬的品德。

人臣之论[1]：有态臣者，有篡臣者，有功臣者，有圣臣者。内不足使一民，外不足使距难，百姓不亲，诸侯不信，然而巧敏佞说，善取宠乎上，是态臣者也。上不忠乎君，下善取誉乎民，不恤公道通义，朋党比周，以环主图私为务[2]，是篡臣者也。内足使以一民，外足使以距难[3]，民亲之，士信之，上忠乎君，下爱百姓而不倦，是功臣者也。上则能尊君，下则能爱民；政令教化，刑下如影[4]；应卒遇变[5]，齐给如响[6]；推类接誉[7]，以待无方，曲成制象，是圣臣者也。故用圣臣者王，用功臣者强，用篡臣者危，用态臣者亡。态臣用则必死，篡臣用则必危，功臣用则必荣，圣臣用则必尊。故齐之苏秦[8]、楚之州侯[9]、秦之张仪[11]，可谓态臣者也。韩之张去疾[12]、赵之奉阳[13]、齐之孟尝，可谓篡臣也。齐之管仲、晋之咎犯[14]、楚之孙叔敖，可谓功臣矣。殷之伊尹、周之太公，可谓圣臣矣。是人臣之论也，吉凶贤不肖之极也，必谨志之而慎自为择取焉，足以稽矣。

【注释】

[1] 论：通"伦"，类别。

[2] 环：通"营"，迷惑。

[3] 距：通"拒"。

[4] 刑：效法。

[5] 卒：通"猝"，突然。

［6］齐给：迅速。

［7］誉：通“与”，同类。

［8］苏秦：战国时洛阳人，主张合纵抗秦，佩六国相印。合纵失败后至齐，与齐大夫争宠，被刺杀。

［9］州侯：楚襄王的佞臣。

［11］张仪：战国时魏国人，曾任秦相，主张连横，破苏秦的六国合纵。

［12］张去疾：战国时韩国之相，生平不详。

［13］奉阳：即奉阳君，战国时赵肃侯的弟弟，曾任赵相。

［14］咎犯：春秋时晋国人，名狐偃，字子犯，晋文公重耳的舅父，曾随重耳出亡十九年。咎，通“舅”。

【译文】

臣子的类别：有阿谀奉承的臣子，有篡权的臣子，有功绩显赫的臣子，有圣明的臣子。对内不能用他来统一人民，对外不能用他去抵御灾难，百姓不亲近，诸侯不信任，然而灵巧敏捷，花言巧语，善于取得君主的宠爱，这是阿谀奉承的臣子。对上不忠于君主，对下善于在人民中骗取声誉，不顾及道义、公理，拉帮结派，专干迷惑君主谋取私利的事，这是篡权的臣子。对内足以用他统一人民，对外足以用他来抵御灾难，人民亲近，士人信任，对上忠于君主，对下爱护百姓而从不懈怠，这是功绩显赫的臣子。对上能尊重君主，对下能爱护百姓；推行政令教化，人民如影随形般地来效法他；应付突然事件和变故，他如回声般地敏捷迅速；推论类似的事物来对待同类，来应付变化无常的情况，处处都符合规章制度，这是圣明的臣子。所以任用圣明的臣子就能称王，任用功名显赫的臣子就能强大，任用篡权的臣子就会危险，任用阿谀奉承的臣子就会灭亡。阿谀奉承的臣子得到任用那君主一定会丧命，篡夺君权的臣子得到任用，那君主就一定会危险，功绩显赫的臣子得到任用那君主一定会荣耀，圣明的臣子得到任用那君主一定会尊贵。所以齐国的苏秦、楚国的州侯、秦国的张仪，可以称为阿谀奉承的臣子。韩国的张去疾、赵国的奉阳、齐国的孟尝君，可以称作篡权的臣子。齐国的管仲、晋国的舅犯、楚国的孙叔敖，可以称作功绩显赫的臣子。商朝的伊尹、周朝的太公，可以称作圣明的臣子。这是臣子的类别，是吉凶、贤能与不贤能的标准，君主一定要小心地记住它而慎重地亲自来选用大臣，这足以作为君主的参考了。

从命而利君谓之顺，从命而不利君谓之谄；逆命而利君谓之忠，逆命而不利君谓之篡；不恤君之荣辱，不恤国之臧否，偷合苟容，以持禄养交而已耳，谓之国贼。君有过谋过事，将危国家、陨社稷之惧也，大臣、父兄有能进言于君，用则可，不用则去，谓之谏；有能进言于君，用则可，不用则死，谓之争[1]；有能比知同力，率群臣百吏而相与强君挢君[2]，君虽不安，不能不听，遂以解国之大患，除国之大害，成于尊君安国，谓之辅；有能抗君之命，窃君之重，反君之事，以安国之危，除君之辱，功伐足以成国之大利[3]，谓之拂[4]。故谏、争、辅、拂之人，社稷之臣也，国君之宝也，明君所尊厚也，而暗主惑君以为己贼也。故明君之所赏，暗君之所罚也；暗君之所赏，明君之所杀也。伊尹、箕子可谓谏矣，比干、子胥可谓争矣[5]，平原君之于赵可谓辅矣[6]，信陵君之于魏可谓拂矣[7]。传曰："从道不从君。"此之谓也。故正义之臣设，则朝廷不颇；谏、争、辅、拂之人信，则君过不远；爪牙之士施，则仇雠不作；边境之臣处，则疆垂不丧[8]。故明主好同而暗主好独，明主尚贤使能而飨其盛[9]，暗主妒贤畏能而灭其功。罚其忠，赏其贼，夫是之谓至暗，桀、纣所以灭也。

【注释】

[1] 争：通"诤"，直谏。

[2] 挢（jiǎo）：通"娇"，纠正。

[3] 功伐：功劳。

[4] 拂（bì）：通"弼"，矫正。

[5] 子胥：姓伍，名员，字子胥，春秋时楚国人，受楚王迫害逃到吴国，为吴大夫。后苦谏吴王夫差，反对越国求和，被逼自杀。

[6] 平原君：即赵胜，赵惠文王之弟，三任赵相，曾联合楚、魏抗秦救赵。

[7] 信陵君：即魏无忌，战国时魏安釐王的弟弟。秦攻赵时，曾窃取兵符亲率军队破秦存赵。

[8] 垂：通"陲"，边疆。

[9] 飨（xiǎng）：享受。　盛：通"成"。

【译文】

听从君主的命令而有利于君主叫做顺从，听从君主的命令而不利于君主叫做谄媚；违背君主的命令而有利于君主叫做忠诚，违背君主的命令而不利于君主叫做篡夺；不顾君主的荣辱，不顾国家的好坏，只是一意苟合君主来保住自身，取得俸禄，豢养党羽，这就叫做国家的贼害。君主有了错误的谋划、错误的事情，将有危害国家、毁灭国家的危险时，大臣、父子、兄弟中有人向君主进言，被采纳就好，不被采纳就离去，这叫做劝谏；有人向君主进言，被采纳就好，不被采纳就殉身，就叫做死诤；有人能够联合有智慧的人齐心协力，率领群臣百官共同来强迫君主、纠正君主，君主虽然感到不服，但不能不听，于是解除了国家的大祸患，消除了国家的大灾难，使君主尊贵、国家安全，这叫做辅佐；有人能违抗君主的命令，窃取君主的大权，反对君主的行事，使国家转危为安，消除了君主的耻辱，功劳足以给国家带来很大的好处，这叫做矫正。所以劝谏、死诤、辅佐、矫正的人，是国家的功臣，是国君的宝贝，是贤明的君主所尊敬、厚爱的，但昏庸糊涂的君主却认为他们是自己的敌人。所以贤明的君主所奖赏的，是昏庸的君主所惩罚的；昏庸的君主所奖赏的，是贤明的君主所杀戮的。伊尹、箕子可称为劝谏了，比干、子胥可称为死诤了，平原君对于赵国可称为辅佐了，信陵君对于魏国可称为矫正了。古书上说："遵从大道而不顺从君主。"说的就是这个。所以正义的臣子被任用，朝廷就不会偏颇；劝谏、死诤、辅佐、矫正的人被信任，君主的过错就不会延长很长时间；勇猛的武士被任用，仇敌就不敢入侵；保卫边境的大臣忠于职守，边境就不会丧失。所以贤明的君主喜好与贤能共谋大业而昏庸的君主爱好独断专行，贤明的君主崇尚贤能任用能人而享受他们的成果，而昏庸的君主妒忌贤能畏惧能人而抹杀他们的功劳。惩罚忠臣，奖赏奸贼，这就叫做极其昏庸，这是桀、纣灭亡的原因。

事圣君者，有听从，无谏争；事中君者，有谏争，无谄谀；事暴君者，有补削[1]，无挢拂。迫胁于乱时，穷居于暴国，而无所避之，则崇其美，扬其善，违其恶[2]，隐其败，言其所长，不称其所短，以为成俗。《诗》曰[3]："国有大命，不可以告人，妨其躬身。"此之谓也。

【注释】

[1] 削：古代竹简上写错字用刀刮去，叫"削"。

[2]违：通“讳”，回避。

[3]《诗》：引诗是逸诗，不见今本《诗经》。

【译文】

侍奉圣明的君主，只有听从，不用劝谏、力诤；侍奉一般君主，只有劝谏力诤，没有阿谀奉承；侍奉暴虐的君主，只有弥补，除去过失，不用强行矫正。被胁迫生活于混乱的时代，不得已居住在残暴君主统治的国家，而没有地方逃避，那么就推崇他的美德，宣扬他的善行，回避他的恶行，隐瞒他的失败，称道他的长处，不称道他的短处，把这些作为既成的风俗习惯。《诗经》中说：“国家有重大变动，不能告诉别人，以免妨害自己。”说的就是这个。

恭敬而逊，听从而敏，不敢有以私决择也，不敢有以私取与也，以顺上为志，是事圣君之义也。忠信而不谀，谏争而不谄，挢然刚折，端志而无倾侧之心，是案曰是[1]，非案曰非，是事中君之义也。调而不流，柔而不屈，宽容而不乱，晓然以至道而无不调和也[2]，而能化易，时关内之[3]，是事暴君之义也。若驭朴马，若养赤子，若食餧人[4]，故因其惧也而改其过，因其忧也而辨其故[5]，因其喜也而入其道，因其怒也而除其怨，曲得所谓焉。《书》曰[6]：“从命而不拂[7]，微谏而不倦，为上则明，为下则逊。”此之谓也。

【注释】

[1]案：就。

[2]然：当为衍文（王念孙说）。

[3]关：入。 内：通“纳”。

[4]餧：通“馁”，饥饿。

[5]辨：通“变”。

[6]《书》：引文不见今本《尚书》，是佚文。

[7]拂：违背。

【译文】

恭敬而谦逊，听从而敏捷地行事，不敢以私意去决择，不敢以私意去取舍，以顺从君主作为志向，这是侍奉圣明的君主的原则。忠诚守信而不奉承，劝谏、力诤而不谄媚，刚强果断挫败君主的错行，思想端正而没有陷害别人的想法，是就说是，不是就说不是，这是侍奉一般君主的原则。调和而不随波逐流，柔顺而不屈从，宽容而不昏乱，让国君通晓治国大道而没有不协调和顺的，使国君被感化向善，时时开导让国君接纳正确的见意，这是侍奉暴虐的君主的原则。就像驾驭从未训练过的马，就像抚养初生的婴儿，就像给饥饿的人吃东西，所以乘他恐惧的时候来改正他的过错，乘他忧虑的时候来改变他过去的行为，乘他高兴的时候来使他走上正道，乘他发怒的时候来消除他的怨恨，曲折地达到目的。《尚书》中说："顺从命令而不违背，小心劝谏而不懈怠，做君主要明智，做臣下要谦逊。"说的就是这个。

事人而不顺者，不疾者也；疾而不顺者，不敬者也；敬而不顺者，不忠者也；忠而不顺者，无功者也；有功而不顺者，无德者也。故无德之为道也，伤疾、堕功[1]、灭苦，故君子不为也。

【注释】

[1]堕（huī）：同"隳"，毁坏。

【译文】

侍奉君主而不合君主心意，是不积极；积极而不顺从，是不尊敬；尊敬而不顺从，是不忠诚；忠诚而不顺从，是没有功劳；有功劳而不顺从，是没有道德。所以没有道德这种品行，就会伤害积极，毁坏功劳，湮没劳苦，所以君子不做这种事。

有大忠者，有次忠者，有下忠者，有国贼者。以德复君而化之[1]，大忠也；以德调君而补之[2]，次忠也；以是谏非而怒之，下忠也；不恤君之荣辱，不恤国之臧否，偷合苟容，以之持禄养交而已耳，国贼也。若周公之于成王也，可谓大忠矣；若管仲之于桓公，可谓次忠矣；若子胥之于夫差[3]，可谓下忠矣；若曹触龙之于纣者[4]，可谓国贼矣。

【注释】

[1]复：通"覆"，覆盖。

［2］补：当为“辅”字（郝懿行说）。

［3］夫差：春秋末年吴国国君，后为越王勾践所灭。

［4］曹触龙：商纣王的大臣，生平不详。

【译文】

有上等的忠臣，有次等的忠臣，有下等的忠臣，有国家的奸贼。用道德覆育君主而感化他，这是大忠；用道德来调养君主而辅佐他，这是次忠；用正确劝谏君主的错误而激怒他，这是下等忠臣；不顾君主的荣辱，不顾国家的好坏，苟合君主，保住自身，只是以此来取得俸禄，豢养党羽，这是国家的奸贼。像周公对于成王，可以说大忠了；像管仲对于桓公，可以说是次忠了；像子胥对于夫差，可以说是下等忠臣了；像曹触龙对于商纣，可以说是国家的奸贼了。

仁者必敬人。凡人非贤则案不肖也。人贤而不敬，则是禽兽也；人不肖而不敬，则是狎虎也[1]。禽兽则乱，狎虎则危，灾及其身矣。《诗》曰[2]：“不敢暴虎[3]，不敢冯河[4]。人知其一，莫知其它。战战兢兢，如临深渊，如履薄冰。”此之谓也。故仁者必敬人。敬人有道：贤者则贵而敬之，不肖者则畏而敬之；贤者则亲而敬之，不肖者则疏而敬之。其敬一也，其情二也。若夫忠信端悫而不害伤，则无接而不然，是仁人之质也。忠信以为质，端悫以为统，礼义以为文，伦类以为理，喘而言，臑而动[5]，而一可以为法则。《诗》曰[6]：“不僭不贼[7]，鲜不为则。”此之谓也。

【注释】

［1］狎（xiá）：戏弄。

［2］《诗》：指《诗经·小雅·小旻》。

［3］暴：空手搏斗。

［4］冯（píng）：同“凭”，徒步涉水。

［5］臑：当为“蠕”字（王先谦说）。

［6］《诗》：指《诗经·大雅·抑》。

［7］僭：过错。

【译文】

仁人一定尊敬别人。大凡一个人不是贤人就是没有德才的人。对于贤人而不去尊敬他，那是禽兽；对于不贤的人而不尊敬，那是戏弄老虎。人如禽兽就会作乱，戏弄老虎就会危险，灾难就会殃及他自身。《诗经》中说："不敢赤手空拳打老虎，不敢光着脚过河。人们只知道其中的危险，不知道其他害处。小心谨慎啊，要好像面对深渊，好像脚踩薄冰。"说的就是这个道理。所以仁人一定尊敬别人。尊敬别人有一定的原则：对贤人就用崇敬的心情来尊敬他，对不贤的人就用畏惧的心情来尊敬他；对贤人就用亲近的方式尊敬他，对不贤的人就用疏远的方式尊敬他。尊敬是一样的，实质是不一样的。至于忠诚守信、端正厚道而不伤害别人，对待什么样的人都一样，这是仁人的本质。以忠诚守信为本质，以端正厚道为准则，以礼义为规范，以伦理法度为原则，他细微的一言一行，都可以成为别人学习的榜样。《诗经》中说："不犯过错，不伤害别人，很少不成为人们效法的榜样。"说的就是这个道理。

恭敬，礼也；调和，乐也；谨慎，利也；斗怒，害也。故君子安礼乐利，谨慎而无斗怒，是以百举不过也。小人反是。

【译文】

谦恭尊敬，是礼的表现；协调和谐，是乐的表现；谨慎小心，就会有利；争斗愤怒，就会有害。所以君子安于礼义、音乐、利益，谨慎小心而没有争斗愤怒，所以一切行动都没有过错。小人就与此相反。

通忠之顺，权险之平[1]，祸乱之从声，三者非明主莫之能知也。争然后善，戾然后功[2]，出死无私，致忠而公，夫是之谓通忠之顺，信陵君似之矣。夺然后义，杀然后仁，上下易位然后贞[3]，功参天地，泽被生民，夫是之谓权险之平，汤、武是也。过而通情，和而无经，不恤是非，不论曲直，偷合苟容，迷乱狂生，夫是之谓祸乱之从声，飞廉、恶来是也。传曰："斩而齐，枉而顺，不同而一。"《诗》曰[4]："受小球大球[5]，为下国缀旒[6]。"此之谓也。

【注释】

[1]权：变。

[2]戾（lì）：违背。

[3]贞：正。

[4]《诗》：指《诗经·商颂·长发》。

[5]球：通“捄”，法度。

[6]缀旒（liú）：表率。缀，表记。旒，旌旗下的垂饰物。

【译文】

推行忠诚而达到顺畅，改变危险而达到安定，祸乱必伴随迎合，随声附和，这三种情况不是贤明的君主不能知道。同君主力诤然后才能向善，违背君主然后才能建功，出生入死而没有私心，极其忠诚公正，这就叫做推行忠诚而达到顺畅，信陵君类似这种人。夺取政权然后才能实行道义，杀掉君主然后才能实行仁德，君、臣交换地位然后达到正道，功业与天地匹配，恩泽遍及百姓，这就叫做改变危险而达到安定，商汤、周武王就是这样。君主有过错还同情他，附和他而没有原则，不顾是非，不管曲直，只是一味苟合君主来保住自身，迷惑昏乱又狂妄无知，这就叫做祸乱必伴随迎合，随声附和，飞廉、恶来就是这样的人。古书上说：“有了不齐才有齐，有了不直才有直，有了不同才有相同。”《诗经》中说：“接受了大法与小法，作诸侯国的表率。”说的就是这个。

【评析】

“从道不从君”，是春秋战国时期的士人喊出的最为响亮的口号之一。各国君主为了互相争霸，都尽力争取名望过人的士人，借以增强自身的政治号召力，士人的社会地位自然也由此得到提高，士阶层对自我的肯定和其独立于政治权力之外的自信也是此后的任何朝代所没有的。即使是入世从政，为人臣者，也希求在依附王权和道德独立之间获得尽可能的平衡。此篇与《君道》篇相对，尽述为臣之道，缓缓叙来，颇似夫子自道。

荀子首先按两个标准，即是否听从君主的命令、言行举止是否对君主有利，将为人臣者分为四类：顺、谄、忠、篡。篡之极端名为“国贼”，忠之极端名为“谏、诤、辅、拂”。所谓“谏、诤、辅、拂”，皆是“从道不从君”的典型。而细察这两个评判标准，其中曲直又颇值得玩味。一个理想化的大臣，自然是既有利于国家又能合乎君主的心意，但这样的人在现实中却很难找到，君臣际遇若能够如此融洽而又有益于国家，也许又可以应和那句“金风玉露一相逢，便胜却人间无数”（《鹊桥仙》）了。但更多的情况，臣子常常是只有利于国家但不合乎君主的胃口，或者时时迎合君主的心意而不利于国家。前者虽然往往在历史上受到后人颂扬，但在其有生之年也许并不得志，实现抱负的天地也颇为有限，甚至时时面临杀身之祸。而时常能随顺君主心意的臣子却是颇为得意的，至少在表面上如此。因为他们的所有理想就是服侍好自己的主人，为君主的私欲时刻准备。所以，在一般状态下，能更迅速地实现自己的心理期望，获得赏识而身处高位。

这样的分类看似清晰可辨，事实上却非常容易出现问题。首先，在生活中我们也往往受到各种各样的约束，而由此对于同一件事的是非曲直也会各有论断。仁者见仁，智者见智，处于不同位置的人，看法也往往不一样。从命与否是显见的，而是否利君却未可知，而由此臣子的谏诤进言的价值也就有待反复思量了。其次，所谓“利君”的外延也是宽泛的，在君主的私利和公利之间，短期利益与长远利益之间如何辨别，何去何从？这是为臣者的抉择，也是为君者体察每个臣子特点优劣，“慎自为择取”的关键。

处于当时的严酷现实之中，荀子和大部分士人的心灵是惨怛而无奈的。“迫胁于乱时，穷居于暴国，而无所避之”，是其现实的真实写照。每个士人身处其中，他们对此的态度也带有强烈的个人色彩。激进刚烈如孟子，则曰“天下有道，以道殉身；天下无道，以身殉道。”（《孟子·尽心上》）而避让韬晦如荀子，则曰：“崇其美，扬其善，违其恶，隐其败，言其所长，不称其所短，以为成俗。”即实行渐变的改革辅正，主张恭敬、调和、谨慎地侍奉君主，而非暴力革命。也正是在荀子这里，臣的地位开始降低，在价值理想与现实存在的矛盾中，荀子不得不放弃某些理想，以适应社会现实，开始了价值理想工具化的历程。而后世的一些儒者也就此继续沿着荀子的思路前进下去了。

致士

【题解】

本文主要阐述了荀子招贤纳士的思想。荀子首先强调了君子对于国家的重大作用，"土之与人也，道之与法也者，国家之本作也。君子也者，道法之总要也，不可少顷旷也。"其次强调，君主一定要真诚地任用贤人，"人主之患，不在乎不言用贤，而在乎诚必（不）用贤"。

衡听[1]、显幽、重明、退奸、进良之术：朋党比周之誉，君子不听；残贼加累之谮[2]，君子不用；隐忌雍蔽之人[3]，君子不近；货财禽犊之请，君子不许。凡流言、流说、流事、流谋、流誉、流愬[4]，不官而衡至者，君子慎之。闻听而明誉之，定其当而当，然后士其刑赏而还与之[5]，如是则奸言、奸说、奸事、奸谋、奸誉、奸愬莫之试也，忠言、忠说、忠事、忠谋、忠誉、忠愬莫不明通，方起以尚尽矣[6]。夫是之谓衡听、显幽、重明、退奸、进良之术。

【注释】

[1]衡：通"横"，广。

[2]谮（zèn）：诬陷。

[3]隐：通"意"。 雍：通"壅"，堵塞。

[4]愬（sù）：通"诉"，诉说。

[5]士：当为"出"字（王引之说）。 还：通"旋"，立即。

[6]尚：通"上"。 尽：通"进"，呈献。

【译文】

广泛地听取意见、发现隐居的贤士、显扬贤明的人、斥退奸邪的人、进用贤良的人的方法：对结党营私之人的称誉，君子不听从；对残害、加罪于别人的诬陷之词，君子不采用；对妒忌、埋没贤能的人，君子不亲近；对用钱财、礼物进行贿赂的请求，君子不答应。凡是那些没有根据的言论、说法、事情、计谋、称誉、诉说，不是经过正当途径而来的，君子要小心对待。对于所听到的要仔细分辨，确定它们是正当的或是不正当的，然后给予处罚或奖赏，并立即实施，像这样，那么那些奸邪的言论、奸邪的说法、奸邪的事情、奸邪的称誉、奸邪的诉说就没有敢来试探的了，忠诚的言论、忠诚的说法、忠诚的事情、忠诚的计谋、忠诚的称誉、忠诚的诉说就没有不明达畅通的了，一起呈献给君主。这就是广泛地听取意见、发现隐居的贤士、显扬贤明的人、斥退奸邪的人、进用贤良的人的方法。

川渊深而鱼鳖归之，山林茂而禽兽归之，刑政平而百姓归之，礼义备而君子归之。故礼及身而行修，义及国而政明，能以礼挟而贵名白[1]，天下愿，令行禁止，王者之事毕矣。《诗》曰[2]：“惠此中国，以绥四方[3]。”此之谓也。川渊者，龙鱼之居也；山林者，鸟兽之居也；国家者，士民之居也。川渊枯则龙鱼去之，山林险则鸟兽去之[4]，国家失政则士民去之。无土则人不安居，无人则土不守，无道法则人不至，无君子则道不举。故土之与人也，道之与法也者，国家之本作也[5]。君子也者，道法之总要也，不可少顷旷也[6]。得之则治，失之则乱；得之则安，失之则危；得之则存，失之则亡。故有良法而乱者有之矣，有君子而乱者，自古及今，未尝闻也。传曰：“治生乎君子，乱生于小人。”此之谓也。

【注释】

[1]挟：通“浃”，周遍。

[2]《诗》：指《诗经·大雅·民劳》。

[3]绥：安抚。

[4]险：通“俭”，草木稀疏。

[5]本作：本源。

[6]旷：缺少。

【译文】

江河里的水深了那么鱼鳖就会聚集过来，山林茂盛了那么禽兽就会聚集过来，刑罚政令公平了那么百姓就会聚集过来，礼义完备了那么君子就会聚集过来。所以礼实施到自身，行为就美好；道义贯彻到国家，政治就清明；

能把礼普遍地推行到各个方面，那么名声就显扬，天下人会仰慕，有令必然实行，有禁必然制止，那么王者的大业就完成了。《诗经》中说："恩惠布施到国都中，来安抚四方民众。"说的就是这个意思。江河，是龙、鱼的居所；山林，是鸟、兽的居所；国家，是士子、人民的居所。江河干枯了那么龙鱼就离去，山林草木稀疏了那么鸟兽就离去，国家政治混乱了那么士子和人民就离去。没有土地那么人民就不能安居，没有人民那么土地就不能被守护，没有原则和法制那么人民就不会归附，没有君子那么大道就不能实行。所以土地和人民，原则和法制，是国家的根本。君子，是治国原则和法制的总管，片刻也不能缺少。得到他国家就会得到治理，失去他国家就会混乱；得到他国家就会安定，失去他国家就会危险；得到他国家就会存在，失去他国家就会灭亡，所以有好的法制而国家混乱的情况是有的，有君子而国家混乱的，从古到今，从没有听说过。古书上说："治理产生于君子，混乱产生于小人。"说的就是这种情况。

得众动天，美意延年。诚信如神，夸诞逐魂[1]。

【注释】

[1]案：此四句与全文风格颇不相符，疑为它篇之误脱（郝懿行说）。

【译文】

得到民众就会感动上天，精神愉悦就会益寿延年。诚实守信就有如神助，虚夸荒诞就会丧失精魂。

人主之患，不在乎不言用贤，而在乎诚必用贤[1]。夫言用贤者口也，却贤者行也[2]，口行相反而欲贤者之至、不肖者之退也，不亦难乎！夫耀蝉者务在明其火[3]、振其树而已[4]，火不明，虽振其树，无益也。今人主有能明其德，则天下归之，若蝉之归明火也。

【注释】

[1]"诚"前当脱一"不"字（王念孙说）。

[2]却：拒绝。

[3]耀：照。

［4］振：摇。

【译文】

君主的祸患，不在于不谈论任用贤人，而在于不真正地任用贤人。谈论任用贤人是口头上的，拒绝贤人是行动上的，口头上与行动上相反而想要贤人到来、不贤的人退去，不是很难吗？用灯光照蝉的人做到灯火明亮、摇动树枝就行了，灯火不明亮，即使摇动树枝，也没有用处。现在君主如果能够显扬他的美德，那么天下人就会归服，就像蝉飞向明亮的灯光一样。

临事接民而以义，变应宽裕而多容，恭敬以先之，政之始也；然后中和察断以辅之，政之隆也[1]；然后进退诛赏之，政之终也。故一年与之始，三年与之终。用其终为始，则政令不行而上下怨疾，乱所以自作也。《书》曰[2]："义刑义杀[3]，勿庸以即[4]，女惟曰'未有顺事'。"言先教也。

【注释】

［1］隆：中。

［2］《书》：指《尚书·康诰》，但与今本《尚书》不尽相同。

［3］义：正当。

［4］庸：用。

【译文】

处理事情、对待人民要用礼义，应付事件要灵活多变而广泛听取意见，用恭敬的态度来引导人民，这是政治的开始；然后用中正和顺、明察决断来辅助他们，这是政治的中间环节；然后进用、斥退、诛罚、奖赏他们，这是政治的终点。所以第一年开始，第三年结束。如果把结束作为开始，那么政令就行不通而上下怨恨，这是混乱产生的原因。《尚书》中说："即使是正当的刑罚、合理的杀戮，也不用立即执行，你只能说'我还没有理顺政事。'"这就是说应先进行教化。

程者[1]，物之准也；礼者，节之准也[2]。程以立数，礼以定伦，德以叙位[3]，能以授官。凡节奏欲陵[4]，而生民欲宽，节奏陵而文，生民宽而安。上文下安，功名之极也，不可以加矣。

【注释】

[1]程：度量衡的总称。

[2]节：等级制度。

[3]叙：通“序”。

[4]陵：严格。

【译文】

度量衡，是测量物体的标准；礼，是等级的标准。度量衡是用来确立数量的，礼是用来确定等级名分的，道德是用来决定安排地位的，才能是用来决定授予官职的。凡是礼法制度要严格，而养育人民要宽容，礼法制度严格就会文明，养育人民宽容就会安定；上面文明，下面安定，这是功名的最高境界，不能再增加了。

君者，国之隆也；父者，家之隆也。隆一而治，二而乱。自古及今，未有二隆争重而能长久者。

【译文】

君主，是国家的至尊；父亲，是家庭的至尊。至尊只有一个就安定，有两个就会混乱。从古至今，没有两个至尊争夺权力而能长久存在的。

师术有四，而博习不与焉：尊严而惮[1]，可以为师；耆艾而信[2]，可以为师；诵说而不陵不犯[3]，可以为师；知微而论，可以为师。故师术有四，而博习不与焉。水深而回，树落则粪本，弟子通利则思师。《诗》曰[4]：“无言不雠[5]，无德不报。”此之谓也。

【注释】

[1]惮：使人畏惧。

[2]耆(qí)艾：五十岁称“艾”，六十岁称“耆”。

[3]陵：超越。 犯：违背。

[4]《诗》：指《诗经·大雅·抑》。

[5]雠：应答。

【译文】

成为老师的方法有四个，但知识广博不包括在里面：有尊严而使人畏惧，可以作为老师；年老而有威信，可以作为老师；诵经解说而不违反它，可以作为老师；知道精微的道理而能论说，可以作为老师。所以成为老师的方法有四个，但知识广博不包括在里面。水深了就有漩涡，树叶落了就会成为树根的肥料，弟子显达了就会感念老师。《诗经》中说："说话总会有应答，没有恩德不回报。"说的就是这个道理。

赏不欲僭[1]，刑不欲滥，赏僭则利及小人，刑滥则害及君子。若不幸而过，宁僭无滥；与其害善，不若利淫。

【注释】

[1]僭（jiàn）：过分。

【译文】

奖赏不要过分，刑罚不要滥用，奖赏过分就会让小人受利，刑罚滥用就会危害君子。如果不幸而有过错，那就宁可过分奖赏也不要滥用刑罚；与其伤害好人，不如让小人受利。

【评析】

诸侯并起，逐鹿中原，各国之间竞争的不仅仅在于国力、兵力上的比拼，更在于对优秀人才的争夺。"得之则治，失之则乱；得之则安，失之则危；得之则存，失之则亡"，招来能人才士的数量多寡，牵系着国家的安危存亡。所以，小至大夫卿相，大至各国君主，都竭尽其能地招纳门客，为己所用。荀子在齐之稷下"三为祭酒"，结交各国往来之宾；又游历诸国，游说君主，于此感触颇深。"君子也者，道法之总要也"，便是其对于士人作用的经典论述。

所谓道法，乃是一个社会正义和公平的准绳，而在另一意义上来说又是一个国家民众的集体信仰。道法的坚守能否保持，归根到底在于这个国家是否存在这样的君子。"为政以德，譬如北辰，居其所而众星共之"（《论语·为政》），君子们便是围绕"北辰"的群星，辅佐君主，区分是非黑白，维护国家的"道法"所在。不过，君子所坚守的何止于单纯的礼法？在人心流散的乱世之中，芸芸众生皆以利益为尚，随波逐流。唯有君子了解先贤的美德，通悉古今兴衰之关键，在“众人皆醉”之际，坚守心中的道德和理想；也唯有君子，能直面人间的生灵涂炭，不懈地思索于终极，远瞻于未来，守护着国家的命运。也正因此，在荀子看来，寻求国士比建设制度更能对国家的存亡起决定作用，“有君子而乱者，自古及今，未尝闻也”。

然而，“招贤纳士”虽然成为一句响亮的口号，但打开尘封已久的历史卷册，到底又有多少君主将这句口号落于实处？且不论后世秦之坑儒，扑灭多少智慧之光，更不论明之廷杖令天下士人斯文扫地，清之文字狱使华夏万马齐喑。其实在令后人景仰不已的百家争鸣时代，这已经多半不过是可闻而不可见的梦想了。回归现实，更多的是惨烈持久的战争吞并，尔虞我诈。有治国抱负的人四处碰壁，郁郁不得志，而鸡鸣狗盗之辈却被尊为上宾。面对这些热闹与虚华，荀子洞悉深刻，“夫言用贤者口也，却贤者行也，口行相反而欲贤者之至、不肖者之退也，不亦难乎！夫耀蝉者务在明其火，振其树而已，火不明，虽振其树，无益也”。君主们言行不一，打着招募贤人的旗号，却专注于私利，礼义不备，刑政不平，亲佞人而远君子，如此又怎能期待天下归心呢？荀子的诘问正点中了诸侯的软肋，而其这一深刻的论断也未尝不是对于自己终生不得志原因的总结。

君子士人既为国家道法之根本，其人亦与礼法合而为一，成为万民师法的对象。因此，在荀子看来，君子本身也承担了引导、教化民众的职责。正是出于教化这一点，荀子以“尊严而惮”、“耆艾而信”、“诵说而不陵、不犯”、“知微而论”作为为人师的四大必要条件。为人师者，既然承担了教化之责，便不仅仅是知识的灌输者，而是化育万民，树立信仰，对社会风气有导引之责。因此，为师者于己，则须时时自我审视，思考生活中的精微道理，求得学识的精进；于人，则悉心教导，向求教之人讲解古代的经典，务求合乎真理道义，导人向善。

对于荀子不以博学为师，有人认为，乃是荀子重“道”而轻“术”的表现。不过从另一个角度来看，知识的掌握固然重要，却始终不能穷尽。因此，树立正确严谨的治学之风，培养时时思考的良好习惯也许比所谓“博学”更为重要，而这些却往往在教与学的过程中被忽视了。尤其是今天这个功利而浮躁的社会中，荀子的这番话，恰如当头棒喝，能使我们重新去思考一些渐渐被淡忘却非常重要的东西。

议 兵

【题解】

本文荀子通过与临武君、陈嚣、李斯的三段对话，详细阐述了他的军事思想。荀子认为“仁人之兵，王者之志”不在于权谋势利与巧夺变诈，而在于如何统一人心，亲附人民，“凡用兵攻战之本在乎壹民”，“兵要在乎善附民而已”。而用兵的目的并不是为了争夺，而是“禁暴除害”。荀子将用兵上升到政治的高度，强调仁义与礼义在统一和治理天下中的重要作用。“仁义者，所以修政者也，政修则民亲其上，乐其君。”“礼者，治辨之极也，强国之本也，威行之道也，功名之总也。”荀子认为王者之兵起关键作用的是君王，将帅是次要的，“凡在大王，将率末事也”，因此君王要隆礼、贵义、效功、好士、爱民。此外，荀子还对军队将帅职责以及军队制度等问题进行了具体论述。最后荀子强调王者要“以德兼人”，做到“凝士以礼，凝民以政，礼修而士服，政平而民安。

临武君与孙卿子议兵于赵孝成王前[1]。王曰：“请问兵要。”

临武君对曰：“上得天时，下得地利，观敌之变动，后之发，先之至，此用兵之要术也。”

孙卿子曰：“不然。臣所闻古之道，凡用兵攻战之本在乎壹民。弓矢不调，则羿不能以中微；六马不和，则造父不能以致远；士民不亲附，则汤、武不能以必胜也。故善附民者，是乃善用兵者也。故兵要在乎善附民而已。”

临武君曰：“不然。兵之所贵者势利也，所行者变诈也。善用兵者，感忽悠暗，莫知其所从出，孙、吴用之，无敌于天下[2]，岂必待附民哉！”

【注释】

[1] 临武君：战国时楚国将领。　孙卿子：即荀况。　赵孝成王：名丹，赵惠文王的儿子。

[2] 孙：孙武，春秋时齐国人，吴国阖闾的大将，著名军事家。　吴：吴起，战国时卫国人，著名军事家，曾在魏国为将。

【译文】

临武君和荀卿在赵孝成王面前讨论怎样用兵。赵孝成王说："请问用兵的关键。"

临武君回答说："上得到天时，下得到地利，观察敌人的变动，后于敌人行动，先于敌人到达，这是用兵的关键所在。"

荀卿说："不对。我听说古代用兵之道，凡是用兵作战的根本在于统一人心。弓箭不协调，那么羿就不能射中微小的目标；六匹马不配合，那么造父就不能到达远方；士民不亲附，那么汤、武也不一定能取胜。所以善于使人民亲附的，就是善于用兵的人。所以用兵的关键在于善于使人民亲附罢了。"

临武君说："不对。兵家所看重的是形势和条件，所实行的是机变和权诈。善于用兵的人，神出鬼没，神秘莫测，没有人知道他从什么地方出现，孙武、吴起用这种战术，天下无敌，难道一定要靠使人民亲附吗？"

孙卿子曰："不然。臣之所道，仁人之兵，王者之志也。君之所贵，权谋势利也；所行，攻夺变诈也，诸侯之事也。仁人之兵，不可诈也。彼可诈者，怠慢者也，路亶者也[1]，君臣上下之间滑然有离德者也[2]。故以桀诈桀，犹巧拙有幸焉。以桀诈尧，譬之若以卵投石，以指挠沸[3]；若赴水火，入焉焦没耳。故仁人上下，百将一心，三军同力，臣之于君也，下之于上也，若子之事父、弟之事兄，若手臂之扞头目而覆胸腹也[4]，诈而袭之，与先惊而后击之，一也。且仁人之用十里之国，则将有百里之听[5]；用百里之国，则将有千里之听；用千里之国，则将有四海之听。必将聪明警戒，和传而一[6]。故仁人之兵聚则成卒[7]，散则成列，延则若莫邪之长刃，婴之者断[8]；兑则若莫邪之利锋[9]，当之者溃；圜居而方止，则若盘石然，触之者角摧，案角鹿埵、陇种、东笼而退耳[10]。且夫暴国之君，将谁与至哉？彼其所与至者，必其民也。而其民之亲我欢若父母，其好我芬若椒兰；彼反顾其上则若灼黥，若雠仇。人之情，虽桀、跖，岂又肯为其所恶贼其所好者哉？是犹使人之子孙自贼其父母也，彼必将来告之，夫又何可诈也？

故仁人用，国日明，诸侯先顺者安，后顺者危，虑敌之者削，反之者亡。《诗》曰[11]：‘武王载发[12]，有虔秉钺[13]；如火烈烈，则莫我敢遏。’此之谓也。”

【注释】

[1]路亶（dàn）：羸弱疲惫。路，通“露”，疲敝。亶，通“瘅”，病（王念孙说）。

[2]滑然：当为“涣然”（王引之说）。

[3]挠：搅动。

[4]扞：同“悍”，保护。

[5]听：犹耳目，指了解情况。

[6]传：当为“抟”字（王先谦说），聚结。

[7]卒：古代军队的一种编制，百人为卒。

[8]婴：通“撄”，碰，触犯。

[9]兑：通“锐”，尖锐。　莫邪（yé）：古代传说中的利剑。

[10]角：当为衍文（刘台拱说）。　鹿埵（duǒ）、陇种、东笼：都是古代方言，形容溃败披靡的样子。

[11]《诗》：指《诗经·商颂·长发》。

[12]武王：指商汤。　载发（pèi）：高举大旗。

[13]秉钺（yuè）：手持大斧。钺，古代一种斧状兵器。

【译文】

荀卿说：“不对。我所说的，是仁人的军队，是称王天下者的志向。你所重视的，是权变计谋和形势条件；你所实行的，是攻城掠地，机变欺诈，这是诸侯的做法。仁人的军队，是不可能被欺诈的。那些可以被欺诈的，是懈怠散漫、羸弱疲惫的军队，是君臣上下离心离德的军队。所以让桀欺诈像桀一样的人，还能因灵巧、笨拙的不同而侥幸成功；让桀来欺诈尧，打个比方说，就像用鸡蛋碰石头，用手指搅沸水；好比投身水火之中，进去就被烧焦、淹没了。所以仁人上下相爱，百将齐心，三军同力，臣子对于君主，下级对于上级，就像儿子侍奉父亲，弟弟侍奉兄长，就像手臂保护脑袋和眼睛，挡住胸部和腹部一样，用欺诈的手段来袭击，和先惊动他然后再攻击，是一样的。况且仁人治理方圆十里的国家，就能了解方圆百里的事情；治理方圆百里的国家，就能了解方圆千里的事情；治理方圆千里的国家，就能了解天下的事情。他一定会耳聪目明，警惕戒备，全国团结得如同一个整体。所以仁人的士兵聚集起来就会成为队伍，分散开来就会成为行列，延伸开来就像莫邪长长的剑刃，触到的就会折断；直捣敌人就像莫邪锐利的剑锋，抵挡的就会溃败；以圆形驻扎或以方形停留，就像盘石一样牢固，触犯它的就会被摧毁，只能四散而逃，溃不成军。至于暴国的君主，谁将会跟随他一起去打仗呢？那些跟随他一起去打仗的，一定是他的人民。而他的人民亲近我就像亲近父母一样欢喜，喜欢我就像喜欢芳香的椒、兰一样；他们回头看看自己的君主就像被灼烧，脸上被刺字一样丑恶，就像看到了自己的大仇人一样可恨。人们的性情，即使像桀、跖一样，难道会肯为自己厌恶的人贼害自己喜欢的人吗？这就像让人家的子孙亲自杀害自己的父母一样，他必定先来告诉我们，我们这又怎么会被欺诈呢？所以仁人被任用，国家就日益繁盛，诸侯先顺从的就平安，后顺从的就危险，想与他作对的就会削弱，背叛他的就会灭亡。《诗经》中说：'商汤征伐旌旗飘，态度威严大斧握；像熊熊的大火，没有人敢阻拦我。'说的就是这个情况。"

孝成王、临武君曰："善！请问王者之兵设何道、何行而可？"

孙卿子曰："凡在大王[1]，将率末事也[2]。臣请遂道王者诸侯强弱存亡之效、安危之势[3]。君贤者其国治，君不能者其国乱；隆礼贵义者其国治，简礼贱义者其国乱[4]。治者强，乱者弱，是强弱之本也。上足卬[5]，则下可用也；上不卬，则下不可用也。下可用则强，下不可用则弱，是强弱之常也。隆礼、效功，上也；重禄、贵节，次也；上功、贱节，下也，是强弱之凡也。好士者强，不好士者弱；爱民者强，不爱民者弱；政令信者强，政令不信者弱；民齐者强，民不齐者弱；赏重者强，赏轻者弱；刑威者强，刑侮者弱；械用兵革攻完便利者强[6]，械用兵革窳楛不便利者弱[7]；重用兵者强，轻用兵者弱；权出一者强，权出二者弱，是强弱之常也。齐人隆技击，其技也，得一首者则赐赎锱金[8]，无本赏矣。是事小敌毳则偷可用也[9]，事大敌坚则焉涣离耳，若飞鸟然，倾侧反复无日，是亡国之兵也，兵莫弱是矣，是其去赁市佣而战之几矣[10]。魏氏之武卒，以度取之，衣三属之甲[11]，操十二石之弩[12]，负服矢五十个[13]，置戈其上，冠軸带剑[14]，赢三日之粮，日中而趋百里，中试则复其户，利其田宅，是数年而衰而未可夺也，改造则不易周也。是故地虽大，其税必寡，是危国之兵也。秦人，其生民也陿阸[15]，其使民也酷烈，劫之以势，隐之以阸，忸之以庆赏[16]，䲡之以刑罚[17]，使天下之民所以要利于上者，非斗无由也。阸而用之，得而后功之，功赏相长也，五甲首而隶五家，是最为众强长久，多地以正。故四世有胜，非幸也，数也。故齐之技击不可以遇魏氏之武卒，魏氏之武卒不可以遇秦之锐士，秦之锐士不可以当桓、文之节制，桓、文之节制不可以敌汤、武之仁义，有遇之者，若以焦熬投石焉。兼是数国者，皆干赏蹈利之兵也，佣徒鬻卖之道也，未有贵上、安制、綦节之理也；诸侯有能微妙之以节，则作而兼殆之耳。故招近募选[18]，隆势诈，尚功利，是渐之也；礼义教化，是齐之也。故以诈遇诈，犹有巧拙焉；以诈遇齐，辟之犹以锥刀堕太山也，非天下之愚人莫敢试。故王者之兵不试。汤、武之诛桀、纣也，拱挹指麾而强暴之国莫不趋使[19]，诛桀、纣若诛独夫。故《泰誓》曰[20]：“独夫纣。”此之谓也。故兵大齐则制天下，小齐则治邻敌。若夫招近募选，隆势诈，尚功利之兵，则胜不胜无常，代翕代张，代存代亡，相为雌雄耳矣。夫是之谓盗兵，君子不由也。故齐之田单、楚之庄蹻、秦之卫鞅、燕之缪虮[21]，是皆世俗之所谓善用兵者也，是其巧拙强弱则未有以相君也，若其道一也，未及和齐也，掎契司诈[22]，权谋倾覆，未免盗兵也。齐桓、晋文、楚庄、吴阖闾、越勾践，是皆和齐之兵也，可谓入其域矣，然而未有本统也，故可以霸而不可以王。是强弱之效也。”

【注释】

[1]凡：一切。

[2]将率：将帅。率，通“帅”。

[3]效：征。

[4]简：怠慢。

[5]卬：古“仰”字。

[6]攻：通“工”，工巧。

[7] 窳楛（yǔ kǔ）：器物粗劣，不牢固。

[8] 锱（zī）：古重量单位，八两为一锱（杨倞说）。

[9] 毳：通“脆”，脆弱。

[10] 去：距离。 赁：雇佣。 市佣：市场上受雇而从事劳力的人。 几：近。

[11] 三属（zhǔ）：古代士兵身上穿的三片相连的铠甲，上身一，髀部一，胫部一。

[12] 石（dàn）：古代重量单位，一百二十斤为一石。

[13] 服：通“箙”，盛箭的器具。

[14] 軸（zhòu）：通“胄”，头盔。

[15] 陜阸（xiá è）：同“狭阨”。

[16] 忸（niǔ）：通“狃”，习惯（杨倞说）。

[17] 鰌（qiū）：逼近。

[18] 近：当为“延”字（杨倞说）。

[19] 挹（yì）：通“揖”，作揖。

[20]《泰誓》：《尚书》篇名。

[21] 田单：战国时齐国将领。燕攻齐，下七十余城，田单率军坚守墨城（今山东平度县东南），用火牛阵大破燕军，收复失地，被封为安平君。 庄蹻（qiāo）：楚威王时的将领，后率军造反，割据云南、贵州一带。 卫鞅：即商鞅，战国中期著名的法家代表，曾在秦国实行变法。 缪虮：人名，事迹不详。

[22] 契：通“挈”，抓住。 司：通“伺”，窥伺。

【译文】

孝成王、临武君说：“好！请问称王天下者的军队使用什么方法，采取什么行动才可以？”

荀卿说：“一切都在大王，将帅是次要的。我就说说称王天下的诸侯强弱存亡的征验、安定危险的形势。君主贤能的，他的国家就会安定；君主无能的，他的国家就会混乱；崇尚礼义，重视道义的，他的国家就安定；怠慢礼义，轻视道义的，他的国家就混乱。安定的国家就强大，混乱的国家就弱小，这是国家强弱的根本。君主值得信赖，那么臣民就可以被他所用；君主不值得信赖，那么臣民就不可以被他所用。臣民可以被他所用就强大，臣民不可以被他所用就弱小，这是国家强弱的常规。崇尚礼义，重视战功，这是上等的办法；重视爵禄，看重节操，这是次一等的办法；崇尚战功，轻视节操，这是下等的办法：此是强弱的一般情况。喜欢贤士的就强大，不喜欢贤士的就弱小；爱护人民的就强大，不爱护人民的就弱小；政令有信用的就强大，政令没有信用的就弱小；人民齐心协力的就强大，人民不齐心协力的就弱小；奖赏慎重的就强大，奖赏轻率的就弱小；刑罚威严的就强大，刑罚轻慢的就弱小；器械、用具、兵器、盔甲坚固完备又便于使用的就强大，器械、用具、兵器、盔甲粗劣不牢固又不便使用的就弱小；慎重用兵的就强大，轻率用兵的就弱小；权力出于一人的就强大，权力出于两人的就弱小，这是强弱的常规。齐国推崇杀敌技巧，它的办法是，斩获敌人一个首级的就赏赐给他黄金八两，而不问战事的胜败，这就违背了奖赏的根本原则。战役小或敌人弱时还可以勉强使用，战役大或敌人强时就会军心涣散，四处逃散，就像乱飞的鸟一样，不用多长时间就会倾覆，这是亡国的军队，没有比这种军队更弱的了，这和从集市上雇佣人来作战差不多。魏国的武卒，按一定的标准来选取，身穿三重相连的铠甲，手拿重十二石的弩弓，背着装有五十支箭的箭袋，把戈放在上面，戴着头盔、佩带利剑，携带三天的粮食，半天就能奔行一百里，考核合格的就免除他的徭役，不征收他的田宅税，数年之后他虽然衰老了这些权力也不可被剥夺，重新挑选武卒也不改变对他的周济。所以土地即使广大，而赋税必然减少，这是危害国家的军队。秦国的统治者，使人民生活很穷困，役使人民很残酷，用权势威逼人民，用穷困扼制人民，用奖赏诱使人民，用刑罚逼迫人民，使人民要想从君主那里得到利益，除了战斗别无他路。使人民穷困再用他们去作战，得到胜利后再为他们记功，功劳和奖赏相互促进，斩获敌人五个甲士首级就可以役使五户人家，因此秦国兵力最多，战斗力最强，最为长久，有很多土地可以征税。所以四代都能胜利，并不是侥幸，有其必然性。所以齐国善于杀敌的士兵不能抵挡魏国的武卒，魏国的武卒不能抵挡秦国的锐士，秦国的锐士不能抵挡齐桓公、晋文公纪律严明的军队，齐桓公、晋文公纪律严明的军队不能抵挡商汤、武王的仁义之师，如果遇到这样的军队，就像烧焦烤干的东西投到石头上。以上这几个国家的军队，都是追求奖赏、贪图利益的军队，是雇佣人来出卖力气的方法，都不懂得尊重君主，遵守制度，重视节操的道理；诸侯有能够用仁义来建设他的军队，就会一举把这些国家消灭。所以招收、募选，崇尚权势、欺诈，注重功利，这是欺骗的方法；推行礼义教化，才能使人民齐心协力。所以用欺诈来对付欺诈的军队，还有灵巧与笨拙的区别；用欺诈来对付齐心协力的军队，打个比方说，就像用锥刀挖毁泰山一样，不是天下最愚蠢的人没有人敢尝试，所以王者的军队不用尝试。商汤、武王讨伐桀、纣时，指挥军队像拱手作揖一样容易而强暴的国家没有不被驱使的，诛杀桀、纣就像诛杀一个独夫一样。所以《泰誓》中说："独夫纣。"说的就是这种情况。所以军队高度齐心就会统制天下，比较齐心就会打败邻近的敌国。至于招收、募选，崇尚权势、欺诈，注重功利的军队，就会胜负无常，时强时弱、时存时亡，互有胜负罢了。这就叫做强盗军队，君子是不这么做的。所以齐国的田单、楚国的庄蹻、秦国的商鞅、燕国的缪虮，都是世俗所说的善于用兵的人，他们本领的巧拙强弱不相上下，他们用兵的方法却是一样的，没有使士兵达到和谐一致、齐心协力的地步，抓住对方的弱点伺机欺诈，使用权术阴谋颠覆敌人，仍不免是强盗军队。齐桓公、晋文公、楚庄王、吴王阖闾、越王勾践的军队都是和谐一致、齐心协力的军队，可以说是进入礼义教化的境地了，然而还没有掌握它的根本，所以可以称霸却不可以称王。这是强弱的效验。"

孝成王、临武君曰："善！请问为将。"

孙卿子曰："知莫大乎弃疑，行莫大乎无过，事莫大乎无悔。事至无悔而止矣，成不可必也。故制号政令，欲严以威；庆赏刑罚，欲必以信；处舍收臧[1]，欲周以固；徙举进退，欲安以重，欲疾以速；窥敌观变，欲潜以深，欲伍以参[2]；遇敌决战，必道吾所明，无道吾所疑，夫是之谓六术。无欲将而恶废，无急胜而忘败，无威内而轻外，无见利而不顾其害，凡虑事欲孰而用财欲泰[3]，夫是之谓五权。所以不受命于主有三：可杀而不可使处不完，可杀而不可使击不胜，可杀而不可使欺百姓，夫是之谓三至。凡受命于主而行三军，三军既定，百官得序，群物皆正，则主不能喜，敌不能怒，夫是之谓至臣。虑必先事而申之以敬，慎终如始，终始如一，夫是之谓大吉。凡百事之成也必在敬之，其败也必在慢之。故敬胜怠则吉，怠胜敬则灭；计胜欲则从[4]，欲胜计则凶。战如守，行如战，有功如幸。敬谋无圹[5]，敬事无圹，敬吏无圹，敬众无圹，敬敌无圹，夫是之谓五无圹。谨行此六术、五权、三至，而处之以恭敬无圹，夫是之谓天下之将，则通于神明矣。"

【注释】

[1] 臧：通"藏"，收藏。

[2] 伍以参：犹错杂也。

[3] 孰：通“熟”。 泰：不吝啬。

[4] 从：顺利。

[5] 圹：通“旷”，松懈。

【译文】

孝成王、临武君说：“说得好！请问怎样做将军？”

荀卿说：“智慧没有比放弃疑虑更高的了，行为没有比不犯过错更好的了，事情没有比不后悔更重要的了。事情做到了不后悔的地步就可以了，而不能要求一定成功。所以制度、号令、政策、法令，要严厉而有威信；奖赏、刑罚，要坚决而讲信用；营垒、仓库，要周密而坚固；转移、进退，要安全而稳重，要敏捷而迅速；窥测敌情，观察变化，要隐蔽而深入，要反复比较核实；遇到敌人进行决战，一定要根据自己明了的情况去行动，不要根据自己有疑虑的情况去行动，这就叫做六种战术。不要只想保住将位而怕被撤职，不要急于求胜而忘记可能失败，不要只对内威严而轻视外敌，不要只看到有利的一面而不顾及有害的一面，凡是考虑事情一定要深思熟虑而在用财物进行奖赏时不要吝啬，这就叫做五种权衡的事。不接受君主的命令有三种原因：宁可被杀而不能使军队驻扎在不安全的地方，宁可被杀也不能使军队打不能取胜的仗，宁可被杀也不能让军队来欺负百姓，这就叫做三项最高的原则。凡是受命于君主而统率三军，三军已经安定，百官各司其职，各种事情有条不紊，那么君主不能使他高兴，敌人不能使他愤怒，这就叫做最好的将领。行动之前一定要深思熟虑而又慎之又慎，谨慎地对待结束就像开始一样，始终如一，这就叫做最大的吉利。大凡事情的成功一定在于恭敬，失败一定在于怠慢。所以谨慎胜过怠慢就吉利，怠慢胜过谨慎就灭亡；筹划胜过欲望就会顺利，欲望胜过筹划就凶险。攻战如同防守，行军如同作战，取得战功就像侥幸得到一样。谨慎地谋划而不懈怠，谨慎地对待事情而不懈怠，谨慎地对待官吏而不懈怠，谨慎地对待士兵而不懈怠，谨慎地对待敌人而不懈怠，这就叫做五种不懈怠。小心地实行这六种战术、五种权衡、三项最高的原则，而用恭敬不懈怠的态度来对待，这就叫做天下无敌的将领，就会通于神明了。”

临武君曰：“善！请问王者之军制。”

孙卿子曰：“将死鼓，御死辔[1]，百吏死职，士大夫死行列。闻鼓声而进，闻金声而退[2]，顺命为上，有功次之。令不进而进，犹令不退而退也，其罪惟均。不杀老弱，不猎禾稼[3]，服者不禽[4]，格者不舍[5]，犇命者不获[6]。凡诛，非诛其百姓也，诛其乱百姓者也；百姓有扞其贼，则是亦贼也。以故顺刃者生，苏刃者死[7]，犇命者贡。微子开封于宋[8]，曹触龙断于军[9]，殷之服民，所以养生之者也，无异周人。故近者歌讴而乐之，远者竭蹷而趋之，无幽闲辟陋之国莫不趋使而安乐之，四海之内若一家，通达之属莫不从服，夫是之谓人师。《诗》曰[10]：'自西自东，自南自北，无思不服。'此之谓也。王者有诛而无战，城守不攻，兵格不击，上下相喜则庆之。不屠城，不潜军，不留众，师不越时。故乱者乐其政，不安其上，欲其至也。"

临武君曰："善！"

【注释】

[1] 辔：马缰绳。

[2] 金声：敲钲（zhēng）的声音。古时作战，击鼓表示进军，鸣金表示收兵。

[3] 猎：通"躐"，践踏。

[4] 禽：通"擒"，擒拿。

[5] 格：抵抗。

[6] 犇（bēn）：同"奔"。 获：俘虏。

[7] 苏：通"傃"（sù），向。

[8] 微子：名启，商纣的庶兄，降周后封于宋。刘向避汉景帝讳，改"启"为"开"。

[9] 曹触龙：商纣王之将。见《臣道》篇。

[10]《诗》：指《诗经·大雅·文王有声》。

【译文】

临武君说："好！请问称王天下者的军队制度。"

荀卿说："将领要为战鼓而死，驾车的要为缰绳而死，百官要为职守而死，军士要死在战斗的行列中。听到击鼓声就前进，听到鸣金声就撤退，服从命令最重要，建立军功是次要的。命令不准前进却前进，就像命令不准后退却后退，它们的罪过是一样的。不杀害老弱，不践踏庄稼，对不战而退的敌人不捉拿，对顽固抵抗的敌人不放过，对来投降的敌人不作俘虏对待。凡是诛杀，不是诛杀他们的百姓，而是诛杀扰乱百姓的人；百姓中有保护乱贼的，他也是乱贼了。所以对不战而退的敌人就让他活命，对负隅顽抗的敌人就杀死，对前来投降的敌人就交给上司。微子启归顺周后被封于宋地，曹触龙不投降被斩于军前，商朝那些归服的人民，他们的生活待遇与周人没有什么区别。所以近处的百姓歌颂，欢迎周朝，远处的百姓不辞劳苦地来投奔周朝，即使闭塞、偏僻的国家也没有不愿意来投奔效力而安心快乐的，四海之内就像一家人，凡能到达的地方没有不服从的，这就叫做人民的师表。《诗经》中说：'从西到东，从南到北，没有不服从的。'说的就是这种情况。王者只有诛伐而没有攻战，敌人坚守城池就不去攻打，敌人抵抗就不出击，敌人上下一心就庆贺他们。不屠戮城中的居民，不搞突然袭击，不让军队久留在外，用兵不超过规定的时间。所以混乱国家的人民都喜欢他的政治，不安于自己君主的统治，都盼望他的到来。"

临武君说："好！"

陈嚣问孙卿子曰[1]："先生议兵，常以仁义为本。仁者爱人，义者循理，然则又何以兵为？凡所为有兵者，为争夺也。"

孙卿子曰："非女所知也。彼仁者爱人，爱人，故恶人之害之也；义者循理，循理，故恶人之乱之也。彼兵者，所以禁暴除害也，非争夺也。故仁人之兵，所存者神，所过者化，若时雨之降，莫不说喜。是以尧伐驩兜[2]，舜伐有苗[3]，禹伐共工[4]，汤伐有夏，文王伐崇[5]，武王伐纣，此四帝两王，皆以仁义之兵行于天下也。故近者亲其善，远方慕其德[6]，兵不血刃，远迩来服，德盛于此，施及四极。《诗》曰[7]：'淑人君子，其仪不忒。'此之谓也。"

【注释】

[1] 陈嚣：荀子的学生。

[2] 驩（huān）兜：尧时的部落首领，传说被尧流放于崇山。

[3] 有苗：又称"三苗"，尧舜时的部落。

[4] 共工：禹时的部落首领，传说被禹流放到幽州。

[5] 崇：商朝诸侯国名。

[6] 德：当为"义"字（王念孙说）。

[7]《诗》：指《诗经·曹风·鸤鸠》。

【译文】

陈嚣问荀卿说："先生谈论用兵，常常把仁义作为根本。仁就是爱人，义就是遵循道理，然而又为什么要用兵呢？大凡用兵的，都是为了争夺。"

荀卿说："这并不是你能了解的。仁就是爱人，爱人，所以憎恶别人危害他人；义就是遵循道理，遵循道理，所以憎恶别人扰乱他人。那用兵，就是用来禁止强暴，消除危害的，不是为了争夺。所以仁人的军队，所停留的地方会全面得到治理，所经过的地方都会得到教化，就像及时雨的降落，人们没有不高兴喜欢的。所以尧讨伐驩兜，舜讨伐有苗，禹讨伐共工，汤讨伐夏桀，文王讨伐崇，武王讨伐商纣，这四帝、两王，都是以仁义的军队来纵横于天下的。所以近处的人都喜欢他们的美德，远方的人都仰慕他们的道义，兵器没有沾上血迹，远近的人都来归服了，道德达到这样的程度，影响就会遍及到四方。《诗经》中说：'美好的君子啊，他的道义不会变。'说的就是这种情况。"

李斯问孙卿子曰[1]："秦四世有胜，兵强海内，威行诸侯，非以仁义为之也，以便从事而已。"

孙卿子曰："非女所知也。女所谓便者，不便之便也；吾所谓仁义者，大便之便也。彼仁义者，所以修政者也，政修则民亲其上，乐其君，而轻为之死。故曰：'凡在于军[2]，将率末事也。'秦四世有胜，諰諰然常恐天下之一合而轧己也[3]，此所谓末世之兵，未有本统也。故汤之放桀也，非其逐之鸣条之时也[4]；武王之诛纣也，非以甲子之朝而后胜之也[5]。皆前行素修也，此所谓仁义之兵也。今女不求之于本而索之于末，此世之所以乱也。

【注释】

[1] 李斯：荀子的学生，战国末期法家代表人物之一，后为秦国的丞相。

[2] 军：当为"君"字（卢文弨说）。

[3] 諰諰（xǐ）然：恐惧的样子。　轧：倾轧。

[4] 鸣条：古地名，在今山西省运城县安邑镇北。

[5] 甲子之朝：武王克纣之日（见《尚书·牧誓》）。

【译文】

李斯问荀卿说："秦国四代都能取得胜利，兵力在海内最强大，威震诸侯，并不是靠实行仁义取得的，只是便利行事罢了。"

荀卿说："这并不是你能了解的。你所说的便利，是不便利的便利；我所说的仁义，是最大便利的便利。那仁义，是用来治理政治的，政治治理好了那么人民就会亲近他的君主，喜欢他的君主，就会乐意为君主去牺牲自己。所以说：'凡事在于君主，将帅是次要的。'秦四代都能取得胜利，还经常提心吊胆地害怕天下联合起来打败自己，这就是人们所说的末世之兵，没有掌握仁义这一根本。所以汤流放夏桀，并不只是在鸣条追逐他时；武王诛杀商纣，并不只是在甲子的早晨之后才战胜他。这都是靠以前的行为和平时的治理，这就叫做仁义的军队。现在你不探寻根本却索求末节，这就是世道混乱的原因。

"礼者，治辨之极也[1]，强国之本也，威行之道也，功名之总也。王公由之，所以得天下也；不由，所以陨社稷也。故坚甲利兵不足以为胜，高城深池不足以为固，严令繁刑不足以为威，由其道则行，不由其道则废。楚人鲛革犀兕以为甲[2]，鞈如金石[3]，宛钜铁釶[4]，惨如蜂虿[5]，轻利僄遬[6]，卒如飘风[7]，然而兵殆于垂沙[8]，唐蔑死[9]，庄蹻起，楚分而为三四。是岂无坚甲利兵也哉？其所以统之者非其道故也。汝、颍以为险[10]，江、汉以为池[11]，限之以邓林[12]，缘之以方城[13]，然而秦师至而鄢、郢举[14]，若振槁然。是岂无固塞隘阻也哉？其所以统之者非其道故也。纣刳比干，囚箕子，为炮烙刑[15]，杀戮无时，臣下懔然莫必其命，然而周师至而令不行乎下，不能用其民。是岂令不严、刑不繁也哉？其所以统之者非其道故也。古之兵，戈矛弓矢而已矣，然而敌国不待试而诎；城郭不辨，沟池不抇[16]，固塞不树，机变不张，然而国晏然不畏外而明内者[17]，无它故焉，明道而分钧之，时使而诚爱之，下之和上也如影响，有不由令者然后诛之以刑[18]。故刑一人而天下服，罪人不邮其上[19]，知罪之在己也。是故刑罚省而威流，无它故焉，由其道故也。古者帝尧之治天下也，盖杀一人，刑二人而天下治。传曰：'威厉而不试，刑错而不用。'此之谓也。

【注释】

[1] 辨：通“办”，治理。

[2] 鲛革：鲨鱼皮。 兕（sì）：雌犀牛。

[3] 鞈（gé）：坚固的样子。

[4] 宛：楚国地名，在今河南南阳。 鉇（shī）：矛。

[5] 虿（chài）：蝎子一类的毒虫。

[6] 僄遬（piào sù）：轻捷。遬，同“速”。

[7] 卒（cù）：通“猝”，忽然。

[8] 垂沙：古地名，在今河南唐河县。

[9] 唐蔑：即唐昧，楚将。楚怀王时，秦、齐、韩、魏联合攻楚，唐昧被杀。

[10] 汝、颍：都是水名，均流入淮河。

[11] 江、汉：长江和汉水。

[12] 邓林：楚北部邓地的山林。

[13] 方城：楚国北部的山名。

[14] 鄢、郢：均为楚地名，分别在今湖北宜城南和湖北江陵北，两地曾先后为楚都。

[15] 炮烙：相传纣王所制造的一种酷刑。

[16] 拑：当为“扫”（hú）字（卢文弨说），同“掘”。

[17] 明：当为衍文（王念孙说）。 内：当为“固”字（王念孙说）。

[18] 诛：当为“俟”字（王念孙说）。

[19] 邮：怨。

【译文】

“礼，是治理国家的最高准则，是使国家强大的根本，是威力盛行天下的途径，是建立功名的纲要。天子诸侯遵循它，就能得到天下；不遵循它，就会毁掉社稷。所以坚固的铠甲和锐利的兵器不足以取得胜利，高高的城墙和深深的护城河不足以坚不可破，严厉的法令和繁多的刑罚不足以威吓人民，遵循礼义之道就通行，不遵循礼义之道就失败。楚国人用鲨鱼皮、犀兕皮制成铠甲，坚硬得就像金石一样，宛地的钢铁制成的矛，厉害得如同毒蝎一样，士兵行动轻快敏捷，迅速得就像旋风一样，然而兵败垂沙，唐蔑战死，庄蹻起兵反叛，楚国就四分五裂了。这难道是没有坚甲利兵吗？是因为他们用来统治的办法并不是礼义之道的缘故啊！楚国以汝水、颍水作为天险，以长江、汉水作为护城河，用邓林作为屏障，用方城作为围墙，然而秦国的军队一到而鄢、郢就被攻陷了，就像摇落枯树叶一样。这难道是因为没有坚固的要塞和险阻吗？是因为他们用来统治的办法并不是礼义之道的缘故啊！商纣王将比干剖腹挖心，囚禁了箕子，制造了炮烙的酷刑，杀人随便，臣下心惊肉跳，不知是否能保住性命，然而周军一到而政令就不能在下面执行了，他也不能役使他的人民了。这难道是政令不严厉？刑罚不繁多吗？是因为他用来统治的办法并不是礼义之道的缘故啊！古时的兵器，只不过是戈、矛、弓、箭罢了，然而不等使用就使敌国屈服了；城郭不修理，护城河不挖掘，要塞不设立，机谋权变不施展，然而国家安然不畏外敌而且非常昌明，这没有别的原因，是因为实行了礼义之道而用等级名分来协调，按时使用民力而真诚地爱护他们，人民应和君主如影随形，如响随声，有不遵从命令的然后用刑罚惩治。所以惩治一人而天下人就顺服，犯罪的人也不怨恨他的君主，知道罪过在于自己。所以刑罚简省而威力强大，这没有别的原因，是因为遵循了礼义之道的缘故。古时帝尧治理天下，只杀了一人，惩处了两个人而天下就得到治理。古书上说：'威势勇猛却不使用，刑罚设置而不施行。'说的就是这个道理。

"凡人之动也，为赏庆为之，则见害伤焉止矣。故赏庆、刑罚、势诈不足以尽人之力，致人之死。为人主上者也，其所以接下之百姓者无礼义忠信，焉虑率用赏庆、刑罚、势诈除阸其下[1]，获其功用而已矣。大寇则至，使之持危城则必畔[2]，遇敌处战则必北[3]，劳苦烦辱则必犇，霍焉离耳[4]，下反制其上。故赏庆、刑罚、势诈之为道者，佣徒鬻卖之道也，不足以合大众，美国家，故古之人羞而不道也。故厚德音以先之，明礼义以道之，致忠信以爱之，尚贤使能以次之，爵服庆赏以申之，时其事、轻其任以调齐之，长养之，如保赤子。政令以定，风俗以一，有离俗不顺其上，则百姓莫不敦恶[5]，莫不毒孽[6]，若祓不祥[7]，然后刑于是起矣。是大刑之所加也，辱孰大焉？将以为利邪？则大刑加焉，身苟不狂惑戆陋，谁睹是而不改也哉？然后百姓晓然皆知修上之法[8]，像上之志而安乐之[9]。于是有能化善、修身、正行、积礼义、尊道德，百姓莫不贵敬，莫不亲誉，然后赏于是起矣。是高爵丰禄之所加也，荣孰大焉？将以为害邪？则高爵丰禄以持养之，生民之属，孰不愿也？雕雕焉县贵爵重赏于其前[10]，县明刑大辱于其后[11]，虽欲无化，能乎哉？故民归之如流水，所存者神，所为者化而顺。暴悍勇力之属为之化而愿，旁辟曲私之属为之化而公，矜纠收缭之属为之化而调，夫是之谓大化至一。《诗》曰[12]：'王犹允塞，徐方既来。'此之谓也。

【注释】

[1] 焉：语助词。 虑率：大凡，大抵。 除阸：威逼。除，当为"险"字（王念孙说）。

[2] 畔：通"叛"。

[3] 北：败逃。

[4] 霍焉：离散的样子。

[5] 敦：通"憝"（duì），怨恨。

[6] 毒孽：痛恨。

[7] 祓（fú）：古时一种除灾驱邪的仪式，此指驱除。

[8] 修：当为"循"字（王念孙说）。

[9] 像：随从。

[10] 雕雕焉：明白的样子。

[11] 县：通"悬"，悬挂。

[12]《诗》：指《诗经·大雅·常武》。

【译文】

"大凡人们的行动，为了奖赏才去做的，那么看到自己的利益受到损害就会停止。所以奖赏、刑罚、权势欺诈不足以使人竭尽全力，以至献出生命。作为君主的，对待百姓不用礼义忠信，大抵只是使用奖赏、刑罚、权势欺诈威逼他们，获得他们的功用罢了。强大的敌人来临，让他们坚守危城就一定会叛变，遇到敌人进行战斗就一定会失败，安排劳苦繁琐的事情就一定会逃跑，涣然离散，人民反过来挟制了君主。所以奖赏、刑罚、权势欺诈作为一种方法，实际上是雇佣人出卖力气的方法，不能团结大众，治理好国家，所以古人耻于这样做。因此，要加强道德声望来引导人民，明确礼义来指导人民，务求忠信来爱护人民，尊崇贤人，使用能人来安置人民，用爵位、服饰、奖赏来激励他们，依据时节安排事务，减轻他们的负担来调剂他们，养育他们，就像保护婴儿一样。政令已经确定，风俗已经一致，有背离风俗而不顺从他的君主的，那么百姓就没有不怨恨、厌恶他的，没有不认为他是祸害妖孽的，就像驱除不祥一样铲除他，然后刑罚从此兴起了。这种人是大刑所施加的对象，耻辱还有比这更大的吗？认为这有利吗？但大刑加在身上了，如果不是狂惑鄙陋的人，谁看到这种情况会不改过呢？然后百姓都清楚地知道遵循君主的法令，依从君主的意志而安心快乐。于是有能够改恶从善、修养身心、端正行为、奉行礼义、尊重道德的，百姓没有不重视尊敬他的，没有不亲近赞誉他的，然后奖赏从此兴起了。这种人是高官厚禄所授予的对象，荣誉还有比这更大的吗？认为这有害吗？但高官厚禄来供养他，凡是人，谁不愿意呢？清楚明白地把高官重赏摆在他的前面，把严明的刑罚和最大的耻辱放在他的后面，即使不想变好，可能吗？所以人民归顺他就像流水一样，凡是到过的地方都得到全面治理，凡是施行的地方都得到教化而顺从。凶暴、强悍、勇猛、强壮的人得到教化而忠厚，偏颇、邪僻、自私的人得到教化而公正，急躁、暴戾的人得到教化而心平气和，这就叫做最高教化的极点。《诗经》中说：'王道遍行天下，徐国也来归顺。'说的就是这个情况。

"凡兼人者有三术：有以德兼人者，有以力兼人者，有以富兼人者。彼贵我名声，美我德行，欲为我民，故辟门除涂以迎吾入[1]，因其民[2]，袭其处[3]，而百姓皆安，立法施令莫不顺比，是故得地而权弥重，兼人而兵俞强[4]，是以德兼人者也；非贵我名声也，非美我德行也，彼畏我威，劫我势，故民虽有离心，不敢有畔虑，若是，则戎甲俞众，奉养必费，是故得地而权弥轻，兼人而兵俞弱，是以力兼人者也；非贵我名声也，非美我德行也，用贫求富[5]，用饥求饱，虚腹张口来归我食，若是，则必发夫掌窌之粟以食之[6]，委之财货以富之，立良有司以接之，已期三年[7]，然后民可信也，是故得地而权弥轻，兼人而国俞贫，是以富兼人者也。故曰：以德兼人者王，以力兼人者弱，以富兼人者贫。古今一也。

【注释】

[1] 辟：开。 除涂：清扫道路。

[2] 因：随顺。

[3] 袭：沿袭。

[4] 俞：通"愈"。

［5］用：因为。

［6］掌：当为“禀”字（王引之说），同“廪”，米仓。窌（jiào），地窖。

［7］期：通“綦”，极。

【译文】

“凡是兼并他国的君主有三种方法：有用道德兼并他国的，有用武力兼并他国的，有用财富兼并他国的。那些国家的人民尊重我的名声，称赞我的德行，想做我的臣民，所以打开城门，清扫道路来迎接我入城，我顺从此国人民的习俗，不改变他们的住处，百姓都安定，我制定的法律与颁布的命令没有不顺从的，所以得到土地而权力更大，兼并别国而兵力更强，这是用道德来兼并他国；那些国家的人民不尊重我的名声，不称赞我的德行，只是惧怕我的威力，迫于我的权势，所以他们虽然有离去之心，却不敢有背叛的想法，像这样，那么兵士就会越来越多，供养花费越来越大，所以得到土地而权力更轻，兼并他国而兵力更弱，这是用武力兼并他国；那些国家的人民不尊重我的名声，不称赞我的德行，因为贫穷追求财富，因为饥饿追求温饱，空着肚子，张着嘴巴来投奔我求食，像这样，那么就一定打开粮仓、地窖里的粮食来喂养他们，送给他们钱财、货物使他们富裕，设立善良的官吏来接待他们，三年之后，这些人民才可信任，所以得到土地而权力更轻，兼并他国而国家更贫穷，这是用财富兼并他国。所以说：用道德兼并他国的就称王，用武力兼并他国的就衰弱，用财富兼并他国的就贫穷。古今是一样的。

“兼并易能也，唯坚凝之难焉。齐能并宋而不能凝也［1］，故魏夺之［2］；燕能并齐而不能凝也［3］，故田单夺之；韩之上地［4］，方数百里，完全富足而趋赵［5］，赵不能凝也，故秦夺之［6］。故能并之而不能凝，则必夺；不能并之又不能凝其有，则必亡。能凝之，则必能并之矣。得之则凝，兼并无强。古者汤以薄［7］，武王以滈［8］，皆百里之地也，天下为一，诸侯为臣，无他故焉，能凝之也。故凝士以礼，凝民以政，礼修而士服，政平而民安。士服民安，夫是之谓大凝，以守则固，以征则强，令行禁止，王者之事毕矣。”

【注释】

［1］齐能并宋：公元前286年，齐伐宋，宋偃王出逃，死于温。

［2］魏夺之：公元前284年，魏与秦、赵、韩、燕共伐齐，齐湣王出逃，魏国得到了原属宋国的大部分土地。

［3］燕能并齐：公元前284年，燕昭王派乐毅伐齐，攻陷齐国七十余城，齐仅剩莒、即墨二城。

［4］上地：即上党，在今山西长治。

［5］趋赵：公元前262年秦伐韩，韩上党郡不愿降秦而降赵。

［6］秦夺之：公元前260年，秦昭王派白起攻伐已降赵的上党，赵国派老将廉颇率军拒秦，双方相持三年，不分胜负。后秦用反间计，使赵任命赵括为将，遂赵大败于长平，秦占领了上党。

［7］薄：通“亳”，地名，在今河南商丘。

［8］滈：通“鄗”，地名，在今陕西西安。西周国都。

【译文】

“兼并他国容易做到，只是坚守和巩固它很难。齐国能兼并宋国但不能巩固它，所以被魏国夺走了；燕国能兼并齐国但不能巩固它，所以被田单夺走了；韩国的上党，方圆数百里，城池完整，府库充足，投奔了赵国，赵国不能巩固它，所以被秦国夺走了。因此，能兼并他国，却不能巩固，就一定会被夺走；不能兼并他国又不能巩固已有的土地，就一定灭亡。能巩固本国，就一定能兼并他国。得到他国的土地而能巩固，再兼并就不会有强大的对手了。古时汤凭借亳地，武王凭借鄗地，都是百里见方的领土，却统一了天下，诸侯臣服，没有别的原因，他们能巩固已取得的土地。所以团结士人要用礼义，团结人民要用政治，礼义美好那么士人就臣服，政治清明那么人民就安定。士人臣服，人民安定，这就叫做最大的凝聚，用来守卫就坚固，用来征伐就强大，有令必行，有禁必止，称王天下的事业就完成了。”

【评析】

荀子提倡义战，以“仁人之兵，王者之志”统一全国，使四海之内亲若一家是他的理想，也是他在《议兵》篇中不厌其烦地申述阐释的主旨。战争要循“礼”，这原本是春秋及之前的先人已达成的共识。那时候的战争，大致发生在贵族之间，参战人数不多，作战规模也不大。开战之前，对阵双方有各种繁复的礼节，开战以后，也不会有过分的杀戮。整个战斗过程有种种公认的规则，敌对双方多能保持足够的互相尊重，并不一定要你死我活。正是出于对这种“军礼”文化的尊重和恪守，宋襄公在泓水之战中才固执坚持君子不乘人之危，不鼓不成列，即使最后被楚军打得落花流水，大败而归，受到众人的质疑和指责，却依然不改初衷。

但历史并没有因为宋襄公的坚持而沿着义战的方向发展下去，为争夺权力而杀得双眼血红的争霸战争愈演愈烈，仁义道德在赤裸裸的利害关系面前变得不堪一击。主张兵者诡道的孙子因其五战入郢大破楚军的功勋赢取了赫赫声名，他所推崇的战争不需要温情，手段可以无所不用其极的战争理念也随之风行。在这样的背景下，荀子重提务须以“仁”制兵，让身为其弟子的陈嚣与李斯也很不理解，前者发出“仁者爱人，义者循理，然则又何以兵为？凡所为有兵者，为争夺也”的疑问，后者则干脆说：“秦四世有胜，兵强海内，威行诸侯，非以仁义为之也，以便从事而已。”

荀子与陈嚣、李斯的分歧在于对战争目的的理解不同。荀子认为用兵是为了禁暴除害，给百姓一个更安乐、有序的生活空间，而不是为了一己私欲的拼死争夺。怀着这样的理想，荀子痛恨交战时欺诈无道，更痛恨视人命如草芥的肆意屠杀，因为“凡诛，非诛其百姓也，诛其乱百姓者也”。如果我们还未忘记白起长平坑降卒四十万，项羽新安杀俘虏二十万的历史的话，我们就应该为荀子的这一句主张喝采。哪怕春秋战国乃至整个古代历史的演变进程已经证明荀子的战争理想只是一个不可企及的梦，但仍然不代表道德对战争的制约作用可以被弃若敝履。

李斯议兵时，以秦的崛起质疑荀子对仁的推崇，不久，更是只身入秦，最终助秦王嬴政完成了统一全国的大业，荀子的义战思想由此愈加式微。然而，尚武的强秦二世而亡，如匆匆一现的昙花在历史的舞台谢去，荀子“兼并易能也，唯坚凝之难焉”的声音当会在整日忙于厮杀的人们耳边再次响起吧。

强国

【题解】

本文讨论的是国家如何强大的问题。荀子认为，“国之命在礼”，一个国家要想强盛，首先要“教诲之，调一之”，重视“礼义节奏”，走“道德之威”之路；其次要以道义治国，实行礼让忠信的治国之道；再次要做到“节威反文”，依靠“端诚信全”的君子，用儒术来治天下；最后荀子强调了“积微”和“本义务信”在治理国家中的重要性。

刑范正[1]，金锡美，工冶巧，火齐得[2]，剖刑而莫邪已[3]。然而不剥脱，不砥厉，则不可以断绳；剥脱之，砥厉之，则劙盘、盂、刎牛马忽然耳[4]。彼国者，亦强国之剖刑已。然而不教诲，不调一，则入不可以守，出不可以战；教诲之，调一之，则兵劲城固，敌国不敢婴也[5]。彼国者亦有砥厉，礼义节奏是也。故人之命在天，国之命在礼。人君者隆礼尊贤而王，重法爱民而霸，好利多诈而危，权谋倾覆幽险而亡。

【注释】

[1] 刑范：浇铸器物的模子。刑，通“型”。

[2] 得：得当。

[3] 已：完成。

[4] 劙（lí）：割。 盘、盂：试剑的铜器。 刎（wěn）：割断。

[5] 婴：通“撄”，侵犯。

【译文】

模子端正，铜锡质量好，冶炼技术高，火候得当，打开模子而莫邪宝剑就铸成了。然而不除去它粗糙的表面，不磨光，就不能割断绳子；除去粗糙的表面，磨光它，削割盘盂、宰杀牛马就可一挥而就。那国家，如同刚打开模子的宝剑一样，也是强国的雏形。然而不实行教诲，不协调统一，那对内就不能防守，对外就不能战斗；实行教诲，协调统一，就会兵力强大，城防坚固，敌国就不敢来侵犯了。国家也需要磨砺，这就是礼义法度。所以人的命运取决于上天，国家的命运取决于礼义。崇尚礼义、尊重贤能的君主就称王，重视法度、爱护人民的君主就称霸，喜欢利益、常搞欺诈的君主就危险，玩弄权术阴谋、倾轧陷害、阴暗险恶的君主就灭亡。

威有三：有道德之威者，有暴察之威者，有狂妄之威者。此三威者，不可不孰察也。礼义则修，分义则明，举错则时，爱利则形[1]，如是，百姓贵之如帝，高之如天，亲之如父母，畏之如神明，故赏不用而民劝，罚不用而威行，夫是之谓道德之威。礼乐则不修，分义则不明，举错则不时，爱利则不形，然而其禁暴也察，其诛不服也审，其刑罚重而信，其诛杀猛而必，黭然而雷击之[2]，如墙厌之[3]，如是，百姓劫则致畏，嬴则敖上[4]，执拘则最[5]，得间则散，敌中则夺，非劫之以形势，非振之以诛杀，则无以有其下，夫是之谓暴察之威。无爱人之心，无利人之事，而日为乱人之道，百姓讙敖则从而执缚之[6]，刑灼之，不和人心，如是，下比周贲溃以离上矣[7]，倾覆灭亡可立而待也，夫是之谓狂妄之威。此三威者，不可不孰察也。道德之威成乎安强，暴察之威成乎危弱，狂妄之威成乎灭亡也。

【注释】

[1]形：通“刑”，法。

[2]黭（yǎn）：通“奄”。 而：通“如”，如同。

[3]厌：通“压”，覆压。

[4]嬴：通“赢”，宽松。 敖：通“傲”，傲慢。

[5]最：当为“冣”（zuì）字之误（王引之说），聚集。

[6]讙（huān）：喧哗。 敖：通“嗷”，喧噪。

[7]贲：通“奔”，奔走。

【译文】

威势有三种：有合乎道德的威势，有暴戾严察的威势，有狂妄放肆的威势。这三种威势，不能不认真仔细详察。礼乐制度美好，名分等级清楚，行为措施适宜，爱民、利民有法，像这样，百姓就会像对待上帝一样尊重他，把他看得像天一样高，像亲近父母一样亲近他，像对待神明一样敬畏他，所以不用奖赏而人民就努力，不用刑罚而威势就遍行天下，这就叫做合乎道德的威势。礼乐制度不美好，名分等级不清楚，行为措施不得当，爱民、利民无法度，然而他禁止强暴很明察，诛杀不服从的人很审慎，刑罚严酷而有信，诛杀严厉而坚决，突然得就像雷电闪击一样，像墙壁倒塌一样，像这样，百姓受威逼时就畏惧，宽缓时就傲视君主，强行集中就聚在一起，一有空隙就逃散，敌人进攻就被争夺过去，如果不是用权势去威逼他们，不是用诛杀去震慑他们，就无法统治他们，这就叫做暴戾严察的威势。没有爱人的心，不做有益于人民的事，每天干着扰乱人民的勾当，百姓有怨声就跟着逮捕起来，严刑拷打，不调和民心，像这样，人民就成群结队地逃散而背离君主，覆灭就会立刻到来，这就叫做狂妄放肆的威势。这三种威势，不能不仔细详察。合乎道德的威势导致国家安定强大，暴戾严察的威势导致国家危险衰弱，狂妄放肆的威势导致国家灭亡。

公孙子曰[1]："子发将西伐蔡[2]，克蔡，获蔡侯，归致命曰：'蔡侯奉其社稷而归之楚，舍属二三子而治其地[3]。'既[4]，楚发其赏，子发辞曰：'发诫布令而敌退[5]，是主威也；徙举相攻而敌退，是将威也；合战用力而敌退，是众威也。臣舍不宜以众威受赏。'"讥之曰："子发之致命也恭，其辞赏也固。夫尚贤使能，赏有功，罚有罪，非独一人为之也，彼先王之道也，一人之本也，善善恶恶之应也，治必由之，古今一也。古者明王之举大事，立大功也，大事已博[6]，大功已立，则君享其成，群臣享其功，士大夫益爵，官人益秩，庶人益禄。是以为善者劝，为不善者沮[7]，上下一心，三军同力，是以百事成而功名大也。今子发独不然，反先王之道，乱楚国之法，堕兴功之臣[8]，耻受赏之属，无僇乎族党而抑卑其后世[9]，案独以为私廉，岂不过甚矣哉！故曰：子发之致命也恭，其辞赏也固。"

【注释】

[1] 公孙子：齐相，其人不详。

[2] 子发：楚国令尹，姓景，名舍，字子发。

[3] 舍：子发自称。 属（zhǔ）：嘱托。

［4］既：过后。

［5］诫：教令。

［6］博：治理。

［7］沮：止。

［8］堕：损伤。

［9］僇（lù）：羞辱。

【译文】

公孙子说："子发率军向西征伐蔡国，攻克了蔡，擒获了蔡侯，回来向楚王回复命令说：'蔡侯把整个国家奉献给了楚国，我已委托几个大臣治理它了。'过后，楚王奖赏他，子发辞谢说：'发布诫令而敌人退却，这是君主的威势；进军攻打而敌人退却，这是将领的威势；众志成城，奋力拼杀而敌人退却，这是士兵的威势。景舍我不应凭借士兵的威势而受赏。'"荀子批评他说："子发回复命令也算恭敬了，他辞谢奖赏却很浅陋。崇尚贤人，任用能人，奖赏功臣，处罚罪人，并不是某一个人要这样做的，这是先王的治国原则，是统一人民的根本。这是称赞善行，厌恶邪恶的反应，治国必须遵从它，古今是一样的。古时圣明的君王举行大事，建立大功，大事已经完毕，大功已经建立，那么君主享受它的成果，群臣享受它的功劳，士大夫加官进爵，官吏提高级别，士兵增加军饷。所以行善的得到勉励，为恶的得到制止，上下一条心，三军同努力，因此事事成功而功名显赫。现在子发独独不这样，违反先王的治国原则，扰乱了楚国的法律，打击了有功之臣，使受赏的人感到耻辱，即使没有羞辱亲族也使后代受到压抑，还独自认为个人清廉，这难道不是大错特错吗？所以说：子发回复命令也算恭敬了，他辞谢奖赏却很浅陋。"

荀卿子说齐相曰："处胜人之势，行胜人之道，天下莫忿，汤武是也；处胜人之势，不以胜人之道，厚于有天下之势，索为匹夫不可得也，桀、纣是也。然则得胜人之势者，其不如胜人之道远矣。夫主相者，胜人以势也，是为是，非为非，能为能，不能为不能，并己之私欲[1]，必以道夫公道通义之可以相兼容者，是胜人之道也。今相国上则得专主，下则得专国，相国之于胜人之势，亶有之矣[2]。然则胡不驱此胜人之势赴胜人之道[3]，求仁厚明通之君子而托王焉[4]，与之参国政，正是非？如是，则国孰敢不为义矣？君臣上下，贵贱长少，至于庶人，莫不为义，则天下孰不欲合义矣？贤士愿相国之朝，能士愿相国之官，好利之民莫不愿以齐为归，是一天下也。相国舍是而不为，案直为是世俗之所以为，则女主乱之宫，诈臣乱之朝，贪吏乱之官，众庶百姓皆以贪利争夺为俗，曷若是而可以持国乎？今巨楚县吾前[5]，大燕鰌吾后[6]，劲魏钩吾右[7]，西壤之不绝若绳，楚人则乃有襄贲、开阳以临吾左[8]，是一国作谋则三国必起而乘我，如是，则齐必断而为四三，国若假城然耳[9]，必为天下大笑。曷若？两者孰足为也？夫桀、纣，圣王之后子孙也，有天下者之世也，势籍之所存，天下之宗室也，土地之大，封内千里，人之众数以亿万，俄而天下倜然举去桀、纣而犇汤、武[10]，反然举恶桀、纣而贵汤、武[11]，是何也？夫桀、纣何失而汤、武何得也？曰：是无它故焉，桀纣者，善为人所恶也；而汤武者，善为人所好也。人之所恶何也？曰：污漫、争夺、贪利是也。人之所好者何也？曰：礼义、辞让、忠信是也。今君人者，辟称比方则欲自并乎汤、武[12]，若其所以统之，则无以异于桀、纣，而求有汤、武之功名可乎？故凡得胜者必与人也，凡得人者必与道也。道也者何也？曰：礼让忠信是也。故自四五万而往者强胜，非众之力也，隆在信矣；自数百里而往者安固，非大之力也，隆在修政矣。今已有数万之众者也，陶诞、比周以争与[13]；已有数百里之国者也，污漫、突盗以争地。然则是弃己之所安强，而争己之所以危弱也，损己之所不足，以重己之所有余，若是其悖缪也，而求有汤、武之功名可乎？辟之是犹伏而咶天[14]，救经而引其足也[15]，说必不行矣，愈务而愈远。为人臣者不恤己行之不行，苟得利而已矣，是渠冲入穴而求利也[16]，是仁人之所羞而不为也。故人莫贵乎生，莫乐乎安，所以养生安乐者莫大乎礼义。人知贵生乐安而弃礼义，辟之是犹欲寿而歾颈也[17]，愚莫大焉。故君人者爱民而安，好士而荣，两者无一焉而亡。《诗》曰[18]：'价人维藩[19]，大师维垣[20]。'此之谓也。

【注释】

[1] 并：通“屏”，屏弃。

[2] 亶（dǎn）：诚然。

[3] 驱：驾驭。

[4] 托：推荐。

[5] 县：通“悬”。

[6] 鰌（qiū）：通“遒”，逼迫。

[7] 钩：牵制。

[8] 襄贲、开阳：均楚国地名，在今山东临沂北。

[9] 假：借。

[10] 倜然：远离的样子。

[11] 反然：通“翻然”，快速改变的样子。

[12] 辟：通“譬”。

[13] 陶诞：虚妄夸诞。

[14] 咶（shì）：通“舐”。

[15] 经：缢。

[16] 渠冲：攻城的大车。

[17] 殇（wěn）：同“刎”。

[18]《诗》：指《诗经·大雅·板》。

[19] 价人：善人。　藩：篱笆。

[20] 大师：百姓。

【译文】

荀卿劝说齐相说：“处在能战胜别人的权势地位上，实行战胜别人的方法，天下没有人怨恨，商汤、武王就是这样；处在能战胜别人的权势地位上，不用战胜别人的方法，纵然具有统一天下的强大势力，想要做一个普通百姓也不能，桀、纣就是这样。那么得到战胜别人的地位，远远不如实行战胜别人的方法。那君主和相国，是用权势制服别人的，是就是是，不是就是不是，能就是能，不能就是不能，屏除个人的私欲，必定遵循那些能兼容并包的公正之道、通达之义，这是战胜别人的方法。现在相国您上能得到国君的宠信，下能独揽国家的大权，相国对于制服别人的权势地位，诚然是具备了。然而何不用这制服别人的权势地位去实行制服别人的方法，寻求仁厚通达的君子而推荐给君王，同他一起参与国政，端正是非？像这样，那么国中谁敢不遵从道义？君臣上下，贵贱老幼，以至普通百姓，没有人不遵从道义，那么天下人谁不想归附道义呢？贤德的人都愿意来到相国的朝廷做事，有能力的人都愿意到相国这里做官，喜欢利益的人没有不愿意归附齐国的，天下就统一了。相国舍弃这些不做，而只做世俗人所做的事，那么王妃会在后宫作乱，奸臣会在朝廷作乱，贪官污吏会在官府作乱，普通百姓都会把贪图利益、互相争夺作为习俗，像这样怎么能治理国家呢？现在巨大的楚国横在我们前面，强大的燕国逼迫在我们后面，强劲的魏国牵制了我们的右面，西面像似断非断的绳子一样岌岌可危，楚国又有襄贲、开阳二城虎视我们的左面，其中一国图谋而三国必定会一起欺凌我们，如果这样，那么齐国一定会四分五裂，国家就像借来的城池一样，必定被天下人所耻笑。怎么样？二者哪一种更可行呢？夏桀和商纣，是圣王的后代子孙，是享有天下的继承人，是权势地位的所在，是天下的皇室，土地广大，疆域千里，人口数以亿万计，顷刻间天下人便都离开了夏桀、商纣而投奔了商汤和武王，全都厌恶夏桀、商纣而尊重商汤、武王，为什么呢？夏桀、商纣为什么失败而商汤、武王为什么成功呢？回答说：没有别的原因，夏桀、商纣喜欢做人们所厌恶的事，而商汤、武王喜欢做人们所喜好的事。人们所厌恶的是什么？回答是：污秽、争夺、贪利。人们所喜好的是什么？回答是：礼义、辞让、忠信。现在的国君，谈论起来总想把自己和商汤、武王相提并论，至于他统治人民的方法，和夏桀、商纣没有什么不同，却希望得到商汤、武王的功业名声，可能吗？所以凡是得到胜利的就一定依靠人民，凡是得到人心的就一定依靠大道。大道是什么？回答是：礼义、辞让、忠信。因此人口在四五万以上的国家能够强大取胜，并不是靠人多的力量，关键在于讲信用；领土在方圆百里以上的国家能够安定巩固，并不是靠土地广大的力量，关键在于搞好政事。现在已经拥有数万民众的国家，却用虚妄夸诞、拉帮结伙来争取盟国；已经拥有数百里土地的国家，还用肮脏污秽、巧取豪夺的方法来争夺土地。这样就是舍弃自己的安定强大，而追求自己的危险衰弱，损害自己不足的，来增加自己多余的，像这样的荒谬悖理，却希望得到商汤、武王的功业名声，可能吗？这就好比是趴在地上舔天，解救上吊的人却拉他的脚，这种主张必定行不通，越用力会走得越远。作为臣子的不顾自己的行为不好，只要得到利益就行了，这就像是用攻城的大车或钻地道去获取利益，这是仁人感到耻辱而不去做的。所以人没有比生命更宝贵的，没有比安定更快乐的，而用来保养生命、取得安定快乐的途径没有比礼义更重要的了。人们知道珍惜生命，喜好安定快乐却抛弃礼义，就好比想长寿却割断脖子，没有比这更愚蠢的了。

所以统治人民的君主爱护百姓就安定，喜欢士人就荣耀，二者一样也没有就灭亡。《诗经》中说：‘贤士是屏障，大众是围墙。’说的就是这个道理。

“力术止，义术行。曷谓也？曰：秦之谓也。威强乎汤、武，广大乎舜、禹，然而忧患不可胜校也[1]，諰諰然常恐天下之一合而轧己也，此所谓力术止也。曷谓乎威强乎汤、武？汤、武也者，乃能使说己者用耳[2]。今楚父死焉[3]，国举焉[4]，负三王之庙而辟于陈、蔡之间[5]，视可，司间[6]，案欲剡其胫而以蹈秦之腹[7]，然而秦使左案左，使右案右，是乃使雠人役也，此所谓威强乎汤、武也。曷谓广大乎舜、禹也？曰：古者百王之一天下，臣诸侯也，未有过封内千里者也。今秦南乃有沙羡与俱[8]，是乃江南也，北与胡、貉为邻[9]，西有巴、戎[10]，东在楚者乃界于齐，在韩者踰常山乃有临虑[11]，在魏者乃据圉津[12]，即去大梁百有二十里耳[13]，其在赵者剡然有苓而据松柏之塞[14]，负西海而固常山[15]，是地遍天下也[16]。威动海内，强殆中国，然而忧患不可胜校也，諰諰然常恐天下之一合而轧己也，此所谓广大乎舜、禹也。然则奈何？曰：节威反文[17]，案用夫端诚信全之君子治天下焉，因与之参国政，正是非，治曲直，听咸阳[18]，顺者错之[19]，不顺者而后诛之。若是，则兵不复出于塞外而令行于天下矣；若是，则虽为之筑明堂于塞外而朝诸侯[20]，殆可矣。假今之世，益地不如益信之务也。”

【注释】

[1] 校：计算。

[2] 说：通“悦”。

[3] 楚父：楚顷襄王的父亲楚怀王。怀王三十年，受骗入秦见秦昭王，被扣留，后死于秦。

[4] 国举：国都沦陷。楚顷襄王二十一年，楚国都城郢被秦军占领。

[5] 三王：指楚国立业、受封、称霸时期的鬻熊、熊绎、庄王三位国君。辟：通“避”。

[6] 司：通“伺”，伺机。

[7] 剡（yǎn）：举起。

[8] 沙羡：地名，在今湖北武昌。

[9] 胡、貉（mò）：古时称北部少数民族为胡，称东北部少数民族为貉。

[10] 巴：国名，在今四川东部一带。 戎：古时称西部少数民族为戎。

[11] 常山：即恒山。 临虑：地名，在今河南省。

[12] 圉（yǔ）津：当作“围津”（杨倞说），地名，在今河南省。

[13] 大梁：魏国的国都，今河南省开封市。

[14] 剡然：侵削的样子。 苓：古地名，地址不详。

[15] 负西海：背靠西海。

[16] 下文“此所谓广大乎舜、禹也”一句当移至本句后（王念孙说）。

[17] 反：通“返”。

[18] 咸阳：战国时秦国国都，在今陕西咸阳东。

[19] 错：通“措”，放置。

[20] 明堂：古时天子宣明政教及举行大典的地方。

【译文】

“依靠强力的方法行不通，合乎道义的方法行得通。说的是什么呢？回答是：说的是秦国。秦国的兵力比商汤、武王还威武强大，领土比舜、禹还广大，然而忧患不可胜数，提心吊胆地常常害怕天下联合起来攻打自己，这就是所说的依靠强力的方法行不通。为什么说兵力比商汤、武王还强大？商汤、武王，能够使喜欢自己的人为己所用。现在楚王的父亲怀王死了，国都被攻陷了，楚王背着三个先王的牌位逃到陈、蔡两地之间，窥视着有利时机，等待着可乘之隙，想抬起脚来直捣秦国的腹地，然而秦国让他向左就向左，让他向右就向右，这是使仇人为自己所役使，这就是所说的秦国的兵力比商汤、武王还威武强大。为什么说领土比舜、禹还广大？回答是：古时历代帝王统一天下，臣服诸侯，疆域没有超过方圆千里的。当今秦国南面占据沙羡一带，这便是长江以南了，北面与胡、貉相邻，西面占有巴国与戎地，东面占有楚国的土地与齐国接界，在韩国的军队已经越过了常山而占据了临虑，在魏国的军队已经占据了围津，即距离大梁只有一百二十里，在赵国的军队侵占了苓地而又占有了松柏之塞，背靠西海而把常山作为屏障，这是领土遍及天下，这就是所说的领土比舜、禹还广大。它的威势震慑天下，强大危及中原，然而忧患不可胜数，提心吊胆地常常害怕天下联合起来攻打自己。那么该怎么办？回答是：节制威力反回到礼义上来，选用那些端正诚实守信美好的君子治理天下，同他们一起参与国家政事，端正是非，治理曲直，听政于咸阳，顺从的国家不管它，不顺从的就加以诛伐。像这样，那么军队不用再到塞外而政令就能通行于天下了；像这样，即使给秦王在关外修筑明堂来使诸侯朝拜，也是可以的。当今之世，增加土地不如增加信用更为迫切。”

应侯问孙卿子曰[1]：“入秦何见？”

孙卿子曰：“其固塞险，形势便，山林川谷美，天材之利多，是形胜也。入境，观其风俗，其百姓朴，其声乐不流污，其服不挑[2]，甚畏有司而顺，古之民也。及都邑官府，其百吏肃然，莫不恭俭、敦敬、忠信而不楛，古之吏也。入其国，观其士大夫，出于其门，入于公门，出于公门，归于其家，无有私事也，不比周，不朋党，倜然莫不明通而公也，古之士大夫也。观其朝廷，其间听决百事不留，恬然如无治者，古之朝也。故四世有胜，非幸也，数也。是所见也。故曰：佚而治，约而详，不烦而功，治之至也。秦类之矣。虽然，则有其諰矣[3]。兼是数具者而尽有之，然而县之以王者之功名，则倜倜然其不及远矣[4]。是何也？则其殆无儒邪！故曰：粹而王，驳而霸，无一焉而亡。此亦秦之所短也。”

【注释】

[1] 应侯：即范雎，战国时魏人，秦昭王相，封于应，故称应侯。

[2] 挑：通“佻”，轻佻。

[3] 諰：忧惧。

[4] 倜倜然：很远的样子。

【译文】

应侯问荀卿说：“进入秦国看到了什么？”

荀卿说：“它的关塞险要，地形有利，山林河谷美好，物产丰富，这是地理优势。进入国境，观察它的风俗，百姓纯朴，音乐不淫荡污秽，服装不怪异，人们非常害怕官吏而顺从，真像古时的人民。等到了各级城邑的官府，百官严肃认真，无不恭敬节俭、敦厚可敬、忠诚守信而不懈怠，真像古时的官吏。进入它的国都，观察它的士大夫，走出家门，进入公门，走出公门，回到家里，没有个人的私事，不勾结，不结党，没有不明智通达而公正无私的，真像古时的士大夫。观察它的朝廷，退朝时各种政事处理得毫无遗留，安闲得好像没有什么可治理的，真像古时的朝廷。所以它的四代都能取得胜利，并非侥幸，有其必然性。这是我所看到的。所以说：安逸而能治理好，简要而又详细，不烦劳而有成效，这是治理的最高境界。秦国类似这样。尽管如此，仍有它的忧虑啊！秦国兼而具有以上几个条件，然而用王者的功绩名声来衡量，那还相差很远啊！这是为什么？大概是没有儒者吧！所以说：治国纯用儒术就称王，驳杂就称霸，二者一样也没有就灭亡。这也是秦国的不足。”

积微，月不胜日，时不胜月[1]，岁不胜时。凡人好敖慢小事[2]，大事至然后兴之务之，如是则常不胜夫敦比于小事者矣[3]。是何也？则小事之至也数[4]，其县日也博[5]，其为积也大；大事之至也希[6]，其县日也浅，其为积也小。故善日者王，善时者霸，补漏者危，大荒者亡。故王者敬日，霸者敬时，仅存之国危而后戚之[7]，亡国至亡而后知亡，至死而后知死，亡国之祸败不可胜悔也。霸者之善箸焉[8]，可以时托也[9]；王者之功名不可胜日志也。财物货宝以大为重，政教功名反是，能积微者速成。《诗》曰[10]：“德輶如毛[11]，民鲜克举之[12]。”此之谓也。

【注释】

[1] 时：四时，四季。

[2] 敖：通“傲”，轻慢。

[3] 敦比：治理。

[4] 数（shuò）：频繁。

[5] 县：通“悬”，系。 博：多。

[6] 希：稀少。

[7] 戚：担忧。

[8] 箸：通“著”，显著。

[9] 托：当为“记”字之误（俞樾说）。

[10]《诗》：指《诗经·大雅·烝民》。

[11] 輶（yóu）：轻。

[12] 克：能。

【译文】

积累微小的事情，每月积累不如每日积累，每季积累不如每月积累，每年积累不如每季积累。一个人大凡喜欢轻视小事，大事到来才努力去做，像这样就常常不如认真治理小事的人了。这是为什么呢？因为小事来得频繁，花费的时间也多，它积累起来功效就大；大事来得稀少，花费的时间也少，它积累起来功效就小。所以珍惜每天时光的君主就称王，珍惜每季时光的君主就称霸，出了漏洞再去补救的君主就危险，时间都荒废的君主就灭亡。所以称王的君主重视每一天，称霸的君主重视每一季，勉强存在的国家陷入危险后才担忧，亡国的君主国家灭亡后才知道灭亡，大难临头才知道死亡，亡国的祸乱悔不胜悔。称霸的君主的善政显著，可以按季度记录下来；称王的君主的功绩名声多得每天记录也记不完。财宝货物以大为贵重，政教功名正好相反，能够积累微小的事情才会迅速成功。《诗经》中说："道德轻如毛发，人民很少能举起它。"说的就是这个道理。

凡奸人之所以起者，以上之不贵义，不敬义也。夫义者，所以限禁人之为恶与奸者也。今上不贵义，不敬义，如是，则下之人百姓皆有弃义之志，而有趋奸之心矣，此奸人之所以起也。且上者，下之师也，夫下之和上，譬之犹响之应声，影之像形也。故为人上者不可不顺也[1]。夫义者，内节于人而外节于万物者也，上安于主而下调于民者也。内外上下节者，义之情也[2]。然则凡为天下之要，义为本而信次之。古者禹、汤本义务信而天下治，桀、纣弃义倍信而天下乱[3]，故为人上者必将慎礼义，务忠信，然后可。此君人者之大本也。

【注释】

[1]顺：通"慎"，谨慎。

[2]情：实质。

[3]倍：通"背"。

【译文】

凡是奸人产生的原因，是因为君主不重视道义，不尊重道义。道义，是用来禁止人们做恶为奸的。现在君主不重视道义，不尊重道义，像这样，那么在下的百姓就都会产生舍弃道义的思想，而有趋向奸邪的想法，这就是奸人产生的原因。况且，君主是下民的师表，下民应和君主，打个比方说，如响随声，如影似形一样。所以作为人君的不能不慎重。道义，对内调和人心而对外调和万物，上能安定君主而下能调节万民。内外上下都调和，这是道义的实质。既然这样，那么治理天下最重要的，道义是根本而信用是其次。古时夏禹、商汤立足于道义，致力于忠信而天下安定，夏桀、商纣抛弃道义，违背信用而天下混乱，所以作为人君的一定要慎重地对待礼义，务求忠信，然后才可以。这是作为人君的最大根本。

堂上不粪[1]，则郊草不瞻旷芸[2]；白刃扞乎胸[3]，则目不见流矢；拔戟加乎首[4]，则十指不辞断。非不以此为务也，疾养缓急之有相先者也[5]。

【注释】

[1]粪：扫除。

[2]瞻旷：当为衍文（王念孙说）。 芸：通“耘”，除去。

[3]扞：犯。

[4]拔：急疾，迅猛。

[5]疾：痛。 养：通“痒”。

【译文】

厅堂上面没有打扫，那么郊外的野草就顾不上清除；雪亮的刀子刺到胸前，那么眼睛就看不到飞来的箭；迅猛的戟砸到头上，那么就顾不上十指被砍断。并不是认为这些不要紧，而是痛痒缓急有先有后。

【评析】

孔、孟对社会政治都抱有理想主义的坚持，与之相比，荀子虽然也始终把“王道”当作最高目标，但他同时认为“霸道”也不无可取之处。在他“隆礼尊贤而王，重法爱民而霸，好利多诈而危，权谋倾覆幽险而亡”的梯级模式里，作为次一级的理想目标，霸道的位置仅次于王道。正是在这种意义上，荀子有保留地肯定了当时的强秦。

与对秦国自然环境和资源的赞美相比，荀子对秦的吏治显然更为欣赏，认为“及都邑官府，其百吏肃然，莫不恭俭敦敬，忠信而不楛，古之吏也”，其激赏之情溢于言表。“廉政”的概念最先是由春秋时的齐国大夫晏婴提出来的，他曾在拒绝齐景公的封地时说，“所以贫而不恨者，以善为师也。今封，易婴之师。师已轻，封已重矣。敢辞”。（《绎史》卷七十七上）清廉在这里被作为善德的源头活水看待，并被后来的法家进一步制度规章化，运用于当时僻处西陲、经济文化相对落后的秦国，对抑制官吏队伍的腐败化趋势，保障官僚机构高效有序运转作用甚巨。与此同时，苟且偷安、腐败日盛的东方六国，正如被蛀虫蛀空的大树，日渐飘摇欲坠，一旦秦国发起攻势，便如遭遇狂风暴雨般纷纷轰然倒地。

秦国的崛起是荀子生活时代无法回避的事实，大国争霸成为当时议论国政时一个绕不过去的现实课题，荀子对“霸道”的折衷接受态度就是他对时代强势所做的有限让步，这从荀子对“富国”、“强国”、“霸”、“兵”、“法”等主题的关注上可见一斑。设若在当时难以抵挡的秦的强势之下，荀子完全采用儒家的政治资源和智慧来解决法家所关注的富国强兵主题，即使不被认为是迂腐，至少也会被认为是不现实。但从儒家的仁义和王道来衡量，秦当然并非荀子标举的理想之治，“其殆无儒邪”是他对其为何不够理想的解释。在以力量决高下的战国末期，又有着秦以法术而强盛的背景，荀子对儒家道德理想主义的坚持彰显了他巨大的勇气。

而秦国后来的现实果真如荀子所说，亡于文化的过于专制和暴力。哪怕是在其统一之初尚国富兵强时，六国旧贵族和诸多儒生都敢于在朝廷公开毁议秦政。当然儒生们为此付出了惨重的代价，“焚书坑儒”成为儒者们永远挥之不去的惨痛记忆。但原本期望能二世、三世乃至千秋万代传下去的秦王朝最终如昙花一现，不能不说当初荀子所指出的其文化、政治政策上的偏颇是其如此收场的重要原因所在。

天论

【题解】

本文主要阐述了荀子的宇宙观，即天道观。荀子认为天是没有意识的自然界，有自己的运行规律，不以人们的意志为转移，“天行有常，不为尧存，不为桀亡”，因此社会的治乱与天没有关系，“天不为人之恶寒也辍冬，地不为人之恶辽远也辍广”，故君子要“明于天人之分”，“敬其在己者，而不慕其在天者”。荀子强调人类不仅能认识自然界，而且能改造自然界，大胆地提出了“制天命而用之”的口号，“大天而思之，孰与物畜而制之？从天而颂之，孰与制天命而用之”，这种人定胜天的思想是前无古人的。此外，荀子认为国家的治乱在于遵循大道的一贯原则，即“隆礼尊贤”，“明于礼义”。

天行有常[1]，不为尧存，不为桀亡。应之以治则吉，应之以乱则凶。强本而节用，则天不能贫；养备而动时，则天不能病；修道而不贰[2]，则天不能祸。故水旱不能使之饥渴[3]，寒暑不能使之疾，袄怪不能使之凶[4]。本荒而用侈，则天不能使之富；养略而动罕[5]，则天不能使之全；倍道而妄行，则天不能使之吉。故水旱未至而饥，寒暑未薄而疾[6]，袄怪未至而凶。受时与治世同，而殃祸与治世异，不可以怨天，其道然也。故明于天人之分，则可谓至人矣。不为而成，不求而得，夫是之谓天职。如是者，虽深，其人不加虑焉；虽大，不加能焉；虽精，不加察焉。夫是之谓不与天争职。天有其时，地有其财，人有其治，夫是之谓能参。舍其所以参而愿其所参，则惑矣。列星随旋，日月递炤[7]，四时代御[8]，阴阳大化，风雨博施，万物各得其和以生，各得其养以成，不见其事而见其功，夫是之谓神。皆知其所以成，莫知其无形，夫是之谓天。唯圣人为不求知天。

【注释】

[1] 常：规律。

［2］修：当为“循”字（王念孙说）。　贰：当为“忒”字之误（王念孙说）。

［3］渴：疑为衍文（王念孙说）。

［4］祆：同“妖”。　略：减少。

［5］罕：希。

［6］薄：迫近。

［7］炤：同“照”，照耀。

［8］御：运行。

【译文】

天道有一定的规律，不因为尧而存在，不因为桀而灭亡。用安定来适应它就吉利，用混乱来适应它就凶险。加强农业而节约费用，那么上天也不能使他贫穷；衣食充足而按时劳作，那么上天也不能使他生病；遵循大道而不出差错，那么上天也不能使他遭祸。所以水涝旱灾不能使他饥饿，严寒酷暑不能使他生病，灾害怪异不能使他凶险。农业荒废而生活奢侈，那么上天也不能使他富裕；衣食不足而又懒惰，那么上天也不能使他健康；违背大道而胡作非为，那么上天也不能使他吉祥。所以水涝、旱灾没有发生就挨饿，严寒酷暑还没迫近就生病，灾害怪异没有出现就凶险。遇到的天时与安定的社会是一样的，而遇到的灾难祸患与安定的社会却不一样，这不能埋怨上天，是他的治国方法造成的。所以明白了天和人的不同，就可以算得上是至人了。不去做就成功，不求取就得到，这叫做天的职能。像这样，虽然深远，至人也不加考虑；虽然广大，至人也不加干预；虽然精妙，至人也不加考察。这就叫做不与天争夺职能。天有它的时节变化，地有它的财富资源，人有它的治理方法，这就叫做能与天地相匹配。舍弃与天地相匹配的治理方法而希望达到天地的功能，那就太糊涂了。星星相随旋转，日月交替照耀，春夏秋冬交相变更，阴阳化生万物，风雨广泛地滋润万物，万物各自得到和气而生长，各自得到滋养而成熟，看不见它化生万物的形迹却看到了它的功效，这就叫做神妙。都知道它生成万物，却没有人知道它无形无迹，这就叫做天。只有圣人不求了解天。

天职既立，天功既成，形具而神生，好恶、喜怒、哀乐臧焉[1]，夫是之谓天情。耳目鼻口形能，各有接而不相能也，夫是之谓天官。心居中虚以治五官，夫是之谓天君。财非其类[2]，以养其类，夫是之谓天养。顺其类者谓之福，逆其类者谓之祸，夫是之谓天政。暗其天君，乱其天官，弃其天养，逆其天政，背其天情，以丧天功，夫是之谓大凶。圣人清其天君，正其天官，备其天养，顺其天政，养其天情，以全其天功。如是，则知其所为，知其所不为矣，则天地官而万物役矣。其行曲治[3]，其养曲适，其生不伤，夫是之谓知天。故大巧在所不为，大智在所不虑。所志于天者[4]，已其见象之可以期者矣；所志于地者，已其见宜之可以息者矣；所志于四时者，已其见数之可以事者矣；所志于阴阳者，已其见知之可以治者矣[5]。官人守天而自为守道也。

【注释】

[1] 臧：通“藏”，蕴藏。

[2] 财：通“裁”，裁制。

[3] 曲：周遍。

[4] 志：认识。

[5] 知：当为“和”字（王念孙说）。

【译文】

天的职能已经确立，天的功绩已经完成，人的形体具备了而精神也随之产生，好恶、喜怒、哀乐等情感蕴藏在其中，这就叫做天然的情感。耳、目、鼻、口和形体，各自接触外界的事物而不能相互代替，这就叫做天然的感官。心处在中部虚空的地方来管理五官，这就叫做天然的君主。利用其他物类来供养人类，这就叫做天然的供养。顺从同类需求的叫做福，违背同类需求的叫做祸，这就叫做天然的政治。蒙蔽天然的君主，扰乱天然的感官，抛弃天然的供养，违反天然的政治，背叛天然的情感，以致丧失了天然的功绩，这就叫做大凶。圣人澄清天然的君主，端正天然的感官，备足天然的供养，顺从天然的政治，保养天然的情感，来保全天然的功绩。像这样，就知道他应该做什么，知道他不应该做什么，那么天地就能被利用而万物就能被役使了。他的行为就完全合理，他的保养就完全适宜，他的生命就不会受到伤害，这就叫做了解了天。所以最能干的人在于不去做不应该做的事情，最聪明的人在于不去考虑不应该考虑的问题。对于天的认识，根据出现的天象就可以推测出来；对于地的认识，根据它适宜生长的条件就可以去繁衍；对于四时的认识，根据它的变化规律就可以安排农事；对于阴阳的认识，根据它显现出的和谐就可以来处理政事。圣人任用别人来观察天象而自己却掌握治国大道。

治乱，天邪？曰：日月、星辰、瑞历[1]，是禹、桀之所同也，禹以治，桀以乱，治乱非天也。时邪？曰：繁启蕃长于春夏[2]，畜积收臧于秋冬[3]，是又禹、桀之所同也，禹以治，桀以乱，治乱非时也。地邪？曰：得地则生，失地则死，是又禹、桀之所同也，禹以治，桀以乱，治乱非地也。《诗》曰[4]：“天作高山[5]，大王荒之[6]；彼作矣，文王康之[7]。”此之谓也。

【注释】

[1] 瑞历：历象，天体运行的现象。

[2] 繁：多。 启：萌芽。 蕃长：茂盛地生长。

[3] 畜：通“蓄”。 臧：通“藏”。

[4]《诗》：指《诗经·周颂·天作》。

[5] 高山：指岐山，在今陕西省岐山县东北。

[6] 荒：开辟。

[7] 康：安定。

【译文】

社会的安定与混乱，是上天造成的吗？回答是：日月、星辰、历象，这是禹、桀时代都相同的，禹使天下安定，桀使天下混乱，社会的安定与混乱不是上天造成的。是季节造成的吗？回答是：农作物春天纷纷发芽，夏天茂盛地生长，秋天收获，冬天贮藏，这又是禹、桀时代都相同的，禹使天下安定，桀使天下混乱，社会的安定与混乱不是季节造成的。是大地造成的吗？回答是：万物得到土地就生长，失去土地就灭亡，这又是禹、桀时代都相同的，禹使天下安定，桀使天下混乱，社会的安定与混乱不是大地造成的。《诗经》中说：“上天生成了这座高山，大王将它开辟；已经创建了基业，文王使它平安。”说的就是这个道理。

天不为人之恶寒也辍冬，地不为人之恶辽远也辍广，君子不为小人匈匈也辍行[1]。天有常道矣，地有常数矣，君子有常体矣。君子道其常而小人计其功。《诗》曰[2]："何恤人之言兮？"此之谓也。

【注释】

[1] 匈匈：通"讻讻"，喧哗的声音。

[2]《诗》：不见于今本《诗经》，当为佚诗。句首疑脱"礼义之不愆"五字（俞樾说），译文补出。

【译文】

上天并不因人们厌恶寒冷就停止冬天，大地并不因人们厌恶辽远就不再宽广，君子不因小人的叫嚣而停止行为。上天有一定的规律，大地有一定的法则，君子有一定的行为标准。君子按行为标准行事而小人计较眼前的功利。《诗经》中说："礼义上没有差错，何必顾及别人的闲话呢？"说的就是这个道理。

楚王后车千乘，非知也[1]；君子啜菽饮水[2]，非愚也。是节然也[3]。若夫心意修[4]，德行厚，知虑明，生于今而志乎古，则是其在我者也。故君子敬其在己者，而不慕其在天者；小人错其在己者[5]，而慕其在天者。君子敬其在己者而不慕其在天者，是以日进也；小人错其在己者而慕其在天者，是以日退也。故君子之所以日进与小人之所以日退，一也。君子小人之所以相县者在此耳[6]。

【注释】

[1] 知：通"智"。

[2] 啜（chuò）：吃。　菽：豆类，泛指粗粮。

[3] 节：时运。

[4] 心：当为"志"字（王念孙说）。

[5] 错：通"措"，放弃。

[6] 县：通"悬"。

【译文】

楚王后面跟随的车子有上千辆，并不是他聪明；君子吃粗粮喝白水，并不是他愚蠢。这是时运造成的。至于思想美好，德行敦厚，思虑明达，生在今天而向往古代，这些都在于我们自己。所以君子慎重地对待取决于自己的事情，而不羡慕取决于上天的事情；小人舍弃取决于自己的事情，而羡慕取决于上天的事情。君子恭敬地对待取决于自己的事情，而不羡慕取决于上天的事情，所以每天都进步；小人舍弃取决于自己的事情，而羡慕取决于上天的事情，所以每天都退步。因此君子每天都进步与小人每天都退步，原因是一样的。君子和小人差别悬殊原因就在这里。

星队、木鸣[1]，国人皆恐，曰：是何也？曰：无何也，是天地之变，阴阳之化，物之罕至者也，怪之可也，而畏之非也。夫日月之有蚀，风雨之不时，怪星之党见[2]，是无世而不常有之。上明而政平，则是虽并世起[3]，无伤也；上暗而政险，则是虽无一至者，无益也。夫星之队，木之鸣，是天地之变，阴阳之化，物之罕至者也，怪之可也，而畏之非也。物之已至者，人祆则可畏也。楛耕伤稼，耘耨失薉[4]，政险失民，田薉稼恶[5]，籴贵民饥[6]，道路有死人，夫是之谓人祆。政令不明，举错不时，本事不理，夫是之谓人祆。礼义不修，内外无别，男女淫乱，则父子相疑，上下乖离，寇难并至，夫是之谓人祆。祆是生于乱，三者错，无安国。其说甚尔[7]，其菑甚惨[8]。勉力不时，则牛马相生，六畜作祆[9]，可怪也，而不可畏也[10]。传曰："万物之怪，书不说。"无用之辩，不急之察，弃而不治。若夫君臣之义，父子之亲，夫妇之别，则日切瑳而不舍也[11]。

【注释】

[1]队：通"坠"，坠落。

[2]党：通"傥"，偶然。　见：通"现"。

[3]并世：在同一时代。

[4]耘耨失薉：当作"枯耘伤岁"（卢文弨说）。

[5]薉：同"秽"，荒芜。

[6]籴（dí）：买粮。

[7]尔：通"迩"，近。

[8]菑：通"灾"，灾害。

[9]以上三句与文义不顺，疑在上面“本事不理”句之下（王念孙说）。将此三句调整到“本事不理”句下。

[10]不：当作“亦”字（王念孙说）。

[11]瑳：同“磋”，切磋。

【译文】

流星陨落，社树鸣响，人们都害怕，问：这是为什么？回答说：没有什么，这是天地的变化，阴阳的作用，事物中很少出现的现象，认为它奇怪是可以的，但畏惧它就不对了。太阳和月亮发生日食和月食，大风暴雨的到来不合时宜，奇怪的星星偶尔出现，这是哪个社会都常有的现象。君主英明而政治清平，那么这些现象即使同时出现，也没有什么伤害；君主昏暗而政治险恶，那么这些现象即使一种也没有出现，也没有什么好处。流星的陨落，社树的鸣响，是天地的变化，阴阳的作用，事物中很少出现的现象，认为它奇怪是可以的，但畏惧它就不对了。已经出现的事物中，人事中的怪现象才是可怕的。粗劣地耕作伤害了庄稼，马虎地锄草影响了收成，政治险恶而失去民心，田地荒芜而庄稼歉收，粮价昂贵而百姓饥饿，道路上有饿死的人，这就叫做人事中的怪现象。政策法令不清明，措施不合时宜，农业生产不加管理，督促劳作不合时节，牛马就会生出怪胎，六畜就会出现怪现象，这就叫做人事中的怪现象。礼义不加修整，内外没有分别，男女淫荡作乱，父子互相猜疑，上下互相背离，外寇、内乱同时到来，这就叫做人事中的怪现象。这些怪现象产生于混乱，这三种现象交错发生，国家就不会安定了。这种道理很浅显，但这种灾祸非常悲惨。这是可怪的，也是可怕的。古书上说：“万物中的怪现象，经书上不解说。”没有用处的辩说，不是急需的考察，应当舍弃而不理。至于君臣之间的道义，父子之间的亲爱，夫妇之间的分别，就要每天琢磨而不能舍弃。

雩而雨[1]，何也？曰：无何也，犹不雩而雨也。日月食而救之[2]，天旱而雩，卜筮然后决大事[3]，非以为得求也，以文之也[4]。故君子以为文，而百姓以为神。以为文则吉，以为神则凶也。

【注释】

[1]雩（yú）：古时求雨的祭祀。

［2］日月食而救之：古人以为日食和月食是天狗把日、月吞吃了，于是敲盆击鼓想吓跑天狗来救日、月。

［3］卜筮（shì）：古时用龟甲、蓍草等占问吉凶。

［4］文：文饰。

【译文】

祭祀求雨就下了雨，为什么？回答说：这没有什么，就像不祭祀求雨而下雨一样。日食、月食发生了就去抢救，天旱就祭祀求雨，占卜然后决定大事，并不是以为能得到所求的东西，而是来文饰政事罢了，所以君子认为这是一种文饰，而百姓认为这是求神。认为这是文饰就吉利，认为这是求神就凶险了。

在天者莫明于日月，在地者莫明于水火，在物者莫明于珠玉，在人者莫明于礼义。故日月不高，则光晖不赫[1]；水火不积，则晖润不博；珠玉不睹乎外[2]，则王公不以为宝；礼义不加于国家，则功名不白[3]。故人之命在天，国之命在礼。君人者隆礼尊贤而王，重法爱民而霸，好利多诈而危，权谋倾覆幽险而尽亡矣。大天而思之[4]，孰与物畜而制之？从天而颂之，孰与制天命而用之？望时而待之，孰与应时而使之？因物而多之，孰与骋能而化之？思物而物之，孰与理物而勿失之也？愿于物之所以生，孰与有物之所以成[5]？故错人而思天[6]，则失万物之情。

【注释】

［1］晖：通“辉”。　赫：明亮。

［2］睹：当为“睹”（dǔ）字（王念孙说），明亮。

［3］白：显著。

［4］大：尊崇。　思：仰慕。

［5］有：通“佑”。

［6］错：放弃。

【译文】

天上没有比日月更明亮的了，地上没有比水火更明亮的了，万物中没有比珠玉更明亮的了，人间没有比礼义更明亮的了。所以日月如果不高悬空中，那么光辉就不显赫；水火如果不积聚，那么光泽就不广博；珠玉的光彩如果不显露在外面，那么王公就不会把它当作珍宝；礼义不施于国中，那么功名就不显著。所以人的命运取决于上天，国家的命运取决于礼义。作为人君的，崇尚礼义，尊重贤能就称王，重视法律，爱护人民就称霸，贪求财利，多行欺诈就危险，玩弄权术阴谋，倾轧陷害，阴暗险恶就灭亡。尊崇上天而仰慕它，哪比得上把它作为物蓄养起来而控制它？顺从上天而歌颂它，哪比得上掌握自然规律而利用它？盼望天时而等待它，哪比得上顺应天时而使它为人类所用？随顺万物的自然生长而使它增多，哪比得上施展才能而改造它？思慕万物而想占为己有，哪比得上促进万物的成长而不失去它？希望了解万物产生的过程，哪比得上促进万物的生长？所以舍弃人的努力而指望上天，那就违反了万物的本性。

百王之无变，足以为道贯。一废一起，应之以贯，理贯不乱。不知贯，不知应变，贯之大体未尝亡也。乱生其差，治尽其详。故道之所善，中则可从，畸则不可为，匿则大惑[1]。水行者表深[2]，表不明则陷；治民者表道，表不明则乱。礼者，表也。非礼，昏世也；昏世，大乱也。故道无不明，外内异表，隐显有常，民陷乃去[3]。

【注释】

[1]匿：通“慝”（tè），差错。

[2]表：标志。

[3]陷：灾难。

【译文】

历代帝王都没有改变的东西，足以成为大道的一贯原则。朝代有兴衰变化，依靠这一贯的原则来应付，运用好这一贯的原则就不混乱。不了解这一贯的原则，就不知道如何应付变化，这一贯原则的主要内容从来没有消亡过。国家混乱产生于使用这一原则发生了偏差，社会安定是由于使用这一原则十分完备。所以大道所昭示的原则符合了它就可以遵从，偏离了它就不可以施行，违背了它就会造成极大的惑乱。涉水的人要用标志表明深度，标志不明确就会沉入水底；治理人民的人应当用道作为标准，标准不明确就会混乱。礼，就是这种标准。违背礼，就是昏暗的社会。昏暗的社会，就会大乱。所以大道没有不明确的地方，对内、对外要有不同的标准，看得见的与看不见的要有一定的常规，人民的灾难就可避免了。

万物为道一偏，一物为万物一偏，愚者为一物一偏，而自以为知道，无知也。慎子有见于后[1]，无见于先；老子有见于诎[2]，无见于信[3]；墨子有见于齐[4]，无见于畸[5]；宋子有见于少[6]，无见于多。有后而无先，则群众无门；有诎而无信，则贵贱不分；有齐而无畸，则政令不施；有少而无多，则群众不化。《书》曰[7]："无有作好，遵王之道；无有作恶，遵王之路。"此之谓也。

【注释】

[1] 慎子：指慎到。见《修身》篇。

[2] 老子：道家的创始人，相传是春秋时楚国苦县人，姓李，名耳，字伯阳，号老聃。 诎：通"屈"。

[3] 信：通"伸"，进取。

[4] 墨子：即墨翟。见《修身》篇。

[5] 畸：不齐。

[6] 宋子：即宋钘。见《非十二子》篇。

[7]《书》：指《尚书·洪范》。

【译文】

万物是大道的一部分，一物是万物的一部分，愚蠢的人只看到了一物的一部分，却自认为了解了大道，实在是太无知了。慎到只看到了后退的一面，没有看到前进的一面；老子只看到了委曲求全的一面，没有看到积极进取的一面；墨子只看到了齐同的一面，没有看到不同的一面；宋钘只看到了人们寡欲的一面，没有看到人们多欲的一面。只有后退而没有前进，那么群众就失去了方向；只有委曲而没有进取，那么贵贱就没有分别；只有齐同而没有不同，那么政令就不能实施；只有寡欲而没有多欲，那么群众就得不到教化。《尚书》中说："不要有所偏好，遵循先王的大道；不要有所偏恶，遵循先王的大路。"说的就是这个道理。

【评析】

上至帝王将相，下至黎民百姓，古人早已习惯于将自己的未来交付给神秘莫测的命运。观星、卜卦、祭天、祈雨、求神，是他们日常生活中必不可少的一部分，甚至会在一定程度上左右他们对于人、事、物的判断取舍。作为儒家经典之一的《中庸》，也曾有过这样的论调："国家将兴，必有祯祥；国家将亡，必有妖孽。"然而荀子却认为，自然界种种诡异奇特的现象，与个人的荣辱得失乃至国家的盛衰兴亡之间并没有绝对的、必然的联系。"列星随旋，日月递炤，四时代御，阴阳大化，风雨博施"，面对不可捉摸的自然之天，人们不必战战兢兢如履薄冰，只要"明于天人之分"，懂得"天行有常"，进而掌握自然之天的运行规律，就能够"制天命而用之"（《天论》）。在中国历史上，终于有一个响亮的声音唤醒了匍匐在"神天"脚下的人们，告诉他们原来"天"并非是具有独裁意志的上帝化身。苍茫宇宙间，所有的功过都只是"不为而成，不求而得"。"天不为人之恶寒也辍冬，地不为人之恶辽远也辍广"，自然界既不会为任何温存善良的心灵而感动，也不会被任何为非作歹的暴徒所激怒。那些为了民间冤情动容，"雪飞六月"、"亢旱三年"的"青天"，不过是文学作品中略带夸张的想象罢了。沉睡的心灵一旦觉醒，所有的愚民手段都将黯然失色，所有的堂皇借口也将瓦解破碎。荀子指引着世人认识到自身从来不是比"天"低贱、只能听凭"天"来安排命运的族类。"人"可以平等地看待自我与上苍的关系，甚至可以通过自己的努力来驱使"天"，征服"天"。"道者，非天之道，非地之道，人之所以道也，君子之所道也。"（《儒效》）荀子认为，要改善个人的生活，不能乞求上天的怜悯与施舍，而必须依靠自身的努力奋斗。同样，要主宰国家的治乱之势，也不能寄望于天时地利的巧合或是祭祀占卜的吉凶，而必须依靠君臣子民齐心协力地贯彻礼义之道。

从某种意义上，荀子的"天人相分"论中颇含有一些批判道家思想，特别是庄子"天人合一"论的意味。面对"天"与"人"的关系，庄子主张"无以人灭天"（《庄子·秋水》），认为一切应当顺其自然，不能因为人类无穷尽的欲望，就肆意地向自然无度索取或是对万物本性妄加改造。他的思想已经超越了人类以自我为中心的价值观，进入到"天地与我并生，而万物与我为一"（《庄子·齐物论》）的境界。但荀子并不赞许庄子对于生命与自然的诗意信仰，他在《解蔽》篇中就曾经指责庄子的哲学思想"蔽于天而不知人"。荀子心中自有一座理性机制的天平，富国王霸的梦想砌成了它的底座，道德礼义的约束铸就了它的指针，而现实政治利益则是天平上唯一的砝码。他用这座天平来衡量世间一切思想的价值，合之者视若珍宝，"日切瑳而不舍"；逆之者打入冷宫，统统归类为“无用之辩，不急之察”，最终“弃而不治”。荀子眼见世人领受着“楛耕伤稼，耘耨失薉，政险失民，田薉稼恶，籴贵民饥，道路有死人”等诸多苦难险恶，不由地质问起现有体制下“政令不明，举错不时，本事不理，……礼义不修”的各种漏洞。“大巧在所不为，大智在所不虑”，比起缥缈在云端的空头理论，或是并不会对社会生活造成根本影响的流星、日蚀，他宁愿更多地关注于现实生活。明乎此，蕴含于《天论》中的热切初衷也就卓然自现。我们既可以将其视作荀子对于往日敬天事鬼的民族文化传统的坚决反叛，也可以把它当成是荀子对于未来社会合理开发利用自然的一次启蒙。只可惜凡事过犹不及，身处战国末年的荀子又怎能预见到近世人类对于自然的疯狂掠夺与不计后果的肆意破坏呢?

正　论

【题解】

本文是一篇针对当时社会上流行的一些观点进行批判的政治论文。文中荀子对“主道利周”、“汤武篡权”、“治古无肉刑”、“汤武不能禁令”、“尧舜禅让”、“太古薄葬，故不扣，乱今厚葬，故扣”和宋钘的“见侮不辱”、“人之情欲寡”等观点一一进行了剖析和批驳，充分表明了荀子关于王者之制的政治理想和儒法并重的治国原则。

世俗之为说者曰：“主道利周[1]。”是不然。主者，民之唱也[2]；上者，下之仪也[3]。彼将听唱而应，视仪而动。唱默则民无应也，仪隐则下无动也。不应不动，则上下无以相有也[4]。若是，则与无上同也，不祥莫大焉。故上者，下之本也。上宣明则下治辨矣[5]，上端诚则下愿悫矣，上公正则下易直矣。治辨则易一，愿悫则易使，易直则易知。易一则强，易使则功，易知则明，是治之所由生也。上周密则下疑玄矣[6]，上幽险则下渐诈矣，上偏曲则下比周矣。疑玄则难一，渐诈则难使，比周则难知。难一则不强，难使则不功，难知则不明，是乱之所由作也。故主道利明不利幽，利宣不利周。故主道明则下安，主道幽则下危。故下安则贵上，下危则贱上。故上易知则下亲上矣，上难知则下畏上矣。下亲上则上安，下畏上则上危。故主道莫恶乎难知，莫危乎使下畏己。传曰：“恶之者众则危。”《书》曰[7]：“克明明德。”《诗》曰[8]：“明明在下。”故先王明之，岂特玄之耳哉？

【注释】

[1] 周：隐密。

[2] 唱：通“倡”，倡导。

[3] 仪：榜样。

[4] 有：当为“胥”字（王先谦说），通“须”，待。

[5]辨：通“办”，治理。

[6]玄：通“眩”，迷惑。

[7]《书》：引自《尚书·尧典》，今本作“克明俊德”。

[8]《诗》：指《诗经·大雅·大明》。

【译文】

社会上持某一学说的人说：“君主的治国大道以对臣民隐蔽为有利。”这种说法不对。君主，是人民的倡导者；君主，是臣下的准则。百姓听到倡导而响应，看到准则而行动。倡导者沉默而人民就无法响应，准则隐匿而臣下就无法行动。不响应，不行动，那么上下就无法相互依靠。像这样，就和没有君主相同了，不吉利的事没有比这更大了。所以君主是臣民的根本，君主公开透明那么臣民就能治理好，君主端正诚实那么臣民就忠厚老实，君主公正无私那么臣民就平易正直。治理得好就容易统一，忠厚老实就容易役使，平易正直就容易了解。容易统一就强大，容易役使就有功效，容易了解就明白，这是安定产生的原因。君主隐蔽那么臣民就怀疑迷惑，君主阴险那么臣民就欺诈，君主偏私那么臣民就勾结。怀疑迷惑就难统一，欺诈就难役使，勾结就难了解。难统一就不强大，难役使就没有功效，难了解就不明白，这是混乱产生的原因。所以君主的治国大道宜于明白而不宜幽暗，宜于公开而不宜隐蔽。因此君主的治国大道明白那么臣民就安定，君主的治国大道幽暗那么臣民就危险。所以臣民安定就会尊重君主，臣民危险就会鄙视君主。所以君主容易了解那么臣民就亲近他，君主难以了解那么臣民就畏惧他。臣民亲近君主那么君主就安定，臣民畏惧君主那么君主就危险。所以治国的大道，没有比百姓难以知晓更为糟糕的，没有比百姓畏惧君主更为危险的了。古书上说：“厌恶他的人多就危险。”《尚书》中说：“要宣扬美好的德行。”《诗经》中说：“美好的德行昭示天下。”所以先王使百姓明白，哪能迷惑他们呢？

世俗之为说者曰：“桀、纣有天下，汤、武篡而夺之。”是不然。以桀、纣为常有天下之籍则然[1]，亲有天下之籍则不然[2]，天下谓在桀、纣则不然。古者天子千官，诸侯百官。以是千官也，令行于诸夏之国，谓之王；以是百官也，令行于境内，国虽不安，不至于废易遂亡[3]，谓之君。圣王之子也，有天下之后也，势籍之所在也，天下之宗室也，然而不材不中，内则百姓疾之，外则诸侯叛之，近者境内不一，遥者诸侯不听，令不行于境内，甚者诸侯侵削之，攻伐之，若是，则虽未亡，吾谓之无天下矣。圣王没，有势籍者罢不足以县天下[4]，天下无君，诸侯有能德明威积，海内之民莫不愿得以为君师。然而暴国独侈，安能诛之，必不伤害无罪之民，诛暴国之君若诛独夫。若是，则可谓能用天下矣。能用天下之谓王。汤、武非取天下也，修其道，行其义，兴天下之同利，除天下之同害，而天下归之也。桀、纣非去天下也，反禹、汤之德，乱礼义之分，禽兽之行，积其凶，全其恶，而天下去之也。天下归之之谓王，天下去之之谓亡。故桀、纣无天下，而汤、武不弑君，由此效之也[5]。汤、武者，民之父母也；桀纣者，民之怨贼也。今世俗之为说者，以桀、纣为君而以汤、武为弑，然则是诛民之父母而师民之怨贼也，不祥莫大焉。以天下之合为君，则天下未尝合于桀、纣也。然则以汤、武为弑，则天下未尝有说也，直堕之耳[6]。故天子唯其人。天下者，至重也，非至强莫之能任；至大也，非至辨莫之能分；至众也，非至明莫之能和。此三至者，非圣人莫之能尽，故非圣人莫之能王。圣人备道全美者也，是县天下之权称也[7]。桀、纣者，其志虑至险也，其至意至暗也[8]，其行之为至乱也[9]；亲者疏之，贤者贱之，生民怨之，禹、汤之后也，而不得一人之与[10]；刳比干，囚箕子，身死国亡，为天下之大僇[11]，后世之言恶者必稽焉，是不容妻子之数也。故至贤畴四海[12]，汤、武是也；至罢不容妻子，桀、纣是也。今世俗之为说者，以桀、纣为有天下而臣汤、武，岂不过甚矣哉？譬之，是犹伛巫、跛匡大自以为有知也[13]。故可以有夺人国，不可以有夺人天下；可以有窃国，不可以有窃天下也。可以夺之者可以有国，而不可以有天下；窃可以得国，而不可以得天下。是何也？曰：国，小具也[14]，可以小人有也，可以小道得也，可以小力持也；天下者，大具也，不可以小人有也，不可以小道得也，不可以小力持也。国者，小人可以有之，然而未必不亡也；天下者，至大也，非圣人莫之能有也。

【注释】

[1] 常：通“尝”。 籍：地位。

[2] 不：当为衍文（王引之说）。

[3] 遂：通“坠”。

[4] 罢：通“疲”。 县：通“悬”。

[5] 效：验证。

[6] 堕：毁，污蔑。

[7] 权称：这里指标准。

[8] 至意：当为“志意”（杨倞说）。

[9] 之：当为衍文（王引之说）。

[10] 与：帮助。

[11] 僇：耻辱。

[12] 畴：保。

[13] 匡（wāng）：通“尪”，残疾人。

[14] 具：器具。

【译文】

社会上持某一学说的人说：“夏桀、商纣拥有天下，商汤、武王篡夺了。”这种说法不对。认为夏桀、商纣曾经占有统治天下的地位是对的，亲自占有统治天下的权位是对的，认为天下属于夏桀、商纣就不对了。古时天子有上千个官吏，诸侯有上百个官吏。依靠这上千个官吏，把政令推行到中原各国，这就叫做帝王；依靠这上百个官吏，把政令推行到本国境内，国家即使不安定，也不至于被废黜而灭亡，这叫做国君。圣王的子孙，是拥有天下的帝王的后代，是权势地位的所在，是天下的宗主，然而无才能、不公正，内则百姓嫉恨他，外则诸侯背叛他，近处是国内不统一，远处是诸侯不听从，政令不能施行于境内，甚至诸侯侵略他，攻打他，像这样，即使没有灭亡，我说他已经没有天下了。圣王死了，拥有权势地位的子孙软弱无能不足以掌握天下，天下没有了君主，诸侯中有德行显著、威望崇高的人，天下人民就没有不愿意得到他作为君主的。然而暴君统治的国家偏偏奢侈放纵，于是只有他能诛杀暴国之君，又一定不会伤害无辜百姓，诛杀暴国之君就像诛杀独夫一样。像这样，那么就可以说他掌握天下了。能够掌握天下的就称王。商汤、武王并不是夺取天下，而是遵从治国大道，实行道义，兴办天下的共同利益，铲除天下的共同祸害，而天下归顺了他们。夏桀、商纣并不是丢掉了天下，而是违背了夏禹、商汤的美德，扰乱了礼义的名分，行为如同禽兽，罪恶累累，无恶不作，而天下人离弃了他们。天下人归顺他就叫做称王，天下人离弃他就叫做灭亡。所以夏桀、商纣没有天下，而商汤、武王没有杀掉君主，由此得到证明了。商汤、武王是人民的父母，夏桀、商纣是人民的仇敌。现在社会上持某种学说的人，认为夏桀、商纣是君主而商汤、武王杀掉了君主，那么这就等于诛杀了人民的父母而把人民的仇敌作为君长，没有比这更不吉利的了。认为天下归附的人是君主，那么天下从来没有归附夏桀、商纣。然而认为商汤、武王杀掉了君主，天下从来没有这种说法，只是污蔑罢了。所以天子一定要合适的人来担任。天下，是最沉重的担子，不是最强有力的人不能但任；范围是最广大的，不是最明辨的人不能区分它；民众是最多的，不是最英明的人不能调和他们。这三个最，不是圣人不能全面深透地加以领悟，所以不是圣人不能称王于天下。圣人是道德完备、尽善尽美的人，是衡量天下的一杆称。夏桀、商纣，他们的谋虑极其险恶，他们的思想极其阴暗，他们的行为极其混乱；亲人疏远他们，贤人鄙视他们，百姓怨恨他们，虽是夏禹、商汤的后代，却得不到一个人的帮助；把比干剖腹挖心，囚禁箕子，身死国亡，成为天下最大的耻辱，后代说到恶人就一定以他们为例，这是不能保住妻子儿女的道理。所以最贤能的人享有四海，商汤、武王就是这种人；最无能的人不能保住妻子儿女，夏桀、商纣就是这种人。现在社会上持某种学说的人，认为夏桀、商纣拥有天下而把商汤、武王作为臣子，这不是大错特错吗？打个比方说，就像驼背的女巫，瘸腿的残疾人狂妄地自以为很聪明一样。所以可以夺取别人的国家，不可以夺取别人的天下；可以窃取别人的国家，不可以窃取别人的天下。夺取的人可以拥有一个国家，而不能拥有天下；巧取可以得到一个国家，而不能得到天下。这是为什么？回答是：国家，是个小工具，可以让小人拥有它，可以用小道得到它，可以用较小的力量来维持它；天下，是个大工具，不可以让小人拥有它，不可以用小道得到它，不可以用较小的力量来维持它。国家，小人可以拥有它，但未必不会灭亡；天下，是最广大的，不是圣人不能拥有它。

世俗之为说者曰：“治古无肉刑而有象刑[1]：墨黥[2]；慅婴[3]；共[4]，艾毕[5]；菲[6]，对屦[7]；杀，赭衣而不纯[8]。治古如是。”是不然。以为治邪？则人固莫触罪，非独不用肉刑，亦不用象刑矣。以为人或触罪矣，而直轻其刑，然则是杀人者不死，伤人者不刑也。罪至重而刑至轻，庸人不知恶矣，乱莫大焉。凡刑人之本，禁暴恶恶，且征其未也[9]。杀人者不死而伤人者不刑，是谓惠暴而宽贼也，非恶恶也。故象刑殆非生于治古，并起于乱今也。治古不然。凡爵列、官职、赏庆、刑罚，皆报也，以类相从者也。一物失称，乱之端也。夫德不称位，能不称官，赏不当功，罚不当罪，不祥莫大焉。昔者武王伐有商，诛纣，断其首，县之赤旆[10]。夫征暴诛悍，治之盛也。杀人者死，伤人者刑，是百王之所同也，未有知其所由来者也。刑称罪则治，不称罪则乱。故治则刑重，乱则刑轻，犯治之罪固重，犯乱之罪固轻也。《书》曰[11]："刑罚世轻世重。"此之谓也。

【注释】

[1] 肉刑：指黥（qíng，脸上刺字后涂墨）、劓（yì，割鼻子）、剕（fèi，剁脚）、宫（破坏生殖器）、大辟（砍头）等刑罚。 象刑：象征性的刑罚。

[2] 墨黥：用墨画脸代替黥刑。

[3] 慅婴：同"草缨"，在罪犯冠上加草带代替劓刑。"慅婴"前疑夺"劓"字。

[4] 共：通"宫"，宫刑。

[5] 艾（yì）：通"刈"，割。 毕：通"韠"（bì），古代衣服上的蔽膝。

[6] 菲：通"剕"，砍断脚的刑罚。

[7] 对：当为"綁"（bǎng）字（郝懿行说），麻鞋。

[8] 赭（zhě）：红褐色。 不纯（zhǔn）：不镶边，此处指没有衣领。

[9] 征：通"惩"。

[10] 旆（pèi）：旌旗。

[11]《书》：指《尚书·吕刑》。

【译文】

社会上持某种学说的人说："古代的安定社会没有肉刑而只有象征性的刑罚：用墨画脸来代替脸上刺字的黥刑，头系草帽带来代替割鼻子的劓刑，割掉衣服上的蔽膝来代替阉割生殖器的宫刑，穿麻鞋来代替踩脚的剕刑，穿无领的红褐色衣服来代替死刑。古代的安定社会就像这样。"这种说法不对。认为这是治理得很好吗？那么人本来就没有犯罪，非但用不着肉刑，也用不着象征性的刑罚了。认为有的人犯了罪，而只是减轻他们的刑罚，那就会是杀害人的不处死，伤害人的不惩罚了。罪行非常严重而刑罚却非常轻，平常人就不知道罪恶了，没有比这更大的祸乱了。凡是惩罚人的目的，是禁止暴虐、反对作恶，而且防范于未然。杀害人的不处死而伤害人的不惩罚，这就是善待暴虐而宽恕盗贼，这不是反对作恶。所以象征性的刑罚大概不是产生于古代的安定社会，而是产生在混乱的今世。古代的安定社会不这样。大凡爵位、官职、奖赏、刑罚，都是善恶的回报，与自己行为的好坏相适应。一件事情处理不当，就是混乱的开端。道德与地位不相称，能力与官职不相称，奖赏与功劳不相称，惩罚与罪行不相称，这是最大的不祥。从前武王讨伐殷商，诛杀了商纣，割下他的人头，悬挂在旌旗上。惩罚暴虐、诛灭凶悍，是安定社会的伟大功绩。杀人者处死，伤人者受刑，这是历代君王相同的，没有人知道它的来源。刑罚与罪行相称就能治理好，刑罚与罪行不相称就混乱。所以社会安定刑罚就重，社会混乱刑罚就轻，触犯安定社会的罪行本来就重，触犯混乱社会的罪行本来就轻。《尚书》中说："刑罚有的时代轻，有的时代重。"说的就是这个道理。

世俗之为说者曰："汤、武不能禁令。是何也？"曰："楚、越不受制。"是不然。汤、武者，至天下之善禁令者也。汤居亳，武王居鄗，皆百里之地也，天下为一，诸侯为臣，通达之属莫不振动从服以化顺之[1]，曷为楚、越独不受制也？彼王者之制也，视形势而制械用，称远迩而等贡献，岂必齐哉！故鲁人以榶[2]，卫人用柯[3]，齐人用一革[4]，土地刑制不同者，械用备饰不可不异也。故诸夏之国同服同仪，蛮、夷、戎、狄之国同服不同制。封内甸服[5]，封外侯服[6]，侯卫宾服[7]，蛮夷要服[8]，戎狄荒服[9]。甸服者祭，侯服者祀，宾服者享，要服者贡，荒服者终王。日祭、月祀、时享、岁贡[10]、终王，夫是之谓视形势而制械用，称远近而等贡献，是王者之至也。彼楚、越者，且时享、岁贡、终王之属也，必齐之日祭、月祀之属然后曰受制邪？是规磨之说也[11]，沟中之瘠也，则未足与及王者之制也。语曰："浅不足与测深，愚不足与谋智，坎井之蛙不可与语东海之乐。"此之谓也。

【注释】

[1]振：通"震"，震慑。

[2] 糖（táng）：碗。

[3] 柯：盂，古时盛食物的器具。

[4] 一革：未详，可能是皮革制成的器具。

[5] 封内：都城周围五百里的地方。　甸服：耕种王田，来服事天子。甸服以下以五百里为一区划分依次为侯服、绥服、要服、荒服。

[6] 封外：甸服之外五百里。　侯服：担任警卫来服事天子。

[7] 侯卫：指侯圻和卫圻。京城方圆五百里之外的地区分为侯圻、甸圻、男圻、采圻、卫圻等，其间各距五百里。　宾服：按时进贡朝见天子。

[8] 要服：用礼仪教化约束，使之服从。

[9] 荒服：不定期向天子进贡。

[10] 句末当有“终王”二字（杨倞说）。

[11] 规磨：揣测。

【译文】

社会上持某种学说的人说：“商汤、武王不能实施禁令。这是为什么呢？”回答说：“楚国和越国不受制约。”这种说法不对。商汤、武王，是天下最善于实施禁令的人。商汤居住在亳，武王居住在鄗，都是方圆百里的地方，但天下一统，诸侯臣服，凡是能到达的地方没有不害怕服从、接受教化而归顺的，为什么楚国和越国独独不受制约呢？那王者的制度，根据各地情形不同来制造机械器用，衡量远近来规定进贡物品的不同，何必一定要一样呢？所以鲁国人用碗，卫国人用盂，齐国人用皮革制成的器具，地区风俗习惯不同，机械器用、设备服饰也不能不有差异。所以中原各国同样服事天子而礼仪相同，蛮、夷、戎、狄等国家同样服事天子而制度不同。天子领地五百里内甸服，五百里外侯服，侯圻、卫圻宾服，蛮夷国家要服，戎狄国家荒服。甸服的国家供给每天的祭品，侯服的国家供给每月的祭品，宾服的国家供给每季的祭品，要服的国家每年进贡，荒服的国家新王继位时来进贡。每天的祭祀、每月的祭祀、每季的祭祀、每年的进贡，新王继位时的进贡，这就是所说的根据各地情形不同而制造机械器用，衡量远近而规定进贡物品的不同，这是王者的制度。那楚国和越国，是属于供给每季的祭品、每年进贡、新王继位时进贡的国家罢了，难道一定要与供给每天的祭品、每月的祭品的国家一样然后才能说受到制约吗？这是猜测的说法，这种人见识短浅，不足以和他谈论王者的制度。俗语说：“浅陋的人不值得和他谈论深奥的事，愚蠢的人不值得和他谋划智慧的事，废井中的蛤蟆不能和它谈论东海中的快乐。”说的就是这种情况。

世俗之为说者曰：“尧、舜擅让[1]。”是不然。天子者，势位至尊，无敌于天下，夫有谁与让矣？道德纯备，智惠甚明，南面而听天下，生民之属莫不振动从服以化顺之，天下无隐士，无遗善，同焉者是也，异焉者非也，夫有恶擅天下矣？曰：“死而擅之。”是又不然。圣王在上，图德而定次，量能而授官，皆使民载其事而各得其宜；不能以义制利，不能以伪饰性[2]，则兼以为民。圣王已没，天下无圣，则固莫足以擅天下矣。天下有圣而在后者[3]，则天下不离，朝不易位，国不更制，天下厌然与乡无以异也，以尧继尧，夫又何变之有矣？圣不在后子而在三公，则天下如归，犹复而振之矣，天下厌然与乡无以异也，以尧继尧，夫又何变之有矣？唯其徙朝改制为难。故天子生则天下一隆，致顺而治，论德而定次，死则能任天下者必有之矣。夫礼义之分尽矣，擅让恶用矣哉？曰：“老衰而擅。”是又不然。血气筋力则有衰，若夫智虑取舍则无衰。曰：“老者不堪其劳而休也。”是又畏事者之议也。天子者，势至重而形至佚，心至愉而志无所诎，而形不为劳，尊无上矣。衣被则服五采[4]，杂间色，重文绣，加饰之以珠玉；食饮则重大牢而备珍怪[5]，期臭味[6]，曼而馈[7]，代睪而食[8]，《雍》而彻乎五祀[9]，执荐者百人侍西房；居则设张容[10]，负依而坐，诸侯趋走乎堂下；出户而巫觋有事，出门而宗祀有事[11]，乘大路、趋越席以养安[12]，侧载睪芷以养鼻[13]，前有错衡以养目[14]，和鸾之声[15]，步中《武》、《象》，驺中《韶》、《护》以养耳[16]，三公奉軶持纳[17]，诸侯持轮挟舆先马，大侯编后，大夫次之，小侯、元士次之，庶士介而夹道，庶人隐窜，莫敢视望；居如大神，动如天帝，持老养衰，犹有善于是者与不[18]？老者，休也，休犹有安乐恬愉如是者乎？故曰：诸侯有老，天子无老，有擅国，无擅天下，古今一也。夫曰“尧、舜擅让”，是虚言也，是浅者之传，陋者之说也，不知逆顺之理，小大、至不至之变者也，未可与及天下之大理者也。

【注释】

［1］擅让：天子把帝位让给贤者。擅，通“禅”。

［2］伪：人为。

［3］“后”下当脱“子”字（俞樾说）。

［4］五采：青、赤、黄、白、黑五种颜色。

［5］大牢：即“太牢”，祭祀用的猪、牛、羊。

［6］期：通“綦”，极。　臭（xiù）味：香味。

［7］曼：通“万”，古代一种列队舞蹈。

［8］代睪：当为“伐皋”（刘台拱说），击鼓。皋，通“鼛”（gāo），大鼓。

［9］《雍》：《诗经·周颂》的乐章名。　彻：通“撤”。　五祀：古时的五种祭祀，此专指灶社。

［10］张：通“帐”。

［11］祀：当为“祝”字（杨倞说）。

［12］大路：即“大辂”，天子乘坐的车。　越席：用蒲草编的席子。

［13］睪芷（zé zhǐ）：香草名。睪，通“泽”，泽兰。泽兰和芷均为香草。

［14］错：交错的花纹。　衡：车辕前的横木。

［15］和鸾：都是车上的铃，和在轼（车厢前的横木）前，鸾在衡上。

［16］驺：通“趋”，速行。

［17］軶（è）：同“轭”，驾车时套在牲口上的曲木。　纳：通“軜”，驷马车上两旁两匹马的内侧缰绳。

［18］不：通“否”。

【译文】

社会上持某种学说的人说：“尧、舜把帝位禅让给别人。”这种说法不对。天子，权势地位最尊贵，天下没有人和他相匹配，又能把帝位让给谁呢？尧、舜的道德完备，智慧非常明达，朝南坐着决断天下事，百姓没有不恐惧服从，接受教化而归顺他的，天下没有隐居的贤士，没有遗漏的好人，言行和尧、舜一样的就是对的，和他们不一样的就是错的，怎么会禅让天下呢？有人说：“圣王死了之后把帝位禅让给别人。”这又是不对的。圣王在上位，根据德行决定位次，衡量才能授予官职，使人民都各行其事而各得其宜；如果不能用道义来制约私利，不能用人为的努力来改造本性，就让他们全做百姓。圣王已经死了，天下若没有圣人，那么本来就没有人值得禅让了。天下若有圣人而且是圣王的后代，那么天下就不会背离，朝廷就不会易位，国家就不会变更制度，天下就会安定得和原来没有什么差别，用尧一样的人来继承尧，又有什么变化呢？圣人不是圣王的后代而是王公大臣，那么天下归服他，就像重新恢复国家而振兴它一样，天下安定得和原来没有什么差别，用尧一样的人来继承尧，又有什么变化呢？只有改朝换代，变更制度才是困难的。所以天子活着那么天下就会一心尊崇他，人民极其顺从而社会安定，根据德行来决定位次，圣王死了那么能够治理好天下的人一定会有的。礼义的名分完备了，又哪里用得着禅让呢？有人说："圣王年老体衰了就会禅让。"这又不对。血气、筋骨、体力会衰退，至于智慧思虑和判断力却不会衰退。有人说："老人不能忍受劳累就要休息。"这是害怕做事的人的议论。天子，权势极大而形体极安逸，心情极其愉快而志向从不改变，所以身体不劳累，地位至高无上。穿五色的衣服，配着各种颜色，刺上华美的刺绣，再装饰上珠宝玉器；吃的喝的都是猪、牛、羊等肉食和各种山珍海味，香气四溢，在乐声中送上食物，在鼓声中进食，奏着《雍》乐把酒宴撤去来祭祀灶神，上百个人端着食品侍侯在西厢房；听政时就设置帷帐和屏风，背靠着屏风而坐，诸侯在堂下小跑来朝见；出宫门而巫觋为他祓除不祥，出城门而宗祝为他求神祷福，乘着大车，踩着蒲草编的席子来保养身体，旁边放着香草来调养鼻息，前面有花纹交错的横木来养护眼睛，车铃的声音，慢行中合着《武》、《象》的节奏，奔跑时合乎《韶》、《护》的节奏来保养耳朵，王公大臣扶着车辕，牵着缰绳，诸侯有的扶着车轮、有的护着车厢、有的在马前引路，大国诸侯排在后面，大夫跟在他们后面，小国诸侯和上士又跟在其后，士兵们穿着铠甲立在两旁护卫，百姓隐藏躲避，不敢张望；天子坐着像大神一样，行为像天帝一样，保养身体预防衰老，还有比这更好的么？老人，需要休息，而休息还有比这更安乐愉悦的么？所以说：诸侯有告老退休的时候，而天子没有，有禅让国家的，没有禅让天下的，古今是一样的。那些说："尧、舜把帝位禅让给别人"，是无稽之谈，是浅薄者的传言，是鄙陋者的胡说，不知道对错的道理，是不懂得国家与天下、至尊和不至尊的区别的人，是些不能和他们谈论天下大道理的人。

世俗之为说者曰："尧、舜不能教化。是何也？"曰："朱、象不化[1]。"是不然也。尧、舜，至天下之善教化者也，南面而听天下，生民之属莫不振动从服以化顺之；然而朱、象独不化，是非尧、舜之过，朱、象之罪也。尧、舜者，天下之英也；朱、象者，天下之嵬[2]，一时之琐也[3]。今世俗之为说者不怪朱、象，而非尧、舜，岂不过甚矣哉！夫是之谓嵬说。羿、蠭门者，天下之善射者也，不能以拨弓、曲矢中[4]；王梁、造父者，天下之善驭者也，不能以辟马、毁舆致远[5]；尧、舜者，天下之善教化者也，不能使嵬琐化。何世而无嵬，何时而无琐，自太皞、燧人莫不有也[6]。故作者不祥，学者受其殃，非者有庆。《诗》曰[7]：“下民之孽，匪降自天；噂沓背憎[8]，职竞由人。”此之谓也。

【注释】

[1]朱：尧的儿子，封于丹，故称丹朱。　象：舜的异母弟弟，传说多次谋害舜。

[2]嵬：奸诈的人。

[3]琐：卑鄙的人。

[4]“中”下当脱“微”字（陈奂说）。

[5]辟：通“躄”（bì），瘸腿。

[6]太皞（hào）：传说是远古东夷族首领。　燧人：即燧人氏，传说是人工取火的发明者。

[7]《诗》：指《诗经·小雅·十月之交》。

[8]噂沓（zǔn tà）：议论纷纷。

【译文】

社会上持某种学说的人说：“尧、舜不能教化人。这是为什么呢？”回答说：“朱、象没有得到教化。”这种说法不对。尧、舜，是天下最善于教化的人，朝南坐着决断天下事，百姓没有不恐惧服从，接受教化而归顺他的；然而朱、象独独不受教化，这不是尧、舜的罪过，是朱、象的罪过。尧、舜，是天下的英杰；朱、象，是天下的奸诈之徒，当世的卑鄙小人。现在社会上持某种学说的人不责怪朱、象，而非难尧、舜，难道不是大错特错吗？这就叫做诡怪的说法。羿、蠭门，是天下最善于射箭的人，但不能用歪斜的弓和弯曲的箭来射中微小的目标；王梁、造父，是天下最善于驾驭的人，但不能用瘸马、坏车来到达远方；尧、舜，是天下最善于教化的人，但不能使奸诈卑鄙的小人感化。哪个社会没有奸诈的人，哪个时代没有卑鄙的人，从太皞、燧人氏以来没有哪个世代没有过。所以那些持这种观点的人不怀好意，跟着学习的人就遭受了祸害，而反对的人却感到庆幸。《诗经》中说：

“百姓受灾又遭殃，灾殃并非从天降，当面谈笑背后恨，责任在于有坏人。”

世俗之为说者曰：“太古薄葬，棺厚三寸，衣衾三领[1]，葬田不妨田，故不掘也。乱今厚葬饰棺，故抇也[2]。”是不及知治道，而不察于抇不抇者之所言也。凡人之盗也，必以有为，不以备不足，足则以重有余也[3]。而圣王之生民也，皆使当厚优犹不知足[4]，而不得以有余过度。故盗不窃，贼不刺，狗豕吐菽粟，而农贾皆能以货财让；风俗之美，男女自不取于涂而百姓羞拾遗[5]。故孔子曰：“天下有道，盗其先变乎！”虽珠玉满体，文绣充棺，黄金充椁，加之以丹矸[6]，重之以曾青[7]，犀象以为树，琅玕、龙兹、华觐以为实[8]，人犹且莫之抇也。是何也？则求利之诡缓[9]，而犯分之羞大也。夫乱今然后反是：上以无法使，下以无度行，知者不得虑，能者不得治，贤者不得使。若是，则上失天性，下失地利，中失人和。故百事废，财物诎而祸乱起。王公则病不足于上，庶人则冻餧羸瘠于下，于是焉桀、纣群居，而盗贼击夺以危上矣。安禽兽行，虎狼贪，故脯巨人而炙婴儿矣[10]。若是，则有何尤抇人之墓，抉人之口而求利矣哉？虽此倮而薶之[11]，犹且必抇也，安得葬薶哉？彼乃将食其肉而龁其骨也[12]。夫曰：“太古薄葬，故不抇也；乱今厚葬，故抇也。”是特奸人之误于乱说，以欺愚者而潮陷之以偷取利焉[13]，夫是之谓大奸。传曰：“危人而自安，害人而自利。”此之谓也。

【注释】

[1] 三领：三件。

[2] 抇：古“掘”字。

[3] 足：当为衍文（卢文弨说）。

[4] 当厚：疑为“富厚”之误（王念孙说）。　不：当为衍文（杨倞说）。

[5] 取：通“聚”，相聚，相会。

[6] 丹矸（gān）：丹砂。

[7] 曾青：一种青色颜料。

[8] 琅玕、龙兹、华觐（jìn）：皆为珠玉名。

[9] 诡：责。

[10]脯(fǔ):肉干,此处作动词用。 炙:烧烤。

[11]倮:通"裸"。 薶:通"埋",埋葬。

[12]齕(hé):咬。

[13]潮:当为"淖"字(卢文弨说)。 淖陷:陷害。

【译文】

社会上持某种学说的人说:"远古时实行薄葬,棺木三寸厚,衣服、被子各三件,葬在田里而不妨碍耕田,所以不会被挖掘。混乱的当今实行厚葬,棺木华美,所以被盗挖。"这是不懂得治国的道理,而又不明察盗墓与不盗墓原因的人的说法。凡是人们盗墓,必定有其原因,不是为了补充自己的不足,就是为了使自己有更多的剩余。圣王养活百姓,使他们都富裕,知道满足,不能有过多的剩余。所以窃贼不盗窃,盗贼不掠夺,粮食多得连猪狗都不吃了,而农民商人都能把货物让给别人;风俗淳美,男女不会私自在路上相会而百姓耻于捡拾别人遗失的东西。所以孔子说:"天下太平,盗贼会先改变吧!"即使珍珠玉器带满了全身,绫罗绸缎塞满了内棺,黄金充满了外棺,丹砂来点缀,曾青来粉饰,用犀牛角和象牙作为树木,用琅玕、龙兹、华觐作为果实,人们仍没有去挖掘的。这是为什么呢?是因为人们谋取利益的要求减少了,而触犯名分的羞耻心增大了。混乱的当今与此相反:君主不按法度使用人民,臣民就不按法度行事,聪明的人不能谋划国事,有才能的人不能治理国家,贤德的人得不到任用。像这样就会上失天时,下失地利,中失人和。因此百事荒废,财物缺少而祸乱就会兴起。王公大臣在上面就会忧虑财物不足,百姓在下面就会挨冻受饿,于是桀、纣一样的人聚集起来,而盗贼抢掠来危害君主的统治。行为如同禽兽,贪婪如同虎狼,所以将成人做成肉干而把婴儿烤着吃。像这样,那又为何怨恨盗掘人家的坟墓,撬开死人的口来求取利益呢?即使赤身裸体地埋葬,也一定会被盗掘,哪能得到埋葬呢?他们还要吃死人的肉,啃死人的骨头呢!那些人说:"远古时实行薄葬,所以不被挖掘;混乱的当今实行厚葬,所以被盗掘。"这只是奸邪的人被谬论误导,来欺骗愚蠢的人而陷害他们从中谋取私利,这就叫做最大的奸恶。古书上说:"危害别人而自己安全,损害别人而自己谋利。"说的就是这种人。

子宋子曰[1]:"明见侮之不辱,使人不斗。人皆以见侮为辱,故斗也;知见侮之为不辱,则不斗矣。"应之曰:"然则亦以人之情为不恶侮乎？”曰：“恶而不辱也。”曰：“若是，则必不得所求焉。凡人之斗也，必以其恶之为说，非以其辱之为故也。今俳优、侏儒、狎徒詈侮而不斗者[2]，是岂钜知见侮之为不辱哉[3]？然而不斗者，不恶故也。今人或入其央渎[4]，窃其猪彘，则援剑戟而逐之，不避死伤，是岂以丧猪为辱也哉？然而不惮斗者，恶之故也。虽以见侮为辱也，不恶则不斗；虽知见侮为不辱，恶之则必斗。然则斗与不斗邪，亡于辱之与不辱也，乃在于恶之与不恶也。夫今子宋子不能解人之恶侮，而务说人以勿辱也，岂不过甚矣哉！金舌弊口，犹将无益也。不知其无益则不知；知其无益也，直以欺人则不仁。不仁不知，辱莫大焉。将以为有益于人，则与无益于人也[5]，则得大辱而退耳。说莫病是矣。”

【注释】

[1] 子宋子：指宋钘。

[2] 俳（pái）优：古时的滑稽演员。 狎（xiá）：戏弄。 詈（lì）：骂。

[3] 钜：通“讵”，岂。

[4] 央渎：排水沟。

[5] 与：通“举”，都。

【译文】

宋子说：“明白了受到侮辱并不是耻辱的道理，就可以使人不争斗了。人们都以受到侮辱当作耻辱，所以争斗；知道受到侮辱不是耻辱，就不会争斗了。”答复说：“既然这样，那么认为人的感情不厌恶受到侮辱吗？”宋子回答说：“厌恶但不认为是耻辱。”答复说：“像这样，就一定达不到你所追求的了。大凡人们的争斗，必定以憎恨对方为自己辩解，不是以感到耻辱为理由。现在那些滑稽演员、矮子、供人戏弄的人互相谩骂侮辱而不争斗，难道是懂得受到侮辱不是耻辱的道理吗？然而不争斗，是因为他们不憎恨对方。现在有人爬进了别人家的排水沟，偷了人家的猪，主人就会拿着剑戟追赶他，不怕死伤，这难道是把丢掉猪当作耻辱吗？然而不惧怕争斗，是因为憎恨盗贼罢了。即使把受到侮辱当作耻辱，不憎恨就不会争斗；即使懂得受到侮辱不是耻辱，憎恨就一定会争斗。这样，可见争斗与不争斗，不在于感到耻辱与不感到耻辱，乃在于憎恨与不憎恨。现在宋子不能解除人们对侮辱的憎恨，却极力劝说人们在受到侮辱时不要感到耻辱，难道不是大错特错吗？即使说破了嘴皮，也没有什么好处。不知道这种做法没有好处就不明智；知道这种做法没有好处，还用来欺骗别人就不仁慈。不仁慈、不明智，这是最大的耻辱。自以为对人有好处，实际上对人没有一点好处，最后遭到奇耻大辱而离开罢了。没有比这种说法更有害的了。”

子宋子曰：“见侮不辱。”应之曰：“凡议，必将立隆正然后可也。无隆正，则是非不分而辨讼不决。故所闻曰：‘天下之大隆，是非之封界，分职名象之所起，王制是也。’故凡言议期命，是非以圣王为师[1]，而圣王之分，荣辱是也。是有两端矣：有义荣者，有势荣者；有义辱者，有势辱者。志意修，德行厚，知虑明，是荣之由中出者也，夫是之谓义荣。爵列尊，贡禄厚，形势胜，上为天子诸侯，下为卿相士大夫，是荣之从外至者也，夫是之谓势荣。流淫污僈，犯分乱理，骄暴贪利，是辱之由中出者也，夫是之谓义辱。詈侮捽搏[2]，捶笞膑脚[3]，斩断枯磔[4]，藉靡舌縪[5]，是辱之由外至者也，夫是之谓势辱。是荣辱之两端也。故君子可以有势辱，而不可以有义辱；小人可以有势荣，而不可以有义荣。有势辱无害为尧，有势荣无害为桀。义荣、势荣，唯君子然后兼有之；义辱、势辱，唯小人然后兼有之。是荣辱之分也。圣王以为法，士大夫以为道，官人以为守，百姓以为成俗[6]，万世不能易也。今子宋子案不然[7]，独诎容为己，虑一朝而改之，说必不行矣。譬之，是犹以抟涂塞江海也[8]，以焦侥而戴太山也[9]，蹎跌碎折不待顷矣[10]。二三子之善于子宋子者，殆不若止之，将恐得伤其体也[11]。”

【注释】

[1] 是非：当作“莫非”（王引之说）。

[2] 捽（zúo）搏：揪着头发打。

[3] 捶笞（chī）：用杖、鞭抽打。　膑脚：剔去膝盖骨。

[4] 枯：通“辜”，弃市暴尸。　磔（zhé）：车裂。

[5] 藉：绳、缚。　靡：通“縻”，绳、缚。　舌縪（jǔ）：疑作“后缚”，从后面捆缚。

［6］为：当为衍文（王念孙说）。

［7］案：则。

［8］塼：当作“抟”字（卢文弨说），捏。

［9］焦侥：传说中的矮子。

［10］蹎：通“颠”，跌倒。

［11］得：疑为“复”字之误（俞樾说）。

【译文】

宋子说：“受到侮辱并不是耻辱。”回复说：“凡是议论，必定要确立一个最高的标准然后才可以，没有一个最高的标准，那么是非就不能区分而辩论就无法决断。所以听人说：‘天下的最高标准，是非的界限，确定名分、职位和名物制度的依据，就是王者的制度。’因此凡是辩论问题或规定事物的名称，没有不以圣王为榜样的，而圣王的标准，就是光荣和耻辱。它们各有两个方面：有道义上的光荣，有权势上的光荣；有道义上的耻辱，有权势上的耻辱。思想美好，德行纯朴，智虑精明，这种光荣是从自身产生出来的，这就叫做道义上的光荣。爵位尊贵，俸禄丰厚，地位优越，在上是天子诸侯，在下是卿相士大夫，这种光荣是从外部得到的，这就叫做权势上的光荣。淫荡污秽，违反名分，扰乱伦理，骄横暴虐，贪图利益，这种耻辱是从自身产生出来的，这就叫做道义上的耻辱。受到谩骂侮辱、被揪着头发痛打，被杖刑鞭打，剔除膑骨，被斩头断尸，弃市车裂，被五花大绑，这种耻辱是从外部得到的，这就叫做权势上的耻辱。这是光荣、耻辱的两方面。所以君子可以有权势上的耻辱，而不可以有道义上的耻辱；小人可以有权势上的光荣，而不可以有道义上的光荣。有权势上的耻辱不妨害成为尧，有权势上的光荣不妨害成为桀。道义上的光荣、权势上的光荣，只有君子才能兼而有之；道义上的耻辱、权势上的耻辱，只有小人才能兼而有之。这是光荣和耻辱的分别。圣王把它作为法度，士大夫把它作为原则，官吏把它作为法规，百姓把它作为习俗，万世不能改变。如今宋子不是这样，独自委屈受辱，希望有朝一日改变荣辱的观念，他的学说一定行不通。打个比方说，就像捏泥团填塞江海一样，让矮子焦侥来背泰山一样，顷刻就会跌倒在地粉身碎骨。几个和宋子要好的人，不如及时去制止他，否则将来恐怕反会伤害自己的身体。”

子宋子曰：“人之情，欲寡，而皆以己之情为欲多，是过也。”故率其群徒，辨其谈说，明其譬称，将使人知情之欲寡也。应之曰：“然则亦以人之情为欲[1]。目不欲綦色[2]，耳不欲綦声，口不欲綦味，鼻不欲綦臭，形不欲綦佚。此五綦者，亦以人之情为不欲乎？”曰：“人之情欲是已。”曰：“若是，则说必不行矣。以人之情为欲此五綦者而不欲多，譬之是犹以人之情为欲富贵而不欲货也，好美而恶西施也[3]。古之人为之不然。以人之情为欲多而不欲寡，故赏以富厚而罚以杀损也[4]，是百王之所同也。故上贤禄天下，次贤禄一国，下贤禄田邑，愿悫之民完衣食。今子宋子以是之情为欲寡而不欲多也，然则先王以人之所不欲者赏，而以人之所欲者罚邪？乱莫大焉。今子宋子严然而好说[5]，聚人徒，立师学，成文曲[6]，然而说不免于以至治为至乱也，岂不过甚矣哉？”

【注释】

[1] 欲：疑为衍文，此句当连下文（卢文弨说）。

[2] 綦：极。

[3] 西施：春秋时越国的美女。

[4] 杀（shài）：减少。

[5] 严然：同“俨然”，庄重的样子。

[6] 曲：当为“典”字（王念孙说）。

【译文】

宋子说：“人的本性，是寡欲的，而人们都认为自己的本性是多欲的，这是错误的。”所以率领他的众多门徒，辩论他的学说，阐明他的譬喻称谓，要使人们知道人的本性是寡欲的。回复说：“这样的话，那么也认为人的本性是眼睛不想看最美的颜色，耳朵不想听最美的声音，嘴巴不想吃最好的美味，鼻子不想闻最香的气味，身体不想得到最大的安逸。这五种最好的享受，也是人的本性不想追求的吗？”宋子回答说：“人的本性，是想要这些的。”回复说：“像这样，那么你的学说必定行不通了。认为人的本性想得到这五种最好的享受而不想要很多，打个比方说就像认为人的本性想富贵而不想要钱财，喜欢美女而厌恶西施一样。古代的人不这样做。认为人的本性是多欲而不是寡欲，所以用丰厚的财富来奖赏而用减少俸禄来惩罚，这是历代帝王都相同的。所以上等的贤人享受天下的俸禄，次等的贤人享受一国的俸禄，下等的贤人享受封邑的俸禄，忠厚诚实的百姓能保住衣食。如今宋子认为古时人的本性是寡欲而不是多欲，那么先王是用人们不想要的东西来奖赏，而用人们想要的东西来惩罚吗？混乱没有比这更大的了。现在宋子一本正经地喜好自己的学说，聚集门徒，创立学派，著书立说，然而他的学说不免把最安定的社会看作最混乱的社会，难道不是大错特错吗？”

【评析】

荀子在《正论》一文中，一气驳倒了社会上流行的诸多“浅者之传、陋者之说”，让我们再次见识到他言辞中雄浑跌宕的霸气和缜密周全的逻辑。这些被批判的世俗言论，同时涉及王权、刑法、禁令、教化等各项国政要事以及荣辱、欲望等人性修养问题，甚至具体谈到了棺葬风俗与盗墓现象之间的联系，可谓包罗万象，涵盖广阔。在批驳过程中，荀子从未远离他一向关注的社会现实。他不但遵循着“君子必辩”的原则，在纷繁芜杂的各类话题间见招拆招，肆意游走，而且几乎每句话都围绕着“修身，治国，平天下”这一中心。

文章开篇针对当时社会上“主道利周”的保守观点，提出“主道利明不利幽，利宣不利周”的看法，认为上层统治者应当做到政务公开，而不是继续自以为是地推行愚民政策。官场上日益孳生的腐败欺瞒和民间与时俱增的怨声载道使荀子认识到，只有诚恳公正的君王、大臣才能指引人民辨清是非黑白，才能帮助国家走向繁荣昌盛，暗箱操作的结果只能是上层统治者与下层民众两败俱伤。虽然荀子是从维护君权稳定的立场出发，但他的主张却恰巧与现代西方社会提倡的“公众知情权”不谋而合。可惜这一颇具“民主”特色的思想很快就因为封建专制王朝的雄霸天下而在中国历史上烟消云散，反倒是至圣先师孔夫子所谓“为尊者讳、为亲者讳、为贤者讳”的传统，不幸被扭曲变形，成为了后世朝廷官官相护、上下欺瞒的堂皇“祖训”。

战国时期，谋臣策士的朝秦暮楚早已成为司空见惯的现象，战乱、篡夺造成的王位更替也是间或可闻。何谓“忠”，何谓“奸”，何谓“篡”，何谓“擅”，一时很难找到恒定的答案。在激烈的争论中，荀子以古鉴今，通过批判当时社会存在的“汤武篡权”说和“尧舜擅让”说，揭开了世子相袭制背后的形式化弊端，并进而提出“圣人为王”的又一主张。在荀子心中，至高无上的天子之位必须由“道德纯备，智惠甚明”的圣人来担当，选拔臣下也必须恪守“图德量能”的准则。因此无论君王与他的继承人之间是否具有亲密的血缘关系，只要在位时同为贤德之主，就无非是“以尧继尧”，“天下厌然与乡无以异也”，篡位与禅让的疑惑也就无从谈起了。荀子这种举贤事能的新潮主张，以及他“诛暴国之君若诛独夫”的惊世论调，正是对历来被视为国之正统的“天子血统论”的莫大冲击。长期以来，王朝英雄的后世子孙顶着祖先浴血奋战得来的皇冠在楼台宫宇间尽情享乐，他们的身上只保留了姓氏的空壳，却丢失了先王的贤德。“天下归之之谓王，天下去之之谓亡”，昏庸软弱的末代皇孙总是慌慌张张地在历史舞台上交替巡演着亡国的悲剧。而荀子则将其权力与责任视为一体，指出天子虽然可以“居如大神，动如天帝”，但同时也必须肩负起国计民生的重担，对内做到令行禁止，赏罚得当，教化众生，对外也能“称远近而等贡献”，这样才无愧为国之圣主。

《正论》的议题还涉及当时社会的棺葬风俗与盗墓现象。儒墨两家曾在厚葬、薄葬的问题上争论不休，前者力主“破家而葬，服丧三年”（《韩非子·显学》），后者却只愿“桐棺三寸，服丧三月”（同上）。其实华美的厚葬或是简朴的薄葬，本身并不能诱惑或阻止匪徒的盗墓行为。透过这些琐碎的是是非非，荀子早已看清，盗墓只是普通民众心理失衡的一种外在表现，在无道昏君的统治下更曾出现人与人之间“食肉龁骨”的种种惨象。对比这样“禽兽行，虎狼贪”的乱世，圣王治下的太平盛世不免成为一种乌托邦式的美好幻想：“盗不窃，贼不刺，狗豕吐菽粟，而农贾皆能以货财让，风俗之美，男女自不取于涂而百姓羞拾遗。”荀子认为，当今之世“百事废，财物诎而祸乱起”的根本缘由，在于“知者不得虑，能者不得治，贤者不得使”，所以社会上的作奸犯科之徒才会如此猖狂地任意妄为。

在这样的形势下，士君子与其空等“黄河水清圣王出”，不如主动承担起复兴邦国的重任。文末荀子从宋钘“见侮不辱”的小小命题出发，引出“虽知见侮为不辱，恶之则必斗”的坚决主张。宋荣子的命题与《新约》里耶稣基督所说的“当敌人打你左脸的时候，把你的右脸也转过去给他”一语颇有相似之处，同样不把受到侮辱当作自身的耻辱。但荀子决不认同这种姑息养奸的作为，他义正严辞地提出：“君子可以有势辱，而不可以有义辱；小人可以有势荣，而不可以有义荣。”人世间的毁誉杠杆或许会因为社会公德的偶尔迷失而东倒西歪，但士君子内心的道德法则却始终不能随意偏离。就个人而言，“见侮不辱”或许称得上是胸怀宽广，但当事关国家领土与主权的时候，“见侮不辱”却会是对于历史的无视与背叛，也将是这个国家丧失民族尊严与骨气的莫大耻辱。郭沫若在《荀子的批判》中把荀子“这些巧妙的说辞”说成是“阶级统治的安全瓣”，但在我看来，这种历经世事的正义感却能使一个国家与它的人民变得更为理智，懂得何时应当韬光养晦，何时又该挺身而出。要制定真正稳妥完善的国际策略，不仅需要具备过人的胆识，还需要拥有高超的智慧。如若两千年的中国思想史真像谭嗣同说的“皆为荀学”，但愿迈入新世纪的中国能够从传承已久的荀学中再度发掘如珠如玉的理论瑰宝，从而使自身变得更为美好，更为强大。

礼论

【题解】

本文是一篇系统阐释礼的专题论文。荀子认为礼的制定一是为了调节人的欲望，“制礼义以分之，以养人之欲，给人以求”，“礼者，养也”。二是为了区别等级分名，使“贵贱有等，长幼有差，贫富轻重皆有称”。荀子强调作为治国根本、人道之极的礼有三个本源：“礼上事天，下事地，尊先祖而隆君师，是礼之三本也”；礼的形成有一个过程，“凡礼，始乎棁，成乎文，终乎悦校”；礼的主要内容是“以财物为用，以贵贱为文，以多少为异，以隆杀为要”。荀子还指出，人性本来是质朴的，而正是人的礼仪行为使得本性变得完美。“性者，本始材朴也；伪者，文理隆盛也。”“性伪合，然后圣人之名一。”荀子特别重视丧礼，对丧礼尤其是三年之丧以及祭祀礼仪作了详细剖析。

礼起于何也？曰：人生而有欲，欲而不得，则不能无求；求而无度量分界，则不能不争；争则乱，乱则穷。先王恶其乱也，故制礼义以分之，以养人之欲，给人之求，使欲必不穷于物，物必不屈于欲[1]，两者相持而长，是礼之所起也。故礼者，养也。刍豢稻粱，五味调香[2]，所以养口也；椒兰芬苾[3]，所以养鼻也；雕琢、刻镂，黼黻、文章，所以养目也；钟鼓、管磬，琴瑟、竽笙，所以养耳也；疏房、檖貌、越席、床笫、几筵[4]，所以养体也。故礼者，养也。君子既得其养，又好其别。曷谓别？曰：贵贱有等，长幼有差，贫富轻重皆有称者也。故天子大路越席[5]，所以养体也；侧载睪芷，所以养鼻也；前有错衡，所以养目也；和鸾之声，步中《武》、《象》，趋中《韶》、《护》，所以养耳也；龙旗九斿[6]，所以养信也；寝兕、持虎、蛟韅、丝末、弥龙[7]，所以养威也；故大路之马必倍至教顺[8]，然后乘之，所以养安也。孰知夫出死要节之所以养生也？孰知夫出费用之所以养财也？孰知夫恭敬辞让之所以养安也？孰知夫礼义文理之所以养情也？故人苟生之为见，若者必死；苟利之为见，若者必害；苟怠惰偷懦之为安，若者必危；苟情说之为乐，若者必灭。故人一之于礼义，则两得之矣；一之于情性，则两丧之矣。故儒者将使人两得之者也，墨者将使人两丧之者也，是儒、墨之分也。

【注释】

[1] 屈：竭尽。

[2] 香：当作“盉”（王念孙说），通“和”，调和。

[3] 芬苾（bì）：芬芳。

[4] 檖貌（suì mào）：深邃的房屋。檖，通“邃”。貌，古“貌”字，这里指王宫的朝堂。　第（zǐ）：竹编的床席。　几筵：古人席地而坐，倚时用几，垫席称筵。

[5] 大路：即“大辂”，古代天子乘坐的车子。

[6] 斿（yóu）：通“旒”旗上的飘带。

[7] 寝兕、持虎：都是画在天子车轮上的图案。寝兕，伏着的犀牛。持虎，蹲着的虎。　蛟韅（xiǎn）：系在马肚下的皮带。　末：通“幦”（mì），古代车轼上的覆盖物。　弥：车耳，车厢两旁供人倚靠的地方。

[8] 倍：当为“信”字（王先谦说）。

【译文】

礼是怎样产生的？回答说：人生下来就有欲望，欲望得不到满足，就不能没有追求；一味追求而没有限度和界限，就不能不争夺；争夺就会混乱，混乱就会陷于困境。先王厌恶这种混乱，因此制定礼义来区分等级名分，来调节人们的欲望，满足人们的要求，使欲望必定不因财物的缺乏而得不到满足，财物必定不因满足欲望而耗尽，二者互相制约而增长，这是礼产生的原因。所以，礼是用来满足人们欲望的。猪、牛、羊、狗等肉食和稻子、谷物等细粮，五种味道的调料，是用来保养嘴巴的；椒树、兰草芳香四溢，是用来满足鼻子的；雕刻精美的器物，在衣服上绣上美丽的花纹，是用来保养眼睛的；钟鼓、管磬，琴瑟、竽笙等乐器，是用来保养耳朵的；宽敞的房子、深邃的宫室、柔软的蒲席、舒适的床铺、矮桌和垫席，是用来保养身体的。所以，礼是用来满足人们欲望的。君子既满足了欲望，又喜爱礼的区别。什么叫做礼的区别？回答是：尊贵的和卑贱的有等级，年长的和年幼的有差别，贫穷的和富裕的、位尊的和位卑的都各得其宜。因此，天子乘着大辂车，踩着蒲草编的席子，用来保养身体；旁边放着香草，用来保养鼻子；前面有花纹交错的横木，用来养护眼睛；车铃的声音，慢行中合着《武》、《象》的节奏，奔跑时合乎《韶》、《护》的节奏，用来保养耳朵；龙旗上有九条飘带，用来保养神气。车轮上画着卧着的犀牛和蹲着的老虎，马肚子上系着用蛟鱼皮做的腹带，车上挂着丝织的车帘，车耳上画着龙，用来保养威风；驾车的马一定要调教得十分驯服，然后才能乘坐，是为了保证安全。谁知道献出生命坚守名节是为了养护生命？谁知道花费钱财是为了保养钱财？谁知道恭敬谦让是为了保养平安？谁知道礼义制度是为了保养性情？所以一个人只看到生，这样的人就一定会死；如果只看到利益，这样的人就一定会受到损害；如果只安于懈怠、懒惰、苟且偷安，这样的人就一定危险；如果只喜欢纵情欢乐，这样的人就会灭亡。所以一个人专心于礼义，那么两方面都能得到；专心于情性，那么两方面都会丧失。所以儒家要使人们两方面都得到，墨家要使人们两方面都丧失，这是儒家、墨家的分别。

礼有三本：天地者，生之本也；先祖者，类之本也；君师者，治之本也。无天地恶生？无先祖恶出？无君师恶治？三者偏亡焉，无安人。故礼上事天，下事地，尊先祖而隆君师，是礼之三本也。故王者天太祖[1]，诸侯不敢坏[2]，大夫士有常宗[3]，所以别贵始。贵始，得之本也[4]。郊止乎天子，而社止于诸侯，道及士大夫[5]，所以别尊者事尊，卑者事卑，宜大者巨，宜小者小也。故有天下者事十世[6]，有一国者事五世，有五乘之地者事三世，有三乘之地者事二世，持手而食者不得立宗庙，所以别积厚，积厚者流泽广，积薄者流泽狭也。大飨，尚玄尊[7]，俎生鱼[8]，先大羹[9]，贵食饮之本也。飨，尚玄尊而用酒醴，先黍稷而饭稻粱。祭，齐大羹而饱庶羞[10]，贵本而亲用也。贵本之谓文，亲用之谓理，两者合而成文，以归大一[11]，夫是之谓大隆。故尊之尚玄酒也，俎之尚生鱼也，俎之先大羹也[12]，一也。利爵之不醮也[13]，成事之不俎不尝也，三臭之不食也[14]，一也。大昏之未发齐也[15]，太庙之未入尸也，始卒之未小敛也，一也。大路之素未集也[16]，郊之麻絻也[17]，丧服之先散麻也[18]，一也。三年之丧，哭之不文也[19]，《清庙》之歌，一倡而三叹也[20]，县一钟[21]，尚拊之膈[22]，朱弦而通越也[23]，一也。

【注释】

[1] 太祖：后世称开国君主为太祖。

[2] 坏：据《大戴礼记·礼三本》，应为“怀”。

[3] 常宗：由嫡长子所传之宗，为族人百世不迁之大宗。

[4] 得：通“德”。

[5] 道：祭路神。

[6] 十：当作“七”字（杨倞说）。

[7] 玄尊：盛着清水的酒杯。

[8] 俎（zǔ）：盛祭品的器皿。

[9] 大（tài）羹：不加调味品的肉汁。大，通“太”。

[10] 齐：通“跻”，进献。

[11] 大一：即“太一”，太古时代。

[12] 俎：当为“豆”字（王先谦说）。

[13] 利：古代祭祀时用代替死者受祭的活人叫做“尸”，把祭品端给尸的人叫“利”。 醮（jiào）：喝尽。

[14] 臭：通“侑”（yòu），劝食。

[15] 昏：同“婚”。 发：举行。 齐：通“醮”，古时婚礼中的一种仪式。

[16] 未：当为“末”字（俞樾说）。 集：当为衍文（俞樾说）。

[17] 麻絻：麻布帽。絻，同“冕”。

[18] 散麻：小敛时主人在腰间系上麻带。

[19] 文：当为“反”字（卢文弨说）。

[20] 倡：通“唱”。

[21] 县：通“悬”。

[22] 拊、膈：均为古乐器名。 之：当为衍文（王先谦说）。

[23] 朱弦：染成红色的丝弦。 通越：在瑟底通一孔，使声音凝重。

【译文】

礼有三个本源：天地，是生命的本源；祖先，是种族的本源；君主，是治国的本源。没有天地，哪有生命？没有祖先，后代怎么出生？没有君主，怎么治国？这三个方面缺少一个，人们就不会安定。所以礼上事奉天，下事奉地，尊敬祖先而推崇君主，这是礼的三个根本。因此王者把太祖当作天来祭祀，诸侯不敢有这个想法，大夫和士都有百代不变的大宗，这是为了区别各自尊奉的始祖。尊奉始祖，是道德的根本。只有天子才能到郊外祭天，而祭祀地神到诸侯为止，祭祀路神可以延伸到士大夫，这是用来区分只有尊贵的人才能事奉尊贵，卑贱的人只能事奉卑贱，应当大的就大，应当小的就小。所以拥有天下的君主祭祀七代祖先，拥有一个国家的诸侯祭祀五代祖先，拥有五十里封地的大夫祭祀三代祖先，拥有三十里封地的士祭祀两代祖先，自食其力的百姓不能设立宗庙，这是用来区别功绩大小的，功绩大的流传的恩德就广大，功绩小的流传的恩德就狭小。在太庙中合祭历代祖先时，以盛有清水的酒杯为最高祭品，在俎上放上生鱼，先献上不加调味品的肉汁，这是尊重饮食的本源。四季祭祖时，以盛有清水的酒杯为最高祭品，供上甜酒，先献上黍、稷再端上熟米饭。每月祭祖时，先献上不加调味品的肉汁，再端上各种美味的食物，这是尊重饮食的本源而又接近实用。尊重饮食的本源叫做礼的形式，接近实用叫做礼的常理，两者合起来成为完备的礼仪，来趋向于太古时代的质朴，这就叫做最高的礼节。所以酒杯里以清水为最高祭品，俎中以生鱼为最高祭品，豆中先放上不加调味品的肉汁，这与太古时代是一样的。代死者受祭的人不把献酒人献上的酒喝尽，祭祀完毕时俎中的生鱼不吃，劝受祭者吃东西的人三次劝食而自己不吃，这与太古时代是一样的。婚礼还没有进行醮礼时，祭祀太庙而代死者受祭的人还没有进庙时，人刚死还没有换上寿衣时，这与太古时代是一样的。天子大辂车上素色的车帘，郊外祭天时的麻布帽，居丧时先在腰间系上散乱的麻带，这与太古时代是一样的。三年服丧，哭声直号，唱《清庙》之歌，一人领唱而三人应和，悬挂一口钟，用拊和膈奏乐，把丝弦染成红色而在瑟底通孔，这与太古时代是一样的。

凡礼，始乎棁[1]，成乎文，终乎悦校[2]。故至备，情文俱尽；其次，情文代胜[3]；其下，复情以归大一也。天地以合，日月以明，四时以序，星辰以行，江河以流，万物以昌，好恶以节，喜怒以当，以为下则顺，以为上则明，万物变而不乱，贰之则丧也[4]。礼岂不至矣哉？立隆以为极，而天下莫之能损益也。本末相顺[5]，终始相应，至文以有别，至察以有说。天下从之者治，不从者乱；从之者安，不从者危；从之者存，不从者亡。小人不能测也。礼之理诚深矣，“坚白”、“同异”之察入焉而溺；其理诚大矣，擅作典制辟陋之说入焉而丧；其理诚高矣，暴慢、恣睢、轻俗以为高之属入焉而队[6]。故绳墨诚陈矣，则不可欺以曲直；衡诚县矣[7]，则不可欺以轻重；规矩诚设矣，则不可欺以方圆；君子审于礼，则不可欺以诈伪。故绳者，直之至；衡者，平之至；规矩者，方圆之至；礼者，道之极也。然而不法礼，不足礼，谓之无方之民；法礼足礼，谓之有方之士。礼之中焉能思索，谓之能虑；礼之中焉能勿易，谓之能固。能虑能固，加好者焉，斯圣人矣。故天者，高之极也；地者，下之极也；无穷者，广之极也；圣人者，人道之极也。故学者固学为圣人也，非特学为无方之民也。礼者，以财物为用，以贵贱为文，以多少为异，以隆杀为要[8]。文理繁，情用省，是礼之隆也；文理省，情用繁，是礼之杀也；文理、情用相为内外表里，并行而杂[9]，是礼之中流也[10]。故君子上致其隆，下尽其杀，而中处其中。步骤、驰骋、厉骛不外是矣[11]，是君子之坛宇、宫廷也。人有是[12]，士君子也；外是，民也；于是其中焉，方皇周挟[13]，曲得其次序，是圣人也。故厚者，礼之积也；大者，礼之广也；高者，礼之隆也；明者，礼之尽也。《诗》曰[14]：“礼仪卒度，笑语卒获。”此之谓也。

【注释】

[1] 棁（tuō）：通“脱”，疏略。

[2] 校：当作“恔”（xiào）字（郝懿行说），愉悦。

[3] 代：交替。

[4] 贰：违背。

[5] 顺：通“巡”，周行。

[6] 队：通“坠”，坠落，垮掉。

[7] 衡：称。县：通“悬”。

[8] 隆杀（shài）：隆重与简约。杀，减约。

[9] 杂：通“集”，聚集。

[10] 中流：中道。

[11] 厉骛（wù）：飞跑。

[12] 有：通“域”，居住。

[13] 方皇：同“彷徨”。周挟（jiā）：周遍。挟，通“浃”。

[14]《诗》：指《诗经·小雅·楚茨》。

【译文】

凡是礼，总是从简略开始，逐渐形成仪式，到使人愉悦结束。所以最完备的礼，感情和礼仪都能得到充分的发挥；其次，感情和礼仪互有胜负；再次，使感情归向于太古时代的质朴。礼使天地调和，日月明亮，四季有序，星辰运行，江河奔流，万物昌盛，好恶适中，喜怒得当，用礼来治理下民就顺从，用礼来约束君主就英明，万物千变万化而不混乱，违背了礼就会丧失一切。礼难道不是至高无上的吗？建立最完备的礼制并把它作为最高的行为准则，那么天下就没有人能增减它。礼的根本和末节一致，开始和结束相互照应，极其完备而又有等级差别，极其明察而又能详细说明。天下遵从礼的就得到治理，不遵循礼的就会混乱；遵从礼的就会安定，不遵从礼的就会危险；遵从礼的就会生存，不遵从礼的就会灭亡。小人是不能估量礼的这些作用的。礼的道理实在深奥，“坚白”、“同异”的明察诡辩进入到礼中就被淹没了；礼的道理实在是广大，擅自编制的典章制度、僻陋邪说进入礼中就消亡了；礼的道理实在是高明，暴虐傲慢、恣肆放纵、轻视习俗自以为高尚的人进入礼中就垮掉了。所以墨线真的摆在了面前，就不能用曲直来欺骗了；秤真的悬挂在了面前，就不能用轻重来欺骗了；圆规曲尺真的放在了面前，就不能用方圆来欺骗了；君子了解了礼，就不能用伪诈来欺骗他了。因此，墨线，是直的最高标准；秤，是公平的最高标准；规矩，是方圆的最高标准；礼，是人道的最高准则。然而不效法礼，不重视礼，就叫做没有原则的人；效法礼，重视礼，就叫做有原则的贤士。在礼的范围内思考探索，就叫做善于思虑；在礼的范围内能不改变，就叫做能够坚定。善于思虑，能够坚定，再加上喜欢它，这就是圣人了。所以天，是最高的了；地，是最低的了；无穷，是最广大的了；圣人，是人道的最高极点了。所以学习的人本来就应学习做圣人，并不只是做个无原则的人。礼，是用财物作为工具，用贵贱作为文饰，用多少作为差别，用隆重和简省作为枢要。礼节仪式繁多，感情作用简省，这是隆重的礼；礼节仪式简省，感情作用繁多，这是简约的礼；礼节仪式、感情作用互为内外表里，并行而又交错，这是适中的礼。所以君子对于大礼要隆重，对于小礼要简约，对于适中的礼要适当。漫步、急行、奔跑都不会超越这个界限，这是君子的安身所在。人能在礼的范围内行动，这是士君子；超过礼的范围，就是普通百姓；在礼范围内，应对自如，处处符合礼的次序，这是圣人。所以敦厚，这是礼的积累；大度，这是礼的广大；高尚，这是礼的隆盛；明察，这是礼的终极。《诗经》中说：“礼仪全部合乎法度，说笑都合规矩。”说的就是这个意思。

礼者，谨于治生死者也。生，人之始也；死，人之终也。终始俱善，人道毕矣。故君子敬始而慎终。终始如一，是君子之道，礼义之文也。夫厚其生而薄其死，是敬其有知而慢其无知也，是奸人之道而倍叛之心也。君子以倍叛之心接臧谷[1]，犹且羞之，而况以事其所隆亲乎！故死之为道也，一而不可得再复也，臣之所以致重其君，子之所以致重其亲，于是尽矣。故事生不忠厚、不敬文谓之野，送死不忠厚、不敬文谓之瘠[2]。君子贱野而羞瘠，故天子棺椁十重[3]，诸侯五重，大夫三重，士再重，然后皆有衣衾多少厚薄之数[4]，皆有翣菨文章之等以敬饰之[5]，使生死终始若一，一足以为人愿，是先王之道，忠臣孝子之极也。天子之丧动四海，属诸侯[6]；诸侯之丧动通国，属大夫；大夫之丧动一国，属修士；修士之丧动一乡，属朋友；庶人之丧合族党，动州里。刑余罪人之丧不得合族党，独属妻子，棺椁三寸，衣衾三领，不得饰棺，不得昼行，以昏殣[7]，凡缘而往埋之[8]，反无哭泣之节，无衰麻之服[9]，无亲疏月数之等，各反其平，各复其始，已葬埋，若无丧者而止，夫是之谓至辱。礼者，谨于吉凶不相厌者也。紸纩听息之时[10]，则夫忠臣孝子亦知其闵已[11]，然而殡殓之具未有求也；垂涕恐惧，然而幸生之心未已，持生之事未辍也；卒矣，然后作具之。故虽备家，必逾日然后能殡，三日而成服，然后告远者出矣，备物者作矣。故殡，久不过七十日，速不损五十日。是何也？曰：远者可以至矣，百求可以得矣，百事可以成矣，其忠至矣，其节大矣，其文备矣。然后月朝卜日，月夕卜宅[12]，然后葬也。当是时也，其义止，谁得行之？其义行，谁得止之？故三月之葬，其貌以生设饰死者也[13]，殆非直留死者以安生也，是致隆思慕之义也。

【注释】

[1] 臧：奴仆。　谷：小孩。

[2] 瘠：薄。

[3] 十：当作“七”（王引之说）。

[4] 衣衾：当作“衣食”（卢文弨说）。

[5] 翣菨（shà jiè）：当作“蒌（liǔ）翣”（杨倞说），古代棺木上的一种装

饰物。

[6] 属：合，聚集。

[7] 殣（jìn）：掩埋。

[8] 凡：平常。 缘：衣服上的边饰。

[9] 衰（cuī）：通“缞”，用麻布做的丧服。

[10] 絓纩（zhù kuàng）：把新棉絮放在临死者的鼻前，看其是否断气。絓，通“属”，安放。纩，新棉絮。

[11] 闵：生命垂危。

[12] 月朝卜日，月夕卜宅：此两句当作“月朝卜宅，月夕卜日”（王引之说）。

[13] 貇：古“貌”字，象。

【译文】

礼，是用来小心地处理生与死的。生，是人生的开始；死，是人生的终结。终结与开始都处理得很完善，为人之道就完备了。所以君子严肃地对待生又慎重地对待死。对待死与对待生一样，这是君子的原则，礼义的体现。重视人活着的时候而轻视人死了的时候，这是敬重活人有知觉而怠慢死人无知觉，这是奸邪之人的处世原则和背叛思想。君子用背叛思想来对待奴仆和小孩，尚且感到耻辱，何况对待自己的君主和父母呢？所以死亡这件事，只有一次而不可能再有第二次，臣子表达对君主的敬重，子女表达对父母的敬重，在对待他们的死上体现得最充分了。因此侍奉生者不忠诚厚道、不恭敬有礼叫做粗野，葬送死者不忠诚厚道、不恭敬有礼叫做轻薄。君子鄙视粗野而耻于轻薄，所以天子的棺椁有七重，诸侯有五重，大夫有三重，士有二重，然后都有衣服祭品多少厚薄的数目规定，都有装饰物和花纹图案等的不同等级来恭敬地文饰，使他们生前与死后、开始与终结一样，完全满足人们的愿望，这是先王的原则，忠臣孝子的最高准则。天子的丧事惊动天下，诸侯都来参加；诸侯的丧事惊动盟国，大夫都来参加；大夫的丧事惊动一国，上士都来参加；上士的丧事惊动一乡，朋友都来参加；百姓的丧事聚集同族亲戚，惊动州里。受到刑罚的罪人的丧事不能聚集同族亲戚，只能妻子、儿女来参加，棺椁只能三寸，衣被只能各三件，不能装饰棺材，不能白天送葬，只能黄昏埋掉，亲属穿着平时的衣服去埋葬，回家不能有哭泣的礼节，不能披麻戴孝，没有因亲疏关系而服丧日期不同的等级差别，各自回到平时的状态，各自恢复到当初的样子，已经埋葬，就像没有死人一样而丧礼一律废止，这就叫做最大的耻辱。礼，是用来小心地对待吉凶使它们不能互相侵犯的。用新棉絮放在临死者的鼻前来查看他的气息的时候，那么忠臣孝子也知道他生命垂危了，然而殡葬入殓的器具还不能考虑；流泪害怕，然而希望他活下来的念头没有中止，侍奉活人的事没有停止；死了，然后才准备丧葬物品。所以即使丧葬物品准备好的人家，必定过一天才能殡殓，三天后才穿上孝服，然后到远方报丧的人出发，准备治丧物品的人开始办理。所以殡葬时间，长了不能超过七十天，短了也不少于五十天。这是为什么？回答是：远方的人可以赶到了，一切都准备好了，各种事情都完成了，他们的忠心尽到了，他们的礼节很盛大了，他们的仪式很齐备了。然后月初占卜葬地，月末占卜葬期，然后埋葬。这个时候，不合道义的事，谁能去做呢？合乎道义的事，谁能禁止呢？所以三个月的葬礼，它表面上是用生者的陈设来文饰死者，恐怕并不是想留下死者来安慰生者，是在表达非常尊重和思念之情啊！

丧礼之凡[1]：变而饰，动而远，久而平。故死之为道也，不饰则恶，恶则不哀，尔则玩[2]，玩则厌，厌则忘[3]，忘则不敬。一朝而丧其严亲，而所以送葬之者不哀不敬，则嫌于禽兽矣[4]，君子耻之。故变而饰，所以灭恶也；动而远，所以遂敬也；久而平，所以优生也。礼者，断长续短，损有余、益不足，达爱敬之文，而滋成行义之美者也。故文饰、粗恶，声乐、哭泣，恬愉、忧戚，是反也，然而礼兼而用之，时举而代御[5]。故文饰、声乐、恬愉，所以持平奉吉也；粗衰、哭泣、忧戚[6]，所以持险奉凶也。故其立文饰也，不至于窕冶[7]；其立粗衰也，不至于瘠弃；其立声乐恬愉也，不至于流淫惰慢；其立哭泣哀戚也，不至于隘慑伤生[8]，是礼之中流也。

【注释】

[1]凡：常道。

[2]尔：通“迩”，近。

[3]忘：当为“怠”字（久保爱说）。下句“忘”字同。

[4]嫌：近。

[5]时：更。

[6]衰：当为“恶”字（王念孙说）。

[7]窕（yáo）：通“姚”，妖艳。

[8]隘（ài）：穷。 慑：悲戚。

【译文】

丧礼的常道是：人死了就需要装饰，举行丧礼后死者远去，时间长了内心就恢复了平静。所以料理死亡的做法是，不整容就会难看，难看了生者就不会悲哀；离死者近了就不严肃，不严肃就会厌恶，厌恶就会怠慢，怠慢就不恭敬。有一天自己的双亲死了，而葬礼不悲哀、不恭敬，那就近于禽兽了，君子以此为耻。所以人死了就整容，是用来消除厌恶的；举行丧礼而死者远去，是用来表达恭敬的；时间长了内心就恢复了平静，是为了调养生者的。礼，是取长补短，减少有余，弥补不足，表达爱慕恭敬的仪式，来养成实行道义的美德的。所以文饰和粗恶，音乐和哭泣，愉快和忧戚，这是对立的，然而礼都加以采用，交替运用。所以文饰、音乐、愉快，是用来对待平安吉祥的；粗恶、哭泣、忧戚，是用来对待危险和不幸的。所以在设立仪式修饰时，不至于妖艳；设立简陋的仪式时，不至于太刻薄；设立欢乐愉快的仪式时，不至于放荡懈怠；设立哭泣悲哀的仪式时，不至于过分悲伤损害身体，这是礼的中和之道。

故情貌之变足以别吉凶，明贵贱亲疏之节，期止矣[1]；外是，奸也，虽难，君子贱之。故量食而食之，量要而带之[2]。相高以毁瘠，是奸人之道也，非礼义之文也，非孝子之情也，将以有为者也。故说豫娩泽[3]，忧戚萃恶[4]，是吉凶忧愉之情发于颜色者也。歌谣謸笑[5]，哭泣谛号[6]，是吉凶忧愉之情发于声音者也。刍豢、稻粱、酒醴，餰鬻、鱼肉、菽藿、酒浆[7]，是吉凶忧愉之情发于食饮者也。卑絻、黼黻、文织[8]，资粗、衰绖、菲繐、菅屦[9]，是吉凶忧愉之情发于衣服者也。疏房、檖貌、越席、床笫、几筵，属茨、倚庐、席薪、枕块[10]，是吉凶忧愉之情发于居处者也。两情者，人生固有端焉。若夫断之继之，博之浅之，益之损之，类之尽之，盛之美之，使本末终始莫不顺比，足以为万世则，则是礼也。非顺孰修为之君子，莫之能知也。故曰：性者，本始材朴也；伪者[11]，文理隆盛也。无性则伪之无所加，无伪则性不能自美。性伪合，然后圣人之名一，天下之功于是就也。故曰：天地合而万物生，阴阳接而变化起，性伪合而天下治。天能生物，不能辨物也；地能载人，不能治人也；宇中万物、生人之属，待圣人然后分也。《诗》曰[12]："怀柔百神，及河乔岳[13]。"此之谓也。

【注释】

[1]期：当为"斯"字（杨倞说）。

[2]要：通"腰"。

[3]说豫：喜悦欢乐。说，通"悦"。 娩（wǎn）泽：面色润泽。娩，媚。

[4]萃：通"顇"，面色憔悴。

[5]譈：通"傲"，开玩笑。

[6]谛（tí）：通"啼"，哭出声。

[7]餰（zhān）：通"饘"，稠粥。 鬻：同"粥"，稀粥。 藿：豆叶。 酒浆：当为"水浆"（王念孙说）。

[8]卑絻：通"裨冕"，祭服。

[9]衰绖（cuī dié）：丧服。 菲繐：薄而稀的布。 菅（jiān）屦：草鞋。

[10]属茨：用草盖顶的房子。 倚庐：守丧时住的简陋的木头房子。

[11]伪：人为。

[12]《诗》：指《诗经·周颂·时迈》。

[13]乔岳：高山。

【译文】

所以神情容貌的变化足以区别吉凶，表明贵贱亲疏的礼节，这就可以了；如果不是这样，就是奸邪，即使难以做到，君子也看不起它。因此，要根据食量来吃饭，要依据腰围来系带。为了标榜自己的高尚而毁坏自己的身体，这是奸人的行为，不是礼义的规定，不是孝子的真情，而是有所图谋。所以高兴欢乐，面色红润；忧伤悲哀，面色憔悴，这是吉利与不幸、忧愁与愉快的心情表现在脸上。唱歌嬉戏，哭泣啼号，这是吉利与不幸、忧愁与愉快的心情表现在声音上。牛羊猪狗等肉食、稻米谷子等细粮，和甜酒、稀粥、鱼肉、豆叶、水浆，这是吉利与不幸、忧愁与愉快的心情表现在饮食上。祭服、礼服、有花纹的丝织品，粗布、丧服、单薄的麻衣、草鞋，这是吉利与不幸、忧愁与愉快的心情表现在衣服上。宽敞的房屋、深邃的宫室、柔软的蒲席、舒适的床、矮桌和垫子、用草盖顶的房子、守丧时的简陋木房、柴草铺成的席子、用土块做成的枕头，这是吉利与不幸、忧愁与愉快的心情表现在居住上。人们的两种心情，是人生本来就有的。至于斩断它或继续它，丰富它或简化它，增加它或减少它，使它触类旁通而又能充分表达，使它丰盛而又完美，使本末、始终没有不和顺的，足以成为万世的法则，这就是礼。不是顺从、精通礼而又努力实践礼的君子，是不能明白这个道理的。所以说：人的本性，是自然质朴的；人为的努力，就是使礼节仪式隆重盛大。没有本性那么人为就无从施加，没有人为那么本性就不能自己完美。本性与人为相合然后圣人的名声就纯一了，天下的功业就完成了。所以说：天地相互配合而万物就生成了，阴阳相互交接而变化就出现了，本性与人为相互结合而天下就安定了。上天能产生万物，不能治理万物；大地能负载人类，不能治理人类；宇宙中的万物和人类，等待圣人出现然后才能各得其名分。《诗经》中说："安抚众位神仙，祭祀黄河高山。"说的就是这个意思。

丧礼者，以生者饰死者也，大象其生以送其死也。故如死如生[1]，如亡如存，终始一也。始卒，沐浴、鬠体、饭唅[2]，象生执也。不沐则濡栉三律而止[3]，不浴则濡巾三式而止[4]。充耳而设瑱[5]，饭以生稻，唅以槁骨[6]，反生术矣。说亵衣[7]，袭三称，缙绅而无钩带矣[8]。设掩面儇目[9]，鬠而不冠笄矣[10]。书其名，置于其重[11]，则名不见而柩独明矣。荐器则冠有鍪而毋縰[12]，瓮庑虚而不实[13]，有簟席而无床笫，木器不成斫，陶器不成物，薄器不成内[14]，笙竽具而不和，琴瑟张而不均，舆藏而马反，告不用也。具生器以适墓，象徙道也。略而不尽，貇而不功[15]，趋舆而藏之，金革辔靷而不入[16]，明不用也。象徙道，又明不用也，是皆所以重哀也。故生器文而不功，明器貇而不用。凡礼，事生，饰欢也；送死，饰哀也；祭祀，饰敬也；师旅，饰威也。是百王之所同，古今之所一也，未有知其所由来者也。故圹垄，其貇象室屋也；棺椁，其貇象版盖斯象拂也[17]；无帾丝歶缕翣[18]，其貇以象菲帷帱尉也[19]。抗折[20]，其貇以象槾茨番阏也[21]。故丧礼者，无它焉，明死生之义，送以哀敬而终周藏也。故葬埋，敬藏其形也；祭祀，敬事其神也；其铭、诔、系世[22]，敬传其名也。事生，饰始也；送死，饰终也。终始具而孝子之事毕，圣人之道备矣。刻死而附生谓之墨，刻生而附死谓之惑，杀生而送死谓之贼。大象其生以送其死，使死生终始莫不称宜而好善，是礼义之法式也，儒者是矣。

【注释】

［1］如：当为“事”字（俞樾说）。下同。

［2］髻（kuò）：把头发束起来。　体：剪指甲。　饭唅：把珠、玉、贝、米等放入死者口中。

［3］栉（zhì）：梳篦总称。　律：梳头发。

［4］式：通“拭”。

［5］瑱（tiàn）：塞耳的玉或棉。

［6］槁骨：一种贝。

［7］说：疑当为“设”字（卢文弨说）。　亵（xiè）衣：内衣。

［8］缙：同“搢”，插。　绅：束在腰间的大带。

［9］儇（xuān）目：覆盖死者面部的黑色方巾。

［10］笄（jī）：簪子。

［11］重：暂代神主牌的木牌。

［12］鍪（móu）：帽子。　縰（shǐ）：包头发的丝织物。

［13］庑（wǔ）：同“甒”，一种陶器。

［14］内：当为“用”字（王念孙说）。

［15］須：同“貌”。下同。

［16］靷（yǐn）：系于车轴的皮带。

［17］版：车两旁挡风沙的厢板。　盖：车盖。　斯：疑为“靳”字之误（应劭说），车前的一种装置。　拂：即“茀”，车后的一种装置。

［18］无：通“幠”（hū），尸体上的覆盖物。　帾（zhǔ）：通“褚”，棺材上的覆盖。　鬻（yú）：棺木上的一种装饰物。

［19］菲：草帘。　帷：帐子。　尉：通“罻”（wèi），网状的帷帐。

［20］抗折：葬具。抗，用来挡土。折，用来垫在坑下。

［21］槾（màn）：粉刷墙壁或泥涂屋顶。　茨（cí）：用茅草盖房子。　番：通“藩”，篱笆。　阏（è）：挡风尘的门。

［22］铭：为文刻在器物上，记叙死者生平事迹，使扬于后世。　诔：哀悼死者之文。　系世：指谱牒、家谱一类的东西，记载死者世系。

【译文】

丧礼，是用活人的样子来装饰死人的，大体模仿他活时的情形来为他送别的。所以对待死亡就像对待出生一样，对待死人就像对待活人一样，始终如一。刚死时，给他洗头、洗澡、束发、剪指甲、口中含饭，模仿他活时的行为。不洗头就用湿梳子梳理三次，不洗澡就用湿毛巾擦拭三遍。用新棉塞住耳朵，口中放上生饭，含上贝，这和出生时相反了。穿好内衣，再穿上三件外套，把朝板插在腰带上但没有带钩。用黑色丝巾把脸遮盖起来，束起头发但不戴帽子，不插簪子。写上他的名字放在他的神主牌位上，那么名字看不见，而只能在灵柩前看清楚。陪葬的器物有帽子但没有束发的丝织物，瓮、甒中空着不放东西，有竹席但没有床垫，木器不雕琢，陶器不制成实物，竹器不能用，笙、瑟具备但没有调和，拉棺材的车子埋葬而马却牵回，这表明都不用了。把生前的器物送到墓中，像搬家一样。简略而不完备，只具外表而没有功效，赶着车子把它埋掉，但套车的用具却不埋进墓中，表明不用了。像搬家，又表明不用了，这都是为了加重哀悼之情的。所以生前的器物只起礼仪作用而不再用了，陪葬的器物只具外貌而不实用。凡是礼，侍奉生者，是为了让生者欢乐；葬送死者，是为了表达对死者的哀痛；祭祀，是为了表达对死者的尊敬；军队的礼仪，是为了展示军队的威风。这是历代君王都相同的，古今是一样的，没有人知道它的来源。所以坟墓，外表像房屋；棺椁，外表像车子；尸体与棺材上的各种覆盖物，外表像帘子及各种帷帐；挡土和垫在坑下的葬具，外表像墙壁、屋顶、篱笆和门。所以丧礼，没有别的意思，是表明死与生的意义，用悲哀恭敬的心情去送别而最后周到地把死者掩埋。所以埋葬，是恭敬地埋藏死者的形体；祭祀，是恭敬地侍奉死者的灵魂；铭文、悼词、家谱，是恭敬地传颂他的名声。侍奉出生的人，是装饰人生的开始；葬送死者，是装饰生命的终结。终结与开始完备了而孝子的事情也就完成了，圣人的道德就具备了。削减死者的来增加生者的叫做刻薄，削减生者的来增加死者的叫迷惑，杀掉生者来陪葬死者叫残害。大体模仿生前的情形来葬送死者，使死生都恰当，适宜而又非常完美，这是礼义的法则，儒者就是这样的。

三年之丧何也？曰：称情而立文，因以饰群，别亲疏、贵贱之节，而不可益损也。故曰：无适不易之术也。创巨者其日久，痛甚者其愈迟，三年之丧，称情而立文，所以为至痛极也。齐衰、苴杖、居庐、食粥、席薪、枕块[1]，所以为至痛饰也。三年之丧，二十五月而毕，哀痛未尽，思慕未忘，然而礼以是断之者，岂不以送死有已，复生有节也哉？凡生乎天地之间者，有血气之属必有知，有知之属莫不爱其类。今夫大鸟兽则失亡其群匹[2]，越月踰时则必反铅[3]；过故乡，则必徘徊焉，鸣号焉，踯躅焉[4]，踟蹰焉[5]，然后能去之也。小者是燕爵[6]，犹有啁噍之顷焉[7]，然后能去之。故有血气之属莫知于人，故人之于其亲也，至死无穷。将由夫愚陋淫邪之人与？则彼朝死而夕忘之，然而纵之，则是曾鸟兽之不若也，彼安能相与群居而无乱乎？将由夫修饰之君子与？则三年之丧，二十五月而毕，若驷之过隙，然而遂之，则是无穷也。故先王圣人安为之立中制节，一使足以成文理，则舍之矣。然则何以分之？曰：至亲以期断[8]。是何也？曰：天地则已易矣，四时则已遍矣，其在宇中者莫不更始矣，故先王案以此象之也。然则三年何也？曰：加隆焉，案使倍之，故再期也。由九月以下何也？曰：案使不及也。故三年以为隆，缌、小功以为杀[9]，期、九月以为间。上取象于天，下取象于地，中取则于人，人所以群居和一之理尽矣。故三年之丧，人道之至文者也，夫是之谓至隆，是百王之所同也，古今之所一也。

【注释】

[1] 齐衰（zī cuī）：用熟麻布做的孝服。 苴（jū）杖：服丧所用的竹杖。

[2] 则：若。

[3] 铅（yán）：通“沿”，顺着。

[4] 踯躅（zhí zhú）：徘徊不进。

[5] 踟蹰（chí chú）：犹豫不决。

[6] 爵：雀。

[7] 啁噍（zhōu jiū）：小鸟鸣叫声。

[8] 期（jī）：周年。

[9] 缌（sī）：古代五种丧服中最轻的一个，穿细麻布制做的丧服，服期三个月。 小功：穿用较细的熟麻布制作的丧服，服期五个月。

【译文】

为什么服丧三年？回答是：根据感情来确定礼仪，用来文饰人群，区别亲疏、贵贱的礼节，而不能有所增减。所以说：这是到哪里都不能改变的做法。创伤大的恢复起来就长，悲痛厉害的愈合起来就慢，三年的服丧，根据感情确定礼仪，是用来表示哀痛到了极点了。穿丧服，拄着竹杖，住在小屋里，喝稀饭，睡在柴草上，枕着土块，这是极度哀痛的表现。三年的服丧，二十五月就结束，哀痛没有断尽，思念没有忘却，然而礼规定在这时终止服丧，难道不是送死有个完结，恢复生活有个期限吗？凡是生活在天地之间的，有血气的动物就必定有智力，有智力的动物就必定爱他的同类。现在那些大的鸟兽如果失去了它的群体或配偶，经过一个月或一段时间就必定返回；经过故乡，就一定徘徊不前，鸣叫啼号，飞来飞去，犹豫不决，然后才肯离去。小的燕雀之类，也要悲鸣一会儿，然后才飞走。所以有血气的动物没有比人更聪明的了，因此人对于父母的亲情，至死也不会穷尽。要顺着那些愚蠢、鄙陋、淫荡、奸邪的人吗？那么他们的双亲早上死了到了晚上就忘记了，然而还放纵他们，那么就连鸟兽也不如了，他们怎么能相互群居在一起而不发生混乱呢？要顺着那些有修养的君子吗？那么三年的服丧，二十五月就结束，就像四匹马拉的车飞过一个缝隙，然而依照他们的心愿，那么服丧就没有尽头了。所以先王圣人为人们设立了适中的制度加以限制，使他们只要做到了礼仪的要求，就要结束丧期。然而怎样来区分亲疏呢？回答是：至亲一周年就要终止服丧。这是为什么？回答是：天地已经改变了，四时已经循环了一遍，在宇宙中的万物没有不重新开始的，所以先王以此来模仿它。那么为什么又要服丧三年呢？回答说：为了使丧礼更加隆重，于是使服丧的时间加倍，所以又服丧两年。服丧九个月以下为什么呢？回答是：为了使丧礼不如父母的丧礼隆重。所以服丧三年是隆重的礼，服丧三个月和五个月的缌和小功是最轻的礼，服丧一年或九个月是中间的礼。上取象于天，下取象于地，中取法于人，人们所以能够群居在一起和谐统一的道理也就全部体现出来了。所以三年的服丧，是人道最高的礼仪，这就叫做最隆重的礼，这是历代君王都相同的，古今是一样的。

君之丧所以取三年，何也？曰：君者，治辨之主也，文理之原也，情貌之尽也，相率而致隆之，不亦可乎？《诗》曰[1]：“恺悌君子[2]，民之父母。”彼君子者[3]，固有为民父母之说焉。父能生之，不能养之[4]；母能食之，不能教诲之；君者，已能食之矣，又善教诲之者也，三年毕矣哉？乳母，饮食之者也，而三月；慈母[5]，衣被之者也，而九月；君，曲备之者也，三年毕乎哉？得之则治，失之则乱，文之至也；得之则安，失之则危，情之至也。两至者俱积焉，以三年事之犹未足也，直无由进之耳。故社，祭社也[6]；稷，祭稷也[7]；郊者，并百王于上天而祭祀之也。三月之殡何也？曰：大之也，重之也。所致隆也，所致亲也，将举措之，迁徙之，离宫室而归丘陵也，先王恐其不文也，是以繇其期[8]，足之日也。故天子七月，诸侯五月，大夫三月，皆使其须足以容事[9]，事足以容成，成足以容文，文足以容备，曲容备物之谓道矣。

【注释】

[1]《诗》：指《诗经·大雅·泂酌》。

[2]恺悌（kǎi tì）：平易近人。

[3]子：当为衍文（俞樾说）。

[4]养：当为“食”字（王念孙说）。

[5]慈母：养母。

[6]社：土地神。

[7]稷：谷神。

[8]繇：通“遥”，久远。

[9]须：等待。 容：确保。

【译文】

君主的丧期之所以选择三年，为什么呢？回答是：君主，是治理天下的主宰，是礼仪制度的本源，是忠诚的内心与恭敬的外表的极致，人们互相争着来极力推崇他，不是应该的吗？《诗经》中说：“平易近人的君子，是人民的父母。”君主，本来就有人民父母的说法。父亲能生育自己，但不能喂养；母亲能喂养自己，但不能教诲；君主，既能养育自己，又善于教诲自己，为他服丧三年就完毕了吗？乳母，是喂养自己的，所以为她服丧三个月；养母，是给自己穿衣盖被的，所以为她服丧九个月；君主，是处处照顾自己的人，为他服丧三年就完毕了吗？能这样做国家就会治理好，不能这样做国家就会混乱，这是最高的礼仪制度；能这样做国家就会安定，不能这样做国家就会危险，这是感情的最高表现。这两方面都积聚起来，用三年时间服丧还显不足，只是没法再增加罢了。所以社祭，是祭祀土神；稷祭，是祭祀谷神；郊祭，是把历代君王和上天一起祭祀。出殡后三个月才埋葬是为什么呢？回答是：这是使丧礼盛大，使丧礼隆重。对死者表示极其尊重，极其亲近，要准备安葬他，迁移他，离开宫室而归葬到丘陵中，先王害怕丧葬不合乎礼仪，因此推迟丧葬的日期，使时间充足。所以天子停柩七个月，诸侯五个月，大夫三个月，使时间足够用来办理各种事情，使事情保证能成功，成功保证能合乎礼仪，礼仪保证周到完备，各方面都周到，各种事物都完备这就叫做合乎丧礼的原则。

祭者，志意思慕之情也[1]。愅诡、唈僾而不能无时至焉[2]。故人之欢欣和合之时，则夫忠臣孝子亦愅诡而有所至矣。彼其所至者甚大动也，案屈然已[3]，则其于志意之情者惆然不嗛[4]，其于礼节者阙然不具。故先王案为之立文，尊尊亲亲之义至矣。故曰：祭者，志意思慕之情也，忠信爱敬之至矣，礼节文貌之盛矣，苟非圣人，莫之能知也。圣人明知之，士君子安行之，官人以为守，百姓以成俗。其在君子，以为人道也；其在百姓，以为鬼事也。故钟鼓、管磬、琴瑟、竽笙，《韶》、《夏》、《护》、《武》、《汋》、《桓》、《箾》、简、《象》[5]，是君子之所以为愅诡其所喜乐之文也。齐衰、苴杖、居庐、食粥、席薪、枕块，是君子之所以为愅诡其所哀痛之文也。师旅有制，刑法有等，莫不称罪，是君子之所以为愅诡其所敦恶之文也。卜筮视日，斋戒修涂[6]，几筵、馈荐、告祝[7]，如或飨之；物取而皆祭之，如或尝之；毋利举爵，主人有尊[8]，如或觞之；宾出，主人拜送，反易服[9]，即位而哭，如或去之。哀夫敬夫！事死如事生，事亡如事存，状乎无形影[10]，然而成文。

【注释】

[1] 情：当为“积”字（王念孙说）。

[2] 愅（gé）诡：变异感动的样子。　唈僾（yì ài）：郁闷不乐的样子。

[3] 屈：竭尽。

[4] 嗛（qiè）：满足。

[5]《夏》：相传是禹时的舞曲名。　《汋》（zhuó）、《桓》：均是《诗经·周颂》的篇名。　《箾》（shuò）：周文王舞曲名，见《左传·襄公二十九年》。　简：当为衍文（王念孙说）。

[6] 修涂：通“修除”，指清扫祠庙。

[7] 馈荐：祭祀进献的祭品。 告祝：祭礼的一种仪节。祝，辅助祭祀的人。

[8] 有尊：劝酒。有，通“侑”，劝。尊，一种酒器。

[9] 反：通“返”。

[10] 状：好像。

【译文】

祭祀，是人们心意和思念之情的积累。人们感动、郁闷就要在一定时间表达出来。所以人们欢乐团聚时，那么忠臣孝子也会感动而使思念君主和双亲之情有所表露。他们所要表露的感情很强烈，而礼节空无所有，那么他们的思念之情就会惆怅而不满足，对于礼节就会感到欠缺而不完备。所以先王为此设立了礼仪，使尊重君主、亲爱父母之情就能表达出来了。所以说：祭祀，是人们心意和思念之情的积累，是人们忠信敬爱的极点，是礼节仪式的最高表现，如果不是圣人，是没有人能了解这一点的。圣人清楚地了解它的意义，士君子安心地实行它，官吏把它作为自己的职守，百姓把它作为习俗。在君子那里，把它作为为人的原则；在百姓那里，把它看作鬼神的事。所以钟鼓、管磬、琴瑟、竽笙等乐器，《韶》、《夏》、《护》、《武》、《汋》、《桓》、《箾》、《象》等乐曲，是君子表达他喜乐感情变化的仪式的。穿丧服，拄着竹杖，住在小屋里，喝稀饭，睡在柴草上，枕着土块，是君子表达他哀痛感情变化的仪式的。军队有制度，刑法有等级，刑罚没有不与罪行相符的，是君子表达他憎恶感情变化的仪式。占卜算卦要看日子，斋戒，清扫祠庙，摆好祭祀的桌椅，献上祭品，受祭的人吩咐辅祭的人，就像神在享用一样；祭品取出来一一祭祀，就像神在品尝一样；不用劝食的人代主人敬酒，主人亲自举杯献酒，就像神在喝酒一样；宾客退出，主人拜送，返回后脱掉祭服换上丧服，回到位置上痛哭，就像神真的离开了一样。悲哀啊！恭敬啊！侍奉死亡就像侍奉出生，侍奉死人就像侍奉活人，好像无形无影，然而却成为一种礼仪。

【评析】

人生而有欲，食不果腹、衣不蔽体时欲饱暖，衣物无忧、三餐不愁时思名利，从某种程度上说，正是人类永远无法满足的欲望才造就了这个永远不会停滞的社会。然而，“君子爱财，取之有道”（《论语·子张》），追求欲望的满足还是应该在一个既定的轨道里进行，不能混乱无绪，更不能毫无节制。“礼”就在这样的情境下作为一个核心概念，在荀子的思想学说中应运而生。

“制礼义以分之，以养人之欲，给人之求”，“使欲必不穷乎物，物必不屈于欲，两者相持而长”，这就是荀子“隆礼”的缘由所在。他要让“礼”成为一种准则，在这个准则的制约下，既不妨碍个人对更高品质生活的追求，又能保证整个社会健康有序地向前发展。

在众多或繁或简的礼仪中，荀子显然对丧礼给予了特别的关注，从殡殓器具的准备，故人体貌的整饰，到祭祀用品的选择，服丧期限的规定，都事无巨细地详尽说明。对于这些礼仪，墨家甚为不齿，认为“重为棺椁，多为衣衾，送死若徙；三年哭泣，扶后起，杖后行，耳无闻，目无见，此足以丧天下”（《墨子·公孟》），极力主张节葬短丧。可就如墨家“尚俭”、“非乐”等思想虽令人肃然起敬，但若要求普天下都将之引以为处世信条并躬身实践的话，无疑会使很多人大为为难一样，节葬短丧也因非人之常情而少被接受。究其原因，则正如荀子所说：“生，人之始也；死，人之终也。终始俱善，人道毕矣。”且不论完整而不留遗憾地走完百味一生，体面而庄重地告别这个世界应是每一个人都会有的心愿，单单就生者而言，作为对长者最后所尽的孝道，也无论如何不该过分马虎。

一方面这是为人子女的责任。中华民族素有爱老敬老的传统，自尧舜始，历朝之事老礼仪即各成鸿制，由上至下“孝”的理念蔚然风行。作为孝道的重要延伸，丧礼自然得到了社会的极大关注。生则养，没则丧；养则观其顺，丧则观其哀，君子事老当如是。从某种角度来说后者应该比前者更隆重，因为人生的时间长，尽孝的机会多；人死却只有一次，过了想弥补都不再可能，故而更能检验人对尊者的感情。这就是荀子所指出的：“死之为道也，一而不可得再复也，臣之所以致重其君，子之所以致重其亲，于是尽矣。”

另一方面，作为长久被关注与阐释的传统，丧礼已经超出最初意义上的子辈为父辈事生送死的范畴，而具有了抽象的承载伦理观念的功能。曾子说：“慎终追远，民德归厚矣。”（《论语·学而》）荀子说：“夫厚其生而薄其死，是敬其有知而慢其无知也，是奸人之道而倍叛之心也。”二者即是从正反两个角度分别述说了重死对于醇实笃厚之社会道德风气形成的重要性。在这个意义层面上，丧礼已远非为单个人告别人世而举行的一个仪式，而成为一种伦理文化与民族精神形成与传递的过程。“事死如事生，事亡如事存，状乎无形影，然而成文。”比起其他很多礼仪，丧礼因为似乎是“无形影”地纯为死者而设而多有争议，但在荀子看来，这却是君子为人处世所该遵循的“礼”。

乐论

【题解】

本文是一篇阐释音乐问题的专题论文。荀子主要从两方面进行了阐释。一是音乐的起源问题。荀子认为音乐就是快乐，是人们感情的一种自然流露，是生活中必不可缺的，“乐者，乐也，人情之所必不免也，故人不能无乐”。二是音乐的社会作用。荀子认为音乐能协调人们的社会关系，“乐者，天下之大齐也，中和之纪也”。同时，音乐具有强大的社会感染力，“入人也深，化人也速”，“可以善民心”，能移风易俗。

夫乐者[1]，乐也[2]，人情之所必不免也，故人不能无乐。乐则必发于声音，形于动静，而人之道，声音、动静、性术之变尽是矣[3]。故人不能不乐，乐则不能无形，形而不为道[4]，则不能无乱。先王恶其乱也，故制《雅》、《颂》之声以道之，使其声足以乐而不流，使其文足以辨而不諰[5]，使其曲直、繁省、廉肉、节奏足以感动人之善心[6]，使夫邪污之气无由得接焉。是先王立乐之方也，而墨子非之，奈何！故乐在宗庙之中，君臣上下同听之，则莫不和敬；闺门之内[7]，父子兄弟同听之，则莫不和亲；乡里族长之中，长少同听之，则莫不和顺。故乐者，审一以定和者也，比物以饰节者也[8]，合奏以成文者也，足以率一道，足以治万变。是先王立乐之术也，而墨子非之，奈何！

【注释】

[1]乐：音乐。

[2]乐：快乐。

[3]性术：性情的表现形式。

[4]道：通“导”，引导。

[5]諰（xǐ）：邪。

[6]廉肉：指声音的清晰和饱满。廉，清。肉，饱满。

[7]闺门：家庭。

[8]比：合。 物：乐器。

【译文】

音乐，就是快乐，是人的感情必不可少的，所以人不能没有音乐。人有快乐就一定通过声音流露出来，通过行动表现出来，人之所以为人，声音、行动、性情变化都表面在音乐中了。所以人不能不快乐，快乐就不能不表现出来，这种快乐的表现如果不加以引导，就不能没有混乱。先王厌恶这种混乱，所以制定了《雅》乐、《颂》乐来引导，使乐声能够表达快乐而不淫荡，使乐章能够辨别清楚乐曲的含义而不邪僻，使音乐的曲直、繁简、清浊、节奏能够感动人们的善良之心，使那些奸邪污浊之气没有办法接触人们。这是先王设立音乐的原则，而墨子却反对音乐，有什么办法呢？所以音乐在宗庙之中，君臣上下一起倾听，就没有不和慕恭敬的；音乐在家庭之中，父子兄弟一起倾听，就没有不和慕亲近的；音乐在乡里家族之中，年长的与年少的一起倾听，就没有不和慕顺从的。所以音乐是审定一个主音来确定乐调和谐的，是配上各种乐器来调整节奏的，是共同演奏来完成乐曲的，完全能够用来统率大道，完全能够用来治理各种变化。这是先王设立音乐的方法，而墨子却反对音乐，有什么办法呢？

故听其《雅》、《颂》之声，而志意得广焉；执其干戚[1]，习其俯仰屈伸，而容貌得庄焉；行其缀兆[2]，要其节奏，而行列得正焉，进退得齐焉。故乐者，出所以征诛也，入所以揖让也。征诛揖让，其义一也。出所以征诛，则莫不听从；入所以揖让，则莫不从服。故乐者，天下之大齐也，中和之纪也，人情之所必不免也。是先王立乐之术也，而墨子非之，奈何！且乐者，先王之所以饰喜也；军旅鈇钺者[3]，先王之所以饰怒也。先王喜怒皆得其齐焉。是故喜而天下和之，怒而暴乱畏之。先王之道，礼乐正其盛者也，而墨子非之。故曰：墨子之于道也，犹瞽之于白黑也，犹聋之于清浊也，犹欲之楚而北求之也。夫声乐之入人也深，其化人也速，故先王谨为之文。乐中平则民和而不流，乐肃庄则民齐而不乱。民和齐则兵劲城固，敌国不敢婴也[4]。如是，则百姓莫不安其处，乐其乡，以至足其上矣。然后名声于是白，光辉于是大，四海之民莫不愿得以为师。是王者之始也。乐姚冶以险，则民流優鄙贱矣。流優则乱，鄙贱则争。乱争则兵弱城犯，敌国危之。如是，则百姓不安其处，不乐其乡，不足其上矣。故礼乐废而邪音起者，危削侮辱之本也。故先王贵礼乐而贱邪音。其在序官也，曰："修宪命，审诛赏[5]，禁淫声，以时顺修，使夷俗邪音不敢乱雅，太师之事也。"

【注释】

［1］干戚：武舞的舞具。干，盾牌。戚，斧头。

［2］缀兆：乐舞的行列位置。

［3］鈇钺（fū yuè）：古代的刑具。鈇，同"斧"。钺，大斧。

［4］婴：通"撄"，迫近，触犯。

［5］诛赏：当为"诗商"（王先谦说）。

【译文】

所以听到《雅》、《颂》的乐声，意志胸怀就开阔了；手拿盾、斧等舞具，练习俯仰、屈伸的动作，而容貌就庄重了；跳在舞蹈的行列位置上，合着音乐的节奏，而队列就方正，进退就整齐了。所以音乐，对外可以用来征讨诛伐，对内可以谦恭礼让。征讨诛伐，谦恭礼让，它们的意义是一样的。对外用来征讨诛伐，就没有人不听从；对内谦恭礼让，就没有人不服从。所以音乐，是天下最大的齐同，是中正和谐的纲纪，是人的感情必不可少的。这是先王设立音乐的办法，而墨子反对音乐，有什么办法呢？并且音乐，是先王用来表达高兴的；军队和刑具，是先王用来表达愤怒的。先王高兴、愤怒都能表达得很恰当。所以先王高兴而天下人就应和他，先王愤怒而暴虐作乱的人就畏惧他。先王的治国大道，礼和乐正是其中的重要内容，而墨子却反对它们。所以说：墨子对于治国大道，就像瞎子不能分辨白黑一样，就像聋子不能分辨声音的清浊一样，就像想要到楚国去却向北方去一样。音乐影响人十分深远，它教化人也很迅速，所以先王小心地来修饰它。音乐中正平和那么人民就和慕而不淫荡，音乐严肃庄重那么人民就心齐而不混乱。人民和谐心齐那么兵力就强劲，城防就坚固，敌国就不敢侵犯。像这样，那么百姓就没有不安心地住在自己的住处，喜欢自己的家乡，从而使君主得到满足的。然后君主的名声就会显赫，光辉就会广大，四海的民众就没有不愿意把它作为君长的。这是称王天下的开始。音乐妖冶险恶，那么人民就会淫荡散漫，卑鄙下贱了。淫荡散漫就会混乱，卑鄙下贱就会争斗。混乱争斗那么兵力就会削弱，城池被破坏，敌国就会来侵犯了。像这样，那么百姓就不会安心地住在自己的住处，不喜欢他们的家乡，就不会使君主得到满足了。所以礼乐被废止那么邪僻的音乐就会兴起，这是国家危险、被削弱、蒙受侮辱的根源。所以先王尊重礼乐而鄙视邪僻的音乐。他在论述官吏的职责时，说："修改法令，审查诗歌，禁止淫声，按时整治，使蛮夷的风俗和邪恶的音乐不敢扰乱正声，这是太师的职责。"

墨子曰："乐者，圣王之所非也，而儒者为之，过也。"君子以为不然。乐者，圣人之所乐也，而可以善民心，其感人深，其移风易俗，故先王导之以礼乐而民和睦。夫民有好恶之情而无喜怒之应则乱。先王恶其乱也，故修其行，正其乐，而天下顺焉。故齐衰之服，哭泣之声，使人之心悲；带甲婴軸[1]，歌于行伍[2]，使人之心伤；姚冶之容，郑、卫之音[3]，使人之心淫；绅、端、章甫[4]，舞《韶》、歌《武》，使人之心庄。故君子耳不听淫声，目不视女色，口不出恶言。此三者，君子慎之。凡奸声感人而逆气应之，逆气成象而乱生焉，正声感人而顺气应之，顺气成象而治生焉。唱和有应，善恶相象，故君子慎其所去就也。君子以钟鼓道志[5]，以琴瑟乐心，动以干戚，饰以羽旄[6]，从以磬管。故其清明象天，其广大象地，其俯仰周旋有似于四时。故乐行而志清，礼修而行成，耳目聪明，血气和平，移风易俗，天下皆宁，美善相乐。故曰：乐者，乐也。君子乐得其道，小人乐得其欲。以道制欲，则乐而不乱；以欲忘道，则惑而不乐。故乐者，所以道乐也。金石丝竹，所以道德也。乐行而民乡方矣[7]。故乐者，治人之盛者也，而墨子非之。且乐也者，和之不可变者也；礼也者，理之不可易者也。乐合同，礼别异，礼乐之统，管乎人心矣。穷本极变，乐之情也；著诚去伪，礼之经也。墨子非之，几遇刑也。明王已没，莫之正也。愚者学之，危其身也。君子明乐，乃其德也。乱世恶善，不此听也。於乎哀哉，不得成也！弟子勉学，无所营也[8]。

【注释】

[1]婴：系。　軸：同“胄”，头盔。

[2]行（háng）伍：军队。古代军队以五人为伍，二十五人为行。

[3]郑、卫之音：指《诗经》中郑国和卫国的民歌，古时以郑声和卫声为淫声。

[4]绅：古时士大夫系在腰间的大带。　端：礼服。　章甫：礼帽。

[5]道：同“导”，引导。

[6]羽旄（máo）：野鸡毛和牦牛尾，均为舞具。

[7]乡：通“向”，向往，仰慕。

[8]营：通“荧”，惑乱。

【译文】

墨子说：“音乐，是圣明的君王反对的，而儒者却倡导它，这是错误的。”君子认为并不是这样。音乐，是圣人所喜欢的，可以用它来改善民心，它能深深地感动人，能改变风俗，所以先王用礼乐来引导人民而人民就和睦。人民有爱好、厌恶的感情而没有喜欢、愤怒的形式与之相应就会混乱。先王憎恶这种混乱，因此修养德行，订正音乐，而天下就顺从了。所以戴孝的丧服，哭泣的声音，会使人心中悲痛；穿着铠甲，戴着头盔，在队伍中歌唱，会使人心中哀伤；妖艳的容貌，郑、卫的乐声，会使人心中淫荡；腰束大带，穿着礼服，戴着礼帽，伴着《韶》、《舞》的乐曲唱歌跳舞，会使人心中庄重。所以君子耳朵不听淫荡的音乐，眼睛不看女人的美色，嘴里不说邪恶的语言。这三件事，君子一定要小心对待。凡是奸邪的音乐感动人而歪风邪气就会响应它，歪风邪气成为社会现象而混乱就产生了；中正的音乐感动人而和顺的风气就响应它，和顺的风气成为社会现象而安定的局面就产生了。唱和互应，善恶就会随之形成，所以君子对音乐要小心地进行取舍。君子用钟鼓来引导意志，用琴瑟来使心情舒畅，拿着盾、斧等舞具来跳舞，用野鸡毛和牦牛尾来装饰，用箫、管来伴奏。所以乐声像天一样清朗，像地一样广大，舞蹈动作的俯仰旋转又和四时的变化相似。所以音乐流行而志向就纯洁了，礼仪美好而德行就养成了，从而耳聪目明，血气平和，移风易俗，天下安宁，美与善相互快乐。所以说：音乐，就是快乐。君子以从中得到道义而快乐，小人以从中满足欲望而快乐。用道义来约束欲望，就会快乐而不混乱；只想满足欲望而忘记道义，就会迷惑而不快乐。所以音乐，是引导快乐的，金、石、丝、竹等乐器，是用来引导道德的。音乐流行而人民就会向往大道。所以音乐是治理人民的最理想的形式，而墨子却反对它。况且音乐，是使人们和谐而不可变更的原则；礼，是治理社会而不可改变的原则。音乐使人民和谐一致，礼区分等级差异。礼乐的总体，约束着人们的思想。深入人们的内心，根本改变人们的情性，这是音乐的本质；显明真诚、去掉虚伪，这是礼的原则。墨子反对它，几乎要遭到刑罚了。圣明的君王已经死了，没有人来纠正他的错误了。愚蠢的人学习他，就会危害自身。君子倡导音乐，这才是道德的表现。混乱的世道憎恶善行，不会听从这些话。可悲啊，音乐不能流行！弟子们要努力学习，不要被迷惑。

声乐之象[1]：鼓大丽[2]，钟统实[3]，磬廉制[4]，竽笙箫和[5]，筦籥发猛[6]，埙篪翁博[7]，瑟易良，琴妇好[8]，歌清尽，舞意天道兼。鼓，其乐之君邪！故鼓似天，钟似地，磬似水，竽笙、箫和、筦钥似星辰日月[9]，鞉、柷、拊、鞷、椌、楬似万物[10]。曷以知舞之意？曰：目不自见，耳不自闻也，然而治俯仰、诎信、进退、迟速莫不廉制，尽筋骨之力以要钟鼓俯会之节，而靡有悖逆者，众积意謘謘乎[11]！

【注释】

[1] 象：象征。

[2] 丽：通“厉”，声音激越高亢。

[3] 统：通“充”，声音宏亮。

[4] 廉制：指声音清晰有节奏。

[5] 箫：当为“肃”字（王引之说）。

[6] 筦籥（guǎn yuè）：都是古代编管乐器。筦，同“管”。

[7] 埙（xūn）：古代一种陶制乐器。　篪（chí）：一种单管横吹乐器。　翁博：通“滃渤”，声音低沉而宽广。

[8] 妇好：同“女好”，形容声音柔和婉转。

[9] 箫和：当为衍文（王先谦说）。

[10] 鞉（táo）、柷（zhù）、拊（fǔ）、鞷（gé）、椌（qiāng）、楬（qià）：都是古代打击乐器。

[11] 謘謘（chí）：谆谆，态度诚恳认真的样子。

【译文】

音乐的象征：鼓声激越高亢，钟声洪亮浑厚，磬声清晰明朗，竽、笙的声音肃静和缓，管、籥的声音激越昂扬，埙、篪的声音低沉而宽广，瑟声平和温良，琴声婉转悠扬，歌声清朗完美，舞蹈的意象与天道相合。鼓，是音乐中的君主！所以鼓声像天，钟声像地，磬声像水，竽、笙、管、籥的声音像日月星辰，鞉、柷、拊、鞷、椌、楬的声音像万物。怎么知道舞蹈的意象呢？回答是：眼睛看不到自己，耳朵听不到自己，然而俯仰、屈伸、进退、快慢的动作无不清晰而有节奏，竭尽自己身体的力量来跟上钟鼓的节奏，而没有违背的，众人的态度多么认真啊！

吾观于乡[1]，而知王道之易易也。主人亲速宾及介[2]，而众宾皆从之，至于门外，主人拜宾及介而众宾皆入，贵贱之义别矣。三揖至于阶，三让以宾升，拜至，献酬[3]，辞让之节繁。及介省矣。至于众宾，升受，坐祭，立饮，不酢而降[4]。隆杀之义辨矣。工入，升歌三终[5]，主人献之；笙入三终，主人献之；间歌三终[6]，合乐三终，工告乐备，遂出。二人扬觯[7]，乃立司正[8]，焉知其能和乐而不流也。宾酬主人，主人酬介，介酬众宾，少长以齿[9]，终于沃洗者焉[10]。知其能弟长而无遗也。降[11]，说屦[12]，升坐，修爵无数[13]。饮酒之节，朝不废朝[14]，莫不废夕[15]。宾出，主人拜送，节文终遂。焉知其能安燕而不乱也[16]。贵贱明，隆杀辨，和乐而不流，弟长而无遗，安燕而不乱。此五行者，是足以正身安国矣。彼国安而天下安。故曰：吾观于乡，而知王道之易易也。

【注释】

[1] 乡：此处指乡中饮酒的礼仪。

[2] 主人：指乡大夫。　速：迎接。　宾：乡饮酒中，最贤能的人叫宾，次之的叫介，地位最低的叫众宾。

[3] 献酬：主客互相敬酒，主人向客人敬酒叫献，客人回敬主人后，主人再回敬客人叫酬。

[4] 酢（zuò）：客人用酒回敬主人叫酢。

[5] 终：将一首歌或乐曲从头到尾唱一遍或演奏一遍叫一终。

[6] 间：轮流。

[7] 觯（zhì）：酒杯。

[8] 司正：负责监督礼仪的人。

[9] 齿：年龄。

[10] 沃洗者：洗酒器的人。

[11] 降：下堂。

[12] 说：通“脱”。

[13] 修爵：敬酒。修，行。爵，酒器。

[14] 废朝：耽误早上的工作。

[15] 莫：通“暮”，傍晚。

[16] 安燕：安逸。燕，通“宴”。

【译文】

我观察乡中人饮酒的礼仪，而知道王道的实行非常容易。主人亲自迎接贵宾和贵宾的陪客，而其他客人都跟随着，到了门外，主人向贵宾和陪客礼拜而其他客人都进来了，对待贵者和贱者的礼仪就有了差别。主人向贵宾礼拜三次到了阶前，三次礼让而贵宾登上厅堂，行拜礼，主客献酒，敬酒，辞让的礼节繁多。到了陪客礼节就减少了。至于其他客人，升堂受酒，坐着祭神，站着饮酒，不回敬主人就退下，隆重、简省的礼仪就区别得很清楚了。乐工进来，到了堂上演奏三首歌后，主人献酒；吹笙的人进来吹奏三首乐曲，主人献酒；乐工和吹笙的人轮流演奏三首歌，又共同演奏三首歌，乐工报告奏乐完毕，就出去了。主人的两个侍从举起酒杯敬酒，于是又设立了两个负责监督礼仪的人，从中看出他们能够和睦快乐而不入于流俗。贵宾向主人敬酒，主人向陪客敬酒，陪客向其他客人敬酒，根据年龄对年少的、年长的依次敬酒，最后到洗酒器的人结束。知道他们能够尊敬长者而不遗漏一个人。下堂，脱掉鞋子，然后再升堂入坐，互相不停地敬酒。饮酒的礼节是，早上饮酒不影响早上的工作，傍晚饮酒不影响晚上的工作。贵宾离去，主人揖拜相送，礼节仪式就完成了。从中看出他们能安闲而不混乱。尊贵和卑贱分明，隆重和简省有别，和睦快乐而不入于流俗，尊敬长者而不遗漏一个人，安闲而不混乱。这五种行为，是完全能够用来修养身心安定国家的。国家安定了而天下就安定了。所以说：我观察乡中人饮酒的礼仪，就知道实行王道非常容易。

乱世之征：其服组[1]，其容妇，其俗淫，其志利，其行杂，其声乐险，其文章匿而采[2]，其养生无度，其送死瘠墨[3]，贱礼义而贵勇力，贫则为盗，富则为贼。治世反是也。

【注释】

[1] 组：华丽。

[2] 匿：通“慝”，邪恶。

[3] 瘠墨：薄葬。

【译文】

混乱社会的特征是：人们服装华丽，打扮得像女子一样妖艳，风俗淫荡，唯利是图，行为驳杂，音乐邪僻，文章邪恶而有文采，生活花费没有节制，葬送死者刻薄俭省，轻视礼义而崇尚武力，贫穷就去偷盗，富裕就去残害他人。安定的社会与此相反。

【评析】

春秋战国时期，音乐、绘画、雕刻、建筑等各类艺术作品已逐渐成为统治阶级维护王权威信、实施政教风化、安定国情民心的有效手段。荀子金声玉振，道乐论音，是为了阐明音乐与现实政治及社会风俗之间的密切联系。

《乐论》全文深入剖析了墨子《非乐》篇中所存在的不合理因素。荀子与墨子都承认音乐有娱情、悦性的作用，但两人对待音乐的态度却截然相反。在墨子看来，社会就像一部有序运转的巨型机器，个体生命只是这部机器上或大、或小的零件而已。因此，王公大人必须承担“听狱治政”的责任，士君子则要保证“仓廪府库”的殷实，农夫们在田间“多聚叔粟”，居家妇人也得“多治麻丝葛绪綑布縿”。只有每个人勤勤恳恳、按部就班地做好各自的分内事，社会才会稳定有序地发展。至于音乐之类的奢侈享受，只要列国攻伐、贼寇横行的时局还未得以改善，而民间仍然存在着“饥者不得食，寒者不得衣，劳者不得息”（《墨子·非乐上》）的疾苦，就完全不应予以考虑，否则就是玩物丧志，混淆视听，败坏民风，甚至还会耽误国政。

墨子这种“后天下之乐而乐”（范仲淹《岳阳楼记》）的精神可谓用心良苦，但荀子却不以为然。他曾在《富国》篇中写道：“墨术诚行则天下尚俭而弥贫，非斗而日争，劳苦顿萃而愈无功，愀然忧戚非乐而日不和。”荀子认为，墨子的学说扰乱天下，而墨子对于礼乐之道的认识就好比“瞽之于白黑”、“聋之于清浊”、“欲之楚而北求之也”，毫无可取之处。从短期发展来看，或许全身心投入经济建设的物质获益最快、最大、最明显，但若想要长期、合理、有效地发展，那还得冀望于国民的精神素质尤其是道德修养的纯备完善。所以在荀子心目中，音乐对于国家和民众都具有极其重要的作用。特别是先王制定的《雅》、《颂》之声，“足以感动人之善心，使夫邪污之气无由得接焉”。就个人而言，音乐的感化可以修养品德，陶冶情操，使其“耳目聪明，血气和平”，而且“志意得广”，“容貌得庄”。就整个社会而言，音乐的感化则可以使万民“和而不流”，“齐而不乱”，家庭内部相爱相亲，朝廷上下相慕相敬，攻防守御城固兵劲。同时，四方列国也会归顺服依，莫敢侵入。

在荀子的学说中，“礼”、“乐”总是相提并论的：“乐也者，和之不可变者也；礼也者，理之不可易者也。乐合同，礼别异，礼乐之统，管乎人心矣。”“礼”和“乐”在教化过程中各自扮演着不同的角色。先王制定“礼”，为的是区别长幼、尊卑、贵贱，使社会等级分明，宜于治理。但过分强化等级差异，则会造成各阶层的矛盾对立，进而形成种种不安定因素，所以这时就需要用“乐”来调和人际关系，构建和谐的社会状态。强大的政权与严厉的刑罚的确可以起到一定的威慑作用，但礼乐教化更能以一种春风遍在，秋水无痕的温和姿态渐渐渗透到人们灵魂深处的每个角落。贤明的君主应当懂得如何凭借礼乐教化以达到移风易俗、治国安邦的目的，从而创立“天下皆宁，美善相乐”的太平盛世。

翻阅其他先秦典籍，我们会发现《礼记·乐记》曾以同样的语调对音乐条分缕析侃侃而谈，且篇幅更为铺张洋溢。《乐记》中“治世之音安以乐，其政和；乱世之音怨以怒，其政乖；亡国之音哀以思，其民困”之语，也因为《毛诗·大序》的引用而得以广为流播，成为妇孺皆知的熟语。由于年代久远，材料缺乏，《乐记》的创作时间以及著作权归属，至今还是颇受争议的学术疑案。但它的存在至少可以证明，在百家学说蓬勃发展的战国时期，审音知政、观风变俗的思想并非是荀子的独门秘笈。

《乐记》中写道：“德者，性之端也；乐者，德之华也。”它将音乐看作一朵萌发自性灵、盛开在人间的道德花朵。这朵本该属于艺术花苑的奇葩，虽然长期流落在道德的异乡，不幸承载了过多政教风化的沉重负担，却仍然无法掩饰它自然清新瑰丽多姿的芳容。走过漫漫长路，我们才得以认清音乐纯洁而高贵的灵魂本质。《列子·汤问》记载着一段关于音乐的美丽传说：“伯牙善鼓琴，钟子期善听。伯牙鼓琴，志在登高山。钟子期曰：‘善哉！峨峨兮若泰山！’志在流水。钟子期曰：‘善哉！洋洋兮若江河！’伯牙所念，钟子期必得之。伯牙游于泰山之阴，卒逢暴雨，止于岩下；心悲，乃援琴而鼓之。初为霖雨之操，更造崩山之音。曲每奏，钟子期辄穷其趣。伯牙乃舍琴而叹曰：‘善哉，善哉，子之听夫志，想象犹吾心也。吾于何逃声哉？’”比起儒家学说中教化意味甚浓的礼乐传统，高山流水的故事或许更能触动我们内心深处的寂寞与荒凉。“不惜歌者苦，但伤知音稀。”（《古诗十九首》）只有音乐才能够不分国界、不分种族地传递生命的信仰，让我们愿意盼望，愿意宽容，愿意等待。离经叛道的嵇康在临刑的最后关头回望血色残阳，索琴独奏，在人世间留下了《广陵散》的绝唱。即使远隔千秋万代，我们仿佛依然能够听到他琴声中蕴含的无限痛楚。正因为世事纷纭，人生无常，我们才更需要美好的音乐来点亮希望的光芒。“鸣琴在御，谁与鼓弹？仰慕同趣，其馨若兰。”（嵇康《赠秀才入军》）动人的乐声在广阔的天地间回转不息，它的慷慨激昂，它的柔情缱绻，它的闲适飘逸，它的神秘莫测，永远无形无影地为后世刻画着尘世的悲欢离合。大音希声，谁得与闻？

解 蔽

【题解】

本文系统而又深入地阐述了荀子的认识论。荀子认为人们认识上的毛病在于片面性，“凡人之患，蔽于一曲而暗于大理”，因此荀子主张“解蔽”，要求人们认识事物要以“道”为标准，“治之要在于知道”，而认识“道”要靠心，心必须“虚壹而静”达到“大清明”的境界，才能对事物进行全面的认识。荀子强调认识事物是人的本性，外界事物是可以被认识的。“凡以知，人之性也；可以知，物之理也。”但人们不可能穷尽一切事物的变化，因此要以圣王为师，以王制为法，努力追求圣王之道，这样才能不被蒙蔽。

凡人之患，蔽于一曲而暗于大理[1]。治则复经[2]，两疑则惑矣[3]。天下无二道，圣人无两心。今诸侯异政，百家异说，则必或是或非，或治或乱。乱国之君，乱家之人[4]，此其诚心莫不求正而以自为也，妒缪于道而人诱其所迨也[5]。私其所积，唯恐闻其恶也；倚其所私，以观异术，唯恐闻其美也。是以与治虽走而是己不辍也[6]，岂不蔽于一曲而失正求也哉！心不使焉，则白黑在前而目不见，雷鼓在侧而耳不闻，况于使者乎[7]？德道之人[8]，乱国之君非之上，乱家之人非之下，岂不哀哉！

【注释】

[1] 蔽：蒙蔽。　曲：局部。　暗：不清楚。

[2] 经：大道。

[3] 两：指“一曲”和“大理”两个方面。

[4] 乱家：指蔽于一曲而暗于大理的各家学派。家，学派。

[5] 妒缪：背离。缪，通“谬”。　迨：通“怡”，喜爱。

[6] 虽：当为“离”字（郝懿行说）。

[7] 使：当为“蔽”字（俞樾说）。

[8] 德：通“得”。

【译文】

大凡人们的毛病，是被偏见所蒙蔽而不明白全面的道理。纠正就能回到大道上来，在偏见和大道之间徘徊就会迷惑。天下没有两个大道，圣人对大道没有二心。现在诸侯实行不同的政治，各个学派主张不同的学说，就一定有对的、有错的，有能使社会安定的、有能使社会混乱的。使国家混乱的君主，使思想混乱的学者，他们的真心没有不想追求正道而亲自去做的，可是他们忌妒、错误地对待大道而别人就投其所好来引诱他。他们偏爱自己所学的知识，唯恐听到对自己不利的话；凭借他偏好的学识，来观察不同的学说，唯恐听到赞美别人的话。所以和正道相背离而自以为是，不肯改正，这难道不是被偏见蒙蔽而失去了对正道的追求吗？不用心，就是黑白摆在面前而眼睛也看不到，雷鼓在一旁响而耳朵也听不到，更何况心被蒙蔽了呢？掌握了大道的人，国家混乱的君主在上面反对他，思想混乱的学者在下面反对他，这难道不可悲吗？

故为蔽[1]？欲为蔽，恶为蔽；始为蔽，终为蔽；远为蔽，近为蔽；博为蔽，浅为蔽；古为蔽，今为蔽。凡万物异则莫不相为蔽，此心术之公患也[2]。

【注释】

[1]故：通“胡”，什么。

[2]心术：思想方法。　公患：通病。

【译文】

什么造成了蒙蔽？欲望会造成蒙蔽，厌恶会造成蒙蔽；只看到开始会造成蒙蔽，只看到结果也会造成蒙蔽；疏远会造成蒙蔽，亲近也会造成蒙蔽；广博会造成蒙蔽，肤浅也会造成蒙蔽；好古会造成蒙蔽，好今也会造成蒙蔽。凡是事物都有差异，就没有不互相造成蒙蔽的，这是人们思想方法上的共同毛病。

昔人君之蔽者，夏桀、殷纣是也。桀蔽于末喜、斯观[1]，而不知关龙逢[2]，以惑其心而乱其行；纣蔽于妲己、飞廉[3]，而不知微子启[4]，以惑其心而乱其行。故群臣去忠而事私，百姓怨非而不用[5]，贤良退处而隐逃，此其所以丧九牧之地而虚宗庙之国也[6]。桀死于亭山[7]，纣县于赤旆[8]。身不先知，人又莫之谏，此蔽塞之祸也。成汤监于夏桀，故主其心而慎治之，是以能长用伊尹而身不失道，此其所以代夏王而受九有也[9]。文王监于殷纣，故主其心而慎治之，是以能长用吕望而身不失道[10]，此其所以代殷王而受九牧也。远方莫不致其珍，故目视备色，耳听备声，口食备味，形居备宫，名受备号，生则天下歌，死则四海哭，夫是之谓至盛。《诗》曰[11]："凤凰秋秋[12]，其翼若干[13]，其声若箫。有凤有凰，乐帝之心。"此不蔽之福也。

【注释】

[1]末喜：即"妹嬉"，桀的妃子。　斯观：桀的佞臣。

[2]关龙逢（páng）：桀的贤臣。

[3]妲（dá）己：纣的妃子。　飞廉：纣的佞臣。

[4]微子启：商纣王的哥哥。

[5]非：通"诽"，责骂。

[6]九牧：九州。相传古代天下有九州，州的官长叫"牧"，故称"九牧"。虚：通"墟"。

[7]亭：当为"鬲"字（王念孙说）。

[8]县：通"悬"。　赤旆（pèi）：红色的旗子。

[9]九有：九州。

[10]吕望：即姜尚，姜太公。

[11]《诗》：不见今本《诗经》，当为佚诗。

[12]秋秋：同"跄跄"，腾跃飞舞的样子。

[13]干：盾。

【译文】

从前君主有被蒙蔽的，夏桀、商纣就是。夏桀被末喜、斯观蒙蔽，而不信任关龙逢，思想被迷惑而行为混乱；商纣被妲己、飞廉蒙蔽，而不信任微子启，思想被迷惑而行为混乱。所以群臣抛弃了忠心而谋求私利，百姓怨恨而不听从他们的命令，贤良的人离开朝廷而隐居逃亡，这是他们丧失天下而宗庙被毁的原因。夏桀死在鬲山，商纣的头被悬挂在红色旗子上。自己事先不知道，人们又没有劝谏的，这是蒙蔽的祸患。商汤以夏桀的覆灭为借鉴，所以端正自己的思想而小心地治理国家，因此能长期任用伊尹而不离开正道，这就是他所以代替夏桀而拥有天下的原因。文王以商纣的覆灭为借鉴，所以端正自己的思想而小心地治理国家，因此能长期任用吕望而不离开正道，这就是他代替商纣而拥有天下的原因。远方的国家没有不来进贡自己的珍宝的，所以他们眼睛能看到各种美丽的颜色，耳朵能听到各种美妙的音乐，嘴巴能吃到各种山珍海味，居住在各种华丽的宫殿里，享有各种尊贵的称号，活着时天下人歌颂，死了时天下人哭泣，这就叫做最隆盛了。《诗经》中说："凤凰翩翩飞翔，翅膀像盾牌一样，声音似箫声悠扬。有凤又有凰，帝王心中多欢畅。"这就是不被蒙蔽的幸福啊！

昔人臣之蔽者，唐鞅、奚齐是也[1]。唐鞅蔽于欲权而逐载子[2]，奚齐蔽于欲国而罪申生[3]，唐鞅戮于宋，奚齐戮于晋。逐贤相而罪孝兄，身为刑戮，然而不知，此蔽塞之祸也。故以贪鄙、背叛、争权而不危辱灭亡者，自古及今，未尝有之也。鲍叔、宁戚、隰朋仁知且不蔽[4]，故能持管仲而名利福禄与管仲齐；召公、吕望仁知且不蔽，故能持周公而名利福禄与周公齐。传曰："知贤之为明，辅贤之谓能。勉之强之，其福必长。"此之谓也。此不蔽之福也。

【注释】

[1]唐鞅：战国时宋康王的臣子，后被康王所杀。　奚齐：晋献公宠妃骊姬的儿子。

[2]载子：宋国太宰戴驩（huān），后被唐鞅驱逐逃到齐国。

[3]申生：晋献公的太子，奚齐的异母兄弟。后献公听信骊姬的谗言，逼申生自杀，立奚齐为继承人。

[4]鲍叔、宁戚、隰（xí）朋：三人都是齐桓公的大臣。

【译文】

从前大臣中有被蒙蔽的，唐鞅、奚齐就是。唐鞅蒙蔽于贪求权力而驱逐了戴驩，奚齐蒙蔽于夺取政权而陷害了申生，唐鞅在宋国被杀害，奚齐在晋国被杀害。驱逐贤相而陷害兄长，自己反被杀死，然而还不明白，这就是蒙蔽的祸患。所以贪婪卑鄙、背叛君主、争夺权力而不遭受危险、耻辱、灭亡的，从古到今，还没有过。鲍叔、宁戚、隰朋仁爱聪明而且不受蒙蔽，所以能扶持管仲而名利福禄都与管仲相同；召公、吕望仁爱聪明而且不受蒙蔽，所以能扶持周公而名利福禄都与周公相同。古书上说："了解贤人叫做明智，辅助贤人叫做才能。勤勉努力，他的幸福一定长久。"说的就是这个意思。这是不受蒙蔽的幸福。

昔宾孟之蔽者[1]，乱家是也。墨子蔽于用而不知文[2]，宋子蔽于欲而不知得[3]，慎子蔽于法而不知贤，申子蔽于势而不知知[4]，惠子蔽于辞而不知实，庄子蔽于天而不知人[5]。故由用谓之道[6]，尽利矣；由俗谓之道[7]，尽嗛矣[8]；由法谓之道，尽数矣[9]；由势谓之道，尽便矣[10]；由辞谓之道，尽论矣[11]；由天谓之道，尽因矣[12]。此数具者[13]，皆道之一隅也。夫道者，体常而尽变，一隅不足以举之[14]。曲知之人[15]，观于道之一隅而未之能识也，故以为足而饰之，内以自乱，外以惑人，上以蔽下，下以蔽上，此蔽塞之祸也。孔子仁知且不蔽，故学乱术[16]，足以为先王者也。一家得周道[17]，举而用之，不蔽于成积也[18]。故德与周公齐，名与三王并，此不蔽之福也。

【注释】

[1]宾孟：战国时来往于各诸侯国之间的游士。宾，客。孟，通"萌"，民。

[2]用：实用。　文：礼乐制度。

[3]得：贪得。

[4]申子：指申不害，战国中期郑国人，法家代表人物之一。

[5]庄子：指庄周，战国时宋国人，道家代表人物之一。

[6]由：从。

[7]俗：当为"欲"字（杨倞说）。

[8]嗛（qiè）：通"慊"，满足。

[9]数：法律条文。

[10]便：方便行事。

[11]论：空洞辩论。

[12]因：顺从。

[13]具：说法。

[14]举：概括。

[15] 曲知：片面认识。

[16] 乱：治。

[17] 周道：治国大道。

[18] 成积：积习。

【译文】

从前游说之士有被蒙蔽的，思想混乱的各派学者就是这样的人。墨子蒙蔽于实用而不知道礼仪，宋子蒙蔽于人情寡欲而不知道贪欲，慎子蒙蔽于刑法而不知道贤能，申子蒙蔽于权势而不知道才智，惠子蒙蔽于言辞而不知道实用，庄子蒙蔽于天道而不了解人道。所以从实用方面来讲道，道就全部成了功利了；从欲望方面来讲道，道就全部成了满足了；从刑法方面来讲道，道就全部成了法律条文了；从权势方面来讲道，道就全部成了方便行事了；从言辞方面来讲道，道就全部成了空洞辩论了；从天道方面来讲道，道就全部成了因任自然了。这些说法，都是道的一个方面。大道的本体是永恒的而能穷尽一切变化，一个方面不能来概括它。认识片面的人，只看到大道的一个方面而不能真正了解它，所以满足于大道的一个方面而加以文饰，对内混乱了自己，对外又迷惑了别人，在上面就蒙蔽下面，在下面就蒙蔽上面，这是蒙蔽的祸患。孔子仁爱聪明而且不受蒙蔽，所以学习了治理天下的方法，足以能与先王媲美。只有孔子一家继承了周王朝的治国大道，推广运用，而不被旧习所蒙蔽。所以道德与周公齐名，名望与三王并列，这是不被蒙蔽的幸福啊！

圣人知心术之患，见蔽塞之祸，故无欲无恶，无始无终，无近无远，无博无浅，无古无今，兼陈万物而中县衡焉[1]。是故众异不得相蔽以乱其伦也[2]。何谓衡？曰：道。故心不可以不知道。心不知道，则不可道而可非道。人孰欲得恣而守其所不可，以禁其所可？以其不可道之心取人，则必合于不道人，而不知合于道人[3]。以其不可道之心，与不道人论道人，乱之本也。夫何以知？曰[4]：心知道，然后可道；可道，然后能守道以禁非道。以其可道之心取人，则合于道人，而不合于不道之人矣。以其可道之心，与道人论非道，治之要也。何患不知？故治之要在于知道。

【注释】

［1］县：通“悬”。 衡：秤，指标准。

［2］伦：秩序。

［3］知：当为衍文（俞樾说）。

［4］曰：当为衍文（俞樾说）。

【译文】

圣人知道人们思想方法上的毛病，看到了蒙蔽的祸患，所以不拘于欲望，也不拘于厌恶，不拘于开始，也不拘于结果，不拘于近处，也不拘于远处，不拘于广博，也不拘于肤浅，不拘于古代，也不拘于现代来看问题，而把各种事物都摆出来，心中用一个统一的标准来衡量。所以各种事物的不同就不能互相蒙蔽而扰乱了各自的秩序。什么是标准？回答是：就是大道。所以心中不能不了解大道。心中不了解大道，就不会肯定大道而认可不合大道的东西。有谁会想放纵自己而固守自己不认可的东西，来禁止自己肯定的东西呢？用他那不肯定大道的心去选择人，就一定与不奉行大道的人趣味相投，而不会与奉行大道的人情投意合。用他那不肯定大道的心，和不奉行大道的人谈论奉行大道的人，这就是混乱的根本原因。他们怎么会了解大道呢？心中了解大道，然后肯定大道；肯定大道，然后能固守大道来禁止不合大道的东西。用他那肯定大道的心来选择人，就会与奉行大道的人情投意合，而不会和不奉行大道的人趣味相投。用他那肯定大道的心，和奉行大道的人谈论不合大道的事情，这是治理国家的关键。又怎么会担心不了解大道呢？所以治理国家的关键在于了解大道。

人何以知道？曰：心。心何以知？曰：虚壹而静。心未尝不臧也［1］，然而有所谓虚；心未尝不满也［2］，然而有所谓一；心未尝不动也，然而有所谓静。人生而有知，知而有志［3］。志也者，臧也，然而有所谓虚，不以所已臧害所将受谓之虚。心生而有知，知而有异，异也者，同时兼知之。同时兼知之，两也；然而有所谓一，不以夫一害此一谓之壹。心，卧则梦，偷则自行［4］，使之则谋。故心未尝不动也，然而有所谓静，不以梦剧乱知谓之静［5］。未得道而求道者，谓之虚壹而静。作之，则将须道者之虚则人［6］，将事道者之壹则尽，尽将思道者静则察［7］。知道察，知道行，体道者也。虚壹而静，谓之大清明。万物莫形而不见，莫见而不论，莫论而失位。坐于室而见四海，处于今而论久远，疏观万物而知其情，参稽治乱而通其度，经纬天地而材官万物[8]，制割大理[9]，而宇宙里矣[10]。恢恢广广[11]，孰知其极！睪睪广广[12]，孰知其德！涫涫纷纷[13]，孰知其形！明参日月，大满八极，夫是之谓大人！夫恶有蔽矣哉！

【注释】

［1］臧：通“藏”，储藏。

［2］满：当为“两”字（杨倞说）。

［3］志：记忆。

［4］偷：松懈。

［5］剧：烦乱。

［6］人：当为“入”字（王引之说）。

［7］尽：当为衍文（杨倞说）。

［8］材：通“裁”。

［9］制割：掌握。

［10］里：通“理”。

［11］恢恢：宽广的样子。

［12］睪睪（hào）：通“皞皞”，广大的样子。 广广：通“旷旷”，空旷的样子。

［13］涫涫（guàn）：同“滚滚”，水沸腾的样子。

【译文】

人怎样才能了解道呢？回答是：用心。心怎样认识道？回答是：虚空专一而安静。心未尝不储藏东西，然而有所谓虚空；心未尝不能同时认识两种事物，然而有所谓专一；心未尝不活动，然而有所谓安静。人生来就有知觉，有知觉就有记忆。记忆，就是储藏，然而有所谓虚空，不用所储藏的认识来损害将要接受的知识叫做虚空。心生来就有知觉，有知觉就能区别不同的事物，能区别不同的事物就能同时认识它们。能同时认识不同的事物，就叫做两用；然而有所谓专一，不让对那一事物的认识来妨害对这一事物的认识就叫做专一。心，睡觉时就做梦，放松时就天马行空，使用时就会谋划。所以心未尝不活动，然而有所谓安静，不让做梦和胡思乱想扰乱认识就叫做安静。对没有掌握道而追求道的人，就告诉他们虚空专一和安静。实行起来，如果像追求道的人那样虚空就会得到道，像奉行道的人那样专一就会究尽道，像思考道的人那样的安静就会明察大道。了解了道而能明察，认识了道而能付诸行动，这是真正体会大道的人。虚空专一而安静，就叫做最大的澄明。万物没有有形而看不见，没有看见而不能论说的，没有论说而不恰当。坐在室内就会看到天下，生活在当今而能谈论远古，洞察万物而能了解它们的真相，考察治乱而通晓它的规律，治理天地而能利用万物，掌握了大道，而宇宙也就了解了。无限宽广啊，谁知道他思想多广阔？浩瀚无边啊，谁知道他道德多高尚？变化纷杂啊，谁知道他的样子？他的思想与日月同光，充塞四面八方，这就叫做大人！这样的人怎么会被蒙蔽呢？

心者，形之君也，而神明之主也，出令而无所受令。自禁也，自使也，自夺也，自取也，自行也，自止也。故口可劫而使墨云[1]，形可劫而使诎申[2]，心不可劫而使易意，是之则受，非之则辞。故曰：心容其择也，无禁必自见，其物也杂博，其情之至也不贰[3]。《诗》云[4]：“采采卷耳[5]，不盈倾筐。嗟我怀人，寘彼周行[6]。”倾筐易满也，卷耳易得也，然而不可以贰周行。故曰：心枝则无知[7]，倾则不精，贰则疑惑。以赞稽之[8]，万物可兼知也。身尽其故则美[9]，类不可两也，故知者择一而壹焉。

【注释】

[1] 墨：通“默”，沉默。　云：说话。

[2] 劫：强迫。　诎申：通“屈伸”，弯曲或伸直。

[3] 情：通“精”，专精。

[4]《诗》：指《诗经·周南·卷耳》。

[5] 卷耳：又名“苍耳”，一种植物，既可食用，也可入药。

[6] 周行（háng）：大道。

[7] 枝：分散。

[8] 赞：助。　稽：考察。

[9] 故：道理。

【译文】

心，是形体的君主，是精神的主宰，它发号施令而不接受命令。自我禁止，自我使用，自我剥夺，自我取得，自我行动，自我停止。所以嘴巴可以迫使它沉默或说话，形体可以迫使它弯曲或伸展，心不能迫使它改变意志，认为对的就接受，认为不对的就拒绝。所以说：心可以任意选择，没有禁止而必定自己表现出来，它认识的事物博杂，它的精神专一不二。《诗经》中说："采卷耳啊采呀采，却总是采不满浅筐。思念我的心上人啊，把筐子放在大路旁。"浅筐容易装满，卷耳容易采到，然而不能三心二意地跑到大路旁。所以说：心分散就学不到知识，偏颇了就不精确，一心二用就会疑惑。用道来帮助考察万物，万物就都可以认识了。全身心地了解事物是美好的，任何一类事物都不是三心二意所能认识的，所以聪明的人选择一件事而专心去做。

农精于田而不可以为田师，贾精于市而不可以为贾师[1]，工精于器而不可以为器师。有人也，不能此三技而可使治三官，曰：精于道者也，精于物者也[2]。精于物者以物物，精于道者兼物物。故君子壹于道而以赞稽物。壹于道则正，以赞稽物则察，以正志行察论，则万物官矣。昔者舜之治天下也，不以事诏而万物成。处一危之，其荣满侧；养一之微，荣矣而未知。故《道经》曰[3]："人心之危，道心之微。"危微之几，惟明君子而后能知之。故人心譬如槃水[4]，正错而勿动[5]，则湛浊在下而清明在上[6]，则足以见须眉而察理矣。微风过之，湛浊动乎下，清明乱于上，则不可以得大形之正也。心亦如是矣。故导之以理，养之以清，物莫之倾，则足以定是非，决嫌疑矣。小物引之则其正外易，其心内倾，则不足以决庶理矣。故好书者众矣，而仓颉独传者[7]，壹也；好稼者众矣，而后稷独传者[8]，壹也；好乐者众矣，而夔独传者[9]，壹也；好义者众矣，而舜独传者，壹也。倕作弓[10]，浮游作矢[11]，而羿精于射；奚仲作车[12]，乘杜作乘马[13]，而造父精于御。自古及今，未尝有两而能精者也。曾子曰[14]："是其庭可以搏鼠[15]，恶能与我歌矣！"

【注释】

［1］贾师："贾"当为"市"字（王念孙说）。

[2] 此句前当脱一“非”字（俞樾说）。

[3]《道经》：可能是古代论道的经典，今不可考。

[4] 槃：通“盘”，木盆。

[5] 错：通“措”，放置。

[6] 湛：通“沉”，泥渣。

[7] 仓颉：传说黄帝时的史官，发明了文字。

[8] 后稷：传说是尧时的农官，周朝的始祖，姬姓，名弃。

[9] 夔（kuí）：相传是尧、舜时的乐官。

[10] 倕：相传是古时的巧匠。

[11] 浮游：相传是箭的发明者，黄帝时人。

[12] 奚仲：相传是夏禹时掌管车服的官。

[13] 乘杜：即相土，商朝祖先契的孙子，发明了四马驾车法。

[14] 曾子：孔子的学生，名参（shēn）。

[15] 是：通“视”，看。 庭：当作“莛”，小竹棍。

【译文】

农民精通种田而不可以成为管理农业的官，商人精通经商而不可以成为管理市场的官，工匠精通制造器具而不可以成为管理器具的官。有些人不会这三种技能却可以让他管理这三种行业，所以说：要精于大道，而不能只是精于具体事物。精于具体事物的人只能治理这一种事物，精于大道的人可以治理各种事物。所以君子专心于大道并用它来帮助考察事物。专心于大道就会正确，用它来帮助考察万物就能明察，用正确的思想运用明察的结论，那么万物就能被支配了。从前舜治理天下，不用事事做指示而各种事情都完成了。专心大道而时时警惧，他的光荣就充满身边；涵养大道而达到精微，有了荣誉也不知道。所以《道经》上说：“人心要警惧，道心要精微。”这警惧和精微的奥妙，只有明智的君子才能了解它。所以人心就像一盘水，端正地放着而不去摇动它，那么它的泥渣就会沉到下面而清澈的水浮在上面，就能够照见人的胡须眉毛并能看清人的肌肤纹理了。微风吹过，泥渣在下面晃动，清澈的水在上面乱动，就不能看见人体的本来面貌了。心也是这样。所以用道理来引导它，用清和之气来养护它，外物就不能干扰它，那么就能够判断是非，决断嫌疑了。如果用小事情干扰了它，那么它端正的外形就会改变，它的内心就会随之倾斜，那就不能用来决断事理了。所以喜欢文字的人很多，却只有仓颉的名声流传了下来，就是因为他用心专一；喜欢种庄稼的人很多，却只有后稷的名声流传了下来，就是因为他用心专一；喜欢音乐的人很多，却只有夔的名声流传了下来，就是因为他用心专一；喜欢道义的人很多，却只有虞舜的名声流传了下来，就是因为他用心专一。倕制造弓，浮游制作箭，而羿精通射箭；奚肿制作车，乘杜创造了四马驾车法，而造父精通驾车。从古到今，从来没有过三心二意而能精通一件事情的人。曾子说："看到打节拍的小竹棍而想到捉老鼠，怎么能与我一起唱歌呢？"

空石之中有人焉[1]，其名曰觙[2]。其为人也，善射以好思[3]。耳目之欲接则败其思，蚊虻之声闻则挫其精[4]，是以辟耳目之欲，而远蚊虻之声，闲居静思则通。思仁若是，可谓微乎？孟子恶败而出妻，可谓能自强矣；有子恶卧而焠掌[5]，可谓能自忍矣，未及好也[6]。辟耳目之欲，可谓能自强矣，未及思也。蚊虻之声闻则挫其精，可谓危矣，未可谓微也。夫微者，至人也。至人也，何强，何忍，何危？故浊明外景[7]，清明内景。圣人纵其欲[8]，兼其情[9]，而制焉者理矣。夫何强，何忍，何危？故仁者之行道也，无为也；圣人之行道也，无强也。仁者之思也恭，圣者之思也乐。此治心之道也。

【注释】

[1] 空石：即穷石，古地名，在今山东德州市南。

[2] 觙（jí）：人名。

[3] 射：射覆，猜谜。

[4] 挫：扰乱。

[5] 有子：孔子的学生有若。 焠（cuì）：烧灼。

[6] "好"下当脱一"思"字（杨倞说）。

[7] 浊明：对道认识肤浅的人。

[8] 纵：当为"从"字（王先谦说）。

[9] 兼：尽。

【译文】

穷石城里有一个人，他的名字叫觙。他这个人，善于猜谜而又喜欢思考。但听到音乐，看到美色就会扰乱他的思考，蚊子、苍蝇的声音传到耳朵里就会使他分散注意力，所以他避开耳朵、眼睛的欲望，远离蚊子、苍蝇的声音，独自居住，安静思考，就会通达明白了。如果思考仁义也像这样，能说达到精微了吗？孟子怕败坏了自己的道德而休掉了妻子，可以说是能够自我勉励了；有子读书害怕睡觉而用火灼烧自己的手掌，可以说是能够自我克制了，但都不如觙的喜欢思考。他避开耳朵、眼睛的欲望，可以说是能够自我勉励了，还不如思考。蚊子、苍蝇的声音传到耳朵里就会使他分散注意力，可以说是内心警惧了，但不能说是达到精微了。达到精微，就是至人了。至人，还用勉励，还用克制，还用警惧吗？所以驳杂的人了解外物，清明的人了解大道。圣人从心所欲，满足情感，而能治理好万物。还用勉励，还用克制，还用警惧吗？所以仁人奉行大道，不用有意去做；圣人奉行大道，不用勉强去做。仁人的思考恭敬谨慎，圣人的思考欢乐愉快。这就是治心的方法。

凡观物有疑，中心不定，则外物不清。吾虑不清，则未可定然否也。冥冥而行者，见寝石以为伏虎也，见植林以为后人也[1]，冥冥蔽其明也。醉者越百步之沟，以为蹞步之浍也[2]；俯而出城门，以为小之闺也[3]：酒乱其神也。厌目而视者[4]，视一以为两；掩耳而听者，听漠漠而以为哅哅[5]，势乱其官也。故从山上望牛者若羊，而求羊者不下牵也，远蔽其大也；从山下望木者，十仞之木若箸[6]，而求箸者不上折也，高蔽其长也。水动而景摇，人不以定美恶，水势玄也[7]。瞽者仰视而不见星，人不以定有无，用精惑也。有人焉，以此时定物，则世之愚者也。彼愚者之定物，以疑决疑，决必不当。夫苟不当，安能无过乎？夏首之南有人焉[8]，曰涓蜀梁[9]。其为人也，愚而善畏。明月而宵行，俯见其影，以为伏鬼也，卬视其发[10]，以为立魅也，背而走，比至其家，失气而死，岂不哀哉！凡人之有鬼也，必以其感忽之间、疑玄之时正之[11]。此人之所以无有而有无之时也，而己以正事。故伤于湿而击鼓鼓痹[12]，则必有敝鼓丧豚之费矣，而未有俞疾之福也[13]。故虽不在夏首之南，则无以异矣。

【注释】

[1]后：当为“立”字（俞樾说）。

[2]浍（kuài）：小沟。

［3］闺：宫中小门。

［4］厌（yā）：通“压”，按。

［5］哅哅（xiōng）：喧闹声。

［6］仞：古代的一种计量单位。 箸（zhù）：筷子。

［7］玄：通“眩”，眩目。

［8］夏首：古地名，在今湖北省。

［9］涓蜀梁：人名，事迹不详。

［10］卬：古“仰”字。

［11］正：当为“定”字（王念孙说）。

［12］本句当有脱误，疑应为“伤于湿而痹，痹而击鼓烹豚”（王念孙说）。

［13］俞：通“愈”，治愈。

【译文】

凡是观察事物时有疑问，心中不能确定，那么对外界事物就认识不清。自己的思虑不清晰，就不能判定对错。在夜色中行走的人，看见卧着的石头认为是趴着的老虎，看见立着的树林认为是站着的人，这是夜色蒙蔽了他的视力。喝醉酒的人跨越百步宽的大沟，认为是半步宽的小水沟；低着头走出城门，认为是狭窄的宫中小门：这是酒扰乱了他的神志。按住眼睛看东西，看见一认为是二；捂住耳朵听，没有什么声音却认为是嗡嗡的嘈杂声：这是外力干扰了他的感官。所以从山上远望山下的牛就像羊，而寻找羊的人不下山去牵，这是距离远遮蔽了牛的高大；从山下远望山上的树木，几丈高的大树就像筷子，而想做筷子的人不上山去砍伐，这是山的高度遮蔽了树的长度。水晃动而影子也摇动，人不以此来判定美丑，这是水摇动使人眩目。眼瞎的人抬头看却看不见星星，人不以此来确定有无，这是眼睛看不见东西。如果有一个人，在这个时候判断事物，那他就是世上愚蠢的人。那愚蠢的人判定事物，用疑惑的态度来判断疑惑的事物，判断就一定不恰当。如果不恰当，怎么会没有过错呢？夏首的南面有一个人，名叫涓蜀梁。他这个人，愚蠢而胆小。在月光明亮的晚上行走，低头看见了自己的影子，以为是趴在地上的鬼，抬头看见了自己的头发，以为是站着的怪物，转身就跑，等到跑回家，气绝而死，难道不可悲吗？凡是人认为有鬼，一定是他精神恍惚、神志迷乱的时候作出的判断。这就是人把无当成有，而把有当成无的时候，而他自己却在这时判断事物。有人受了潮湿而得了风湿，就打鼓驱鬼，烹猪祭神，那一定会有打破鼓而丧失猪的破费，却没有治愈疾病的福气。所以这人虽然不住在夏首的南面，却也和涓蜀梁没有什么差别了。

凡以知，人之性也；可以知，物之理也。以可以知人之性，求可以知物之理，而无所疑止之[1]，则没世穷年不能遍也。其所以贯理焉虽亿万[2]，已不足浃万物之变[3]，与愚者若一。老身长子而与愚者若一，犹不知错[4]，夫是之谓妄人。故学也者，固学止之也。恶乎止之？曰：止诸至足。曷谓至足？曰：圣也[5]。圣也者，尽伦者也；王也者，尽制者也。两尽者，足以为天下极矣。故学者，以圣王为师，案以圣王之制为法，法其法，以求其统类，以务象效其人。向是而务，士也；类是而几，君子也；知之，圣人也。故有知非以虑是，则谓之惧[6]；有勇非以持是，则谓之贼；察孰非以分是，则谓之篡；多能非以修荡是[7]，则谓之知；辩利非以言是，则谓之詍[8]。传曰："天下有二：非察是，是察非。"谓合王制与不合王制也。天下有不以是为隆正也，然而犹有能分是非、治曲直者邪？若夫非分是非，非治曲直，非辨治乱，非治人道，虽能之无益于人，不能无损于人。案直将治怪说，玩奇辞，以相挠滑也[9]；案强钳而利口，厚颜而忍诟，无正而恣睢，妄辨而几利；不好辞让，不敬礼节，而好相推挤。此乱世奸人之说也，则天下之治说者方多然矣。传曰："析辞而为察，言物而为辨，君子贱之；博闻强志，不合王制，君子贱之。"此之谓也。为之无益于成也，求之无益于得也，忧戚之无益于几也[10]，则广焉能弃之矣[11]。不以自妨也，不少顷干之胸中。不慕往，不闵来，无邑怜之心[12]，当时则动，物至而应，事起而辨，治乱可否，昭然明矣。

【注释】

[1] 疑：通"凝"，止息。与"止"同义。

[2] 贯：习。

[3] 已：终。　浃（jiā）：周遍。

[4] 错：通"措"，放弃。

[5] "圣"下当脱一"王"字（杨倞说）。

[6] 惧：当为"攫"字（王引之说）。

[7]荡：推行。
[8]詍（yì）：多言。
[9]挠滑（gǔ）：扰乱。
[10]几：通“冀”，希望。
[11]广：通“旷”，远。
[12]邑：通“悒”，忧愁。

【译文】

一般说来，可以认识事物，这是人的本性；可以被认识，这是事物的规律。依靠可以认识事物的人的本性，寻求可以被认识的事物的规律，而没有一定的限制，那么一辈子也不能遍察事物。人们用来学习事理的方法即使有亿万条，但最终也不能穷尽万事万物的变化，这就和愚蠢的人没有两样了。年纪老了，子女长大了却和愚蠢的人一样，还不知道放弃，这就叫做无知的人。所以学习，本来就有一定的止境。什么地方算止境呢？回答是：最圆满的地方就是止境。什么是最圆满的？回答说：是圣王。所谓圣，就是精通事理的人；所谓王，就是精通制度的人。两方面都精通，就足以成为天下的表率了。所以学习，就是要把圣王做为老师，用圣王的制度作为法度，效法他的法度，寻求他的纲纪，来努力效仿他的为人。朝着这个目标努力的，就是士人；接近这个目标的，就是君子；了解圣王之道的，就是圣人。所以有智慧却不考虑这个目标的，叫做攫取；有勇气却不用来维持这个目标的，叫做贼害；观察仔细却不用来分析这个目标的，叫做篡夺；有才能却不用来学习推广这个目标的，叫做巧诈；能言善辩却不用来宣扬这个目标的，叫做废话。古书上说：“天下的事情有两方面：用错误来考察正确，用正确来考察错误。”意思是说合乎圣王的法制，还是不合乎圣王的法制。天下如果不用圣王的法制作为最高准则，那么还能够区分是与非、弄清曲与直吗？至于不区分是非，不弄清曲直，不辨别治乱，不整治为人之道，即使有才能对人也没有好处，没有才能对人也没有坏处。只不过研究怪说，玩弄奇辞，来互相干扰罢了；强行压制别人而能说会道，厚着脸皮而忍受耻辱，不务正业而放纵任性，妄为辩说而谋求私利；不好谦让，不行礼节，却喜欢互相排挤。这是乱世中奸邪的人的学说，天下研治学说的人大多是这样的。古书上说：“玩弄词句以为明察，空谈名物以为善辨，君子鄙视这种人；见识广、记忆力强，却不合乎圣王的法制，君子鄙视这种人。”说的就是这种情况。做了也不会有助于成功，追求了也不会有所得，忧虑也无益于实现愿望，那就要远远地将它们抛弃。不让它们来妨碍自己，也不让它们在心中片刻干扰自己。不羡慕过去，不忧虑将来，没有怜悯之心，时机来了就要行动，外物来了就要应付，事情发生了就要处理，是治还是乱、恰当还是不恰当，就清清楚楚了。

周而成，泄而败，明君无之有也；宣而成，隐而败，暗君无之有也。故君人者周则谗言至矣，直言反矣，小人迩而君子远矣。《诗》云[1]：“墨以为明，狐狸而苍。”此言上幽而下险也。君人者宣则直言至矣，而谗言反矣，君子迩而小人远矣。《诗》云[2]：“明明在下，赫赫在上。”此言上明而下化也。

【注释】

［1］《诗》：不见于今本《诗经》，当为逸诗。

［2］《诗》：指《诗经·大雅·大明》。

【译文】

隐蔽就成功，泄露就失败，圣明的君主没有这种事；公开就成功，隐蔽就失败，昏庸的君主没有这种事。所以君主隐蔽那么谗言就会来，直言就收回，小人亲近而君子远离。《诗经》中说：“黑暗说成光明，狐狸也能成为苍色。”这就是说君主昏暗而臣下阴险。君主公开那么直言就会到来，而谗言就缩回，君子亲近而小人远离。《诗经》中说：“明亮在下方，显耀在上方。”这就是说君主光明正大而臣下就能被感化。

【评析】

乱世不仅出英雄，混乱的政治局面往往也会引起学术思想的激烈碰撞，进而在碰撞中创造出一个精神上极度丰富多彩的年代。战国时期，“诸侯异政，百家异说”，政治上的争端使人痛苦，思想上的矛盾又使人迷惘。《汉书·艺文志》记载云：“王道既微，诸侯力政，时君世主，好恶殊方，是以九家之术蜂出并作，各引一端，崇其所善，以此驰说，取合诸侯。”面对纷乱的时局，荀子试图以理性的力量为世人辟除诸般困扰，并尽己所能推广圣王之道，欲使天下复归清明。是为《解蔽》。

“凡以知，人之性也；可以知，物之理也。”人类怀着强烈的求知欲，坚持不懈地探索世间万物，最终才得以超越地球上其他生物，创造出属于自己的灿烂文明。但仅凭有限的个体生命，想要参破天地间流转不息的一切奥秘，“则没世穷年不能遍也”。这种“以有涯随无涯”（《庄子·养生主》）所带来的无望感受，使所有的努力成为虚空与枉然。因而荀子认为，在短暂的人生中，人们无须事事寻根问底，那些奇辞怪说的空谈，或是感时伤怀的情绪未必有助于解决任何现实问题。他建议人们努力学习圣王的礼乐法度，把“尽伦”、“尽制”当作追求学问的完满止境。

文中指出：“凡万物异则莫不相为蔽。”在学习圣王之道的漫长过程中，种种有形无形的诱惑都会蒙蔽人们的心灵：喜怒无常的君王成日痛饮狂歌，寻欢享乐，决断国务时仅仅依照一己好恶，蔽于谗言而不自知。贪恋权势的臣子不负责任草率行事，权衡利弊时仅仅依照一己得失，蔽于功利而不自明。博古通今的学者固执己见排斥异说，对公理与正义置若罔闻，蔽于曲知而不自晓。眼见这些蔽惑给社会造成诸多危害，荀子不由警告世人：“以贪鄙、背叛、争权而不危辱灭亡者，自古及今，未尝有之也。”

凡人多被七情六欲冲昏了头脑，得道的圣人却能做到“兼陈万物而中县衡”。其根本原因就在于圣人始终让自己的心灵保持着“虚壹而静”的状态。所谓“虚”，是指人们在学习新兴事物时，要避免既有知识结构对自身思维的束缚，只有摒除成见才能在理智上和感情上都迸发出焕然一新的光彩。所谓“壹”，是指人们不应在各类学说面前迷失自我，弄得“彼亦一是非，此亦一是非”（《庄子·齐物论》）。要见识大道真貌，必须具有专一的信念与坚定的恒心。拥有了容纳万物的虚怀，再加上专一的心志，人们在分析、判断、抉择、思考的时候就不易受到外界因素的干扰，这便是体道过程中的“虚壹而静”。荀子将人心比作盘中之水，认为只有在沉静的状态下它才能显露清明本相，若是微风拂动，浊沙泛起，盘中之水就无法保持原来的清明澄澈。而宇宙之广阔，社会之繁复，人生之无常，远比水上清风来得诡异莫测。因此，只有对心灵“导之以理，养之以清”，使之面对任何诱惑挫折都能做到“岿然不动”，这样才更为接近荀子理想中“明参日月，大满八极”的完美人格。

作为百家学说之集大成者，荀子在文中不仅阐述了自身理论，也对当时诸子进行了一些学术方面的评价。与《非十二子》相比，《解蔽》篇虽已不那么充满敌意，但其言辞还是显得有点偏激。其言曰：“墨子蔽于用而不知文，宋子蔽于欲而不知得，慎子蔽于法而不知贤，申子蔽于势而不知知，惠子蔽于辞而不知实，庄子蔽于天而不知人。故由用谓之道，尽利矣；由俗谓之道，尽嗛矣；由法谓之道，尽数矣；由势谓之道，尽便矣；由辞谓之道，尽论矣；由天谓之道，尽因矣：此数具者，皆道之一隅也。”可见荀子这里基本上仍采取了全盘否定的态度，不过他确实又以简单明了的言辞揭示出了诸子学说的要害所在。历史的车轮滚滚前行，百家学说相灭相生，相辅相成，有所蔽者必有所见，没有任何真理可以匡正万世永恒不变。荀子主张“君子必辩”（《非相》），但一己得失成败并不是学术争论的终极目标，若能以兼收并蓄的宽容态度来看待百家学说，则未尝不是学术之幸，万民之福。

正　名

【题解】

本文是一篇全面论述名实逻辑关系的专题论文。荀子首先强调了正名的重要性，“王者之制名，名定而实辨，道行而志通，则慎率民而一焉”。然后针对当时社会上“名守慢，奇辞起，名实乱”的情况，对名称和名称与实物的关系进行了系统阐述：第一，制定名称的原因是“制名以指实”，“上以明贵贱，下以辨同异”，制名是关系到国家治与乱的大事；第二，不同名称制定的根据是“缘天官”，天官必须与各自的对象相接触，然后再加以验证；第三，事物的命名是“约定俗成”的，但要做到“稽实定数”。此外，荀子还对“欲望”进行了“正名”，指出“欲望”是生来就有的，与国家的治乱没有关系，贵者满足欲望，贱者节制欲望，皆要依“道”而行。

后王之成名[1]：刑名从商[2]，爵名从周[3]，文名从《礼》[4]。散名之加于万物者[5]，则从诸夏之成俗曲期[6]，远方异俗之乡则因之而为通[7]。散名之在人者：生之所以然者谓之性。性之和所生[8]，精合感应[9]，不事而自然谓之性。性之好、恶、喜、怒、哀、乐谓之情。情然而心为之择谓之虑。心虑而能为之动谓之伪[10]。虑积焉、能习焉而后成谓之伪。正利而为谓之事[11]。正义而为谓之行。所以知之在人者谓之知。知有所合谓之智。智所以能之在人者谓之能[12]。能有所合谓之能。性伤谓之病。节遇谓之命[13]。是散名之在人者也，是后王之成名也。

【注释】

[1] 后王：指后代君王，与“先王”相对。　成名：确定名称。

[2] 刑：指刑法。

[3] 爵名；爵位的名称。

[4]《礼》：指《仪礼》。

[5] 散名：各种零碎具体的名称。

[6]诸夏：中原地区。 曲期：多方共同的约定。曲，周遍。

[7]通：沟通。

[8]和：阴阳相和。

[9]精合：人的精神与外物接触。

[10]伪：人为。

[11]正利：正当的利益。

[12]智：当为衍文（卢文弨说）。

[13]节遇：偶然的遭遇。

【译文】

后王确定名称：刑法的名称依照商朝，爵位的名称依照周朝，礼仪制度的名称依照《仪礼》。赋予万物的各种名称，则是依照中原各国的约定俗成，远方习俗不同的地方则凭借这些名称进行沟通。人本身的各种名称：生下来就这样的叫做天性。天性的阴阳之气相和而产生，精神与外物接触后的相互感应，不经过人为加工自然而然的就叫做本性。本性的好、恶、喜、怒、哀、乐叫做感情。感情这样而心对它进行选择叫做思虑。心中思虑而官能又按此去行动叫做人为。思虑积累、官能练习而后形成的叫做人为。为了正当的利益去做叫做事业。为了正义去做叫做德行。人本身具有的认识事物的能力叫做认识能力。认识与外界事物相符合叫做智慧。人本身具有的某些能力叫做本能。本能与外界事物相符合叫做才能。天性受到了伤害叫做疾病。偶然的遭遇叫做命运。这是人本身的各种名称，是后王制定的名称。

故王者之制名，名定而实辨，道行而志通，则慎率民而一焉。故析辞擅作名以乱正名[1]，使民疑惑，人多辨讼，则谓之大奸，其罪犹为符节、度量之罪也[2]。故其民莫敢托为奇辞以乱正名，故其民悫[3]，悫则易使，易使则公[4]。其民莫敢托为奇辞以乱正名，故壹于道法而谨于循令矣。如是，则其迹长矣[5]。迹长功成，治之极也，是谨于守名约之功也[6]。今圣王没，名守慢[7]，奇辞起，名实乱，是非之形不明，则虽守法之吏，诵数之儒，亦皆乱也。若有王者起，必将有循于旧名，有作于新名。然则所为有名，与所缘以同异[8]，与制名之枢要，不可不察也。

【注释】

[1] 句中第一个“名”字当为衍文（王念孙说）。

[2] 为：同“伪”，伪造。

[3] 悫（què）：朴实。

[4] 公：通“功”，功效。

[5] 迹：通“绩”。

[6] 名约：名称的约定。

[7] 名守：名称的遵守。 慢：懈怠。

[8] 缘：根据。

【译文】

所以王者制定名称，名称确定而实物就能分别了，制定名称的基本原则实行了而思想就能沟通了，那么就可以小心地率领民众统一行动了。因此玩弄奇辞、擅自制造名称来扰乱正确的名称，使人民疑惑，使众人起来辩论，就叫做最大的奸人，他的罪行就像伪造符节和度量衡一样严重。所以王者的人民没有敢假借奇辞来扰乱正确名称的，因此他的人民就诚实，诚实就容易役使，容易役使就有功效。王者的人民没有敢假借奇辞来扰乱正确名称的，所以就一心实行礼法而谨慎地遵循法令了。像这样，那么他的事业就长久了。事业长久功成名就，这是治理国家的极致，是严格地固守名称约定的功劳。现在圣王死了，名称的规定散漫了，奇怪的言辞兴起，名称和实物混乱，是与非的情形分不清，那么即使维护法制的官吏，讲述典章制度的儒生，也都混乱了。如果有王者兴起，就一定沿循旧有的名称，并创造一些新的名称。既然这样，那么所以要有名称，对名称有同、有异的根据，和制定名称的关键，就不能不考察了。

异形离心交喻[1]，异物名实玄纽[2]，贵贱不明，同异不别，如是，则志必有不喻之患，而事必有困废之祸。故知者为之分别，制名以指实，上以明贵贱，下以辨同异。贵贱明，同异别，如是，则志无不喻之患，事无困废之祸，此所为有名也。

【注释】

[1] 离心：不同认识。 交喻：相互说明。

[2] 玄：通“眩”。 纽：结。

【译文】

万物形体不同，人们看法不同就要互相说明；不同的事物如果名称和实物混杂纠缠在一起，贵贱就不能明确，同异就不能分别，像这样，思想就一定有表达不清的忧患，而事物一定有困厄废弃的祸患。所以聪明的人把它们加以分别，制定名称来指代实物，对上来表明贵贱，对下来辨别同异。贵贱明确，同异有别，像这样，那么思想就不会有表达不清的忧患，事物就没有困厄废弃的祸患，这是所以要制定名称的原因。

然则何缘而以同异？曰：缘天官[1]。凡同类、同情者，其天官之意物也同[2]，故比方之疑似而通[3]，是所以共其约名以相期也。形体、色、理以目异[4]，声音清浊、调竽奇声以耳异[5]，甘、苦、咸、淡、辛、酸、奇味以口异，香、臭、芬、郁、腥、臊、洒、酸、奇臭以鼻异[6]，疾、养、沧、热、滑、铍、轻、重以形体异[7]，说、故、喜、怒、哀、乐、爱、恶、欲以心异[8]。心有征知[9]。征知则缘耳而知声可也，缘目而知形可也，然而征知必将待天官之当簿其类然后可也[10]。五官簿之而不知，心征之而无说，则人莫不然谓之不知，此所缘而以同异也。

【注释】

[1]天官：耳、目、鼻、口、身等天生的感官。

[2]意物：对事物的感知。

[3]疑似：近似。

[4]理：纹理。

[5]调竽：当为“调节”（王先谦说）。

[6]郁：草木腐臭。　洒：当为“漏”（lóu）字（杨倞说），通“蝼”，马身上的臊臭味。　酸：当为“庮”（yóu）字，牛身上的臊臭味。

[7]沧：寒冷。　铍：当为“铍”字（杨倞说），通“涩”。

[8]故：通“固”，烦闷。

[9]征：验证。

[10]簿：通“薄”，迫近。

【译文】

那么根据什么来区分名称的同异？回答是：根据天生的感官。凡是同一民族、具有相同感情的人，他们天生的感官对事物的感觉也相同，所以对事物摹仿的大体相似就能相互理解，这就是人们共同约定名称来交往的原因。形体、颜色、纹理因眼睛而不同，声音的清浊、乐曲的和谐与不和谐因耳朵而不同，甜、苦、咸、淡、辣、酸及各种奇怪的味道因嘴巴而不同，香、臭、芬芳、腐臭、腥、臊、马膻气、牛膻气及各种奇怪的气味因鼻子而不同，痛、痒、冷、热、滑、涩、轻、重因身体而不同，高兴、烦闷、喜、怒、哀、乐、爱、恶、欲因心而不同。心能验证认识。心能验证认识就可以靠耳朵来了解声音，靠眼睛来了解形体，然而心验证认识一定要等到感官接触到它们的对象然后才可以。感官接触外物却不认识，心验证认识却不能说明，人们就没有不认为他无知的了，这就是区分名称同异的根据了。

然后随而命之：同则同之，异则异之，单足以喻则单[1]，单不足以喻则兼[2]，单与兼无所相避则共，虽共，不为害矣。知异实者之异名也，故使异实者莫不异名也，不可乱也，犹使异实者莫不同名也[3]。故万物虽众，有时而欲遍举之，故谓之物。物也者，大共名也。推而共之，共则有共，至于无共然后止。有时而欲遍举之[4]，故谓之鸟兽。鸟兽也者，大别名也。推而别之，别则有别，至于无别然后止。名无固宜，约之以命。约定俗成谓之宜，异于约则谓之不宜。名无固实，约之以命实，约定俗成谓之实名。名有固善，径易而不拂[5]，谓之善名。物有同状而异所者[6]，有异状而同所者，可别也。状同而为异所者，虽可合，谓之二实。状变而实无别而为异者，谓之化。有化而无别，谓之一实。此事之所以稽实定数也，此制名之枢要也。后王之成名，不可不察也。

【注释】

[1] 单：单名，指单音词。

[2] 兼：复名，复音词或词组。

[3] 异实：当为“同实”（王念孙说）。

[4] 遍：当为“偏”字（俞樾说）。

[5] 拂：违反。

[6] 所：实质。

【译文】

然后随之给事物命名：相同的事物就取相同的名称，不同的事物就取不同的名称，单名能够使人明白的就用单名，单名不能使人明白的就用复名，单名和复名不需要互相回避的就用同一个名称，虽然用同一个名称，也没有什么损害。知道不同的事物应有不同的名称，所以使不同的事物都有不同的名称，不能搞混乱，就像相同的事物都有相同的名称一样。万物虽然众多，有时想要全部列举出来，因此叫它们“物”。“物”，是一个大的共同名称。依次类推来确定共同名称，共同名称中又有共同的名称，直到再也没有共同的名称为止。有时想要列举一部分事物，所以叫它们“鸟兽”。“鸟兽”，是一个大的个别名称。依此类推来确定个别名称，个别名称中又有个别名称，直到再也没有个别名称为止。名称没有本来就适宜的，而是人们的共同约定来命名的。约定而成为习俗了就叫做适宜，与约定的名称不同就叫做不适宜。名称没有本来指代的固定实物，而是人们的共同约定来命名的，约定而成为了习俗就叫做实物的名称。名称有本来就起得很好的，直接易懂而不悖事理，这就叫做好的名称。有的事物有相同的形状而有不同的实质，有的有不同的形状而有相同的实质，这是可以区别的。形状相同而实质不同，即使可以合用一个名称，也叫做两个实物。形状变了而实质没有区别却成为异物的，就叫做变化。有变化而实质没有区别，就叫做同一实物。这就是对事物考察实质确定数目的原因，这是制定名称的关键。后王确定名称，对此是不能不明察的。

“见侮不辱”[1]，“圣人不爱己”[2]，“杀盗非杀人也”[3]，此惑于用名以乱名者也。验之所以为有名而观其孰行，则能禁之矣。“山渊平”[4]，“情欲寡”[5]，“刍豢不加甘，大钟不加乐”[6]，此惑于用实以乱名者也。验之所缘无以同异而观其孰调[7]，则能禁之矣。“非而谒楹”[8]，“有牛马非马也”[9]，此惑于用名以乱实者也。验之名约，以其所受悖其所辞，则能禁之矣。凡邪说辟言之离正道而擅作者，无不类于三惑者矣。故明君知其分而不与辨也。

【注释】

［1］见侮不辱：这是战国中期宋钘的说法。

［2］圣人不爱己：此说出于何家，不详。

［3］杀盗非杀人也：这是墨子的说法，见《墨子·小取》。

［4］山渊平：惠施的说法。

［5］情欲寡：这是宋钘的说法。

［6］刍豢不加甘，大钟不加乐：这是墨子的说法（杨倞说）。

［7］无：当为衍文（郭嵩焘说）。

［8］非而谒楹：不详其说。有人认为当作“排而谓盈”，意为互相排斥，互相包容。有人认为当作“非矢过楹”，为墨子的说法。

［9］有牛马非马：墨子的说法。《墨子·经说下》：“牛不非牛，马不非马，而牛马非牛非马，无难。”

【译文】

“被欺侮不是耻辱”，“圣人不爱惜自己”，“杀害盗贼并不是杀人”，这是迷惑于用名称来扰乱名称的说法。验证一下所以要有名称的原因而观察一下哪一种行得通，就能禁止它们了。“高山和深渊一样平”，“人们的欲望本来很少”，“猪、牛、羊等肉食并不更甘美，大钟的声音并不使人更快乐”，这是迷惑于用实物来扰乱名称的说法。验证一下名称同异的根据而观察一下哪一种与事实相符，就能禁止它们了。“互相排斥，又互相包容”，“有牛马，但它不是马”，这是迷惑于用名称来扰乱实物的说法。验证一下名称的共同约定，用他们所赞成的来反驳他们所反对的，就能禁止它们了。凡是离开正路而擅自制作的邪说怪论，没有不类似这三种迷惑的。所以圣明的君主知道这些分别而不与他们辩论。

夫民易一以道而不可与共故［1］，故明君临之以势，道之以道［2］，申之以命［3］，章之以论［4］，禁之以刑。故其民之化道也如神，辨势恶用矣哉［5］！今圣王没，天下乱，奸言起，君子无势以临之，无刑以禁之，故辨说也。实不喻然后命［6］，命不喻然后期［7］，期不喻然后说，说不喻然后辨。故期、命、辨、说也者，用之大文也［8］，而王业之始也。名闻而实喻，名之用也。累而成文，名之丽也［9］。用、丽俱得［10］，谓之知名。名也者，所以期累实也。辞也者，兼异实之名以论一意也。辨、说也者，不异实名以喻动静之道也。期、命也者，辨、说之用也。辨、说也者，心之象道也。心也者，道之工宰也［11］。道也者，治之经理也。心合于道，说合于心，辞合于说，正名而期，质请而喻[12]，辨异而不过，推类而不悖，听则合文，辨则尽故。以正道而辨奸，犹引绳以持曲直。是故邪说不能乱，百家无所窜[13]。有兼听之明而无奋矜之容，有兼覆之厚而无伐德之色[14]。说行则天下正，说不行则白道而冥穷[15]，是圣人之辨说也。《诗》曰[16]："颙颙卬卬[17]，如圭如璋，令闻令望[18]。岂弟君子[19]，四方为纲[20]。"此之谓也。

【注释】

[1]共故：共同了解原因。

[2]道：通"导"。

[3]申：说明。

[4]章：通"彰"。

[5]辨势：当为"辩说"（卢文弨说）。

[6]命：命名。

[7]期：描绘形容。

[8]大文：最好形式。

[9]丽：通"俪"，配合。

[10]得：得当。

[11]工宰：主宰。工，官。

[12]质：本，根据。　请：通"情"，实情。

[13]窜：躲藏。

[14]伐德：自夸美德。伐，夸。

[15]穷：通"躬"，身体。

[16]《诗》：引自《诗经·大雅·卷阿》。

[17]颙颙（yóng）：体貌谦恭的样子。　卬卬（áng）：志气高昂的样子。

[18]令：美好。

[19]岂弟（kǎi tì）：同"恺悌"，和乐平易。

[20]纲：典范。

【译文】

人民容易用道来统一而不可与他们共同了解原因，所以圣明的君主用权势来统治他们，用大道来引导他们，用命令来告诫他们，用言论来开导他们，用刑法来禁止他们。所以他的人民受道的感化十分神速，哪里还用得着辩说呢？现在圣王死了，天下混乱，奸言四起，君子没有权势来统治他们，没有刑法来禁止他们，所以只好辩说了。实物弄不明白然后命名，命名不明白然后描绘形容，描绘形容不明白然后解说，解说不明白然后辩论。所以描绘、命名、辩论、解说，是实际运用中的最好形式，是成就王业的开始。听到名称就能了解实物，这是名称的功用。累积名称而形成文章，这是名称的配合。名称的功用、配合都得当，就叫做懂得名称。名称，是用来约定表示各种实物的。文辞，是用不同实物的名称来论述一个意思的。辩论、解说，是不改变实物的名称来说明是与非的道理的。描绘、命名，是用来辩论、解说的。辩论、解说，是心对道的认识反映。心，是道的主宰。道，是治理国家的根本法则。心符合大道，辩说符合心，文辞符合辩说，名称正确而符合约定，根据实际而加以理解，辨别不同事物而没有过错，推论同类而不违事理，听起来要合乎礼节，辩论起来要深究原因。用正确的道理辨别奸邪，就像用绳墨来衡量曲直一样。所以邪说不能使人混乱，各派学说没有地方躲藏。有兼听各家的明智而没有傲慢自大的态度，有兼容并包的宽宏大量而没有自夸美德的神色。学说得以实行那么天下就安定，学说不能实行那么就倡明大道而隐退，这是圣人的辩说。《诗经》中说："态度谦恭，志气昂扬，就像圭和璋，名声好，声誉旺。和乐平易的君子啊，是天下人的好榜样。"说的就是这种情况。

辞让之节得矣，长少之理顺矣，忌讳不称，祆辞不出[1]，以仁心说，以学心听，以公心辨。不动乎众人之非誉，不治观者之耳目[2]，不赂贵者之权势[3]，不利传辟者之辞，故能处道而不贰，吐而不夺[4]，利而不流，贵公正而贱鄙争，是士君子之辨说也。《诗》曰[5]："长夜漫兮，永思骞兮[6]。大古之不慢兮[7]，礼义之不愆兮[8]，何恤人之言兮[9]！"此之谓也。

【注释】

[1] 祆辞：奇谈怪论。祆，通"妖"。

[2] 治：当为"冶"字（王念孙说），通"蛊"，蛊惑。

[3] 赂：用财物收买。

[4] 吐：当为"咄"字（俞樾说），通"诎"，困顿。

[5]《诗》：不见今本《诗经》，当为逸诗。

[6] 骞（qiān）：咎。

[7]大古：通“太古”，上古。此处指古代法则。 慢：怠慢。

[8]愆（qiān）：违反。

[9]恤：担忧。

【译文】

谦让的礼节得当了，长幼的伦理有序了，忌讳的话不讲，怪论不谈，用仁慈的心去说，用学习的心去听，用公正的心去辩。不为众人的毁誉动摇，不蛊惑旁观者的耳目，不收买尊贵者的权势，不传播邪说者的言辞，所以能够坚守大道而没有二心，言虽困屈而志向不改，口齿流利而不流于世俗，尊重公正而鄙视争斗，这是士君子的辩说。《诗经》中说：“长夜漫漫啊，我常常思考我的过错。对古人从没怠慢过，礼义上从没犯过错，何必担心别人的议论呢？”说的就是这个意思。

君子之言，涉然而精[1]，俛然而类[2]，差差然而齐[3]。彼正其名，当其辞，以务白其志义者也。彼名辞也者，志义之使也，足以相通则舍之矣；苟之，奸也。故名足以指实，辞足以见极，则舍之矣。外是者谓之讱[4]，是君子之所弃，而愚者拾以为己宝。故愚者之言，芴然而粗[5]，啧然而不类[6]，誻誻然而沸[7]。彼诱其名，眩其辞，而无深于其志义者也。故穷藉而无极，甚劳而无功，贪而无名。故知者之言也，虑之易知也，行之易安也，持之易立也，成则必得其所好而不遇其所恶焉。而愚者反是。《诗》曰[8]：“为鬼为蜮，则不可得；有靦面目，视人罔极。作此好歌，以极反侧。”此之谓也。

【注释】

[1]涉然：深入的样子。

[2]俛然：帖近的样子。俛，同“俯”。

[3]差差（cī）然：参差不齐的样子。

[4]讱（rèn）：难。

[5]芴然：同“忽然”，没有根据的样子。

[6]啧（zé）然：深奥的样子。

[7]誻誻（tà）然：嘈杂的样子。

[8]《诗》：指《诗经·小雅·何人斯》。亦见《儒效》篇。

【译文】

君子的言论，深刻而精微，中肯而有条理，错落参差而始终如一。他运用正确的名称，使用恰当的言辞，来努力阐明他的思想。那些名称和言辞，是表达思想的，能够用来互相沟通就可以了；如果乱用，就是奸邪了。所以名称足以指代实物，言辞足以表达主旨就可以了。如果违背这个原则就叫做艰涩难懂，这是君子所抛弃的，而愚蠢的人捡起来当做宝贝。所以愚蠢人的言论，没有根据而又粗浅，艰深而无条理，啰嗦而嘈杂。他运用诱人的名称，使用让人眼花缭乱的言辞，却没有深刻的思想内容。所以他搬弄各种辞句却没有主旨，非常劳累却没有功效，贪图名声却没有声誉。因此明智人的言论，考虑起来容易理解，实行起来容易做到，坚持起来容易立得住脚，成功了就一定得到自己喜欢的，而不会遇到自己厌恶的。而愚蠢的人正好相反。《诗经》中说："你若是鬼是怪，我自然无法看见你；你这丑陋的面目，我终会将你看透。作这支善意的歌，来揭露你的反复无常。"说的就是这种人。

凡语治而待去欲者，无以道欲而困于有欲者也[1]。凡语治而待寡欲者，无以节欲而困于多欲者也。有欲无欲，异类也，生死也，非治乱也。欲之多寡，异类也，情之数也，非治乱也。欲不待可得，而求者从所可。欲不待可得，所受乎天也；求者从所可，受乎心也。所受乎天之一欲，制于所受乎心之多，固难类所受乎天也。人之所欲，生甚矣；人之所恶，死甚矣。然而人有从生成死者[2]，非不欲生而欲死也，不可以生而可以死也。故欲过之而动不及，心止之也。心之所可中理，则欲虽多，奚伤于治？欲不及而动过之，心使之也。心之所可失理，则欲虽寡，奚止于乱？故治乱在于心之所可，亡于情之所欲。不求之其所在，而求之其所亡，虽曰我得之，失之矣。性者，天之就也；情者，性之质也；欲者，情之应也。以所欲为可得而求之，情之所必不免也；以为可而道之，知所必出也。故虽为守门，欲不可去，性之具也。虽为天子，欲不可尽。欲虽不可尽，可以近尽也；欲虽不可去，求可节也。所欲虽不可尽，求者犹近尽；欲虽不可去，所求不得，虑者欲节求也。道者，进则近尽，退则节求，天下莫之若也。

【注释】

[1]道：引导。

[2]从：放弃。 成：趋向。

【译文】

凡是谈论治理国家要靠去掉人们欲望的，却没有办法引导人们的欲望反而被已有的欲望困扰了。凡是谈论治理国家要靠人们减少欲望的，却没有办法节制欲望反而被人们过多的欲望困扰了。有欲望和没有欲望，是不同类的，是生和死的区别，并不关系到国家的治和乱。欲望的多少，是不同类的，是情感的多少问题，并不关系到国家的治和乱。欲望是不靠得到才产生的，而追求的人认为可以得到才去争取。欲望是不靠得到才产生的，是生来就有的；追求欲望的人认为可以得到才去争取，是受心驱使的。生来就有的单纯的欲望，受到心的多种追求的制约，所以很难再和生来就有的单纯的欲望相比。人们想得到的，莫过于生了；人们所厌恶的，莫过于死了。然而有人放弃生而寻求死，并不是不想生而想死，是因为此时不可以偷生而只可以去死。所以欲望过分强烈而行动不想跟上，是心制止了它。心中的欲望符合道理，那么欲望即使再多，又怎么会伤害治国呢？欲望不强烈而行动却过分强烈，是心支配了它。心中的欲望不符合道理，那么欲望即使很少，又怎么会阻止混乱呢？所以国家的治和乱取决于心中想得到的是否符合道理，不在于情感的欲望。不去寻找国家治乱的根源，却从没有关系的地方寻找，即使说我找到了，还是丢失了。本性，是天生造就的；情感，是本性的实质；欲望，是感情的反应。认为自己的欲望可以得到而去求取，是情感所必不可避免的；认为可以得到而实行它，这是智慧必然的要求。所以即使是守门的人，欲望也不可能去掉，这是本性所具有的。即使是天子，欲望也不可能完全得到满足。欲望不可能完全得到满足，可以接近于完全得到满足；欲望虽然不可能去掉，对欲望的追求可以节制。欲望虽然不可能完全得到满足，追求的人还可以接近完全得到满足；欲望虽然不可能去掉，所追求的得不到，善于思虑的人就会节制追求。有道之人，富贵了就要接近于完全满足自己的欲望，贫贱了就节制自己的追求，天下没有比这更好的了。

凡人莫不从其所可，而去其所不可。知道之莫之若也，而不从道者，无之有也。假之有人而欲南无多，而恶北无寡，岂为夫南者之不可尽也，离南行而北走也哉？今人所欲无多，所恶无寡，岂为夫所欲之不可尽也，离得欲之道而取所恶也哉？故可道而从之，奚以损之而乱！不可道而离之，奚以益之而治！故知者论道而已矣，小家珍说之所愿皆衰矣[1]。凡人之取也，所欲未尝粹而来也[2]；其去也，所恶未尝粹而往也。故人无动而不可以不与权俱[3]。衡不正[4]，则重县于仰而人以为轻[5]，轻县于俛而人以为重，此人所以惑于轻重也。权不正，则祸托于欲而人以为福，福托于恶而人以为祸，此亦人所以惑于祸福也。道者，古今之正权也，离道而内自择，则不知祸福之所托。易者以一易一，人曰无得亦无丧也；以一易两，人曰无丧而有得也；以两易一，人曰无得而有丧也。计者取所多，谋者从所可。以两易一，人莫之为，明其数也。从道而出，犹以一易两也，奚丧？离道而内自择，是犹以两易一也，奚得？其累百年之欲，易一时之嫌，然且为之，不明其数也。

【注释】

[1]珍：异。

[2]粹：全。

[3]权：秤锤，引申为准则。

[4]衡：秤，类似天平。

[5]县：通“悬”，悬挂。

【译文】

凡是人没有不依从自己所认可的，而抛弃自己所不认可的。知道没有比道更好的，而不依从道，这样的人是没有的。假如有人想往南走而不管路多么远，厌恶往北走而不管路多么近，难道会因为南方的路走不到尽头，就会掉转方向往北走吗？现在人们想得到的不嫌多，所厌恶的不嫌少，难道因为想得到的不可能全部满足，就抛弃想得到的而追求所厌恶的吗？所以欲望合乎道而依从它，还能用什么来损害它而使国家混乱呢？欲望不合乎道而抛弃它，还能用什么来增加它而使国家安定呢？所以聪明的人只谈论正道罢了，百家邪学的愿望就都衰亡了。凡是人们追求时，想得到的从来不曾完全得到；想抛弃时，所厌恶的从来不曾完全去掉。所以人们无论做什么不会没有一定的标准来衡量。秤不准，那么挂上重物仰起来而人们却认为是轻的，挂上轻物低下去而人们认为它是重的，这是人们对轻重迷惑的原因。标准不正确，那么祸患寄托于欲望中而人们认为是幸福，幸福寄托于厌恶中而人们认为是祸害，这也是人们对于祸福迷惑的原因。道，是古今最正确的衡量标准，离开正道而由内心自己选择，就不知道祸福存在于什么地方了。交换如果是用一个换一个，人们说没有得到也没有失去；如果用一个换两个，人们说没有损失而有所得；如果用两个换一个，人们说没有得到而有损失。会计算的人择取多的东西，会谋划的人依从他所认可的。用两个换一个，没有人愿意做，是因为人们明白它们的数量。依从道去行动，就像用一个换两个，哪会有损失？离开道而由内心去选择，这就像用两个换一个，哪会得到什么？积累百年的欲望，换一时的嫌恶，然而还是去做，这是不明白它们的数量关系。

有尝试深观其隐而难其察者[1]，志轻理而不重物者[2]，无之有也；外重物而不内忧者，无之有也。行离理而不外危者，无之有也；外危而不内恐者，无之有也。心忧恐则口衔刍豢而不知其味，耳听钟鼓而不知其声，目视黼黻而不知其状，轻暖平簟而体不知其安[3]。故向万物之美而不能嗛也[4]，假而得问而嗛之[5]，则不能离也。故向万物之美而盛忧，兼万物之利而盛害。如此者，其求物也，养生也？粥寿也[6]？故欲养其欲而纵其情，欲养其性而危其形，欲养其乐而攻其心，欲养其名而乱其行。如此者，虽封侯称君，其与夫盗无以异；乘轩戴絻[7]，其与无足无以异。夫是之谓以己为物役矣。

【注释】

[1] 有：通“又”。 后“其”字，当为衍文（王念孙说）。

[2] “重”前当脱一“外”字（顾千里说）。

[3] 簟（diàn）：竹席。

[4] 向：通“亨”。 嗛：通“慊”，满足。

[5] 得问：当为“得间”（王念孙说）。

[6] 粥：通“鬻”，卖。

[7] 轩：古代大夫以上乘坐的有篷车。 絻：同“冕”，古代大夫以上官员所戴的礼帽。

【译文】

我又尝试深入地观察那些隐蔽而难以看清的事情，内心轻视道理而外面不看重物质的，这种人是没有的；外面看重物质而内心不忧虑的，这种人是没有的。行为背离道理而外面不危险的，这种人是没有的；外面危险而内心不恐惧的，这种人是没有的。内心忧虑恐惧那么嘴里即使嚼着肉食也不知道滋味，耳朵听到钟鼓的乐声也不知道动听，眼睛看到华丽的服饰也不知道美丽，穿着轻柔暖和的衣服睡在竹席上身体也不知道舒适。所以享受万物中最好的东西而不能满足，假设得到片刻的满足，心里还是忧虑恐惧。所以享受万物中最好的东西却忧虑重重，得到了万物的好处却十分有害。像这样的人，是寻求物质呢，还是养生呢？还是出卖寿命呢？所以想满足欲望而放纵他的情欲，想保养生命却危害自己的身体，想满足自己的快乐却损伤了内心，想保护自己的名声却胡作非为。像这样的人，即使被封为诸侯，称作国君，与盗贼也没有什么区别；即使乘坐大车，戴着礼帽，与没有脚的人也没有什么区别。这就叫做自己被外物所役使。

心平愉，则色不及佣而可以养目[1]，声不及佣而可以养耳，蔬食菜羹而可以养口[2]，粗布之衣、粗紃之履而可以养体[3]，屋室、庐庾、葭稾蓐、尚机筵而可以养形[4]。故无万物之美而可以养乐，无势列之位而可以养名。如是而加天下焉，其为天下多，其和乐少矣[5]，夫是之谓重己役物。无稽之言，不见之行，不闻之谋，君子慎之。

【注释】

[1] 佣：通“庸”，平常。

[2] 蔬食：同“疏食”，粗食。

[3] 紃（xún）：麻绳。

[4] 屋室：当作“局室”，狭小的屋子。　庐庾：当作“庐帘”。　葭：当为衍文。（以上皆王念孙说）　稾蓐（gǎo rù）：草垫。　尚：疑为“敝”字之误，同“敝”，破旧。　机筵：几案和坐席。

[5] 和：当为“私”字（王念孙说）。

【译文】

心情平静愉快，那么颜色就是不漂亮也可以保养眼睛，音乐就是不悦耳也可以保养耳朵，粗食和菜汤也可以保养嘴巴，粗布做的衣服、麻绳做的鞋子也可以保养身体，局促的小屋、芦苇帘子、稻草垫子、破旧的桌椅也可以保养形体。所以没有万物中美好的东西也可以享受乐趣，没有权势地位也可以保养名声。像这样而把天下交给他，他就会为天下操心多，而自己的享乐就少了，这就叫做重视自己而役使外物。没有根据的言论，没有见过的行为，没有听过的计谋，君子要小心对待。

【评析】

荀子“正名”，意欲何为？文中这样写道：“制名以指实，上以明贵贱，下以辨同异。”我们知道，“实”总是先于“名”而存在的，所以用来指称“实”的“名”在制定的时候会遇到许多不确定因素。荀子认为，“名”应当具有道德判断的作用，有一些“名”总与高贵、荣耀相关，而另一些名则总与低贱、耻辱相联。他所谓的“明贵贱”，同时也是对社会等级的一种区分。荀子虽然注重道德修养，主张积学成圣，也曾经说过“君子无爵而贵，无禄而富，不言而信，不怒而威，穷处而荣，独居而乐”（《儒效》），但他毕竟无法超越于时代之上，现代社会的民主平等观念对他而言，犹如不可企及的天方夜谭。荀子在《天论》篇中曾经指斥墨子“有见于齐，无见于畸”，认为墨子的想法只会导致政令不施。可见在他的心目中，贵贱等差已与国家的治乱、社稷的兴亡血脉相连。制名指实的另一个作用是“辨同异”，亦即文中所谓“同则同之，异则异之”。在荀子的语言逻辑系统中，既有单名、兼名、共名之别，又有大共名与大别名之分。单名的制定是为了区别事物的大类，譬如“羊”与“马”；兼名的制定是为了在大类之内分辨出事物的不同性质，譬如“白马”与“黑马”。而那些具有共性的事物，就可以归入共名，譬如“白马”、“黑马”与“马”，虽然前两者为兼名，后者为单名，类型不同，但同样都具备了“马”的属性，所以就能共用“马”这个共名。考虑到现实的需要，“万物虽众，有时而欲遍举之”，荀子又推出“大共名”以概括最高的类概念，譬如“物”；与之相反的“大别名”，则可以用来列举最低的类概念，譬如“鸟”、“兽”。

“正名”一说，并非荀子首创。孔夫子早已有言在先：“名不正则言不顺，言不顺则事不成，事不成则礼乐不兴，礼乐不兴则刑罚不中，刑罚不中则民无所措手足。”（《论语·子路》）依照孔子的推断，但凡政局的动荡、社会的纷争、道德的乖谬、思想的混乱，全都是发端于“名不正”。所以，若想在礼崩乐坏的时代背景下重新构建一个安定和谐、伦常有序的理想社会，其首要条件就是“正名”。正名的根本目的是为了对既有的政治秩序与伦理道德进行拨乱反正的改造，而不仅仅在于词义的辨析或是语言逻辑的规范。在这一点上，荀子同样也意识到了正名的重要性，他说：“名定而实辨，道行而志通，则慎率民而一焉。”在荀子看来，只要制定了合适的名称，贵贱等级就能随之分明，君王意志就会得以实行，民众就会“壹于道法而谨于循令”，千秋基业也会因之而不朽。

可惜现实往往不尽如人意：“今圣王没，名守慢，奇辞起，名实乱，是非之形不明，则虽守法之吏，诵数之儒，亦皆乱也。”荀子不为所惑，力图使名实关系复归正途。他列举了宋钘、墨子、惠施等诸家学说，以指出人们在认知过程中的三大蔽惑：“用名以乱名”、“用实以乱名”以及“用名以乱实”。天下无道，邪说僻言擅作，“君子无势以临之，无刑以禁之，故辨说也”。即使社会上常会出现名实相悖的乱象，荀子也要“实不喻然后命，命不喻然后期，期不喻然后说，说不喻然后辨”，竭尽全力捍卫士君子“贵公正而贱鄙争”的学术尊严。他坚信：“若有王者起，必将有循于旧名，有作于新名。”旧世界与旧制度虽然分崩离析日益沦丧，荀子却已在战国末年的硝烟烈火中隐约感觉到一个崭新的时代即将到来。

性恶

【题解】

本文系统阐述了荀子的性恶论思想。荀子开篇名义，提出“人之性恶，其善者伪也”的观点，并对孟子性善论进行了批判。荀子认为礼义等都不是先天而生的，而是后天形成的，“礼义者，是生于圣人之伪，非故生于人之性也”。所以人性之恶需师法、礼仪来矫正“人之性恶，必将得师法然后正，得礼义然后治。”荀子还认为君子和小人的本性是一致的，“君子之与小人，其性一也”，由于后天教育的不同，才有了善恶之分，因此他重视“化性起伪”、“积靡”的作用，主张通过“求贤师”、“择良友”、“立君上”、“明礼义”、“起法正”、“重刑罚”等措施，来改变人的本性。

人之性恶，其善者伪也[1]。今人之性，生而有好利焉，顺是，故争夺生而辞让亡焉；生而有疾恶焉[2]，顺是，故残贼生而忠信亡焉；生而有耳目之欲，有好声色焉，顺是，故淫乱生而礼义文理亡焉。然则从人之性[3]，顺人之情，必出于争夺，合于犯分乱理而归于暴。故必将有师法之化，礼义之道[4]，然后出于辞让，合于文理，而归于治。用此观之，然则人之性恶明矣，其善者伪也。故枸木必将待檃栝烝矫然后直[5]，钝金必将待砻厉然后利[6]。今人之性恶，必将待师法然后正，得礼义然后治。今人无师法则偏险而不正，无礼义则悖乱而不治。古者圣王以人之性恶，以为偏险而不正，悖乱而不治，是以为之起礼义、制法度，以矫饰人之情性而正之，以扰化人之情性而导之也。始皆出于治，合于道者也。今之人，化师法，积文学[7]，道礼义者为君子；纵性情，安恣睢，而违礼义者为小人。用此观之，然则人之性恶明矣，其善者伪也。

【注释】

[1] 伪：通“为”，人为。

[2] 疾：通“嫉”，嫉妒。

[3] 从：通“纵”，放纵。

[4] 道：引导。

[5] 枸：通“钩”，弯曲。 檃栝（yǐn kuò）：矫正弯木的工具。

[6] 砻（lóng）：磨。 厉：通“砺”，磨刀石。

[7] 文学：文献典籍。

【译文】

人的本性是恶的，那些善良的行为是人为的。现在人的本性，生下来就有喜好利益之心，顺着这种本性，所以争夺就会产生而谦让就没有了；生下来就有嫉妒憎恨之心，顺着这种本性，所以残杀陷害的行为就产生了而忠诚讲信的美德就没有了；生下来就有耳朵、眼睛的欲望，又爱好音乐、美色，顺着这种本性，所以淫乱就产生了而礼法就消失了。那么放纵人的本性，顺从人的感情，就一定产生争夺，出现违背等级名分、扰乱事理的事情而导致暴乱。所以必定要有老师、法度的教化，礼义的引导，然后从谦让出发，行为合乎礼法，从而使社会安定。由此看来，人的本性是恶的就很明显了，那些善良行为是人为的。所以弯曲的木头一定要依靠矫木工具进行蒸烤和矫正然后变直，不锋利的金属一定要依靠磨砺然后才锋利。现在人的本性是恶的，一定要依靠老师和法度然后才能端正，得到礼义然后才能治理。现在的人们没有老师和法度就会偏邪阴险而不端正，没有礼义就会悖理混乱而不能治理。古代的圣王认为人性本恶，认为人偏邪阴险而不端正，悖理混乱而不能治理，所以为他们设立了礼义、制定了法度，用来整饬人们的情性而使之端正，用来教化人们的情性而加以引导，使他们的行为开始遵守秩序，合于正道。现在的人，得到老师和法度的教化，积累文化知识，遵循礼义的就是君子；放纵性情，任意胡作非为，违背礼义的人就是小人。由此看来，那么人的本性是恶的就明显了，那些善良行为是人为的。

孟子曰：“今之学者，其性善。”曰：是不然。是不及知人之性，而不察乎人之性、伪之分者也。凡性者，天之就也[1]，不可学，不可事[2]；礼义者，圣人之所生也，人之所学而能，所事而成者也。不可学、不可事而在人者谓之性[3]，可学而能、可事而成之在人者谓之伪。是性、伪之分也。今人之性，目可以见，耳可以听。夫可以见之明不离目，可以听之聪不离耳[4]，目明而耳聪，不可学明矣。孟子曰：“今人之性善，将皆失丧其性故也。”曰：若是，则过矣。今人之性，生而离其朴[5]，离其资[6]，必失而丧之。用此观之，然则人之性恶明矣。所谓性善者，不离其朴而美之，不离其资而利之也。使夫资朴之于美，心意之于善，若夫可以见之明不离目，可以听之聪不离耳，故曰目明而耳聪也。今人之性，饥而欲饱，寒而欲暖，劳而欲休，此人之情性也。今人饥，见长而不敢先食者[7]，将有所让也；劳而不敢求息者，将有所代也。夫子之让乎父，弟之让乎兄，子之代乎父，弟之代乎兄，此二行者，皆反于性而悖于情也；然而孝子之道，礼义之文理也。故顺情性则不辞让矣，辞让则悖于情性矣。用此观之，然则人之性恶明矣，其善者伪也。

【注释】

[1]就：造就。

[2]事：做。

[3]人：疑当为“天”字（顾千里说）。

[4]聪：听力。

[5]朴：质朴。

[6]资：材，指天生的禀赋。

[7]长：尊长。

【译文】

孟子说：“人们所以学习，是因为本性是善的。”回答说：这是不对的。这是没有了解人的本性，没有明察人的本性与人为之间的区别。凡是本性，是天然生成的，不能学习，不能人为做到的；礼义，是圣人制定的，人们学习了就会，努力去做就能成功的。不能学习、不能人为做到而天然生成的就叫做本性，通过学习就会，通过人为努力就成功的就叫做人为。这是本性、人为之间的区别。现在人们的本性，眼睛可以看，耳朵可以听。可以看得清离不开眼睛，可以听得清离不开耳朵，眼睛明亮而耳朵灵敏，是不能通过学习得到的就很明显了。孟子说：“现在人的本性是善的，由于都丧失了自己的本性所以变恶了。”回答是：如果这样说，就不对了。现在人的本性，生下来就脱离了它的质朴，脱离了它的资质，必定丧失本性。由此看来，那么人性本恶就明显了。所谓性善，是指不离开它的质朴而觉得美，不离开它的资质而觉得好。资质、质朴对于美，心意对于善良，就像可以看得清楚离不开眼睛，可以听得清楚离不开耳朵一样，所以说眼睛明亮而耳朵灵敏。现在人的本性，饿了就想吃饱，冷了就想暖和，累了就想休息，这是人的性情。现在的人如果饿了，看到长辈就不敢先吃，要有所谦让；累了不敢要求休息，要为长辈代劳。儿子谦让父亲，弟弟谦让兄长，儿子代替父亲，弟弟代替兄长，这两种行为，都是违反人的本性而背离性情的；然而这是孝子的原则，礼义的制度。所以顺着性情就不谦让了，谦让就背离情性了。由此看来，那么人的本性是恶的就明显了，善良的行为是人为的。

问者曰："人之性恶，则礼义恶生？"应之曰：凡礼义者，是生于圣人之伪，非故生于人之性也[1]。故陶人埏埴而为器[2]，然则器生于工人之伪[3]，非故生于人之性也。故工人斫木而成器，然则器生于工人之伪，非故生于人之性也。圣人积思虑，习伪故，以生礼义而起法度，然则礼义法度者，是生于圣人之伪，非故生于人之性也。若夫目好色，耳好声，口好味，心好利，骨体肤理好愉佚，是皆生于人之情性者也，感而自然，不待事而后生之者也。夫感而不能然[4]，必且待事而后然者，谓之生于伪[5]。是性、伪之所生，其不同之征也。故圣人化性而起伪，伪起而生礼义，礼义生而制法度。然则礼义法度者，是圣人之所生也。故圣人之所以同于众，其不异于众者，性也；所以异而过众者，伪也。夫好利而欲得者，此人之情性也。假之人有弟兄资财而分者，且顺情性，好利而欲得，若是则兄弟相拂夺矣；且化礼义之文理，若是则让乎国人矣。故顺情性则弟兄争矣，化礼义则让乎国人矣。凡人之欲为善者，为性恶也。夫薄愿厚，恶愿美，狭愿广，贫愿富，贱愿贵，苟无之中者[6]，必求于外；故富而不愿财，贵而不愿势，苟有之中者，必不及于外。用此观之，人之欲为善者，为性恶也。今人之性，固无礼义，故强学而求有之也；性不知礼义，故思虑而求知之也。然则生而已，则人无礼义，不知礼义。人无礼义则乱，不知礼义则悖。然则生而已，则悖乱在己。用此观之，人之性恶明矣，其善者伪也。

【注释】

[1] 故：本来。

[2] 埏埴（shān zhí）：调和黏土。

[3] 工人：当为“陶人”（王念孙说）。

[4] 感：接触外物。

[5] 生于：当为衍文（王引之说）。

[6] 中：本身。

【译文】

有人问：“人的本性是恶的，那么礼义是怎么产生的？”回答说：凡是礼义，是圣人人为制定出来的，不是本来就由人的本性产生的。所以制作陶器的人把粘土调和起来就制成陶器，那么陶器是由陶器工人人为制造的，并不是本来由人的本性产生的。所以工人砍削木材制成器具，然而器具是由工人人为加工而成的，并不是本来由人的本性产生的。圣人深思熟虑，学习人为的事理，设立礼义而制定法度，那么礼义法度，是圣人人为制定的，并不是本来由人的本性产生的。至于眼睛喜爱美色，耳朵喜爱音乐，嘴巴喜爱美味，内心喜爱私利，身体喜欢愉快安逸，这些都是产生于人的情性，受到感触就自然如此，不依靠人为就产生的。那些受到感触并不如此，必定要依靠努力而后才形成，就叫做人为。这是本性和人为产生的情况，也是它们的不同特征。所以圣人改变人们恶的本性而有了后天的努力，后天的努力有了就产生了礼义，礼义产生后就制定法度。那么礼义和法度，是圣人制定的。所以圣人和众人相同，和众人没有不同的地方，就是先天的本性；和众人不同又超过众人的地方，是后天的作为。喜欢私利而想得到，这是人们的性情。假若弟兄二人分配财产，如果顺着性情，喜欢私利而想得到，那么兄弟二人就互相争夺了；如果受到礼义制度的教化，那么就会推让给对方了。所以顺着性情那么弟兄二人就争夺，受礼义教化就推让给对方。凡是人想做善事，就是因为本性是恶的。薄的希望厚，丑的希望美，窄的希望宽，穷的希望富，卑贱的希望高贵，如果本身没有的，一定向外寻求；所以富裕的就不想钱财，高贵的就不想权势，如果本身就有的，必定不向外寻求。由此看来，人想做善事，是因为本性是恶的。现在人的本性，本来没有礼义，所以努力学习而力求得到它；本性不知道礼义，所以认真思索而力求了解它。那么就本性而言，人们没有礼义，也不了解礼义。人们没有礼义就会混乱，不知道礼义就会背离正道。然而就本性而言，悖乱就在自身了。由此看来，人的本性是恶的就明显了，那些善良的行为是人为的。

孟子曰："人之性善。"曰：是不然。凡古今天下之所谓善者，正理平治也；所谓恶者，偏险悖乱也。是善恶之分也已。今诚以人之性固正理平治邪？则有恶用圣王，恶用礼义矣哉？虽有圣王礼义，将曷加于正理平治也哉？今不然，人之性恶。故古者圣人以人之性恶，以为偏险而不正，悖乱而不治，故为之立君上之势以临之，明礼义以化之，起法正以治之，重刑罚以禁之，使天下皆出于治，合于善也。是圣王之治，而礼义之化也。今当试去君上之势[1]，无礼义之化，去法正之治，无刑罚之禁，倚而观天下民人之相与也[2]。若是，则夫强者害弱而夺之，众者暴寡而哗之，天下之悖乱而相亡不待顷矣。用此观之，然则人之性恶明矣，其善者伪也。故善言古者必有节于今[3]，善言天者必有征于人。凡论者，贵其有辨合[4]，有符验，故坐而言之，起而可设，张而可施行。今孟子曰"人之性善"，无辨合符验，坐而言之，起而不可设，张而不可施行，岂不过甚矣哉！故性善则去圣王，息礼义矣；性恶则与圣王，贵礼义矣。故檃栝之生，为枸木也；绳墨之起，为不直也；立君上，明礼义，为性恶也。用此观之，然则人之性恶明矣，其善者伪也。直木不待檃栝而直者，其性直也；枸木必将待檃栝烝矫然后直者，以其性不直也。今人之性恶，必将待圣王之治，礼义之化，然后皆出于治，合于善也。用此观之，然则人之性恶明矣，其善者伪也。

【注释】

[1] 当试：当为"尝试"（王先谦说）。

[2] 倚：立。

[3] 节：征验。

[4] 辨：通"别"，古代借贷所用的一种凭证，一分为二，两家各执其一。

【译文】

孟子说："人的本性是善的。"回答是：这种说法不对。凡是古往今来天下人所说的善，就是合乎法度，遵守秩序；所说的恶，就是偏邪阴险，悖道作乱。这是善和恶的分别。现在真认为人的本性本来就合乎法度，遵守秩序吗？那还用得着圣王，用得着礼义吗？即使有圣王礼义，又能在合乎法度，遵守秩序的本性上增加什么吗？现在并不是这样，因为人的本性是恶的。所以古时圣人认为人性本恶，认为人性偏邪阴险而不端正，悖道作乱而不能治理，所以为他们设立了君主的权势来统治他们，倡导礼义来教化他们，制定法度来治理他们，加重刑罚来禁止他们，使天下都能安定有序，行为善良。这是圣王的治理和礼义的教化。现在尝试去掉君主的权势，取消礼义的教化，废除法度的治理，没有刑罚的禁止，站在一旁观看天下人的交往。如果这样，那么强者就会损害弱者而掠夺他们，人多的就会凌辱人少的而侵扰他们，天下人悖道作乱而各国相互灭亡就立而可待了。由此看来，那么人的本性是恶的就明显了，善良的行为是人为的。所以善于谈论古代事情的人一定要用现代作验证，善于谈论天的一定要用人作验证。凡是辩论，重要的是能核对，能检验，所以坐着谈论，站起来可以布置，推广就可以施行。现在孟子说“人的本性是善的”，不能核对，不能检验，坐着谈论，站起来不可以布置，推广起来不能施行，难道不是大错特错吗？所以如果本性善就可去掉圣王，取消礼义了；本性恶就赞同圣王，推崇礼义了。所以矫木工具的产生，是因为有弯曲的木材；绳墨的产生，是因为有不直的木材；设立君主，倡导礼义，是因为人性恶。由此看来，那么人的本性是恶的就明显了，善良的行为是人为的。直木不依靠矫木工具就直，因为它的本性就是直的；弯木必定要依靠矫木工具的蒸烤和矫正然后才能直，因为它的本性就是不直的。现在人的本性是恶的，必定要依靠圣王的治理，礼义的教化，然后才开始遵守秩序，行为善良。由此看来，那么人的本性是恶的就明显了，善良的行为是人为的。

问者曰：“礼义积伪者，是人之性，故圣人能生之也。”应之曰：是不然。夫陶人埏埴而生瓦，然则瓦埴岂陶人之性也哉？工人斫木而生器，然则器木岂工人之性也哉？夫圣人之于礼义也，辟则陶埏而生之也[1]，然则礼义积伪者，岂人之本性也哉？凡人之性者，尧、舜之与桀、跖，其性一也；君子之与小人，其性一也。今将以礼义积伪为人之性邪？然则有曷贵尧、禹[2]，曷贵君子矣哉？凡所贵尧、禹、君子者，能化性，能起伪，伪起而生礼义。然则圣人之于礼义积伪也，亦犹陶埏而生之也。用此观之，然则礼义积伪者，岂人之性也哉？所贱于桀、跖、小人者，从其性，顺其情，安恣睢，以出乎贪利争夺。故人之性恶明矣，其善者伪也。天非私曾、骞、孝己而外众人也[3]，然而曾、骞、孝己独厚于孝之实而全于孝之名者，何也？以綦于礼义故也。天非私齐、鲁之民而外秦人也，然而于父子之义、夫妇之别，不如齐、鲁之孝具敬父者[4]，何也？以秦人之从情性，安恣睢，慢于礼义故也。岂其性异矣哉？

【注释】

［1］辟：通“譬”，打比方，譬如。

［2］有：通“又”。

［3］曾、骞：指孔子的学生曾参和闵子骞，都以孝著称。　孝己：殷高宗的长子，有孝道。

［4］具：疑当为“工”字（王念孙说），通“恭”。　父：当为“文”字（杨倞说）。

【译文】

有人提出：“礼义是人为积累而成的，是人的本性，所以圣人能制定出礼义。”答复说：这种说法不对。制作陶器的人调和粘土而制成瓦器，然而粘土制成的瓦器难道是陶器工人的本性吗？工匠砍削木头而加工成器具，然而木材加工成的器具难道是工匠的本性吗？圣人对于礼义，打个比方说，就像陶器工人调和粘土而制成瓦器一样，那么人为积累而制定出礼义，难道是人的本性吗？凡是人的本性，尧、舜和桀、跖，他们的本性是一样的；君子和小人，他们的本性是一样的。现在要把人为积累而创造出礼义作为人的本性吗？那么又为何尊重尧、禹，为何尊重君子呢？凡是尊重尧、禹、君子，是因为他们能改变人的本性，能做出人为的努力，人为的努力做出后而礼义就产生了，然而圣人对于人为积累而创造出礼义，就像陶器工人调和粘土而制成瓦器一样。由此看来，那么人为积累而创造出礼义，难道是人的本性吗？所以鄙视桀、跖、小人，是因为他们放纵本性，顺着情性，任意妄为，从而贪图利益互相争夺。所以人的本性是恶的就明显了，善良的行为是人为的。上天并不是偏袒曾参、闵子骞和孝己而排斥众人，然而曾参、闵子骞和孝己独独注重孝道之实而成全了孝道的名声，为什么？因为他们尽力追求礼义的缘故。上天并不是偏袒齐人和鲁人而排斥秦人，然而秦人对于父子的道义、夫妇的分别，不如齐人、鲁人的恭敬有礼，为什么？因为秦人放纵情性，任意妄为，怠慢礼义的缘故。这难道是他们的本性有差别吗？

“涂之人可以为禹。”[1]曷谓也？曰：凡禹之所以为禹者，以其为仁义法正也。然则仁义法正有可知可能之理，然而涂之人也，皆有可以知仁义法正之质，皆有可以能仁义法正之具，然则其可以为禹明矣。今以仁义法正为固无可知可能之理邪？然则唯禹不知仁义法正[2]，不能仁义法正也。将使涂之人固无可以知仁义法正之质，而固无可以能仁义法正之具邪？然则涂之人也，且内不可以知父子之义，外不可以知君臣之正。不然。今涂之人者，皆内可以知父子之义，外可以知君臣之正，然则其可以知之质，可以能之具，其在涂之人明矣。今使涂之人者以其可以知之质，可以能之具，本夫仁义之可知之理，可能之具，然则其可以为禹明矣。今使涂之人伏术为学[3]，专心一志，思索孰察，加日县久[4]，积善而不息，则通于神明，参于天地矣。故圣人者，人之所积而致矣。曰：“圣可积而致，然而皆不可积，何也？”曰：可以而不可使也。故小人可以为君子而不肯为君子，君子可以为小人而不肯为小人。小人、君子者，未尝不可以相为也，然而不相为者，可以而不可使也。故涂之人可以为禹则然，涂之人能为禹，则未必然也。虽不能为禹，无害可以为禹。足可以遍行天下，然而未尝有能遍行天下者也。夫工匠、农、贾，未尝不可以相为事也，然而未尝能相为事也。用此观之，然则可以为，未必能也；虽不能，无害可以为。然则能不能之与可不可，其不同远矣，其不可以相为明矣。

【注释】

[1]涂：道路。

[2]唯：通“虽”，即使。

[3]伏：通“服”，服从。

[4]县：同“悬”，悬久，时间拉得很长。

【译文】

“普通人都可以成为禹。”这是什么意思？回答是：凡是禹之所以为禹，因为他能实行仁义法度。既然这样仁义法度有可以知道、可以做到的道理，然而普通人，都有可以知道仁义法度的材质，都有可以做到仁义法度的条件，那么他可以成为禹就明显了。现在认为仁义法度本来就没有可以知道、可以做到的道理吗？那么即使禹也不知道仁义法度，不能做到仁义法度了。认为普通人本来就没有可以知道仁义法度的材质，本来就没有可以做到仁义法度的条件吗？那么普通人对内就不能知道父子之间的道义，对外就不能知道君臣之间的准则了。不是这样。现在普通人对内都知道父子之间的道义，对外都知道君臣之间的准则，那么可以知道仁义法度的材质，可以做到仁义法度的条件，普通人身上都具备就明显了。现在让普通人用他们可以知道的材质，可以做到的条件，按照仁义可以知道的道理，可以做到的条件去做，那么他们可以成为禹就明显了。现在让普通人努力学习道义，专心致志，认真思考、仔细观察，天长日久，积累善行而不停止，就会和神明相通，和天地匹配了。所以圣人，是人们积累善行而达到的。有人说："圣人可以积累善行而达到，然而人们都不能积累善行，为什么呢？"回答说：可以做到却不可以勉强他们做。所以小人可以成为君子而不肯成为君子，君子可以成为小人而不肯成为小人。小人、君子，未尝不可以相互转化，然而不相互转化，是因为可以做到却不可以勉强他们做。所以说普通人可以成为禹是对的，普通人都成为禹，就不一定对了。即使不能成为禹，也不妨害可以成为禹。脚可以遍行天下，然而未尝有遍行天下的人。工匠、农民、商人，未尝不可以互相调换着做事，然而不曾互相调换着做事。由此看来，可以做到，未必能做到；即使不能做到，也不妨害可以做到。那么能不能做到和可以不可以做到，它们的差别是很大的，它们不可以互相调换就很明显了。

尧问于舜曰："人情何如？"舜对曰："人情甚不美，又何问焉？妻子具而孝衰于亲[1]，嗜欲得而信衰于友，爵禄盈而忠衰于君。人之情乎！人之情乎！甚不美，又何问焉？"唯贤者为不然。有圣人之知者[2]，有士君子之知者，有小人之知者，有役夫之知者。多言则文而类，终日议其所以，言之千举万变，其统类一也[3]，是圣人之知也。少言则径而省，论而法[4]，若佚之以绳[5]，是士君子之知也。其言也謟[6]，其行也悖，其举事多悔[7]，是小人之知也。齐给便敏而无类，杂能旁魄而无用[8]，析速粹孰而不急[9]，不恤是非，不论曲直，以期胜人为意，是役夫之知也。有上勇者，有中勇者，有下勇者。天下有中，敢直其身；先王有道，敢行其意；上不循于乱世之君，下不俗于乱世之民；仁之所在无贫穷，仁之所亡无富贵；天下知之，则欲与天下同苦乐之；天下不知之，则傀然独立天地之间而不畏[10]，是上勇也。礼恭而意俭[11]，大齐信焉而轻货财[12]，贤者敢推而尚之，不肖者敢援而废之[13]，是中勇也。轻身而重货，恬祸而广解[14]，苟免，不恤是非、然不然之情，以期胜人为意，是下勇也。

【注释】

[1] 妻子：妻子、儿女。 亲：父母。

[2] 知：通"智"。

[3] 统类：总原则。

[4] 论：通"伦"，次序。

[5] 佚：序。

[6] 謟（tāo）：荒诞。

[7] 悔：咎。

[8] 旁魄：同"磅礴"，广博。

[9] 粹：通"萃"，聚集。

[10] 傀（guī）然：独立的样子。

[11] 意俭：内心谦逊。

[12] 大：推崇。

[13] 援：牵引。

[14] 恬祸：安于灾祸。

【译文】

尧问舜说："人情怎么样？"舜回答说："人情很不好，又何必问呢？有了妻儿，那么对父母的孝顺就减少了；嗜好欲望得到了，那么对朋友的诚信就减少了；爵位俸禄满足了，那么对君主的忠心就减少了。人情啊！人情啊！很不好，又何必问呢？"只有贤德的人不是这样。有圣人的智慧，有士君子的智慧，有小人的智慧，有劳役者的智慧。说话多，既有文采又合礼法，终日谈论主张的理由，说得千变万化，但纲领始终如一，这是圣人的智慧。说话少，直接而简约，既有条理又合法度，就像用绳墨比着一样，这是士君子的智慧。说话荒诞，行为悖乱，做事常出错，这是小人的智慧。能说会道，行为敏捷而不合法度，技能杂多，见识广博而没有用处，分析迅速，言辞熟练而无关紧要，不顾是非，不管曲直，把希望胜过别人作为目的，这是劳役者的智慧。有上等的勇敢，有中等的勇敢，有下等的勇敢。天下有正道，敢于挺身而出；先王有正道，敢于实行；对上不顺从混乱时代的君主，对下不混同于混乱时代的人民；仁存在的地方无所谓贫穷，仁不存在的地位无所谓富贵；天下人了解自己，就与天下人同甘苦共患难；天下人不了解自己，就巍然独立于天地之间而无所畏惧，这是上等的勇敢。礼貌恭敬而内心谦让，注重信用而轻视货财，对于贤人敢于推荐他处在上位，对于不贤的人敢于将他拉下来废除他，这是中等的勇敢。轻视生命而重视货财，习惯于闯祸而又多方解脱，苟且豁免，不顾是与非、对不对的实际，把希望胜过别人作为目的，这是下等的勇敢。

繁弱、鉅黍[1]，古之良弓也，然而不得排檠则不能自正[2]。桓公之葱[3]，太公之阙，文王之录，庄君之曶，阖闾之干将、莫邪、鉅阙、辟闾[4]，此皆古之良剑也，然而不加砥厉则不能利，不得人力则不能断。骅骝、騹骥、纤离、绿耳[5]，此皆古之良马也，然而前必有衔辔之制，后有鞭策之威，加之以造父之驭，然后一日而致千里也。夫人虽有性质美而心辩知，必将求贤师而事之，择良友而友之。得贤师而事之，则所闻者尧、舜、禹、汤之道也；得良友而友之，则所见者忠信敬让之行也。身日进于仁义而不自知也者，靡使然也[6]。今与不善人处，则所闻者欺诬诈伪也，所见者污漫、淫邪、贪利之行也，身且加于刑戮而不自知者，靡使然也。传曰：“不知其子视其友，不知其君视其左右。”靡而已矣，靡而已矣。

【注释】

[1] 繁弱、鉅黍：都是古代良弓名。

[2] 排檠（qíng）：辅正弓弩的器具。

[3] 葱：齐桓公的良剑名。以下“阙”、“录”、“曶”（hū），均良剑名。

[4] 干将、莫邪、鉅阙、辟闾：都是吴王阖闾的良剑名。

[5] 骅骝、騹骥、纤离、绿耳：都是古代良马名。

[6] 靡：通“摩”，熏陶，影响。

【译文】

繁弱、钜黍，是古代的良弓，然而没有排檠也不能自己端正。齐桓公的葱，姜太公的阙，周文王的录，楚庄王的曶，阖闾的干将、莫邪、钜阙、辟闾，这些都是古时的良剑，然而不加以磨砺就不会锋利，不借助人力也不能斩断东西。骅骝、骐骥、纤离、绿耳，这些都是古时的良马，然而前面必定要有马嚼子、马缰头的约束，后面必定要有鞭子的威胁，加上造父的驾驭，然后才能日行千里。人即使有美好的资质和辨别理解力，必定要寻求贤能的老师来侍奉他，选择好的朋友与他交往。得到贤能的老师侍奉他，那么听到的是尧、舜、禹、汤的正道；得到好的朋友和他们交往，那么看到的是忠诚、讲信、恭敬、谦让的行为。自己一天天进入仁义中也不知道，这是潜移默化的结果。现在与不好的人相处，那么听到的是欺骗、诬陷、欺诈、虚伪，看到的是污秽肮脏、淫荡邪恶、贪图私利的行为，自己将要受到刑罚杀戮还不知道，这是潜移默化的结果。古书上说："不了解儿子看看他的朋友，不了解君主看看他的左右。"这是环境的熏陶啊，这是环境的熏陶啊！

【评析】

人性论是儒家哲学的核心内容之一。明确记载孔子谈论人性问题的话语只有一句，即"性相近也，习相远也"（《论语·阳货》）。从这句话并不能判断人性究竟是什么，人性与善、恶又存在什么关系。可就是这句话，给后人留下了无尽的争议，孟子、荀子两位大儒各执一词，插起了"性善"与"性恶"两面水火不相容的大旗，这也成为历代思想家讨论人性的焦点。其中，荀子的"性恶论"或许因其与中国传统的谦谦君子文化构成了过深的龃龉，遭受批评颇多。

郭沫若曾在《十批判书》中说："大抵荀子这位大师和孟子一样，颇有些霸气。他急于想成立一家言，故每每标新立异，而很有些地方出于勉强。他这性恶说便是有意地和孟子的性善说对立的。"这种说法或许能说明一些问题，但单纯以求异来解释荀子创立"性恶说"似乎还是有失偏颇。孔、孟、荀都生于乱世，但孔子在春秋末年，孟子在战国中期，社会政治状况相对要好一些。而荀子身处人人争于利欲，君子与小人同恶的战国末年，所感受到的社会环境的险恶，远在孔子、孟子之上。所以荀子作《性恶》，应该说是时势使然。

从"性善"到"性恶"，从"仁政"到"礼治"，是一个逐渐推衍递变的过程，它昭示了儒家学说政治取向上的一个转变，那就是更倾心于以现实的外在化方案来解决当时的社会问题，而不再寄望于对美好人性的完全信赖。性恶论与性善论皆为唯心的先验论，可与后者相比，前者在私有制社会显得更为真实，承载着某种片面却深刻的真理。因为深刻，它为众多洞悉俗世炎凉的人们所深深认同；因为片面，它最终没能成为一种大一统的文化理念。以这一点言，荀子的“性恶”论虽能因其极具争议性而不断被关注，但终不如其他的一些人性命题更能为社会所接受，比如战国世硕的“性善恶论”。

同“性善”和“性恶”这两个片面强调某个方面的极端思维来比较，“性善恶论”代表了一种中性的理论，正体现了中国传统文化里中庸的特色。作为对人性积极面与消极面的折中与整合，它似乎更符合人性的真实，对社会政治也更具指导意义。既告诫为政者施政，如治理官员腐败不能光指望官员自己廉洁自守，因为“人心不足蛇吞象”是人之常情，需要以有效的监督和惩戒制度来遏制恶的孳生；也提醒民众不要因人性的某些丑陋面就丧失对良知、对正气的信心，因为“积善之家庆有余”是天道所在，恶从终极意义而言还是只能占据一个非主流的位置。

君子

【题解】

本文论述的是为君之道。荀子认为天子享有至高无上的权势和无比尊贵的地位，天子治理国家要实行“刑罚綦省”、“论法圣王”、“以义制事”的王道，建立“尚贤使能，等贵贱，分亲疏，序长幼”的社会制度。

天子无妻[1]，告人无匹也[2]。四海之内无客礼，告无适也[3]。足能行，待相者然后进[4]；口能言，待官人然后诏[5]。不视而见，不听而聪，不言而信，不虑而知，不动而功，告至备也。天子也者，势至重，形至佚，心至愈[6]，志无所诎[7]，形无所劳，尊无上矣。《诗》曰[8]：“普天之下，莫非王土；率土之滨[9]，莫非王臣。”此之谓也。

【注释】

[1]妻：有“齐”的意思。天子至高无上，不能有人与他齐等，故天子之妻称“后”，不称“妻”，所以说“天子无妻”。

[2]告：言。

[3]适：往。言天子以天下为家，没有外出做客的情况，故“无适”。

[4]相者：赞礼的人。

[5]官人：传达命令的官员。　诏：天子所发的文书命令。

[6]愈：通“愉”，愉快。

[7]诎：通“屈”，屈服。

[8]《诗》：指《诗经·小雅·北山》。

[9]率：循。　滨：涯。

【译文】

天子没有妻子，是说没有人和他匹敌。四海之内没有人用接待客人的礼节接待他，是说天子没有外出作客的情况。脚能走路，但要依靠礼官才能向前走；嘴能说话，但要依靠传达命令的官吏才下旨。不用眼睛就看得见，不用耳朵就听得见，不用说话就有信用，不用思考就有智慧，不用行动就有功效，是说天子的官员非常完备。天子，权势最重，形体最安逸，心情最愉快，意志没有屈服，身体没有劳累，至尊无上。《诗经》中说："整个天下，没有不是天子的土地；从陆地到海滨，没人不是天子的臣民。"说的就是这个意思。

圣王在上，分义行乎下[1]，则士大夫无流淫之行[2]，百吏官人无怠慢之事，众庶百姓无奸怪之俗，无盗贼之罪，莫敢犯大上之禁[3]，天下晓然皆知夫盗窃之人不可以为富也[4]，皆知夫贼害之人不可以为寿也，皆知夫犯上之禁不可以为安也。由其道，则人得其所好焉；不由其道，则必遇其所恶焉。是故刑罚綦省而威行如流[5]。世晓然皆知夫为奸则虽隐窜逃亡之由不足以免也[6]，故莫不服罪而请。《书》云[7]："凡人自得罪。"此之谓也。

【注释】

[1] 分义：名分与道义。

[2] 流淫：荒淫。

[3] 本句当为"莫敢犯上之大禁"（俞樾说）。

[4] 人：当为衍文（王念孙说），下同。

[5] 綦：极。

[6] 由：通"犹"，还。

[7]《书》：指《尚书·康诰》，但文义与今本《尚书》不尽相同。

【译文】

圣王在上面，名分、道义在下面施行，那么士大夫就没有放肆淫荡的行为，各级官吏没有懈怠傲慢的事情，普通百姓没有奸邪怪诞的习俗，没有盗窃的罪行，不敢冒犯君主的禁令，天下都清楚地知道盗窃不可能富裕，都知道残害别人不可能长寿，都知道冒犯君主的禁令不可能安宁。遵循正道，那么人们就能得到他所喜欢的；不遵循正道，那么必定遭遇他所厌恶的。所以刑罚极其简省而圣王的威行如同流水一样。社会上都清楚地知道那些为奸作乱的即使隐藏逃跑也不能免除惩罚，所以没有不自行认罪而请求制裁的。《尚书》中说："人人自愿得到惩处。"说的就是这个意思。

故刑当罪则威[1]，不当罪则侮；爵当贤则贵，不当贤则贱。古者刑不过罪，爵不踰德[2]，故杀其父而臣其子，杀其兄而臣其弟。刑罚不怒罪[3]，爵赏不踰德，分然各以其诚通[4]。是以为善者劝，为不善者沮[5]，刑罚綦省而威行如流，政令致明，而化易如神。传曰："一人有庆，兆民赖之[6]。"此之谓也。乱世则不然：刑罚怒罪，爵赏踰德，以族论罪，以世举贤[7]。故一人有罪而三族皆夷[8]，德虽如舜，不免刑均，是以族论罪也。先祖当贤[9]，后子孙必显，行虽如桀、纣，列从必尊，此以世举贤也。以族论罪，以世举贤，虽欲无乱，得乎哉？《诗》曰[10]："百川沸腾，山冢崒崩[11]，高岸为谷[12]，深谷为陵。哀今之人，胡憯莫惩[13]！"此之谓也。

【注释】

[1]当：相称。

[2]踰：过。

[3]怒：超过。

[4]分然：分明的样子。　诚：实情。　通：实行。

[5]沮（jǔ）：阻止。

[6]兆：数量单位，十亿为一兆。

[7]世：世系。

[8]三族：指父族、母族、妻族。　夷：灭。

[9]当：通"尝"，曾经。

[10]《诗》：指《诗经·小雅·十月之交》。

[11]冢：山顶。　崒（cuì）：通"碎"。

[12]岸：山崖。

[13]憯（cǎn）：乃。

【译文】

所以刑罚与罪行相称就有威力，与罪行不相称就受到轻侮；爵位与贤能相称就受到尊重，与贤能不相称就受到鄙视。古时刑罚不超过罪行，爵位不超过德行，所以杀死父亲而臣使他的儿子，杀死哥哥而臣使他的弟弟。刑罚不超过罪行，赏赐爵位不超过德行，按照各自的实际情况区分得一清二楚。

因此行善的人得到勉励，作恶的人受到阻止，刑罚极其简省而威力如同流水一样，政令极其明确，而教化实施有如神明。古书上说："一个人有德行，万民依赖他。"说的就是这个意思。混乱的世道就不这样：刑罚超过罪行，爵位的赏赐超过德行，按照宗族来论处罪行，根据世系来举用贤人。所以一个人有罪而三族都遭到诛灭，道德虽然像舜，不免受到同样的刑罚，这是按照宗族来论处罪行。先祖曾经贤德，后世子孙必定显达，行为即使如同桀、纣一样，地位必然尊贵，这是根据世系来举用贤人。按照宗族来论处罪行，根据世系来举用贤人，即使不想混乱，可能吗？《诗经》中说："江河沸腾，高山崩溃，高高的山涯变成山谷，深深的山谷变成山陵。哀叹现在的人啊，为什么还不警醒！"说的就是这个。

论法圣王[1]，则知所贵矣；以义制事[2]，则知所利矣。论知所贵，则知所养矣；事知所利，则动知所出矣[3]。二者，是非之本，得失之原也。故成王之于周公也，无所往而不听，知所贵也。桓公之于管仲也，国事无所往而不用，知所利也。吴有伍子胥而不能用，国至于亡，倍道失贤也。故尊圣者王，贵贤者霸，敬贤者存，慢贤者亡，古今一也。故尚贤使能，等贵贱，分亲疏，序长幼，此先王之道也。故尚贤使能，则主尊下安；贵贱有等，则令行而不流[4]；亲疏有分，则施行而不悖；长幼有序，则事业捷成而有所休。故仁者，仁此者也；义者，分此者也；节者，死生此者也；忠者，惇慎此者也[5]。兼此而能之，备矣。备而不矜[6]，一自善也[7]，谓之圣。不矜矣，夫故天下不与争能而致善用其功。有而不有也，夫故为天下贵矣。《诗》曰[8]："淑人君子，其仪不忒；其仪不忒，正是四国。"[4]此之谓也。

【注释】

[1] 法：效法。

[2] 制事：处理政事。

[3] 动：当为衍文（俞樾说）。

[4] 流：通"留"，滞留。

[5] 惇（dūn）慎：敦厚真诚。

[6] 矜：夸耀。

[7]一：皆。

[8]《诗》：指《诗经·曹风·鸤鸠》。亦见《富国》篇。

【译文】

议论效法圣王，就知道什么是尊贵的；用道义来处理政事，就知道什么是有利的。议论时知道什么是尊贵的，就知道什么是可取的；处理政事时知道什么是有利的，就知道从什么地方开始了。这两方面，是正确与错误的根本，是得与失的本源。所以成王对于周公，没有什么地方不听从，是因为他知道什么是尊贵的。桓公对于管仲，处理国家大事没有什么地方不任用他，是因为他知道什么是有利的。吴国有伍子胥而不能任用，以致国家灭亡，是因为背离正道而失去了贤人。所以尊重圣人的就称王，重视贤人的就称霸，尊敬贤人的就存在，怠慢贤人的就灭亡，古今是一样的。所以崇尚贤能使用能人，贵贱有等级，亲疏有区别，长幼有顺序，这是先王的治国大道。因此崇尚贤能使用能人，那么君主就会尊贵、臣民就会安定；贵贱有等级，那么政令就会畅行而不停滞；亲疏有区别，那么恩惠就会施行而不悖事理；长幼有顺序，那么事业就会迅速成功而有时间休息。所以仁，就是喜爱它们；道义，就是分清它们；节操，就是为它们生、为它们死；忠诚，就是敦厚真诚地奉行它们。这些都能做到，就完备了。完备而不炫耀，一切都自然美好，就叫做圣人。不炫耀，所以天下不同他争能而他能很好地发挥功效。有功劳而不拥有功劳，所以受到天下人的尊重。《诗经》中说："那善良的君子，他的言行没差错。他的言行没差错，可以治理四国。"说的就是这种情况。

【评析】

在封建社会的等级体系中，荀子把君主的地位提升到了一个至高无上的位置，"天子也者，势至重，形至佚，心至愈；志无所诎，形无所劳，尊无上矣。"既然如此威严尊贵，臣子自当为之殚精竭虑，事无不从："事人而不顺者，不疾者也；疾而不顺者，不敬者也；敬而不顺者，不忠者也；忠而不顺者，无功者也；有功而不顺者，无德者也。"（《臣道》）荀子这种对君主的态度，与孔、孟有很大的差别。孔子关于事君有一段与别人的对话："定公问：'君使臣，臣事君，如之何？'孔子对曰：'君使臣以礼，臣事君以忠。'"（《论语·八佾》）很显然，孔子在这里谈到对君主尽忠是有对君主的要求在先的。而孟子接着孔子这番话说出"君之视臣如手足，则臣视君如腹心；君之视臣如犬马，则臣视君如国人；君之视臣如土芥，则臣视君如寇仇"（《孟子·离娄下》），则更是义正辞严，畅快淋漓。对比之下，荀子与孔、孟在尊君一点上的差距不可谓不大。但值得注意的是，这种差距是建立在对于君主贤能的欣赏与要求之上，而非一味地对西周以来那种世卿、世禄的封建等级的维护。在荀子看来，君为一国之主，“百姓之力待之而后功，百姓之群待之而后和，百姓之财待之而后聚，百姓之执待之而后安，百姓之寿待之而后长”（《富国》），他一个人肩负着整个社会的盛衰成败，心系着普天下子民的安危祸福，故不可不尊。

尊贵和圣治相伴，高位与责任共生，在悉心维护天子权威的同时，荀子并不忘谆谆引导天子尊崇先王之道，“尚贤使能，等贵贱，分亲疏，序长幼”，做好一个天子的分内之事。在这里荀子将任贤特别提出，对比齐桓公能重用管仲故使民富兵强，吴王夫差不愿听从伍子胥的意见遂致国破身亡的历史之后，得出“故尊圣者王，贵贤者霸，敬贤者存，慢贤者亡，古今一也”的结论，既有铁证，也有论述，荀子将贤人的重要性谈得再清晰不过。与孟子主张“尊贤使能，俊杰在位，则天下之士皆悦而愿立于其朝矣”（《孟子·公孙丑上》），只从用贤的有利之处来对君主作出规劝不同，荀子论及此，字里行间还隐隐透出些许警告的意味：如若不用贤，结局就是亡国，自古至今，没人躲得过，谅来君主们想不动容都难吧。

其实，不管是提倡尊君，还是推崇贤能，荀子的目的只有一个，那就是创建他心中理想的社会。在这个社会里，上能政通人和，下可各得其所，俯瞰仰瞻，一样井然有序。

成相

【题解】

本文是荀子以民间通俗说唱文学的样式，表达其政治思想的韵文。所谓“相”，是指古时一种击打乐器，“成相”就是一边击乐，一边演唱的一种文艺表现形式。文中荀子通过对历史的回顾，宣扬了其“隆礼重法”、“尊贤使能”、“贵贱有等”、“务本节用”等思想，可以说是荀子政治主张的一个全面总结。全文句式整齐而富有变化，以三字句、四字句和七字句为主，每节押韵，读起来朗朗上口，文学色彩较浓。

请成相[1]，世之殃，愚暗愚暗堕贤良[2]。人主无贤，如瞽无相何伥伥[3]！

【注释】

[1]成：奏。　相：古代一种打击乐器。

[2]堕：毁弃。

[3]瞽：盲人。　相：扶持盲人走路的人。　伥伥（chāng）：无所适从的样子。

【译文】

请让我来唱一唱，先唱人间那灾殃，愚昧无知又昏庸，居然毁弃那贤良。君主没有贤人啊，就像瞎子无人帮，不知正路多迷茫！

请布基[1]，慎圣人[2]，愚而自专事不治。主忌苟胜，群臣莫谏必逢灾。

【注释】

[1]布：陈述。　基：根本。

[2]圣人：疑作“听之”（俞樾说）。

【译文】

陈述一下那根基，请您仔细将它听，愚蠢霸道又独断，事情定会混乱。君主猜忌又好胜，群臣缄口必遭难。

论臣过，反其施[1]，尊主安国尚贤义[2]。拒谏饰非，愚而上同国必祸。

【注释】

[1]施：行。

[2]义：通“仪”，指贤人。

【译文】

评论臣下的过错，反观他是如何做，是否尊敬君主，安定国家又尚贤。拒绝纳谏又饰过，愚蠢而又善迎和，国家必定遭大祸。

曷谓罢[1]？国多私，比周还主党与施[2]。远贤近谗，忠臣蔽塞主势移。

【注释】

[1]罢：通“疲”，无能。

[2]比周：结党营私。 还：通“营”，迷惑。 党与：同党之人。 施：张设。

【译文】

什么叫做无德行？国人大多将利图，拉帮结伙蒙蔽主，周围到处设党羽。疏远贤人用谗人，忠臣蔽塞无出路，君主的权势遭人夺。

曷谓贤？明君臣，上能尊主爱下民[1]。主诚听之，天下为一海内宾[2]。

【注释】

[1]爱下民：当为“下爱民”（王念孙说）。

[2]宾：服从。

【译文】

什么叫做有贤能？君臣道义很分明，上能尊君，下能爱民。君主真心把话听，天下统一，四海之内都服从。

主之孽[1]，谗人达[2]，贤能遁逃国乃蹷[3]。愚以重愚[4]，暗以重暗成为桀。

【注释】

[1] 孽：灾祸。

[2] 达：显贵。

[3] 蹷：颠覆。

[4] 重：更加。

【译文】

至于君主的祸灾，就是奸邪佞人都显达，贤能逃跑全躲避，国家因而被颠覆。愚蠢的人更加愚蠢，昏庸的人更加昏庸，必定像桀一样。

世之灾，妒贤能，飞廉知政任恶来[1]。卑其志意，大其园囿高其台。

【注释】

[1] 飞廉：商纣王的宠臣，下文“恶来”是其子，也是纣的大臣。

【译文】

人世间的灾殃，就是嫉妒贤良，飞廉掌大权，任凭恶来乱朝政。使得纣王意志堕，扩大园林，高筑楼台来纵乐。

武王怒，师牧野[1]，纣卒易乡启乃下[2]。武王善之，封之于宋立其祖[3]。

【注释】

[1] 牧野：地名，在今河南省淇县，周武王在此打败商纣。

[2] 易乡：倒戈。乡，通“向”。 启：即微子启，商纣王的哥哥。 下：投降。

[3] 祖：祖庙。

【译文】

武王终于发了怒，陈兵牧野与纣峙，纣兵倒戈启投降。武王善待微子启，把他封在宋国住，并立祖庙供他祭。

世之衰，谗人归[1]，比干见刳箕子累[2]。武王诛之，吕尚招麾殷民怀[3]。

【注释】

[1] 归：趋附。

[2] 刳（kū）：被挖心。　累：通“缧”（léi），囚禁。

[3] 招麾（huī）：指挥。　怀：归顺。

【译文】

商代已经很衰亡，谗人趋附商纣王，比干被挖出心脏，箕子被囚入牢房。武王诛杀了商纣王，姜子牙帅旗空中扬，殷民纷纷来归降。

世之祸，恶贤士，子胥见杀百里徙[1]。穆公任之，强配五伯六卿施[2]。

【注释】

[1] 百里：即百里奚，春秋时虞国大夫。虞被晋灭，后来晋献公把女儿嫁给秦国时把他作为陪嫁之臣，途中逃跑，被楚国抓获。秦穆公闻其贤，用五张黑羊皮将他赎回，委以重任，后来辅佐穆公称霸。

[2] 五伯：即五霸。荀子不把穆公作为五霸之一，故曰“强配”。　施：设置。

【译文】

人世间的灾祸，就是憎恶那贤良，伍子胥被沉江，百里奚流落到异邦。秦穆公重用百里奚，能与五霸相对抗，六卿设置国家强。

世之愚，恶大儒，逆斥不通孔子拘[1]。展禽三绌[2]，春申道缀[3]，基毕输[4]。

成相

【注释】

[1]逆：拒绝。　通：显达。　孔子拘：指孔子周游列国时被困在匡城和陈、蔡之事。

[2]展禽：春秋时鲁国大夫，姓展，名获，字子禽，封于柳下，世称柳下惠。绌（chù）：通“黜”，罢免。

[3]春申：即春申君黄歇，战国时人，曾任楚相，后为李园所杀。　缀（chuò）：通“辍”，停止。

[4]输：毁坏。

【译文】

世间的蠢事，就是憎恨那大儒，处处碰壁不得志，就连孔子也遭拘。展禽三次被废黜，春申君遇害事业止，基业全部被废除。

请牧基[1]，贤者思，尧在万世如见之。谗人罔极[2]，险陂倾侧此之疑[3]。

【注释】

[1]牧：治。

[2]罔极：无恶不作。罔，无。

[3]陂（bì）：通“诐”，邪。

【译文】

请听治国的根基，一定要把贤者思，尧离现在虽万世，仍然可见其业绩。谗人做恶用心思，阴险邪僻心又毒，怀疑用贤的方针。

基必施[1]，辨贤罢，文武之道同伏戏[2]，由之者治[3]，不由者乱何疑为？

【注释】

[1]施：张。

[2]伏戏：即伏羲，相传是人类的始祖。

[3]由：遵循。

【译文】

基业一定要发展，首先要把贤、愚辨，文王、武王治国之道同伏羲，遵循它的很兴盛，违背它的就混乱，又有什么可怀疑？

凡成相[1]，辨法方，至治之极复后王[2]。复慎、墨、季、惠[3]，百家之说诚不详。

【注释】

[1]相：治。

[2]复：效法。

[3]慎：指慎到。　墨：指墨翟。　季：指季梁，战国时人，杨朱的朋友。惠：指惠施。

【译文】

总括敲鼓我所唱，一定要把方法讲，最高的准则是效法后王。慎到、墨翟、惠施与季梁，百家的学说实在不吉祥。

治复一[1]，修之吉，君子执之心如结。众人贰之[2]，谗夫弃之形是诘[3]。

【注释】

[1]复：归。

[2]贰：背离。

[3]形：通“刑”。　诘：责问。

【译文】

治国大道归于一，修行此道就大吉，君子执行这法则，内心如同打个结。众人行为不一致，谗佞之徒把它弃，对此用刑罚来处置。

水至平，端不倾，心术如此象圣人。而有势[1]，直而用抴必参天[2]。

【注释】

[1]“而”前疑脱一“人”字（郝懿行说）。

[2]枻（yè）：通“栧”，短桨，指船。

【译文】

一碗水平又平，端起碗来水不倾，人们的心术都如此，可与圣人相比拟。人们如果有权势，待人正直又大度，如用舟船接乘客，功高必定与天齐。

世无王，穷贤良，暴人刍豢仁人糟糠[1]。礼乐灭息，圣人隐伏墨术行[2]。

【注释】

[1]“仁人”之“人”当为衍文（王引之说）。

[2]墨术：墨家的学说。

【译文】

世上没有圣明的君王，贤良一定饿肚肠，恶人食酒肉，仁人咽糟糠。礼崩乐坏都消亡，圣人隐伏无声息，墨术反而更猖狂。

治之经，礼与刑，君子以修百姓宁。明德慎罚，国家既治四海平。

【译文】

治理国家的总纲领，礼法与刑罚一并用，君子用它来修行，百姓靠它得安宁。宣扬德行慎用刑，国家安定四海平。

治之志，后势富，君子诚之好以待。处之敦固，有深藏之能远思[1]。

【注释】

[1]有：通“又”。

【译文】

治理国家的观念，权势和财富放后边，君子诚心待君命。为人敦厚意志坚，放在心上不显现，可以深谋又虑远。

思乃精，志之荣[1]，好而壹之神以成[2]。精神相反[3]，一而不贰为圣人。

【注释】

[1]荣：光明。一说丰富、广大。

[2]壹：专一。

[3]反：当为“及”字之误（王引之说）。

【译文】

思维能专精，思想自然就光明，只要专心致志，就会通于神明。聚精会神，一心不二用，定会成圣人。

治之道，美不老，君子由之佼以好[1]。下以教诲子弟，上以事祖考[2]。

【注释】

[1]佼（jiǎo）：美好。

[2]祖考：祖先。

【译文】

治理国家的正道，美好而又不会老，君子遵循此正道，就会好上又加好。对下能教育子弟，对上能侍奉祖先。

成相竭，辞不蹷[1]，君子道之顺以达。宗其贤良[2]，辨其殃孽。

【注释】

[1]蹷（jué）：尽。

[2]宗：崇尚。

【译文】

成相曲就说到此，可我的意思还没止，君子遵循它，顺利又通达。定要尊崇那贤良，仔细辨别那祸殃。

请成相，道圣王，尧、舜尚贤身辞让。许由、善卷[1]，重义轻利行显明。

【注释】

[1] 许由、善卷：尧、舜时人，传说尧把帝位让给许由，舜把天下让给善卷，两人均不受。事见《庄子》。

【译文】

请让我来唱一唱，唱唱古代那圣王，尧、舜推崇贤德人，自己来把天下让。许由和善卷，重视道义把利忘，他们的德行真高尚。

尧让贤，以为民，泛利兼爱德施均。辨治上下[1]，贵贱有等明君臣。

【注释】

[1] 辨：通“办”，治理。

【译文】

尧让帝位给贤能，一心为了老百姓，造福大众行兼爱，恩惠布施很均平。上下名分都具备，贵贱等级有差别，君臣之义很明确。

尧授能，舜遇时，尚贤推德天下治。虽有贤圣，适不遇世孰知之？

【译文】

尧把帝位授贤能，虞舜遇到了好时机，崇尚贤能与德行，天下因此得太平。天下即使有贤圣，生不逢时有谁知？

尧不德，舜不辞，妻以二女任以事。大人哉舜！南面而立万物备。

【译文】

尧不自夸德行高，舜不推辞有天下，尧把二女嫁给舜，并把君权让给他。舜啊，真是伟大！面南背北坐帝位，万事万物都具备。

舜授禹，以天下，尚得推贤不失序[1]。外不避仇，内不阿亲贤者予[2]。

【注释】

[1] 得：通“德”，品德，德行。

[2] 予：通“与”，授予，给予。

【译文】

舜将帝位传给禹，一心为了天下人，崇尚贤德举贤人，不把秩序来失去。对外不把仇人避，对内不把亲人护，只将贤人来授予。

禹劳心力[1]，尧有德，干戈不用三苗服[2]。举舜甽亩[3]，任之天下身休息。

【注释】

[1] 心：当为衍文（王引之说）。

[2] 三苗：又称有苗，古代南方的一个少数民族。

[3] 甽（quǎn）：通“畎”，田间。

【译文】

大禹为民身操劳，尧有德行天下知，不用武力三苗服。尧从田间将舜举，后把天下交给他，自己离职去休息。

得后稷[1]，五谷殖[2]，夔为乐正鸟兽服[3]。契为司徒[4]，民知孝弟尊有德[5]。

【注释】

[1] 后稷：见《解蔽》篇。

[2] 殖：种植。

[3] 夔：见《解蔽》篇。

[4] 契（xiè）：传说是商朝的始祖，因助禹治水有功，被封为司徒。 司徒：掌管民政教化的官。

[5] 弟：通"悌"。

【译文】

得到后稷掌农事，教会人民种五谷，夔作乐正管音乐，使得鸟兽也起舞。契管政教为司徒，民知孝悌懂礼义，都把贤人来敬慕。

禹有功，抑下鸿[1]，辟除民害逐共工[2]。北决九河[3]，通十二渚[4]，疏三江[5]。

【注释】

[1] 抑：遏。 鸿：通"洚"，洪水。

[2] 共工：古时掌管水利的官。

[3] 九河：指黄河的九条支河。

[4] 渚（zhǔ）：州。相传中国有禹分九州和舜分十二州之说。

[5] 三江：指三条河，详不可考。一说为松江、娄江、东江。

【译文】

大禹治水建大功，遏制疏导治大洪，铲除民害逐走了共工。北面挖掘了九条河，十二州的水道都疏通，并使三江也畅通。

禹傅土[1]，平天下，躬亲为民行劳苦。得益、皋陶、横革、直成为辅[2]。

【注释】

[1] 傅：通"敷"，分布。传说禹将中国分为九州而治。

[2] 益、皋陶（yáo）、横革、直成：均是辅佐禹治水有功的人。

【译文】

禹将中国分九州，天下从此得太平，一心亲自为民身劳苦。得到益、皋陶、横革、直成等贤臣来辅助。

契玄王[1]，生昭明[2]，居于砥石迁于商[3]。十有四世，乃有天乙是成汤[4]。

【注释】

[1]玄王：指契，商族始祖。传说其母简狄吞食玄鸟卵受孕而生下契，故称玄王。

[2]昭明：指契的儿子。

[3]砥石：古地名，不详。　商：地名，指河南商丘。

[4]天乙：即成汤，商朝开国之君。

【译文】

契因玄鸟称玄王，生下儿子叫昭明，他从砥石迁到商。一直传到十四代，才有天乙称帝王，此人便是那成汤。

天乙汤，论举当[1]，身让卞随举牟光[2]。道古贤圣基必张[3]。

【注释】

[1]论：通“抡”，选拔。

[2]卞随、牟光：均是汤时隐士，传说汤把天下让给二人，二人拒不接受。牟光，即务光。事见《庄子》。

[3]句前当脱四字。

【译文】

商王天乙是成汤，知人善任很得当，亲把天下让与卞随和牟光。遵循古代那圣王，基业必定能扩张。

愿陈辞，世乱恶善不此治[1]。隐讳疾贤，良由奸诈鲜无灾[2]？

成相

【注释】

[1]句前当脱三字。

[2]良：当为“长”字（王念孙说）。 鲜：少。

【译文】

愿把意见来陈述，世道混乱善恶不分，无人来治理。掩饰过错嫉妒贤能，长期任用奸佞，哪会没有祸事来？

患难哉！阪为先[1]，圣知不用愚者谋。前车已覆，后未知更，何觉时[2]？

【注释】

[1]阪：通“反”。 先：疑当为“之”字（王念孙说）。

[2]更：改。

【译文】

真是大灾难呀！与别人对着干，不任用圣贤，却使愚蠢的人来决断。前车已经倾覆，后面的却不知改变，有没有觉悟的那一天？

不觉悟，不知苦，迷惑失指易上下[1]。中不上达[2]，蒙揜耳目塞门户[3]。

【注释】

[1]指：方向。

[2]中：通“忠”，忠言。

[3]揜（yǎn）：掩蔽。

【译文】

不知道悔改觉悟，不知道什么叫吃苦，糊涂得把那方向迷，上面的居然像下属。忠直的话传不到君主，蒙住了耳朵堵塞了门户。

门户塞，大迷惑，悖乱昏莫不终极[1]。是非反易，比周欺上恶正直[2]。

【注释】

[1] 莫：通“暮”，昏暗。

[2] 恶：憎恶。

【译文】

蒙住了耳朵堵塞了门户，极其迷惑又糊涂，悖乱昏暗不知何时止。正确被说成错误，结党营私骗君主，却把正直来憎恶。

正直恶，心无度，邪枉辟回失道途[1]。己无邮人[2]，我独自美岂独无故[3]？

【注释】

[1] 辟：通“僻”。

[2] 邮：通“尤”，归咎。

[3] 后一“独”字当为衍文（卢文弨说）。

【译文】

正直的人受憎恶，心中全然没法度，邪恶乖僻失正路。自己不要把责任归咎别人，自己以为美好，难道就没错误？

不知戒，后必有，恨后遂过不肯悔[1]。谗夫多进，反覆言语生诈态[2]。

【注释】

[1] 恨：通“很”，不听从。 后：当为“复”字之误，同“愎”，拒绝规劝。

[2] 态：通“慝”，邪恶。

【译文】

不知道引起警惕，以后必定会失误，刚愎自用不悔悟。谗人多进用，说三道四丑态百出。

人之态，不如备[1]，争宠嫉贤利恶忌[2]。妒功毁贤，下敛党与上蔽匿[3]。

【注释】

[1] 如：当为“知”字（杨倞说）。

[2] 利：当为“相“字（王念孙说）。

[3] 敛：聚。

【译文】

对于奸人的邪僻，却不知道防备，争宠献媚嫉贤能，互相憎恶并猜忌。妒忌功臣毁贤良，在下结党营私，对上把君主蒙蔽。

上壅蔽，失辅势，任用谗夫不能制。郭公长父之难[1]，厉王流于彘[2]。

【注释】

[1] 郭公长父：即虢（guó）公长父，周厉王的宠臣。

[2] 彘（zhì）：古地名，在今山西霍县。

【译文】

君主在上被蒙蔽，失去了辅佐和权势，任用谗人不能将他来控制。虢公长父惹灾难，厉王最后被流放到彘。

周幽、厉，所以败，不听规谏忠是害。嗟我何人，独不遇时当乱世！

【译文】

周幽王和周厉王之所以会失败，是因为不听从规劝和进谏，专把忠臣来迫害。哎哟，我这个人，生不逢时没有遇到好时代！

欲衷对[1]，言不从，恐为子胥身离凶[2]。进谏不听，刭而独鹿弃之江[3]。

【注释】

[1] 欲衷对：当为“欲对衷”（俞樾说）。

[2] 离：通“罹”，遭受。

［3］独鹿：同“属镂”，剑名，相传吴王把此剑赐给子胥逼他自杀。

【译文】

本想倾心诉衷情，担心君王不听从，怕像子胥遭不幸。苦口婆心主上不听，却赐独鹿割脖颈，马革裹尸扔进江。

观往事，以自戒，治乱是非亦可识。托于成相以喻意[1]。

【注释】

［1］句前当脱四字。

【译文】

纵观古代的历史，值得我们来警惕，治乱是非很清晰。借助说唱寄托我心意。

请成相，言治方，君论有五约以明[1]。君谨守之，下皆平正国乃昌。

【注释】

［1］君论：为君之道。论，通“伦”。

【译文】

请让我来唱一唱，唱一唱治国的大方向，为君之道有五条，简约而明了。君主小心来遵守，臣民思想都端正，国家也就会昌盛。

臣下职，莫游食，务本节用财无极。事业听上，莫得相使一民力[1]。

【注释】

［1］相使：相互役使。

【译文】

臣子要把职责记，不能游手好闲吃白食，以农为本节费用，财富才会很充实。做事要听君布置，不能相互来指使，民力必须要统一。

守其职，足衣食，厚薄有等明爵服。利往卬上[1]，莫得擅与孰私得？

【注释】

[1]往：当为“隹”字（王引之说），通“唯”。 卬：通“仰”，依赖。

【译文】

臣下坚守其本职，才会有的穿来有的吃，俸禄多少有等级，爵位服饰有高低。财利依仗君主赐，不能擅自来布施，谁敢私自得好处？

君法明，论有常，表仪既设民知方[1]。进退有律，莫得贵贱孰私王？

【注释】

[1]表仪：法度。

【译文】

君主的法度很严明，言论合乎准则，规章制度已设立，人民知道大方向。任免官吏依法律，贵贱不能任意定，谁敢私下贿君王？

君法仪[1]，禁不为，莫不说教名不移[2]。修之者荣，离之者辱孰它师[3]？

【注释】

[1]仪：准则。

[2]说：通“悦”，悦服。 名：此处指政权。

[3]它师：效法其他。指违反法度的事。

【译文】

君主的法度是准则，禁止的事情不能做，他的教令众人悦，他的政权不旁落。遵循它的就光荣，背离它的受严惩，谁还敢不走正路？

刑称陈，守其银[1]，下不得用轻私门。罪祸有律[2]，莫得轻重威不分。

【注释】

[1] 银：通“垠”，界限。

[2] 祸：通“过”，过失。

【译文】

刑法的标准示于众，严格遵守那规定，不得徇私轻用刑。处罚罪过有律令，不许减轻或加重，否则君权不分明。

请牧祺，明有基[1]，主好论议必善谋。五听修领[2]，莫不理续主执持[3]。

【注释】

[1] 此两句当为“请牧基，明有祺”（俞樾说）。祺，吉祥。

[2] 五听：言上文的五条为君之道。　修领：治理。

[3] 理续：当作“理绩”（王念孙说），理事。

【译文】

请听治国的根基，善于明察是大吉，君主喜好把事议，必会深思又熟虑。五种原则把国治，百官尽责又尽职，君主的权力才牢固。

听之经[1]，明其请[2]，参伍明谨施赏刑[3]。显者必得，隐者复显民反诚。

【注释】

[1] 听：听政。　经：道。

[2] 请：通“情”，情况。

[3] 参伍：同“叁伍”，即“三五”，指多次调查研究。

【译文】

处理政事的要领，在于搞清那真情，反复调查小心实施赏和刑。明显的要弄清，隐藏的要显明，人民才能归真诚。

言有节[1]，稽其实，信诞以分赏罚必[2]。下不欺上，皆以情言明若日[3]。

【注释】

[1]节：法度。

[2]信：诚实。诞：欺诈。

[3]情：实情。

【译文】

说话要依据法令，必须考察那实情，真实、荒唐要分清，赏罚一定要实行。下民不敢欺君主，无人不来吐实情，就像太阳一样明。

上通利，隐远至，观法不法见不视。耳目既显，吏敬法令莫敢恣。

【译文】

君主通达事理，偏远的都会来归服，能观法于法不及之事，见众人所未见之处。眼睛明亮耳朵聪，官吏敬重法令，不敢放肆妄行。

君教出，行有律，吏谨将之无铍滑[1]。下不私请[2]，各以宜舍巧拙。

【注释】

[1]铍：通“颇”，邪。滑：通“猾”。

[2]请：通“情”。

【译文】

君主教令一公布，行动就要有依据，官吏谨慎来行事，不敢做那邪僻事。臣不枉法来徇情，各以其道来事君，就会舍弃机巧心。

臣谨修[1]，君制变，公察善思论不乱。以治天下，后世法之成律贯[2]。

【注释】

［1］修：当为“循”字（王念孙说）。

［2］律贯：法律系统。贯，穿钱的绳索，此处指系统。

【译文】

臣下要有法律观，君主掌握着变法权，公正明察善思考，秩序就会不混乱。用它来把天下安，后代效法成典范。

【评析】

“相”是一种由舂米或筑堤的劳动工具发展而成的打击乐器。清代学者俞樾在解释此篇“请成相”一语时写道：“盖古人于劳役之事，必为歌讴以相劝勉，亦举大木者呼邪许之比，其乐曲即谓之相。”（俞樾《诸子平议》卷一五）先民们在繁重的劳役之中，触手可及的是这种最简单的敲打工具，敲打的节奏渐渐契合于相近的情感体验，音乐的旋律又发自内心，“嗟叹之不足，故永歌之”（《毛诗序》），遂于口耳相传中成为民间的流行曲调。荀子的文章多是长篇宏论，而特特作此《成相》一篇，绝非偶然，更非游戏，其目的乃“托于成相以寓意”，借于传唱以教化也。

儒家历来都非常重视“礼乐”传统，孔子论学诗，最高境界莫过于“立于礼，成于乐”（《论语·泰伯》），而荀子也曾说过“夫声乐之入人也深，其化人也速”（《乐论》）。与阳春白雪的殿堂乐曲相比，大多数民谣的粗鄙简陋，一般也没有多大的艺术成就，但正因为其传唱于天下，流布范围广远，所以民谣的传播效果往往比小范围的著书立说更加明显。荀子能够成功采用这种迅速蔓延的传播方式，亦源于其对于民间艺术形式的熟悉。《成相》全文共五十六韵，句数以三言和七言为主，句式也相对固定，这种三、七言搭配的形式恰恰是许多民间歌谣的句式。“请成相，世之殃，愚暗愚暗堕贤良。人主无贤，如瞽无相何伥伥！”这种歌词简单易懂，即使到了今天也不难理解。

《成相》篇的民谣特质，不仅在于艺术形式上的简明，更在于情感抒发上的直言不讳，尤其对于诸侯国君的贪婪残暴、独断专行，奸佞小人的结党营私、妒功毁贤，痛恨之情溢于言表：“主之孽，谗人达，贤能遁逃国乃蹷。愚以重愚，暗以重暗成为桀”；“门户塞，大迷惑，悖乱昏莫不终极。是非反易，比周欺上恶正直”。政治局面是非颠倒，黑暗混乱，正义与邪恶的位置似乎也颠倒了，贤良之士无所适从，君王昏庸，只知满足一己私欲，最终却使天下苍生流离失所。在这惨烈的时代大背景下，个人只是沧海之一粟，只能发出“嗟我何人，独不遇时当乱世”的微弱哀叹。然而“前车已覆”，现实虽然令人悲伤，有所作为的人却不应耽于吟唱这大厦将倾的末世悲歌。唯有“观往事，以自戒”，探寻正确的治世之方，才能恢复天下的安定。由夏至商，由商至周，历史的得失教训是深刻的，也使人从中获得治乱是非的经验。荀子在总结历史之后，提出了他的治国策略：“君教出，行有律，吏谨将之无铍滑。下不私请，各以宜舍巧拙。臣谨修，君制变，公察善思论不乱。以治天下，后世法之成律贯。”在他看来，唯有恢复严格的礼法体制，才能重新回复君臣有度的天下，也唯有这样，才能上下有序，使百姓各安其业，而民风也会随之回归纯朴。

据史料记载，古代击相唱辞的人多为瞽者，即失明之人。这些失明的人失去了正常的劳动能力，只能用最为简陋的竹板鼙鼓敲击出节奏，在走街串巷中，用歌声来抒发心中的悲伤，而“成相”应当就是其中的一种歌唱体裁。回顾历史，早在西周初年，周王室便专门设立乐官，周游各地，采集民间歌谣。其主要目的即在于了解民间的言论，以观政治之得失。这种“采诗入乐”的传统，也成为中国音乐的一个重要来源。《国语．周语上》有言：“天子听政，使公卿至于列士献诗，瞽献曲，史献书，师箴，瞍赋，矇诵。”可见荀子作此篇《成相》，而与其他论文相并列，最终的目的大约是利用民歌的形式将劝谏传达给君王。

赋

【题解】

本文以“赋”名篇，在赋体的发展史上具有重要意义。全文以五篇赋和一首佹诗、一首小歌组成，用新颖的艺术形式阐释了荀子的政治思想和个人情感。赋采用问答的形式，前半部分主要采用四言形式描述对象，类似于谜面，后半部分以反问排比的多言句式，对所叙对象的功效和事理作了陈述，最后揭出谜底。其中的《礼》、《知》两篇直接宣扬了作者的政治思想，而《云》、《蚕》、《针》三篇则是托物寓意，借物抒怀。佹诗和小歌则表达了对社会的不满，抒写了作者势不与小人同流合污的政治信念和高尚人格。

爰有大物[1]，非丝非帛，文理成章。非日非月，为天下明。生者以寿，死者以葬，城郭以固，三军以强。粹而王，驳而伯[2]，无一焉而亡。臣愚不识，敢请之王。王曰：此夫文而不采者与？简然易知而致有理者与[3]？君子所敬而小人所不者与[4]？性不得则若禽兽，性得之则甚雅似者与[5]？匹夫隆之则为圣人，诸侯隆之则一四海者与？致明而约，甚顺而体，请归之礼。礼。

【注释】

[1] 爰：于，在这里。

[2] 驳：驳杂。　伯：通“霸”。

[3] 致：通“至”，极。

[4] 不：同“否”。

[5] 雅似：端正。雅，正。

【译文】

这里有个大东西，既不是丝也不是帛，却纹理清晰，蔚然成章。不是太阳也不是月亮，却给天下带来明亮。活着的人靠它长寿，死去的人靠它埋葬，城郭靠它来巩固，军队靠它来强大。完全按照它的要求去做就可以称王，驳杂的按照它的要求去做也可以称霸，完全不按照它的要求去做就会灭亡。我愚昧而不认识它，大胆请教君王。君王说：它有文饰而不华丽吧？简单易知而非常有条理吧？君子敬重它而小人否定它吧？人性得不到它就像禽兽，人性得到它就非常端正吧？普通人崇尚它就会成为圣人，诸侯崇尚它就会统一天下吧？极其明确而简约，非常顺理而得体，把它归结为礼吧。——礼

皇天隆物[1]，以示下民[2]，或厚或薄，帝不齐均[3]。桀、纣以乱，汤、武以贤。涽涽淑淑[4]，皇皇穆穆[5]，周流四海，曾不崇日[6]。君子以修，跖以穿室[7]。大参乎天，精微而无形。行义以正，事业以成。可以禁暴足穷，百姓待之而后宁泰[8]。臣愚不识，愿问其名。曰：此夫安宽平而危险隘者邪？修洁之为亲而杂污之为狄者邪[9]？甚深藏而外胜敌者邪？法禹、舜而能弇迹者邪[10]？行为动静，待之而后适者邪？血气之精也，志意之荣也，百姓待之而后宁也，天下待之而后平也，明达纯粹而无疵也，夫是之谓君子之知[11]。知。

【注释】

[1] 隆：通“降”。

[2] 示：当为“施”字（王念孙说）。

[3] 帝：当为“常”字（同上）。

[4] 涽涽（hūn）：水浑浊的样子。　淑淑：水清澈的样子。

[5] 皇皇：盛大的样子。　穆穆：细微的样子。

[6] 崇：通“终”。

[7] 穿室：盗窃。

[8] 宁泰：当为“泰宁”（杨倞说）。

[9] 狄：通“逖”，远。

[10] 弇（yǎn）：承袭。

[11] 知：通“智”。

【译文】

上天降下一种东西，施予给百姓，有的丰厚，有的微薄，常常不平均。桀、纣因它而混乱，汤、武因它而贤能。有的浑浑沌沌，有的清清明明，有的

盛大，有的细微，它遍行天下，还不到一天的时间。君子用它来修行，盗跖用它来行窃。它和天一样高大，精微而无影无形。德行道义靠它来端正，事业靠它来成功。可以用它来禁止暴行，使穷人富裕，百姓靠它然后才能安定太平。我愚昧而不认识它，希望问一下它的名称。回答说：它使宽厚平和的安全而使阴险狭隘的危险吧？亲近洁身自好的而疏远杂乱污秽的吧？深深地藏在心中而对外能战胜敌人吧？效法禹、舜而能沿袭他们的道路吧？一举一动，依靠它然后才能恰当吧？它是血气的精华，是思想的花朵，百姓依靠它然后才安宁，天下依靠它然后才太平，它明白通达纯粹而没有瑕疵，这就叫做君子的智慧。——智

有物于此，居则周静致下，动则綦高以钜[1]。圆者中规，方者中矩。大参天地，德厚尧、禹。精微乎毫毛，而大盈乎大寓[2]。忽兮其极之远也，攭兮其相逐而反也[3]，卬卬兮天下之咸蹇也[4]。德厚而不捐，五采备而成文。往来惛惫[5]，通于大神，出入甚极[6]，莫知其门。天下失之则灭，得之则存。弟子不敏，此之愿陈，君子设辞，请测意之[7]。曰：此夫大而不塞者与？充盈大宇而不窕[8]，入郄穴而不逼者与[9]？行远疾速而不可托讯者与[10]？往来惛惫而不可为固塞者与？暴至杀伤而不亿忌者与[11]？功被天下而不私置者与[12]？托地而游宇，友风而子雨。冬日作寒，夏日作暑。广大精神，请归之云。云。

【注释】

[1]綦：极。　钜：大。

[2]大：当为“充”字（王念孙说）。　寓：通“宇”。

[3]攭（lì）：云气旋转的样子。

[4]卬卬（áng）：高高的样子。　蹇（qiān）：通“搴”，取。

[5]惛惫：昏暗。

[6]极：通“亟”，急。

[7]测意：猜测。

[8]不窕（tiǎo）：没有间隙。

[9]郄：同“隙”，间隙。　逼：狭窄。

[10]讯：书信。

[11] 亿忌：迟疑。亿，通“意”，疑。

[12] 置：通“德”。

【译文】

这里有种东西，停留时就静静地弥漫在地面，运动时高高在上广大无边。圆的合乎圆规的法度，方的合乎曲尺的要求。它的广大可以和天地相匹配，道德比尧、禹还高尚。它小的时候比毫毛还细微，大的时候充满整个宇宙。它能迅速地达到很远很远，旋转时互相追逐而来回往返，它高高聚集天下就得到润泽。它道德深厚而不遗弃一人，五种色彩具备而成为美丽的文饰。它往来隐蔽，变化如神，出入迅速，没有人知道它来自何处。天下失去它就灭亡，得到它就生存。弟子不聪明，愿意把它陈述出来，君子设立这一隐辞，请猜猜它的名字。回答说：它广大而不会堵塞吧？充满整个宇宙而不留空隙，进入隙穴而不觉得狭窄吧？它行得远，跑得快而不能托人带口信吧？来往隐蔽而不能被堵塞吧？它突然而至杀伤万物而毫无顾忌吧？功德覆盖天下而不自以为有德吧？它依托大地而在宇宙间游荡，以风为友，以雨为子。使得冬天寒冷，夏天酷热。它广大无边，至精至神，就把它归结为云吧。——云

有物于此，儽儽兮其状[1]，屡化如神。功被天下，为万世文[2]。礼乐以成，贵贱以分。养老长幼，待之而后存。名号不美，与暴为邻。功立而身废，事成而家败。弃其耆老[3]，收其后世。人属所利[4]，飞鸟所害。臣愚而不识，请占之五泰[5]。五泰占之曰：此夫身女好而头马首者与[6]？屡化而不寿者与？善壮而拙老者与[7]？有父母而无牝牡者与[8]？冬伏而夏游，食桑而吐丝，前乱而后治，夏生而恶暑，喜湿而恶雨。蛹以为母，蛾以为父。三俯三起[9]，事乃大已。夫是之谓蚕理。蚕。

【注释】

[1] 儽儽（luǒ）：通“倮倮”，没有毛羽的样子。

[2] 文：文饰。

[3] 耆老：老年人。此处指蚕蛾。

[4] 人属：人类。

[5]五泰：神巫的名字。

[6]女好：柔婉。　头马首：头像马头。

[7]抴老：老无所养，受到抛弃。

[8]牝牡：雌雄。

[9]俯：蚕眠。

【译文】

这里有种东西，它的样子赤身裸体，多次变化奇妙如神，功劳覆盖天下，成为万代的文饰。礼乐靠它完成，贵贱靠它区分。奉养老人，抚育孩子，依靠它来进行。它的名称不好听，和暴邻近。功劳建立而自身被废弃，事业成功而家庭遭破坏。它的老人被丢弃，后一代被收留。它对人类有利，却被飞鸟伤害。我愚昧不认识它，请让五泰来占卜。五泰占卜说：它身体柔媚而头像马头吧？多次变化而不长寿吧？壮年被善待而老年被抛弃吧？有父母而没有雌雄吧？冬天隐伏而夏天活动，吃桑叶而吐细丝，前面混乱而后面有条理，夏天生长而厌恶酷暑，喜欢湿润却厌恶下雨。把蛹作为母亲，把蛾作为父亲。三次睡眠三次苏醒，事情才算完成。这就是蚕的道理。——蚕

有物于此，生于山阜[1]，处于室堂。无知无巧，善治衣裳。不盗不窃，穿窬而行[2]。日夜合离，以成文章。以能合从，又善连衡。下覆百姓，上饰帝王。功业甚博，不见贤良。时用则存，不用则亡。臣愚不识，敢请之王。王曰：此夫始生钜，其成功小者邪？长其尾而锐其剽者邪[3]？头銛达而尾赵缭者邪[4]？一往一来，结尾以为事。无羽无翼，反复甚极。尾生而事起，尾邅而事已[5]。簪以为父，管以为母。既以缝表，又以连里。夫是之谓箴理[6]。箴。

【注释】

[1]山阜：山冈。制成针的铁矿石在山中，故“生于山阜”。

[2]窬（yú）：洞。

[3]剽（biǎo）：针尖。

[4]銛（xiān）达：锐利。　赵（diào）缭：很长的样子。

[5]邅（zhān）：回旋。

[6]箴：针。

【译文】

有种东西在这里，生长在山岗中，放在屋子里。没有智慧没有技巧，善于缝制衣裳。它不偷也不窃，但要穿洞而行。日日夜夜使分离的连在一起，来制成各种花纹。它既能横着相连，又能竖着相连。下能覆育百姓，上能装饰帝王。功业非常博大，却不显示自己贤良。用它时就存在，不用它就隐藏。我愚昧不认识它，大胆请教一下君王。君王说：它开始制作时很大，制成时很小吧？它的尾巴很长而末端很锐利吧？头部很尖锐而末尾很细长吧？一来一去，尾部打结才开始。它没有羽毛，没有翅膀，往返来回很迅速。有了尾部工作开始，尾部盘圈打结工作就结束。簪是它的父亲，管是它的母亲。既可以缝外表，又可以缝衣里。这就是关于针的道理。——针

天下不治，请陈佹诗[1]：天地易位，四时易乡[2]。列星殒坠[3]，旦暮晦盲。幽晦登昭，日月下藏。公正无私，反见从横；志爱公利，重楼疏堂；无私罪人，憼革贰兵[4]。道德纯备，谗口将将[5]。仁人绌约[6]，敖暴擅强[7]。天下幽险，恐失世英。螭龙为蝘蜓[8]，鸱枭为凤皇[9]。比干见刳，孔子拘匡。昭昭乎其知之明也，郁郁乎其遇时之不祥也。拂乎其欲礼义之大行也[10]，暗乎天下之晦盲也。皓天不复，忧无疆也。千岁必反，古之常也。弟子勉学，天不忘也。圣人共手[11]，时几将矣。与愚以疑，愿闻反辞。其小歌曰：念彼远方，何其塞矣。仁人绌约，暴人衍矣。忠臣危殆，谗人服矣。琁、玉、瑶、珠[12]，不知佩也。杂布与锦，不知异也。闾娵、子奢[13]，莫之媒也。嫫母、力父[14]，是之喜也。以盲为明，以聋为聪；以危为安，以吉为凶。呜呼上天，曷维其同！

【注释】

[1] 佹（guǐ）诗：诡异激切的诗。佹，通“诡”，诡异，诡怪。

[2] 乡：通“向”，方向。

[3] 殒：通“陨”，坠落。

[4] 憼（jǐng）：同“儆”，戒备。 贰：当为“戒”字（王念孙说）。

[5] 将将（qiāng）：同“锵锵”，吵嚷的样子。

[6] 绌：通“黜”，罢免。

[7] 敖：通“傲”。

[8]螭（chī）：传说中的一种没有角的龙。　蝘蜓（yǎn tíng）：壁虎。

[9]鸱枭：指猫头鹰。

[10]以上两句当作“拂乎其遇时之不祥也，郁郁乎其欲礼义之大行也”。拂，违背。郁郁，有文采的样子。

[11]共：同“拱”，拱手（以待）。

[12]琁（xuán）：同“璇”，似玉的美石。　瑶：美玉。

[13]闾娵（jū）：战国时魏国美女。　子奢：即子都，春秋时郑国的美男子。

[14]嫫母：丑女，黄帝时人。　力父：不详，当是丑男子。

【译文】

天下不安定，请让我陈述怪异的诗：天地改变了位置，四时颠倒了方向。天上的星星都坠落，白天晚上都昏暗。阴暗的小人登上了显位，像日月一样的君子却要退藏。内心公正无私，反被说成是反复无常；一心为公，被说成是索要高楼大堂；不以私心加罪别人，却被作为敌人来严防。道德纯洁完备，却受到谗人的诽谤。仁人被罢免穷困，骄横残暴却到处逞强。天下黑暗凶险，恐怕要失掉时代的精英。蛟龙被看作壁虎，猫头鹰被说成是凤凰。比干被剖腹挖心，孔子在匡被拘困。他们的智慧是多么的明亮啊，遇到了不祥的世道多么惆怅。多么光辉灿烂啊，他们想把礼义到处推广，而天下是这么的黑暗。皓天一去不复返，忧愁无边无沿。久则必返，古时的常理是这样。弟子勤勉努力吧，上天不会把你们忘。圣人正拱手等待，时机即将来到。我愚昧又疑惑，愿意听到反复的陈说。小歌中唱道：想到那遥远的地方，是多么的闭塞。仁人被罢绌遭穷困，残暴之徒却自由自在。忠臣遇危险，谗人受重用。美玉珠宝，不知佩带。粗布和锦帛，也不知分别。闾娵、子奢，没有人为他们做媒。嫫母、力父，却被人喜爱。把瞎子说成是目明，把聋子说成是耳聪；把危险说成安全，把吉祥说成凶险。呜呼苍天，我怎么能和他们同道！

【评析】

中国古代的文学传统以诗、赋为最主要的表现形式。“诗缘情而绮靡，赋体物而浏亮”（陆机《文赋》），详尽地描摹物态便是赋的最突出的特点。而荀子的这一《赋》篇，正是以“赋”命篇的开山之作，细察其理，不难感受到先哲寄寓其中的微言大义和这一文体新兴之时的熠熠光华。

艺术来源于生活，赋的最早萌芽亦发端于民间闾巷的说唱吟诵。“弟子不敏，此之愿陈，君子设辞，请测意之”，如同猜谜游戏一般，在一问一答的结构下，越来越接近谜底。这种起源于民间的口头文学，最早确是质木无文，难登大雅之堂的，一直到荀子笔下，才遽然成为“铺采摛文，体物写志”（刘勰《文心雕龙·诠赋》）的生动篇章。也正是在这种深具“隐语”特征的生动模式下，一贯难以描摹的抽象概念，如“礼”、“知”等得到了具体的描绘。“爰有大物，非丝非帛，文理成章。非日非月，为天下明”，“礼”虽不可触摸，却能使天下万物自然而然地各归其位，各呈其才；虽不可观看，却如同日月在天，照亮每个人的内心世界。礼之所至，率尔成文，人人严守心中律令，而上下内外则和谐至隆。各种比喻、象征的表现形式穿插其间，“或体目文字，或图象品物，纤巧以弄思，浅察以衒辞”（刘勰《文心雕龙·谐隐》），五赋并列，更是焕然成章，光华夺目，在初创之时便呈现出鲜活的文学魅力。

“诗人之赋丽以则”（扬雄《法言·吾子》），后世的文学家们多以荀子为“诗人之赋”的楷模，并不仅仅因为荀子乃赋体的始创者，更是因为其赋秉承了诗经“吟咏情性”的传统。荀子之赋也许不能一直保持温柔敦厚的含蓄之美，却始终坚守着“无冕之王”的使命——抒情言志，抨击时政。最后之佹诗，更是作者的心声直白。其中的文字一句比一句铿锵激昂，怨愤之气直冲云霄：“比干见刳，孔子拘匡。昭昭乎其知之明也，郁郁乎其遇时之不祥也……以盲为明，以聋为聪，以危为安，以吉为凶。呜呼上天，曷维其同！”鲁迅先生在《汉文学史纲要》中即曾评论：“词甚切激，殆不下于屈原，岂身临楚邦，居移其气，终亦生牢愁之思乎？”言虽戏谑，而一语成谶。时代相近的两位文学家，在国运日衰而萧艾遍地的楚国，内心也有着相近的惨怛和怨愤，发而为言，为骚为赋，虽为殊途，却皆是以笔写心，化成文章。

入汉之后，赋的创作蔚为大观，其语言艺术也日益精纯，成为一代文学之典范。然而，宴席吟赏之间的文辞，又怎能直抒心中种种愤懑和不满？主客问答，铺张扬厉，也多是对奢华生活的互相吹捧。“朝夕论思，日月献纳”（班固《两都赋序》）之际，抨击时世的强度大大减弱，“劝百讽一”的实质也只不过是装饰性的言论民主而已。

大 略

【题解】

本篇记载了荀子平时的一些言论，内容十分博杂，当为荀子弟子们收集辑录而成。其中最引人注目的是关于礼的各种言论，此外还有一些关于尚贤、重法、尊师、交友以及学习和教育等方面的言论也颇值得重视。

大略：君人者，隆礼尊贤而王，重法爱民而霸，好利多诈而危。

【译文】

大要：作为人君，推崇礼义，尊重贤人就称王，重视法度，爱护人民就称霸，喜欢利益，多行欺诈就危险。

欲近四旁，莫如中央，故王者必居天下之中，礼也。

【译文】

想要接近四边，没有比中间更好的了，所以王者必定居住在天下的中央，这是一种礼。

天子外屏[1]，诸侯内屏，礼也。外屏，不欲见外也；内屏，不欲见内也。

【注释】

[1]屏：对着门的小墙，后来称照壁。

【译文】

天子的屏壁在门外，诸侯的屏壁在门内，这是一种礼。屏壁在门外，是不想让里面看到外面；屏壁在门内，是不想让外面看到里面。

诸侯召其臣，臣不俟驾，颠倒衣裳而走，礼也。《诗》曰[1]：“颠之倒之，自公召之。”天子召诸侯，诸侯辇舆就马[2]，礼也。《诗》曰[3]：“我出我舆，于彼牧矣[4]。自天子所，谓我来矣。”

【注释】

[1]《诗》：指《诗经·齐风·东方未明》。

[2]辇（niǎn）：用人拉车。 舆：车。 就：靠近。

[3]《诗》：指《诗经·小雅·出车》。

[4]牧：牧地。

【译文】

诸侯召见他的臣子，臣子不等到驾车，来不及整理衣裳就跑，这是一种礼。《诗经》中说：“颠三倒四穿衣服，因为公侯召见我。”天子召见诸侯，诸侯叫人拉车靠近马，这是一种礼。《诗经》中说：“我拉出我的车，到牧地去套马。有人来自天子处，叫我快来就出发。”

天子山冕[1]，诸侯玄冠[2]，大夫裨冕[3]，士韦弁[4]，礼也。

【注释】

[1]山冕：指画有山的礼服，头戴冠冕。

[2]玄：黑色的礼服。

[3]裨（pí）：古代的次等礼服。

[4]韦弁（biàn）：一种皮帽。韦，熟牛皮。

【译文】

天子身穿画有山的礼服，戴冠冕，诸侯身穿黑色的礼服，戴礼帽，大夫穿裨衣，戴礼帽，士戴皮帽子，这是一种礼。

天子御珽[1]，诸侯御荼[2]，大夫服笏[3]，礼也。

【注释】

[1]御：用。 珽（tǐng）：大珪，古代帝王所持的玉笏。

[2]荼：古“舒”字，一种玉，上圆下方。

[3]笏（hù）：古代大臣上朝时拿的记事用的手板。

【译文】

天子用珽，诸侯用舒，大夫手拿笏，这是一种礼。

天子雕弓，诸侯彤弓，大夫黑弓，礼也。

【译文】

天子用雕有花纹的弓，诸侯用红色的弓，大夫用黑色的弓，这是一种礼。

诸侯相见，卿为介[1]，以其教出毕行[2]，使仁居守[3]。

【注释】

[1]介：引见人。

[2]出：当为“士”字（王念孙说）。教士，受过礼仪训练的士。

[3]仁：仁厚的人。 居守：留守。

【译文】

诸侯会盟时，卿为引见人，受过礼仪训练的士人全部陪同，让仁人留下。

聘人以珪[1]，问士以璧[2]，召人以瑗[3]，绝人以玦[4]，反绝以环。

【注释】

[1]聘：问候。 珪：一种上圆下方的玉。

[2]士：同“事”。 璧：一种扁圆形、中间有方孔的玉。

[3]瑗（yuàn）：一种孔大边小的玉器。

[4]玦：一种圆形而有缺口的玉。

【译文】

派使者到他国问候用珪，访问国事用璧，召见下臣用瑗，同人断绝关系用玦，重新召见断交的人用环。

人主仁心设焉，知，其役也，礼，其尽也，故王者先仁而后礼，天施然也[1]。

【注释】

[1] 天施：天然的安排。

【译文】

君主仁心存在了，智慧是仁心的役使，礼义是仁心的完善，所以王者先要有仁心然后才讲礼义，天道的施行就是这样。

《聘礼》志曰[1]："币厚则伤德，财侈则殄礼[2]。"礼云礼云，玉帛云乎哉？《诗》曰[3]："物其指矣[4]，唯其偕矣[5]。"不时宜，不敬交[6]，不驩欣[7]，虽指非礼也。

【注释】

[1]《聘礼》：《仪礼》中的篇名。 志：记载。

[2] 殄（tiǎn）：破坏。

[3]《诗》：指《诗经·小雅·鱼丽》。

[4] 指：通"旨"，美好。

[5] 偕：通"谐"。

[6] 交：当为"文"字（俞樾说）。

[7] 驩：同"欢"。

【译文】

《聘礼》记载说："礼物丰厚就伤害德，财物奢侈就破坏礼。"礼啊礼啊，难道说的是那些玉帛吗？《诗经》中说："食物是多么美好，要同口味相调和。"不合乎时宜，不恭敬有礼，不欢乐高兴，即使味美也不合乎礼义。

水行者表深[1]，使人无陷；治民者表乱，使人无失。礼者，其表也。先王以礼表天下之乱。今废礼者，是去表也。故民迷惑而陷祸患，此刑罚之所以繁也。

【注释】

[1] 表：标志。

【译文】

涉水的人要标明水的深度，使人不要陷入水中；治理人民的人要标明祸乱，使人不要有过失。礼，就是那标志。先王用礼义标明天下的祸乱。现在废弃礼，就是丢弃标志。所以人民迷惑而陷入祸乱，这就是刑罚繁多的原因。

舜曰："维予从欲而治。"故礼之生，为贤人以下至庶民也，非为成圣也，然而亦所以成圣也。不学不成。尧学于君畴[1]，舜学于务成昭[2]，禹学于西王国[3]。

【注释】

[1] 君畴：尧时人，一作尹寿。

[2] 务成昭：舜时人。

[3] 西王国：不详。

【译文】

舜说："我能随心所欲地治理国家。"所以礼的产生，是为了贤人以下到普通百姓而设的，不是为了使人们成为圣人，然而它也有使人成为圣人的可能性。不学习不能成为圣人。尧曾经跟君畴学习，舜曾经跟务成昭学习，禹曾经跟西王国学习。

五十不成丧，七十唯衰存[1]。

【注释】

[1] 衰（cuī）：用粗麻布制成的丧服。

【译文】

五十岁的人不需要恪守丧葬的礼节，七十岁的人只要穿丧服就行。

亲迎之礼：父南乡而立[1]，子北面而跪，醮而命之[2]：

“往迎尔相[3]，成我宗事，隆率以敬先妣之嗣[4]，若则有常[5]。”子曰：“诺。唯恐不能，敢忘命矣！”

【注释】

[1]乡：通“向”。

[2]醮（jiào）：古代婚礼用酒祭神的一种仪式。

[3]相：助，指妻子。

[4]妣（bǐ）：原指母亲，后称死去的母亲为妣。

[5]若：你。

【译文】

亲自迎接新娘的礼仪：父亲向南站立，儿子面向北跪着，父亲行醮礼时命令儿子说：“去迎接你的妻子，完成我们宗族的大事，努力勉励她做你母亲的继承人，你的行为要有常规。”儿子说：“是。只怕没有能力做到，决不敢忘记父亲的教导！”

夫行也者，行礼之谓也。礼也者，贵者敬焉，老者孝焉，长者弟焉，幼者慈焉，贱者惠焉。

【译文】

所谓行为，就是实行礼义的意思。所谓礼义，就是对尊贵的人要尊敬，对老人要孝顺，对年长的人要敬爱，对年幼的人要慈爱，对卑贱的人要布施恩惠。

赐予其宫室，犹用庆赏于国家也；忿怒其臣妾，犹用刑罚于万民也。

【译文】

对家庭人员的赏赐，就像在国家中使用奖赏一样；对自己的奴婢、妾氏发怒，就像对万民施行刑罚一样。

君子之于子，爱之而勿面，使之而勿貌，导之以道而勿强。

【译文】

君子对于子女，疼爱他们而不形于色，使唤他们而不用和颜悦色，用道理引导他们而不强迫。

礼以顺人心为本，故亡于《礼经》而顺于人心者，皆礼也。

【译文】

礼以顺应人心为根本，所以《礼经》上没有而顺应人心的，都是礼。

礼之大凡[1]：事生，饰欢也；送死，饰哀也；军旅，饰威也。

【注释】

[1]大凡：概要。

【译文】

礼的大体情况是：侍奉生者，为了表达欢乐；葬送死者，为了表达哀痛；军队中的礼，为了装饰威势。

亲亲、故故、庸庸、劳劳[1]，仁之杀也[2]。贵贵、尊尊、贤贤、老老、长长，义之伦也。行之得其节，礼之序也。仁，爱也，故亲。义，理也，故行。礼，节也，故成。仁有里，义有门。仁非其里而虚之[3]，非礼也[4]。义非其门而由之，非义也。推恩而不理，不成仁；遂理而不敢，不成义；审节而不知[5]，不成礼；和而不发，不成乐。故曰：仁、义、礼、乐，其致一也。君子处仁以义，然后仁也；行义以礼，然后义也；制礼反本成末，然后礼也。三者皆通，然后道也。

【注释】

[1]庸：功。

[2]杀：差等。

[3]虚：当为“处”字（王念孙说）。

[4]礼：当为“仁”字（王念孙说）。

[5]知：当为“和”字（王念孙说）。

【译文】

亲近父母、友爱朋友、奖励有功的人、慰问劳苦的人，这是仁的等级差别。尊重地位高的人、尊敬显贵的人、尊重贤者、爱护老人、敬重长者，这是义的伦理。实行起来很适当，这是礼的秩序。仁，就是爱人，所以亲近别人。义，就是合乎道理，所以可行。礼，就是适当，所以成功。仁有安居的地方，义有出入的门户。仁如果不是它安居的地方而呆在那里，就不是仁。义如果不是它出入的门户而从那里出入，就不是义。布施恩惠如果不合道理，就不成为仁；合乎道理而不敢实行，就不成为义；明察礼节而不和谐，就不成为礼；和谐而不抒发出来，就不成为音乐。所以说：仁、义、礼、乐，它们的目标是一样的。君子用义来处理仁，然后才是仁；根据礼来实行义，然后才是义；制定礼要抓住根本，观注完全细节，然后才是礼。这三方面都明白，然后才合乎大道。

货财曰赙[1]，舆马曰赗[2]，衣服曰禭[3]，玩好曰赠，玉贝曰唅[4]。赙、赗所以佐生也，赠、禭所以送死也。送死不及柩尸，吊生不及悲哀，非礼也。故吉行五十，奔丧百里，赗、赠及事，礼之大也。

【注释】

[1] 赙（fù）：赠送财物帮助别人办丧事。

[2] 赗（fèng）：以车马赠送死者家属。

[3] 禭（suì）：赠送死者衣服。

[4] 唅：殡葬时放在死者嘴里的珠玉贝壳等。

【译文】

赠送财物帮助别人办丧事叫赙，赠送车马叫做赗，赠送衣服叫做禭，送死者生前喜欢的东西叫赠，赠送供死者含在口中的珠玉贝叫做唅。赙、赗是用来帮助死者家属的，赠、禭是用来送给死者的。送别死者不见棺材里的尸体，悼念死者安慰家属不达到悲哀，不符合礼。所以喜事一天走五十里，奔丧一天要走一百里，赠送别人办丧事的东西一定要赶上丧事，这是礼中的大事情。

礼者，政之挽也[1]。为政不以礼，政不行矣。

【注释】

[1] 挽：牵引。

【译文】

礼，是政治的引导。处理政事不用礼，政令就不能实行。

天子即位，上卿进曰："如之何忧之长也！能除患则为福，不能除患则为贼。"授天子一策[1]。中卿进曰："配天而有下土者，先事虑事，先患虑患。先事虑事谓之接[2]，接则事优成；先患虑患谓之豫[3]，豫则祸不生。事至而后虑者谓之后，后则事不举；患至而后虑者谓之困，困则祸不可御。"授天子二策。下卿进曰："敬戒无怠。庆者在堂，吊者在闾。祸与福邻，莫知其门。豫哉！豫哉！万民望之。"授天子三策。

【注释】

[1] 策：通"册"，用于记事的竹简。

[2] 接：通"捷"，迅速。

[3] 豫：通"预"。

【译文】

天子登上帝位，上卿上前说："忧患是如此的深长！能除掉祸患就是幸福，不能除掉患祸就是灾难。"说完，他献给天子第一篇册书。中卿上前说："德高配天而拥有天下的人，在事情发生之前就应考虑到，在祸患发生之前就应意识到。在事情发生之前就考虑到叫做迅捷，迅捷就会圆满完成；在祸患发生之前就意识到叫做预防，预防及时那么祸患就不会发生。事情发生了然后才考虑到叫做落后，落后了事情就完不成；祸患发生了然后才意识到叫做困窘，困窘了那么祸患就不可防御。"说完，他献给天子第二篇册书。下卿上前说："恭敬警惕而不懈怠。庆祝的人在大堂上，哀悼的人已到了门口。祸患与幸福邻近，没有人知道它们的所在。警惕啊！警惕啊！万民都在看着您。"说完，他献给天子第三篇册书。

禹见耕者耦立而式[1]，过十室之邑必下。

【注释】

[1] 耦：两人共耕叫做耦。 式：通“轼”，车前横木，此处指手扶横木致意。

【译文】

大禹看到两人并肩耕地就站起来手扶横木致意，经过有十户人家的村落必定下车。

杀大蚤[1]，朝大晚，非礼也。治民不以礼，动斯陷矣。

【注释】

[1] 杀：指田猎。 蚤：通“早”。

【译文】

猎取禽兽太早，上朝太晚，不合乎礼。治理人民不按照礼，举动就会失误。

平衡曰拜[1]，下衡曰稽首[2]，至地曰稽颡[3]。大夫之臣拜不稽首，非尊家臣也，所以辟君也[4]。

【注释】

[1] 平衡：行跪拜礼时拱两手，弯腰低头与腰平，叫做“平衡”。

[2] 下衡：两手拱至地，头至手，叫做“稽首”。

[3] 稽颡（sǎng）：跪时两手拱至地，头触地。颡，额。

[4] 辟：通“避”。

【译文】

行跪拜礼时拱两手，头至手，不至地叫做拜；两手拱至地，头至手叫做稽首；头着地叫做稽颡。大夫的家臣行拜礼而不稽首，这并不是尊重家臣，是为了避免和君礼相同。

一命齿于乡[1]；再命齿于族；三命，族人虽七十，不敢先。上大夫，中大夫，下大夫。

【注释】

[1]一命：周代的官爵分九个等级，称九命。一命指公侯之士。　再命：指大夫。　三命：指卿。　齿：乡里饮酒时按年纪大小排列位次。

【译文】

乡里饮酒时，公侯之士和乡里人按年龄大小安排座次；大夫和同宗族的人饮酒按年龄大小安排座次；至于卿，那么同族的人即使七十岁了，也不敢坐在他的前面。上大夫是三命，中大夫是再命，下大夫是一命。

上大夫，中大夫，下大夫。吉事尚尊，丧事尚亲。

【译文】

大夫分上大夫，中大夫，下大夫。吉庆的事按地位安排座次，丧事按亲疏关系安排座次。

君臣不得不尊，父子不得不亲，兄弟不得不顺，夫妇不得不欢。少者以长，老者以养。故天地生之，圣人成之[1]。

【注释】

[1]一说此节应在下面“国家无礼不宁”句后（汪中说）。

【译文】

君臣得不到礼就不会尊重，父子得不到礼就不会亲近，兄弟得不到礼就不会和顺，夫妇得不到礼就不会欢乐。年幼的靠它成长，年老的靠它赡养。所以天地生育了它，圣人成就了它。

聘[1]，问也。享[2]，献也。私觌[3]，私见也。

【注释】

[1]聘：诸侯间互派使者访问。

[2]享：向天子、诸侯进献贡品。

[3]私觌（dí）：使者以私人身份持礼物拜见出使国国君。觌，见。

【译文】

聘，就是问候。享，就是进献礼品。私觌，就是私下相见。

言语之美，穆穆皇皇[1]。朝廷之美，济济鎗鎗[2]。

【注释】

[1]穆穆：恭敬的样子。　皇皇：光明正大的样子。

[2]济济：众多的样子。　鎗鎗：通“跄跄”，行列整齐的样子。

【译文】

言语的美好，可以用“穆穆皇皇”来形容。朝廷的美好，可以用“济济鎗鎗”来形容。

为人臣下者，有谏而无讪[1]，有亡而无疾[2]，有怨而无怒。

【注释】

[1]讪（shàn）：诽谤。

[2]疾：通“嫉”，嫉恨。

【译文】

作为人臣，能劝谏而不能诽谤，能离开而不能憎恨，能埋怨而不能愤怒。

君于大夫，三问其疾，三临其丧；于士，一问一临。诸侯非问疾吊丧，不之臣之家。

【译文】

君主对于大夫，在他生病时要问候三次，在他死后要祭奠三次；对于士，问候一次祭奠一次。诸侯如果不是问候疾病，悼念死者，不到臣子家里去。

既葬，君若父之友，食之则食矣，不辟粱肉，有酒醴则辞。

【译文】

父母安葬之后，君主或者父亲的朋友，招待自己就吃，不回避米饭和肉食，如果有酒就要谢绝。

寝不逾庙，设衣不逾祭服[1]，礼也。

【注释】

[1]设：当为“讌”字之误（王念孙说），通“燕”。

【译文】

住宅的规模不能超过宗庙，宴饮时穿的衣服不能超过祭服，这是一种礼。

《易》之《咸》[1]，见夫妇[2]。夫妇之道，不可不正也，君臣父子之本也。咸，感也[3]，以高下下，以男下女，柔上而刚下。

【注释】

[1]《易》之《咸》：指《周易》中的《咸》卦，上面是兑，下面是艮。

[2]见：通“现”，表现。

[3]感：感应。

【译文】

《周易》中的《咸》卦，表现的是夫妻之间的关系。夫妇之道，不能不端正，它是君臣、父子之间的根本。咸，是感应的意思，表示把高的放在低的下面，把男的放在女的下面，把柔弱的放在刚强的上面。

聘士之义，亲迎之道，重始也。

【译文】

聘请贤士的礼仪，亲自迎接新娘的办法，都是注重开始。

礼者，人之所履也[1]，失所履，必颠蹷陷溺[2]。所失微而其为乱大者，礼也。

【注释】

［1］履：实行。

［2］颠蹷：跌倒。

【译文】

礼，是人们行为的依据，失去了这个行为依据，必定会跌倒沉溺。失去一点而造成的混乱却很大，就是礼。

礼之于正国家也，如权衡之于轻重也，如绳墨之于曲直也。故人无礼不生，事无礼不成，国家无礼不宁。

【译文】

礼对于整治国家，就像秤对于轻重一样，就像绳墨对于曲直一样。所以人们没有礼就不能生存，事情没有礼就不能成功，国家没有礼就不得安宁。

和鸾之声，步中《武》、《象》，趋中《韶》、《护》。君子听律、习容而后士[1]。

【注释】

［1］律：音乐的节奏。　习容：练习举止。　士：当为“出”字（王先谦说）。

【译文】

车子上的铃声，慢行时合乎《武》乐、《象》乐，快跑时合乎《韶》乐、《护》乐。君子听着音乐的节奏，练习举止，端正仪表，然后才出门。

霜降逆女[1]，冰泮杀内[2]，十日一御[3]。

【注释】

［1］逆：迎娶。　霜降：二十四节气之一，在阴历九月。

［2］泮（pàn）：融化。　“杀”字后当有一“止”字，“内”字属下句（王引之说）。

［3］御：男女同房。

【译文】

霜降开始娶妻，到来年冰融化时终止，夫妻十天同房一次。

坐视膝，立视足，应对言语视面。立视前六尺而大之[1]，六六三十六，三丈六尺。

【注释】

［1］大：当为“六”字（王引之说）。

【译文】

坐着要看对方的膝，站着要看对方的脚，回答说话时看着对方的脸。站着时在他面前六尺看着他，最远不过六倍，六六三十六，即三丈六尺。

文貌情用，相为内外表里，礼之中焉。能思索谓之能虑。

【译文】

礼仪和感情，是互为内外表里的，这是适中的礼。根据礼进行思索就叫做能思考。

礼者，本末相顺，终始相应。

【译文】

礼，它的根本和末节要相互顺从，开头和结尾要相互呼应。

礼者，以财物为用，以贵贱为文，以多少为异。下臣事君以货，中臣事君以身，上臣事君以人。

【译文】

礼，把财物作为工具，把贵贱作为文饰，把多少作为差别。下等的臣用财物侍奉君主，中等的臣用生命侍奉君主，上等的臣用举荐人才侍奉君主。

《易》曰[1]："复自道[2]，何其咎[3]？"《春秋》贤穆公[4]，以为能变也。

【注释】

[1]《易》：指《周易·小畜·初九》。

[2]复：返回。

[3]咎：过错。

[4]穆公：秦穆公，春秋"五霸"之一。

【译文】

《易经》中说："返回到正道，有什么过错？"《春秋》赞许秦穆公，认为他能转变。

士有妒友，则贤交不亲；君有妒臣，则贤人不至。蔽公者谓之昧，隐良者谓之妒，奉妒昧者谓之交谲[1]。交谲之人，妒昧之臣，国之薉孽也[2]。

【注释】

[1]交：通"狡"。谲：诡诈。

[2]薉：同"秽"，丑类。

【译文】

士有妒忌的朋友，那么同贤人的交往就不亲密；君主有妒忌的大臣，那么贤人就不会到来。隐蔽公正就叫做昏昧，埋没贤人就叫做忌妒，奉承妒忌、昏昧的人就叫做狡猾欺诈。狡猾欺诈的人，妒忌、昏昧的臣，是国家的污秽和灾孽。

口能言之，身能行之，国宝也。口不能言，身能行之，国器也。口能言之，身不能行，国用也。口言善，身行恶，国妖也。治国者敬其宝，爱其器，任其用，除其妖。

【译文】

嘴里能说，身体能力行，这是国家的宝贝。嘴里不能说，身体能力行，这是国家的器具。嘴里能说，身体不能力行，这是国家的工具。嘴里说好话，干的却是坏事，这是国家的妖孽。治理国家的人尊敬他的宝贝，爱护他的器具，使用他的工具，除掉他的妖孽。

不富无以养民情，不教无以理民性。故家五亩宅，百亩田，务其业而勿夺其时，所以富之也。立大学[1]，设庠序[2]，修六礼[3]，明十教[4]，所以道之也。《诗》曰[5]："饮之食之，教之诲之。"王事具矣。

【注释】

[1] 大学：即太学，国家设立的最高学府。

[2] 庠序：古代地方学校，殷代叫序，周代叫庠。

[3] 六礼：指冠、婚、丧、祭、乡饮、相见。

[4] 十教：当为"七教"（王念孙说）。七教指父子、兄弟、夫妇、君臣、长幼、朋友、宾客等七个方面的伦理教育。

[5]《诗》：指《诗经·小雅·绵蛮》。

【译文】

不使人民富裕就不能调养人民的感情，不教育就不能改变人民的本性。所以每家都有五亩的宅地，百亩耕田，使他们努力从事生产而不要侵夺他们的农时，这样就能使他们富裕。建立太学，设立学校，学习六种礼仪，明确七个方面的伦理教育，这样就可以引导他们。《诗经》中说："给人吃，给人喝，教育他，指导他。"王者的政事就具备了。

武王始入殷，表商容之闾[1]，释箕子之囚，哭比干之墓，天下乡善矣[2]。

【注释】

[1] 表：设立标志表彰。 商容：殷时贤人，被纣王贬退。 闾：里巷的大门。

[2] 乡：通"向"，归向。

【译文】

武王刚进入殷都时，在商容居住的门口设立标志表彰他的贤德，释放了被囚禁的箕子，到比干的墓前痛哭，于是天下都向善了。

天下、国有俊士，世有贤人。迷者不问路，溺者不问遂[1]，亡人好独[2]。《诗》曰[3]："我言维服，勿用为笑。先民有言，询于刍荛[4]。"言博问也。

【注释】

[1]遂：可以涉水而过的路。

[2]亡人：亡国的君主。　独：独断专行。

[3]《诗》：指《诗经·大雅·板》。

[4]刍荛：砍柴的人。

【译文】

天下、各国都有俊杰之士，世代都有贤能之人。迷路的人不知问路，溺水的人不知问清过河的地方，亡国的人喜爱独断专行。《诗经》中说："我说的是正事，不要以为是玩笑。古人有句话，向砍柴的人询问。"意思是说要广泛地听取意见。

有法者以法行，无法者以类举。以其本知其末，以其左知其右，凡百事异理而相守也。

【译文】

有法律规定的依照法律办，没有法律规定的用类推的方法处理。根据它的根本原则就知道它的末节，根据左面就知道它的右面，凡是各种事情道理虽然不同而有一个共同的准则。

庆赏刑罚，通类而后应；政教习俗，相顺而后行。

【译文】

奖赏和刑罚，标准统一而后百姓才响应；政治教化和风俗习惯，要相互顺从然后才能实行。

八十者一子不事[1]，九十者举家不事，废疾非人不养者，一人不事。父母之丧，三年不事；齐衰大功[2]，三月不事。从诸侯不[3]，与新有昏，期不事[4]。

【注释】

[1]事：服劳役。下同。

[2]齐衰（zī cuī）大功：都是古代丧服名。古时以亲疏关系把丧服分为五种：斩衰、齐衰、大功、小功、缌麻。

[3]不：当为“来”字（杨倞说）。

[4]期（jī）：一年。

【译文】

八十岁的人可以有一个儿子不服役，九十岁的人全家不服役，离开了人就不能生活的残疾人家中有一个人可以不服役。遇到父母的丧事，三年不服役；齐衰和大功之丧，三月不服役。从其他诸侯国迁来的和新婚的，一年不服役。

子谓子家驹续然大夫[1]，不如晏子[2]；晏子，功用之臣也，不如子产；子产，惠人也，不如管仲。管仲之为人，力功不力义[3]，力知不力仁，野人也[4]，不可为天子大夫。

【注释】

[1]子家驹：春秋时鲁国大夫。 续：古“庚”字，刚强貌。

[2]晏子：即晏婴，春秋时齐国相国。

[3]力：致力。

[4]野人：缺乏礼义修养的人。

【译文】

孔子说子家驹是个刚强不阿的大夫，比不上晏子；晏子，是讲究功效的大臣，比不上子产；子产，是个施舍恩惠的人，比不上管仲。管仲的为人，致力于功效不致力于道义，注重智慧不注重仁义，是个不修礼义的人，不能做天子的大夫。

孟子三见宣王不言事。门人曰：“曷为三遇齐王而不言事？”孟子曰：“我先攻其邪心。”

【译文】

孟子三次见到齐宣王而不谈论国家大事。他的学生问：“为什么三次遇到齐王而不谈论国家大事？”孟子说：“我先要攻破他的邪心。”

公行子之之燕[1]，遇曾元于涂[2]，曰：“燕君何如？”曾元曰：“志卑。志卑者轻物[3]，轻物者不求助；苟不求助，何能举？氐、羌之虏也[4]。不忧其系垒也[5]，而忧其不焚也。利夫秋毫，害靡国家[6]，然且为之，几为知计哉[7]？”

【注释】

[1] 公行子之：齐国大夫。

[2] 曾元：战国时人，曾参之子。 涂：通“途”。

[3] 物：事。

[4] 氐、羌：我国古代的少数民族。

[5] 系垒：捆绑。垒，通“累”。

[6] 靡：毁灭。

[7] 几：通“岂”。

【译文】

公行子之到燕国，在路上遇到曾元，说：“燕国的君主怎么样？”曾元说：“他的志向很卑微。志向卑微的人轻视事业，轻视事业的人不求贤人的帮助；如果不求贤人的帮助，怎么能成就事业？只能做氐族、羌族人的俘虏罢了。不担心自己被捆绑，而担心死后不被焚烧。得到的利益像毫毛一样，而危害却足以毁灭国家，然而还这么做，这能算是懂得治国大计吗？”

今夫亡箴者[1]，终日求之而不得，其得之，非目益明也，眸而见之也[2]。心之于虑亦然。

【注释】

[1] 箴：针。

[2] 眸：低头仔细看。

【译文】

现在有个丢失了针的人，整天找也找不到，后来找到了，并不是眼睛比以前明亮了，而是低头仔细找才找到了。心中思考问题也是这样。

义与利者，人之所两有也。虽尧、舜不能去民之欲利，然而能使其欲利不克其好义也。虽桀、纣亦不能去民之好义，然而能使其好义不胜其欲利也。故义胜利者为治世，利克义者为乱世。上重义则义克利，上重利则利克义。故天子不言多少，诸侯不言利害，大夫不言得丧，士不通货财，有国之君不息牛羊[1]，错质之臣不息鸡豚[2]，冢卿不修币[3]，大夫不为场园[4]，从士以上皆羞利而不与民争业，乐分施而耻积臧。然故民不困财，贫窭者有所窜其手[5]。

【注释】

[1] 息：养殖。

[2] 错质：献身给君主。错，通“措”，置。

[3] 冢卿：上卿。

[4] 园：当为“圃”字之误（王念孙说）。

[5] 贫窭（jù）：贫穷。

【译文】

道义与利益，是人们兼有的。即使尧、舜也不能去掉人民追求利益的欲望，然而他们能使人民对利益的追求不超过对道义的爱好。即使桀、纣也不能去掉人民对道义的爱好，然而他们使人民对道义的爱好不超过对利益的追求。所以道义胜过利益的就是安定的社会，利益胜过道义的就是混乱的社会。君主重视道义那么道义就胜过利益，君主重视利益那么利益就胜过道义。所以天子不说财物的多少，诸侯不说有利还是有害，大夫不说得到还是失去，士不进行财物贸易，拥有国家的君主不养牛羊，委身于君的臣子不养鸡和猪，上卿不放贷收取利息，大夫不种菜，士以上都羞于追求私利而不和百姓争夺职业，乐于施舍而耻于积藏。所以人民就不会为钱财所困，贫穷的人都有事情干。

文王诛四，武王诛二，周公卒业，至成康则案无诛已[1]。

【注释】

[1] 成康：指周成王和周康王。此节可参阅《仲尼》篇。 案：语助词。

【译文】

文王诛灭了四国，武王诛杀了二人，周公完成了大业，到成王、康王就没有诛伐了。

多积财而羞无有，重民任而诛不能，此邪行之所以起，刑罚之所以多也。

【译文】

积累很多财产而以贫穷为耻辱，加重人民的负担而杀害不堪重负的人，这是邪恶产生的原因，也是刑罚繁多的原因。

上好羞[1]，则民暗饰矣[2]；上好富，则民死利矣。二者，乱之衢也[3]。民语曰："欲富乎？忍耻矣，倾绝矣，绝故旧矣，与义分背矣。"上好富，则人民之行如此，安得不乱？

【注释】

[1] 羞：当为"义"字（王念孙说）。

[2] 饰：通"饬"。

[3] 衢：道。

【译文】

君主喜爱道义，那么人民就会暗自修整自己；君主喜爱富有，那么人民就会为利而死。这两方面，是治和乱的分界。民间俗语说："想富裕吗？忍受耻辱吧，不顾一切吧，和老朋友断绝关系吧，和道义背道而驰吧。"君主喜爱富有，那么人民的行为就这样，哪会不混乱呢？

汤旱而祷曰："政不节与？使民疾与？何以不雨至斯极也！宫室荣与？妇谒盛与[1]？何以不雨至斯之极也！苞苴行与[2]？谗夫兴与？何以不雨至斯极也！"

【注释】

［1］谒：请。

［2］苞苴：贿赂。

【译文】

汤因大旱而对天祷告说："政治不合适吗？使人民很劳苦吗？为什么旱到了这种程度！宫室太华丽了吗？妇人说情请托听得太多了吗？为什么旱到了这种程度！是贿赂盛行吗？还是谗人被重用了？为什么旱到了这种程度！"

天之生民，非为君也；天之立君，以为民也。故古者列地建国，非以贵诸侯而已；列官职，差爵禄，非以尊大夫而已。

【译文】

上天生育人民，不是为了君主；上天设立君主，却是为了人民。所以古时划分土地建立国家，不是为了尊重诸侯；安排各种官职，确定爵位、俸禄的差别，并不是为了尊重大夫。

主道知人，臣道知事。故舜之治天下，不以事诏而万物成。农精于田而不可以为田师，工贾亦然。

【译文】

为君之道在于了解人，为臣之道在于了解事。所以舜治理天下，不用事事吩咐而各种事情都完成了。农民精于种田而不能做管理农业的官吏，工匠和商人也是这样。

以贤易不肖，不待卜而后知吉。以治伐乱，不待战而后知克。

【译文】

用贤人替代不贤能的人，不用占卜就知道是吉利的。用安定的国家征伐混乱的国家，不用战争就知道能攻克。

齐人欲伐鲁，忌卞庄子[1]，不敢过卞。晋人欲伐卫，畏子路，不敢过蒲[2]。

【注释】

[1] 卞庄子：春秋时鲁国卞邑大夫，以勇闻名。卞，在今山东泗水。

[2] 蒲：卫国邑名，在今河南长垣附近，孔子的学生子路当时为蒲宰。

【译文】

齐国人想讨伐鲁国，害怕卞庄子，不敢经过卞邑。晋国人想讨伐卫国，畏惧子路，不敢经过蒲邑。

不知而问尧、舜，无有而求天府[1]。曰：先王之道，则尧、舜已；六贰之博[2]，则天府已。

【注释】

[1] 天府：帝王的仓库。

[2] 六贰：当为“六艺”（卢文弨说），即“六经”。

【译文】

不懂政治就问尧、舜，没有钱财就求助于帝王的府库。说：先王的大道，就是尧、舜；博大的六经，就是帝王的府库。

君子之学如蜕，幡然迁之[1]。故其行效，其立效，其坐效，其置颜色、出辞气效。无留善，无宿问。

【注释】

[1] 幡：通“翻”，翻动，变动。

【译文】

君子的学习如同蝉蜕皮一样，很快地变化。所以他走路学习，站着学习，坐着学习，面容表情、说话口气也模仿学习。不留下好事不做，不带着疑问过夜。

善学者尽其理，善行者究其难。

【译文】

善于学习的人穷尽事物的道理，善于行动的人解决一切困难。

君子立志如穷，虽天子、三公问正[1]，以是非对。

【注释】

[1]正：通“政”，政事。

【译文】

君子树立志向要像处在困境时一样，即使天子、三公询问政事，也依据是非回答。

君子隘穷而不失，劳倦而不苟，临患难而不忘细席之言[1]。岁不寒无以知松柏，事不难无以知君子无日不在是。

【注释】

[1]细席：当作“茵席”（郝懿行说），褥垫。

【译文】

君子穷困而不失志气，劳累而不苟且，面临困难也不忘记平时坐席上的话。岁月不寒冷不知道松柏，事情不困难就不知道君子没有一天不这样。

雨小，汉故潜[1]。夫尽小者大，积微者著，德至者色泽洽，行尽而声问远[2]。小人不诚于内而求之于外。

【注释】

[1]汉：疑为衍文（俞樾说）。

[2]问：通“闻”，声誉。

【译文】

雨下得小，所以入地很深。包罗细小的就能成为巨大的，积累细微的就能成为显著的，道德高尚的人面色温润，行为完美的人名声传得远。小人内心不诚实而只追求表面的东西。

言而不称师谓之畔[1]，教而不称师谓之倍[2]。倍畔之人，明君不内[3]，朝士大夫遇诸涂不与言。

【注释】

[1]畔：通“叛”，违背，背离。

[2]倍：通“背”。下同。

[3]内：通“纳”，接纳。

【译文】

说话不称道老师叫做背叛，教学不称道老师叫做违背。背叛老师的人，贤明的君主不接纳他，朝廷里的士大夫在路上遇到他不打招呼。

不足于行者说过[1]，不足于信者诚言[2]。故《春秋》善胥命[3]，而《诗》非屡盟，其心一也。善为《诗》者不说，善为《易》者不占，善为《礼》者不相[4]，其心同也。

【注释】

[1]说过：言过其实。

[2]诚言：夸夸其谈。诚通“盛”。

[3]胥命：互相约定。春秋时诸侯会盟，不订立盟约，只在口头上约定。

[4]相：替人赞礼。

【译文】

行动上做得不够的人往往说大话，不守信用的人往往夸夸其谈。所以《春秋》肯定口头上相互约定，而《诗经》反对屡次盟约，他们的用心是一样的。精通《诗经》的人不作解说，精通《易经》的人不占卜，精通《礼》的人不替人赞礼，他们的用心是相同的。

曾子曰：“孝子言为可闻，行为可见。言为可闻，所以说远也[1]；行为可见，所以说近也。近者说则亲，远者说则附。亲近而附远，孝子之道也。”

【注释】

[1] 说：通“悦”，高兴。下同。

【译文】

曾子说：“孝子的话可以让人听到，行为可以让人看到。话可以让人听到，是让远方的人高兴；行为可以让人看到，是让近处的人高兴。近处的人高兴就亲近，远方的人高兴就归附。近处的人亲近而远方的人归附，这是孝子的原则。”

曾子行，晏子从于郊[1]，曰：“婴闻之，君子赠人以言，庶人赠人以财。婴贫无财，请假于君子，赠吾子以言：乘舆之轮，太山之木也，示诸檃栝[2]，三月五月，为帱菜敝而不反其常[3]。君子之檃栝，不可不谨也。慎之！兰茝、稿本[4]，渐于蜜醴[5]，一佩易之。正君渐于香酒，可谗而得也。君子之所渐，不可不慎也。”

【注释】

[1] 晏子：齐相晏婴。晏子与曾子是不同时代的人，此文非实事。

[2] 示：通“置”，放置。 檃栝：矫正木材的工具。

[3] 帱（chóu）菜：当做“帱革”，缠在车毂周围的皮革。

[4] 兰茝、稿本：都是香草名。

[5] 渐：浸。 蜜醴：甜酒。

【译文】

曾子出门，晏子送到郊外，说：“晏婴我听说过，君子用言语赠送人，百姓用财物赠送人。我贫穷没有财物，请借君子的名义，赠送您几句话：车子的轮子，是用泰山的木头做的，放在矫木工具上经过三五月就做成了，就是周围车毂的皮革坏了也不会恢复到它本来的样子了。君子对于像檃栝一样正身的工具不能不小心对待。一定要小心啊！兰茝、稿本等香草，浸在甜酒中，佩带一次就更换。正直的君主如果浸泡在甜言蜜语中，谗言就有机会侵入。君子对于环境，不能不小心啊！”

人之于文学也[1]，犹玉之于琢磨也。《诗》曰[2]：“如切如磋，如琢如磨。”谓学问也。和之璧[3]，井里之厥也[4]，玉人琢之，为天子宝。子赣、季路[5]，故鄙人也，被文学，服礼义，为天下列士。

【注释】

[1]文学：文献典籍。

[2]《诗》：指《诗经·卫风·淇奥》。

[3]和：指春秋时楚国人卞和。

[4]厥：石。

[5]子赣：即子贡，孔子弟子。

【译文】

人们之于文献典籍，就像玉器之于雕琢一样。《诗经》中说：“就像打磨骨头象牙，就像雕琢玉器石头一样。”说的是做学问。卞和的璧，是乡里的一块石头，加工玉器的工匠雕琢了它，成为天子的宝物。子贡、季路，原来是浅陋的人，学习了文献典籍，遵从礼义，成为了天下名士。

学问不厌，好士不倦，是天府也。

【译文】

学习不满足，喜爱贤士不厌倦，这是天然的府库。

君子疑则不言，未问则不立[1]，道远日益矣。

【注释】

[1]立：当为“言”字（王念孙说）。

【译文】

君子有疑惑就不说，没有请教过的就不说，道路遥远而知识一天天增加。

多知而无亲，博学而无方，好多而无定者，君子不与[1]。

【注释】

[1]与：赞成。

【译文】

知识很多而不亲近老师，学习广泛而没有方法，兴趣很广而没有定准，君子不赞成。

少不讽[1]，壮不论议，虽可，未成也。

【注释】

[1]“讽”后当脱一“诵”字（王念孙说）。

【译文】

少年不读书，壮年不发表议论，即使资质好，也不能有所成就。

君子壹教，弟子壹学，亟成[1]。

【注释】

[1]亟：通“急”，迅速。

【译文】

君子专心致志地教，学生一心一意地学，就能迅速成功。

君子进则能益上之誉而损下之忧。不能而居之，诬也；无益而厚受之，窃也。学者非必为仕，而仕者必如学。

【译文】

君子做官就能增加君主的荣誉而减少百姓的忧虑。没有才能而居其位，就是欺骗；不能给君主和人民带来好处却享受高官厚禄，就是盗窃。学习的人不一定都要做官，而做官的人一定要学习。

子贡问于孔子曰：“赐倦于学矣，愿息事君。”孔子曰：“《诗》云[1]：‘温恭朝夕，执事有恪。’事君难，事君焉可息哉！”“然则赐愿息事亲。”孔子曰：“《诗》云[2]：‘孝子不匮，永锡尔类。’事亲难，事亲焉可息哉！”“然则赐愿息于妻子。”孔子曰：“《诗》云[3]：‘刑于寡妻，至于兄弟，以御于家邦。’妻子难，妻子焉可息哉！”“然则赐愿息于朋友。”孔子曰：“《诗》云[4]：‘朋友攸摄，摄以威仪。’朋友难，朋友焉可息哉！”“然则赐愿息耕。”孔子曰：“《诗》云[5]：‘昼尔于茅，宵尔索绹，亟其乘屋，其始播百谷。’耕难，耕焉可息哉！”“然则赐无息者乎？”孔子曰：“望其圹[6]，皋如也[7]，嵮如也[8]，鬲如也[9]，此则知所息矣。”子贡曰：“大哉死乎！君子息焉，小人休焉。”

【注释】

[1]《诗》：指《诗经·商颂·那》。

[2]《诗》：指《诗经·大雅·既醉》。

[3]《诗》：指《诗经·大雅·思齐》。

[4]《诗》：指《诗经·大雅·既醉》。

[5]《诗》：指《诗经·豳风·七月》。

[6]圹：坟墓。

[7]皋：通“高”。

[8]嵮：通“巅”，山顶。

[9]鬲（lì）：鼎一类的器物。

【译文】

子贡问孔子说：“我厌倦学习了，希望停下来侍奉君主。”孔子说：“《诗经》中说：‘早晚要温和恭敬，做事要认真小心。’侍奉君主不容易，侍奉君主怎么可以停止学习啊！”“那么，我希望停下来侍奉父母。”孔子说：“《诗经》中说：‘孝子的孝心没有穷尽，永远赐给同类人。’侍奉父母不容易，侍奉父母怎么可以停止学习啊！”“那么我愿意停下来照顾妻子、儿女。”孔子说：“《诗经》中说：‘给妻子做榜样，影响到兄弟，然后来治理国和家。’照顾妻子、儿女不容易，照顾妻子、儿女哪能停止学习啊！”“那么我愿意停下来和朋友在一起。”孔子说：“《诗经》中说：‘朋友之间要互相帮助，帮助要用礼仪。’和朋友在一起不容易，和朋友在一起怎么可以停止学习啊！”“那么我愿意停下来种田。”孔子说：“《诗经》中说：‘白天去割茅草，晚上要将绳搓好，赶紧上去修理屋顶，又要开始播种了。’种田不容易，种田哪能停止学习啊！”“那么我就不能停下来了吗？”孔子说：“远望那坟墓，高高的样子，像个小山顶一样，像鼎器一样，这里就是可以停止学习的地方了。”子贡说：“死亡真伟大啊！君子休息了，小人终结了。”

《国风》之好色也[1]，传曰：“盈其欲而不愆其止[2]。其诚可比于金石，其声可内于宗庙[3]。”《小雅》不以于污上[4]，自引而居下[5]，疾今之政，以思往者，其言有文焉，其声有哀焉。

【注释】

[1]《国风》：《诗经》由《风》、《雅》、《颂》三部分组成。《国风》多是地方民歌，其中有很多男女恋歌。

[2]盈：满。 愆：超过。 止：指礼。

[3]内：通“纳”。

[4]《小雅》：《雅》是《诗经》组成部分之一，由《大雅》、《小雅》组成，《小雅》里面有不少怨愤的诗歌。 以：用。 污上：腐朽的君主。

[5]引：退。

【译文】

对于《国风》的“好色”，古书上说：“它满足了人们的欲望而不超出礼仪。它的真诚可与金石相比，它的歌声可纳入宗庙。”《小雅》的作者不被腐朽的君主所利用，自动引退而居下位，他怨恨当时的政治，思念过去，《小雅》的言辞有文采，它的歌声很哀怨。

国将兴，必贵师而重傅，贵师而重傅则法度存。国将衰，必贱师而轻傅，贱师而轻傅则人有快[1]，人有快则法度坏。

【注释】

[1]快：放纵。

【译文】

国家将要兴盛时，一定尊敬老师而重视师傅，尊敬老师而重视师傅那么法度就能存在。国家将要衰亡时，一定鄙视老师而轻视师傅，鄙视老师而轻视师傅那么人就会放纵，人放纵那么法度就会被破坏。

古者匹夫五十而士[1]。天子、诸侯子十九而冠[2]，冠而听治，其教至也。

【注释】

[1]匹夫：百姓。 士：通“仕”。

[2]冠：古代男子成年时举行冠礼。

【译文】

古时平民百姓五十才能做官。天子、诸侯的儿子十九岁就加冠礼，加冠礼后就能处理政事，因为他们受到良好教育的缘故。

君子也者而好之，其人；其人也而不教，不祥。非君子而好之，非其人也；非其人而教之，赍盗粮、借贼兵也[1]。

【注释】

[1]赍（jī）：借。 兵：兵器。

【译文】

爱慕君子的人，就是理想的人；对于理想的人不教育，不吉利。爱慕不是君子的人，不是理想的人；对于不是理想的人而教育他，就是把粮食送给盗贼，借兵器给贼寇。

不自嗛其行者[1]，言滥过。古之贤人，贱为布衣，贫为匹夫，食则饘粥不足[2]，衣则竖褐不完[3]，然而非礼不进，非义不受，安取此？

【注释】

[1]嗛：通“歉”，不足。

[2]饘（zhān）粥：稀饭。古时的粥，稠的叫“饘”，稀的叫“粥”。

[3]竖褐：短褐。

【译文】

不认为自己德行不足的人，言论往往流于浮夸。古时的贤人，卑贱得做个平民，贫穷得做个百姓，连稀饭也吃不上，连短小的粗布衣也穿不上，然而不合乎礼的官不做，不合乎道义的事物不接受，怎么会像前者那样呢？

子夏贫，衣若县鹑[1]。人曰："子何不仕？"曰："诸侯之骄我者，吾不为臣；大夫之骄我者，吾不复见。柳下惠与后门者同衣而不见疑，非一日之闻也。争利如蚤甲而丧其掌[2]。"

【注释】

[1] 县鹑：比喻衣服破烂。

[2] 蚤：通"爪"。

【译文】

子夏家境贫穷，衣服破烂得就像悬挂着的鹌鹑。有人问："你为什么不做官？"回答说："诸侯看不起我的，我不做他的臣子；大夫看不起我的，我不想再见他。柳下惠和看门的人穿着同样的破衣服而不被怀疑，这不是一天的传闻了。争夺私利就像得到了指甲而丧失了手掌。"

君人者不可以不慎取臣，匹夫不可以不慎取友。友者，所以相有也[1]。道不同，何以相有也？均薪施火，火就燥；平地注水，水流湿。夫类之相从也，如此之著也，以友观人，焉所疑？取友善人，不可不慎，是德之基也。《诗》曰[2]："无将大车[3]，维尘冥冥。"言无与小人处也。

【注释】

[1] 有：通"友"。一说通"佑"。

[2]《诗》：指《诗经·小雅·无将大车》。

[3] 将：扶。

【译文】

君主不可以不小心地选取臣子，百姓不可以不小心地选择朋友。朋友，是为了互相友好的。奉行的大道不同，用什么来互相友好呢？把柴草均匀地铺好而点上火，火就向干燥的地方燃烧；在平地上倒上水，水就向潮湿的地方流去。同类是相互依从的，是如此明显，根据朋友来观察人，有什么可怀疑？选择朋友，与人为善，不能不小心，这是道德的根基。《诗经》中说："不要扶着那大车，尘土飞扬弄脏身。"意思是说不要和小人相处。

蓝苴路作[1]，似知而非。偄弱易夺[2]，似仁而非。悍戇好斗[3]，似勇而非。

【注释】

[1] 蓝苴路作：疑当作"滥狙略诈"（刘师培说），伺机欺诈之意。

[2] 偄（ruǎn）：软。

[3] 戇（zhuàng）：愚蠢而刚直。

【译文】

伺机欺诈，看似明智其实却不是。软弱而立场不定，看似仁慈其实却不是。凶暴愚蠢喜欢争斗，看似勇敢其实却不是。

仁义礼善之于人也，辟之若货财粟米之于家也，多有之者富，少有之者贫，至无有者穷。故大者不能，小者不为，是弃国捐身之道也。

【译文】

仁、义、礼、善对于人来说，打个比方就像货财、钱粮对于家庭一样，拥有多的就富足，拥有少的就贫苦，一点也没有的就穷困。所以大事不会做，小事又不做，这是亡国灭身的道路。

凡物有乘而来[1]，乘其出者[2]，是其反者也[3]。

【注释】

[1] 乘：原因。

[2] 乘：疑为衍文（王念孙说）。

[3] 反：通"返"。

【译文】

所有的事物都有一定的原因才会出现，它出现的地方，就是它将返回的地方。

流言灭之，货色远之[1]。祸之所由生也，生自纤纤也[2]，是故君子蚤绝之[3]。

【注释】

[1] 货色：钱财和美色。

[2] 纤纤：细微。

[3] 蚤：通“早”。

【译文】

流言蜚语一定要消灭，财货、女色一定要远离。祸患产生的根源，都是来自细微的地方，所以君子一定要趁早灭绝它。

言之信者，在乎区盖之间[1]。疑则不言，未问则不立[2]。

【注释】

[1] 区盖：通“丘盖”，阙疑。区，通“丘”，空。盖，疑。

[2] 立：当为“言”字（郝懿行说）。

【译文】

说话可信的人，在于存疑之中。有疑问的不说，没有请教过的不说。

知者明于事，达于数[1]，不可以不诚事也。故曰：“君子难说[2]，说之不以道，不说也。”

【注释】

[1] 数：道理。

[2] 说：通“悦”。

【译文】

聪明的人明白事情，通晓事理，不能不真诚地对待他们。所以说："君子难以讨他喜欢，不用正道讨他喜欢，他是不会高兴的。"

语曰："流丸止于瓯、臾[1]，流言止于知者。"此家言邪学之所以恶儒者也。是非疑则度之以远事[2]，验之以近物，参之以平心，流言止焉，恶言死焉。

【注释】

[1] 瓯、臾：都是盛物的瓦器，这里指地面不平处。

[2] 度：衡量。

【译文】

俗语说："滚动的圆球滚到低洼的地方就停下了，流言蜚语传到智者那里就停止了。"这是各家之言与邪恶的学说痛恨儒者的原因。是非有疑问时，就要用过去的事情来衡量，用近处的事物来验证，用公正的态度来对待，流言就会停止，恶言就会消亡。

曾子食鱼有余，曰："泔之[1]。"门人曰："泔之伤人，不若奥之[2]。"曾子泣涕曰："有异心乎哉！"伤其闻之晚也。

【注释】

[1] 泔（gān）之：用米汁将剩下的鱼浸渍起来。泔，米汁。

[2] 奥：腌藏。

【译文】

曾子吃鱼有剩余，说："把它用米汁浸渍起来吧。"学生说："用米汁浸渍起来容易伤害人，不如腌渍起来吧。"曾子流着泪说："我难道别有用心吗？"为听到的太晚而伤心。

无用吾之所短遇人之所长[1]，故塞而避所短，移而从所仕[2]。疏知而不法[3]，察辨而操辟[4]，勇果而亡礼，君子之所憎恶也。

【注释】

[1]遇：对付。

[2]仕：疑为“任”字（俞樾说）。

[3]疏：通。

[4]操辟：行为邪僻。辟，通“僻”。

【译文】

不要用自己的短处对付别人的长处，所以要避开自己的短处，发挥自己的长处。智慧通达而不合法度，明察善辨而行为邪僻，勇敢果断而不合礼义，这是君子所憎恶的。

多言而类[1]，圣人也。少言而法，君子也。多言无法而流喆然[2]，虽辩，小人也。

【注释】

[1]类：符合法度。

[2]喆：当为“湎”字（杨倞说）。

【译文】

说话多而合乎法度，是圣人；说话少而合乎法度，是君子；说话多而不合乎法度，却沉醉其中，即使善辩，也是小人。

国法禁拾遗，恶民之串以无分得也[1]。有夫分义则容天下而治，无分义则一妻一妾而乱。

【注释】

[1]串（guàn）：通“惯”，习惯。

【译文】

国家的法律禁止捡别人丢失的东西，这是憎恶人民习惯于不按等级名分取得财物。有了等级名分那么整个天下也能治理好，没有等级名分那么就是只有一妻一妾也会混乱。

天下之人，唯各特意哉[1]，然而有所共予也[2]。言味者予易牙[3]，言音者予师旷[4]，言治者予三王。三王既以定法度，制礼乐而传之，有不用而改自作，何以异于变易牙之和，更师旷之律？无三王之法，天下不待亡，国不待死。

【注释】

[1]唯：通“虽”。 特意：不同的看法。

[2]予：通“与”，赞同。下同。

[3]易牙：春秋时齐国的著名厨师，掌管齐桓公的饮食。

[4]师旷：春秋时晋国著名的乐师。

【译文】

天下的人，虽然各人有各人的想法，然而也有共同肯定的东西。谈论味道的人肯定易牙，谈论音乐的人肯定师旷，谈论治国的人肯定三王。三王已经确定了法律制度，制定了礼乐并流传下来，如果不用而自己重搞一套，那和改变易牙的调味，更改师旷的音律有什么不同？没有三王的法度，天下不用多久就会灭亡，国家不用多久就会沦丧。

饮而不食者，蝉也；不饮不食者，浮蝣也[1]。

【注释】

[1]浮蝣：即“蜉蝣”，一种寿命很短的昆虫。

【译文】

只喝水不吃东西的，是蝉；不喝水也不吃东西的，是蜉蝣。

虞舜、孝己孝而亲不爱[1]，比干、子胥忠而君不用，仲尼、颜渊知而穷于世。劫迫于暴国而无所辟之，则崇其善，扬其美，言其所长而不称其所短也。

【注释】

[1]孝己：传说殷高宗的长子。

【译文】

虞舜、孝己孝顺而父母不疼爱，比干、子胥忠诚而君主不任用，孔子、颜渊聪明而被世道所困。被迫生活在残暴的国家而没有办法避开，那么就推崇善良，宣扬其美德，只谈他们的长处而不谈他们的短处。

惟惟而亡者[1]，诽也；博而穷者，訾也[2]；清之而俞浊者[3]，口也。

【注释】

[1] 惟惟：通“唯唯”，恭敬顺从的样子。

[2] 訾（zǐ）：诋毁。

[3] 俞：通“愈”。

【译文】

恭卑而顺从却身亡的，是因为诽谤；见多识广却穷困的，是因为污蔑；想清白却更加污浊的，是因为口舌。

君子能为可贵，不能使人必贵己；能为可用，不能使人必用己。

【译文】

君子能够做到使自己可贵，不能使人一定尊重自己；能够做到使自己成为可用人材，不能使人一定任用自己。

诰誓不及五帝[1]，盟诅不及三王[2]，交质子不及五伯[3]。

【注释】

[1] 诰誓：古代君王训诫勉励民众的文告。

[2] 盟诅（zǔ）：誓约。

[3] 交质子：古代诸侯将其子送到别国作为人质。 五伯：五霸。

【译文】

向天下发布的诰令及誓言追溯不到五帝，盟约追溯不到三王，交换儿子作为人质追溯不到五霸。

【评析】

从根本属性来说，人是社会的动物。然而在文明发展的进程中，集体、社会的秩序规范与个体间的抵牾也日益凸显。是完全顺从个性的张扬，还是将个人归附于集体？在这一话题的讨论中，庄子宣扬的是绝圣弃智，回归自然，抵制文明的侵害。这一想法虽然美好，然而，历史的潮流既已奔腾直下，又怎能希求江河逆转？相对而言，荀子的探寻乃在于“隆礼”，希望用“礼”的框架来约束每个人的行动，化育每个人的心灵，以保证社会的继续发展。

在孔、孟看来，礼是仁、义的外部体现，是长幼有序的道德教化。而在荀子看来，“礼”更是世间所有事物的准绳、尺度，是天下之大器。人类世界的一切事物及其关系，都应被囊括于这一概念下。本篇中，荀子便一一历数“礼”的各种具体形态：君臣之礼、婚丧之礼、天子即位之礼、夫妻和顺之礼、友朋交往之礼等等。这些礼仪起自远古，发展于三代，至周时已经形成了一整套尊卑有序的等级规范。对于一个要实行礼的社会成员来说，即使是一举手、一投足，也能在典籍中找到细致而明确的规定。因此，荀子对于未来社会的构想便是建立在这一严谨有序、稳固安定的礼制图景之上。

在荀子的设计中，个人修礼的最终目的是要达到人伦的融洽：“贵者敬焉，老者孝焉，长者弟焉，幼者慈焉，贱者惠焉。”毫无疑问，这种和谐正是建立在世俗世界中，是为求得个人欲望与社会安定的平衡。所以荀子说：“故礼之生，为贤人以下至庶民也，非为成圣也，然而亦所以成圣也”。实际上，“礼”所约束的只是翻滚于红尘中的凡夫俗子，对于如“舜”一样的圣人却是任其“从欲而治”的。因为在荀子看来，舜的自由，乃是经过长期对礼的学习而获得，在这种学习修炼的过程中，礼的精神已经与舜合二为一，因此，他的任何举动也具有了“礼”的合法性。然而，这一至关重要的预设条件却往往为后世君主所遗忘。如隋炀帝之类暴君，身灭而为天下人笑，显然是这种恶行的典型代表。

荀子的言论虽然对君权神圣有一定的偏袒，但作为一名儒者，他理想中的君主还是“礼制”社会中的一部分。“天之生民，非为君也。天之立君，以为民也”，对于封建集权国家的整个系统来说，君主的最大功业乃是选拔人才，治理国家，化育万民。荀子的这一社会蓝图虽然在其身前未能实现，而汉以后大一统帝国的建立，则从这一框架取益良多。

书面上的“礼制”虽然已事无巨细，但毕竟还有遗漏之处，尤其是在社会急速发展的战国时代，苛求于三代的礼制在现实中施行显然是行不通的。因此，唯有追求“礼”之本源，才能找到纲领性的标准。追寻先哲的话语，孔子曾以“爱人”给“仁”下定义。而爱人者指的不正是爱人之真性情吗？故荀子言道“礼以顺人心为本，故亡於《礼经》而顺人心者，皆礼也”，礼的作用之一便是使情感的抒发合乎正道，故“礼之大凡：事生，饰欢也；送死，饰哀也；军旅，饰威也。”。儒家尤其重视丧礼、祭祀，其根源并不是对于鬼神的真正信仰，而是发自对人内心情感的尊重。孔子曾言“祭神如神在”（《论语·八佾》），而荀子也有所感悟：“送死不及柩尸，吊生不及悲哀，非礼也。”虽然理性告诉我们，死者往矣，将为天地间之虫豸，但在情感之上却仍然希望死者有灵，能够安然栖息于另一个空间。“这些礼本来含有不少迷信和神话，但经过儒家的解释，这些方面都净化了，其中的宗教成分都转化为诗。”（冯友兰《中国哲学简史》）正是在这些看似形式繁复的仪式中，死亡的哀伤得到了抒发，而因死者逝去带来的震惊和孤独也渐渐升华为对生命的珍惜。“顺乎人心”乃是儒家仁者精神的一个概括，也应是贯彻“礼”制的重要标准。舍却此而单论荀子的“礼法”，则与法家之严刑峻法相差不远矣。

宥坐

【题解】

文章以“宥坐”为名，意在以“宥坐之器者，虚则攲，中则正，满则覆”的道理给人以警示，提醒人们要以道守身。全篇由几则故事构成，内容松散，主要假托孔子的言行、事迹阐发荀子的思想。

孔子观于鲁桓公之庙，有攲器焉[1]。孔子问于守庙者曰：“此为何器？”守庙者曰：“此盖为宥坐之器。[2]”孔子曰：“吾闻宥坐之器者，虚则攲，中则正，满则覆。”孔子顾谓弟子曰：“注水焉。”弟子挹水而注之[3]，中而正，满而覆，虚而攲，孔子喟然而叹曰：“吁！恶有满而不覆者哉！”子路曰：“敢问持满有道乎[4]？”孔子曰：“聪明圣知[5]，守之以愚；功被天下[6]，守之以让；勇力抚世，守之以怯；富有四海，守之以谦。此所谓挹而损之之道也[7]。”

【注释】

[1] 攲（qī）器：一种倾斜易覆的盛水器。攲，倾斜。

[2] 宥坐：放在君王座位右边。宥，通“右”。

[3] 挹（yì）：舀。

[4] 持：保持。

[5] 知：通“智”。

[6] 被：覆盖。

[7] 挹：通“抑”，抑制。

【译文】

孔子在鲁桓公的庙里参观，看到一个倾斜的容器。孔子问守庙的人说：“这是什么容器？”守庙的人说：“这大概是君主放在座位右边的一种器具。”孔子说：“我听说君主放在座位右边的器具，空着时就倾斜，灌入一半水就会端正，灌满水就会倾倒。”孔子回头对弟子说：“灌上水。”弟子舀了水往里面倒，倒入一半就端正了，倒满就翻倒了，将水倾空就倾斜了，孔子喟然长叹说："哎！哪有满了而不倒的呢？"子路说："请问保住满有什么方法吗？"孔子说："聪明睿智，用愚钝来持守它；功劳遍布天下，用谦让来持守它；勇敢盖世，用怯懦来持守它；富有天下，用谦虚来持守它。这就是抑制又再抑制的方法。"

孔子为鲁摄相[1]，朝七日而诛少正卯[2]。门人进问曰："夫少正卯，鲁之闻人也[3]，夫子为政而始诛之，得无失乎？"孔子曰："居[4]！吾语女其故。人有恶者五，而盗窃不与焉[5]：一曰心达而险[6]，二曰行辟而坚[7]，三曰言伪而辩，四曰记丑而博[8]，五曰顺非而泽[9]。此五者，有一于人，则不得免于君子之诛，而少正卯兼有之。故居处足以聚徒成群，言谈足以饰邪营众[10]，强足以反是独立[11]，此小人之桀雄也[12]，不可不诛也。是以汤诛尹谐[13]，文王诛潘止[14]，周公诛管叔[15]，太公诛华仕[16]，管仲诛付里乙[17]，子产诛邓析、史付[18]。此七子者，皆异世同心，不可不诛也。《诗》曰[19]：'忧心悄悄，愠于群小。'小人成群，斯足忧矣。"

【注释】

[1] 摄：代理。

[2] 朝：当政。　少正卯：春秋时鲁国大夫，其观点与孔子不同。

[3] 闻人：有名望的人。

[4] 居：坐下。

[5] 与：在其中。

[6] 达：通达。

[7] 辟：通"僻"，邪僻。

[8] 丑：怪异之事。

[9] 泽：粉饰。

[10] 营：通"荧"，迷惑。

[11] 强：意志坚强。　反是：背离正道。

[12] 桀：通"杰"，英杰。

[13] 尹谐：人名，事迹不详。

[14] 潘止：人名，事迹不详。

［15］管叔：周武王之弟叔鲜，封于管，后反对周公旦代成王当政，起兵叛乱被杀。

［16］华仕：西周初年齐国隐士。

［17］付里乙：人名，事迹不详。

［18］邓析：春秋时郑国人，刑名学家。　史付：人名，事迹不详。

［19］《诗》：指《诗经·邶风·柏舟》。

【译文】

孔子代理鲁国的相国，当政七天就诛杀了少正卯。学生进来问道："少正卯，是鲁国的名人啊，先生当政就先杀了他，不会有错误吗？"孔子说："坐下！我告诉你原因。人有五种罪恶，而盗窃不包括在里面：一是内心通达而险恶，二是行为邪僻而坚定，三是说话虚伪而善辩，四是善于记诵怪异之事而十分广博，五是顺从错误而加以润泽。这五种罪恶，一个人身上有一种，就不会幸免于君子的诛杀，而少正卯却同时具备。所以他居住的地方足以聚集门徒成群结队，言谈足以掩饰邪说迷惑众人，意志刚强足以反对正道，而且自立一说而不肯听别人的意见，这是小人中的雄杰，不能不诛杀。所以汤诛杀了尹谐，文王诛杀了潘止，周公诛杀了管叔，太公诛杀了华仕，管仲诛杀了付里乙，子产诛杀了邓析、史付。这七个人，都是处在不同的时代而有相同的思想，不能不诛杀。《诗经》中说：'忧心重重，被群小所怨恨。'小人成群，就值得担心了。"

孔子为鲁司寇，有父子讼者，孔子拘之，三月不别[1]。其父请止，孔子舍之[2]。季孙闻之不说[3]，曰："是老也欺予，语予曰：'为国家必以孝。'今杀一人以戮不孝[4]，又舍之。"冉子以告[5]。孔子慨然叹曰："呜呼！上失之，下杀之，其可乎？不教其民而听其狱[6]，杀不辜也。三军大败，不可斩也；狱犴不治[7]，不可刑也，罪不在民故也。嫚令谨诛[8]，贼也；今生也有时，敛也无时，暴也；不教而责成功，虐也。已此三者，然后刑可即也。《书》曰[9]：'义刑义杀[10]，勿庸以即[11]，予维曰未有顺事。'言先教也。故先王既陈之以道，上先服之[12]；若不可，尚贤以綦之[13]；若不可，废不能以单之[14]；綦三年而百姓从往矣。邪民不从，然后俟之以刑，则民知罪矣。《诗》曰[15]：'尹氏大师[16]，维周之氐[17]。秉国之均[18]，四方是维。天子是庳[19]，卑民不迷[20]。'是以威厉而不试，刑错而不用[21]，此之谓也。今夫世之则不然：乱其教，繁其刑，其民迷惑而堕焉，则从而制之，是以刑弥繁而邪不胜。三尺之岸而虚车不能登也[22]，百仞之山任负车登焉[23]，何则？陵迟故也[24]。数仞之墙而民不踰也，百仞之山而竖子冯而游焉[25]，陵迟故也。今夫世之陵迟亦久矣，而能使民勿踰乎？《诗》曰[26]：'周道如砥[27]，其直如矢。君子所履，小人所视。眷焉顾之，潸焉出涕[28]。'岂不哀哉！"

【注释】

[1] 别：判决。

[2] 舍：赦免。

[3] 季孙：指季桓子，当时鲁国执政的贵族。 说：通"悦"，高兴。

[4] 戮：通"僇"，羞辱。

[5] 冉子：指冉求，孔子的学生。

[6] 听：处置。 狱：官司。

[7] 狱犴（àn）：法令。犴，狱。

[8] 嫚：通"慢"，懈怠。 谨：严。

[9]《书》：指《尚书·康诰》。

[10] 义：恰当。

[11] 庸：用。 即：就。

[12] 服：实行。

[13] 綦：通"惎（jì）"，劝教。

[14] 单：通"惮"，畏惧。

[15]《诗》：指《诗经·小雅·节南山》。

[16] 大师：即太师，周代三公之一。

[17] 氐：根本，基石。

[18] 均：通"钧"，政权。

[19] 庳（pí），通"毗"，辅佐。

[20] 卑，通"俾"，使。

[21] 错：通"措"，舍弃。

[22] 岸：陡坡。 虚车：空车。

[23] 任负：承载。任，负荷。

[24]陵迟：坡度斜缓。

[25]竖子：小孩。 冯（píng）：登。

[26]《诗》：指《诗经·小雅·大东》。

[27]砥：磨刀石，此处喻平坦。

[28]潸（shān）：泪流的样子。

【译文】

孔子做鲁国的司寇，有父子俩打官司，孔子拘留了儿子，三月不判决。他的父亲要求停止诉讼，孔子赦免了儿子。季孙听到这件事很不高兴，说："这个老头子欺骗我，他曾对我说：'治理国家一定要用孝道。'现在杀一个人可以羞辱那些不孝顺的人，却又放了他。"冉子把这话告诉了孔子。孔子感叹地说："哎！君主丧失了正道，百姓把他杀了，可以吗？不教育他的人民却判决他们的官司，是杀害无辜的人。三军大败，不能都斩首；法律不恰当，就不能施加刑罚，是因为罪过不在人民。法令松驰而刑罚严酷，这是残害；生产有一定的季节，赋敛却没有一定的限度，这是残暴；不教育却要求成功，这是虐待。制止这三种行为，然后刑罚可以施行了。《尚书》中说：'合理的刑罚和正确的诛杀，也不要立即执行，我们只能说没有把事情处理好。'意思是说要先进行教育。所以先王已经陈述了治国大道，君主要首先实行；如果不能做到，就要任用贤人来教导人民；如果还不能，就要罢免无能的人来震慑他们；三年之后百姓就顺从教化了。奸邪的民众不顺从，就用刑罚对待他们，那么人民就知道罪过了。《诗经》中说：'尹太师是周朝的砥柱。掌握着国家的大权，天下靠他来维持。天子由他来辅佐，使人民不迷失方向。'所以刑罚的威力虽然厉害却不用，刑罚可以搁置一边了，就是这个意思。现在的社会却不这样：教化混乱，刑罚繁多，人民迷惑而掉入法网，接着制裁他们，因此刑罚更加繁多却不能战胜邪恶。三尺高的陡坡，空车也不能推上去；百丈高的山崖，载重的车子却能推上去，为什么？是因为坡度斜缓的缘故。数丈高的墙，人不能翻过去；百丈高的山，小孩也能登上去游玩，是因为坡度斜缓的缘故。现在的社会坡缓的现象太久了，人民能不逾跃过去吗？《诗经》中说：'大道平如磨刀石，笔直得像飞箭。君子在上面走，百姓注视着它。留恋着回头看啊，眼泪禁不住往下流。'难道不可悲吗？"

《诗》曰[1]："瞻彼日月，悠悠我思。道之云远，曷云能来。"子曰："伊稽首[2]，不其有来乎？"

【注释】

[1]《诗》：指《诗经·邶风·雄雉》。

[2] 伊：语气词。 稽：同。 首：当作"道"（俞樾说）。

【译文】

《诗经》中说："远远望着那日月，我的思念绵绵不绝。道路是那样遥远，他怎么能来？"孔子说："和他志同道合，他难道不会来吗？"

孔子观于东流之水，子贡问于孔子曰："君子之所以见大水必观焉者是何？"孔子曰："夫水，大遍与诸生而无为也[1]，似德。其流也埤下[2]，裾拘必循其理[3]，似义。其洸洸乎不淈尽[4]，似道。若有决行之，其应佚若声响[5]，其赴百仞之谷不惧，似勇。主量必平[6]，似法。盈不求概[7]，似正。淖约微达[8]，似察。以出以入，以就鲜絜[9]，似善化。其万折也必东，似志。是故君子见大水必观焉。"

【注释】

[1] 大：当为衍文（王念孙说）。 诸生：各种生物。 无为：无心而为，非有意为之。

[2] 埤：通"卑"，低。

[3] 裾拘（gōu）：同"倨勾"，曲折。拘，通"勾"，由。

[4] 洸洸：通"滉滉"，水势大的样子。 淈（gǔ）尽：竭尽。

[5] 佚：通"逸"，奔跑。

[6] 主：通"注"，注入。

[7] 概：古时量谷物时刮平斗斛的木板。

[8] 淖（chuò）约：柔弱。淖，通"绰"。

[9] 絜：通"洁"，干净。

【译文】

孔子观看东流的水，子贡问孔子说："君子看见大水一定要观看，这是为什么？"孔子说："水，遍生万物而无心为之，像德。它总是流向低下的地方，曲曲折折必定遵循这个规律，像义。它浩浩荡荡而永不停息，像道。如果掘口使它畅行，它奔流而泄就好似回应响声一样，涌向上百丈深的山谷也不惧怕，像勇敢。它注入低洼处必定很平，像法。它将物体注满而不用刮平，像公正。它柔弱得能到达所有细微的地方，像明察。物体放入水中冲洗后，就变得新鲜洁净，像善于教化。它千回百折必定向东流，像意志。所以君子看到大水一定观看。”

孔子曰：“吾有耻也，吾有鄙也，吾有殆也[1]。幼不能强学[2]，老无以教之，吾耻之。去其故乡，事君而达，卒遇故人[3]，曾无旧言，吾鄙之。与小人处者，吾殆之也。”

【注释】

[1] 殆：危险。

[2] 强：勉力。

[3] 卒（cù）：通“猝”，突然。

【译文】

孔子说：“我认为有些事情是耻辱的，有些事情是卑鄙的，有些事情是危险的。幼年时不努力学习，年老了没有什么东西可以传授给别人，我认为这是耻辱。离开了故乡，侍奉君主而显达了，忽然遇到老朋友，竟然没有怀旧之言，我鄙视这种人。和小人相处，我认为是危险的。”

孔子曰：“如垤而进[1]，吾与之[2]；如丘而止，吾已矣[3]。”今学曾未如肬赘[4]，则具然欲为人师[5]。

【注释】

[1] 垤（dié）：蚂蚁筑窝时堆在穴口的小土堆。

[2] 与：赞许。

[3] 已：止，此处指不赞许。

[4] 肬赘（yóu zhuì）：指人体上的肉瘤，比喻无用的东西。

[5] 具然：自满自足的样子。具，完备。

【译文】

孔子说：“成就像小土堆一样却向前进步，我赞同；成就像山丘一样却停止，我反对。”现在有些人学到的东西还不如个肉瘤，就自我满足地想做别人的老师。

孔子南适楚，厄于陈、蔡之间[1]，七日不火食，藜羹不糂[2]，弟子皆有饥色。子路进问之，曰："由闻之：为善者天报之以福，为不善者天报之以祸。今夫子累德、积义、怀美，行之日久矣，奚居之隐也[3]？"孔子曰："由不识，吾语女[4]。女以知者为必用邪？王子比干不见剖心乎？女以忠者为必用邪？关龙逄不见刑乎[5]？女以谏者为必用邪？吴子胥不磔姑苏东门外乎[6]？夫遇不遇者，时也；贤不肖者，材也；君子博学深谋不遇时者多矣。由是观之，不遇世者众矣，何独丘也哉？且夫芷、兰生于深林[7]，非以无人而不芳。君子之学，非为通也[8]；为穷而不困，忧而意不衰也，知祸福终始而心不惑也。夫贤不肖者，材也；为不为者，人也；遇不遇者，时也；死生者，命也。今有其人不遇其时，虽贤，其能行乎？苟遇其时，何难之有？故君子博学、深谋、修身、端行以俟其时。"孔子曰："由！居！吾语女。昔晋公子重耳霸心生于曹[9]，越王勾践霸心生于会稽[10]，齐桓公小白霸心生于莒[11]。故居不隐者思不远，身不佚者志不广[12]。女庸安知吾不得之桑落之下？"

【注释】

[1]厄：困。

[2]藜：一种野菜。 糂（sǎn）：同"糁"，以米和羹。

[3]隐：穷困。

[4]女：通"汝"，下同。

[5]关龙逄（páng）：桀的贤臣。

[6]磔（zhé）：弃市，古时的一种酷刑。

[7]芷、兰：皆香草名。

[8]通：通达，显赫。

[9]重耳：即晋文公，他在外流亡时，途经曹国，曹国国君对他无礼。

[10]会（kuài）稽：指会稽山，在今浙江绍兴。越王勾践曾被吴王夫差困于会稽山，与吴王求和成功，后卧薪尝胆，灭掉了吴国，成就了霸业。

[11]莒（jǔ）：周代诸侯国名，在今山东莒县一带。桓公即位前曾逃到莒，可

能遭到了无礼的待遇。

[12]佚：通“逸”，奔逃。

【译文】

孔子往南到楚国去，被困在陈国和蔡国之间，七天没有吃过热饭，野菜汤中连米粒都没有，学生们脸上都带饥色。子路上前问孔子说：“我听说：做好事的人，上天会用幸福报答他；做坏事的人，上天会用祸患报复他。现在先生积累德行，奉行道义，心怀美德，这样做已经很久了，为什么处境如此穷困呢？”孔子说：“仲由你不知道，我告诉你。你以为有智慧的人一定受到重用吗？王子比干不是被剖腹挖心了吗？你以为忠心的人一定受到重用吗？关龙逢不是被杀戮了吗？你以为劝谏的人一定受到重用吗？吴子胥不是在姑苏城东门外身首异处了吗？遇到还是遇不到贤明的君主，要靠机遇；贤能还是不贤能，在于个人的资质；君子中博学、远虑的人碰不到机遇的多的是。由此看来，遇不到好世道的人多得很，哪里只有孔丘我一人呢？况且芷、兰生长在深林中，并不因为没有人欣赏就不芳香。君子学习，并不是为了通达显贵；而是身处贫穷时而不感到困窘，内心忧患时而意志不衰，知道祸福生死的道理而心中不迷惑。贤能还是不贤能，在于资质；做还是不做，在于个人；遇到还是遇不到贤明的君主，要靠机遇；生还是死，在于命运。现在有人遇不到好时机，即使贤能，能有所作为吗？如果遇到好时机，那有什么困难？所以君子广泛地学习，深谋远虑，修养身心，端正行为来等待时机。”孔子说：“仲由，坐下！我告诉你。从前晋国公子重耳称霸之心产生在曹国，越王勾践称霸之心产生在会稽山，齐桓公小白称霸之心产生在莒国。所以处境不穷困的人考虑得不远，没有逃亡过的人志向不广大。你哪里知道我在这落叶的桑树底下就不能得志呢？”

子贡观于鲁庙之北堂，出而问于孔子曰：“乡者赐观于太庙之北堂[1]，吾亦未辍[2]，还复瞻被九盖皆继[3]，被有说邪？匠过绝邪？”孔子曰：“太庙之堂，亦尝有说[4]。官致良工[5]，因丽节文[6]，非无良材也，盖曰贵文也。”

【注释】

[1]乡：通“向”。　太庙：君王的祖庙。

[2]辍：停止。

［3］被：当为“彼”（杨倞说）。下同。　九：当为“北”（杨倞说）。　盖：通“阖”（hé），门。

［4］尝：通“当”，应当。

［5］致：招。

［6］丽：施，加工。

【译文】

子贡参观鲁国宗庙的北堂，出来问孔子说：“刚才我观看鲁国宗庙的北堂，我也没停步，可转回来又看那九扇门都是拼接起来的，那有什么讲究吗？是工匠不小心弄断了吗？”孔子说：“太庙的北堂，应当是有讲究的。官吏把好的工匠都招来，根据木材进行文饰，并不是没有好的木材，大概是看重文采吧。”

【评析】

“一叶落而知天下秋”，中国传统的智慧往往来源于生活。一朵花、一滴水，都能照出生命轮回的轨迹。先哲仰观天文，俯察地理，感叹人生百态之际，也从中获得启示。如水之无形无色而周流不殆，便在荀子的目光过滤下，衍化出丰富的内涵：或以水来论述王道兴衰，或以水来描绘君臣和谐，而更多的是以水喻人，透析出君子的完美形象：“大遍与诸生而无为也，似德。其流也埤下，裾拘必循其理，似义。其洸洸乎不淈尽，似道。若有决行之，其应佚若声响，其赴百仞之谷不惧，似勇。主量必平，似法。盈不求概，似正。淖约微达，似察。以出以入，以就鲜絜，似善化。其万折也必东，似志。”生命的哲理既可从自然中感悟，而人之思想亦可从戏言中透露。此《宥坐》一篇，多有荀子借圣人之口而兜售自家言论的故事，笔墨隳突间隐隐现出其志趣所在。

宥坐之器“虚则欹，中则正，满则覆”，此三言乃宥坐之最大特征，也是此器物的最大用途。《文子》有言：“三皇五帝有戒之器命曰侑卮”（《文子·守弱》），其注云：“欹器也。”可知，宥坐的用途就在于以其能盛水而又易覆之特点向拜祭先祖的人们，尤其是统治者发出警示：“恶有满而不覆者哉！”这是器物的启示，也是先人们历史经验的总结：虚则欹，固然是空空如也，难以自正其身；而满则覆却往往使人在安逸之中产生懈怠，从而走向衰败。个人的生命荣辱如是，国家的兴衰变化亦如是。故以此物观君子之行为举止，“聪明圣知，守之以愚；功被天下，守之以让；勇力抚世，守之以怯；富有四海，守之以谦”，在荀子看来，乱世中的君子必须具有退而保身，进而持国的双向技能。而持国之道，则首在慎重，继之公正，方能如“宥坐”之“中而正”，尽量避免过失的发生。

此篇记载的孔子出仕为官的两个故事——“朝七日而诛少正卯”和“拘子三月而舍之”，虽然其真实性非常可疑，后代的不少学者都认为是荀子的伪造，如南宋朱熹曾谓：“尝疑诛少正卯无此事，出于齐鲁陋儒欲尊夫子之道，而造为之说。若果有之，则左氏记载当时人物甚详，何故有一人如许劳攘而略不及之？”（《朱子语类》卷九十三）不过这种伪托的本身倒正体现了荀子对于君子处事的想象。同时，也是借用故事来表明自己对于孔子“爱人”、“知人”精神的理解。如果说孔子强调爱民以道，用“仁”来爱护养育百姓，那么，对于荀子而言，爱民以“术”也是同样重要的。虽然“仁”是最终极的目标，但在达到“仁”的过程中，采取一定的策略也就是合乎情理的了。所以，对于可以施教的平民父子，在其受到教训之后就赦免了儿子的罪过，而面对“心达而险，行辟而坚，言伪而辩，记丑而博，顺非而泽”的少正卯，既然无可施教，而且又是犯下祸国罪行的人，则应毫不手软地予以诛杀。然而，这个故事的流弊却是祸害无穷的。故事本身具有明显的打压“异端邪说”的倾向，往往为后世的专制统治者奉为圣人的遗训大力宣传，直接成为思想禁锢和文化专制的武器。而李斯、韩非二人出自荀子门下，最终皆成为“严刑峻法”的法家代表，应该也曾受到这些思想的启迪。

子道

【题解】

本文大体围绕着孝道观和君子观展开。荀子认为奉行孝要依义尚行，“明于从不从之义，而能致恭敬、忠信、端悫以慎行之，则可谓大孝矣”。荀子强调君子一定要自知自爱，以自己的追求为一生之乐。

入孝出弟[1]，人之小行也[2]；上顺下笃[3]，人之中行也；从道不从君，从义不从父，人之大行也。若夫志以礼安，言以类使[4]，则儒道毕矣。虽舜，不能加毫末于是矣。孝子所以不从命有三：从命则亲危，以不从命则亲安，孝子不从命乃衷[5]；从命则亲辱，不从命则亲荣，孝子不从命乃义；从命则禽兽，不从命则修饰[6]，孝子不从命乃敬。故可以从而不从，是不子也；未可以从而从，是不衷也。明于从不从之义，而能致恭敬、忠信、端悫以慎行之，则可谓大孝矣。传曰：“从道不从君，从义不从父。”此之谓也。故劳苦雕萃而能无失其敬[7]，灾祸患难而能无失其义，则不幸不顺见恶而能无失其爱，非仁人莫能行。《诗》曰[8]：“孝子不匮[9]。”此之谓也。

【注释】

[1] 弟：通“悌”，敬爱兄长。

[2] 行：德行。

[3] 笃：忠厚。

[4] 类：法度。

[5] 衷：通“忠”，忠诚。

[6] 饰：通“饬”，修治，整治。

[7] 雕萃：通“凋悴”，憔悴。

[8]《诗》：指《诗经·大雅·既醉》。

[9] 不匮：没有穷尽。

【译文】

在家孝顺父母，出门尊敬兄长，这是较小的德行；对上顺从，对下忠厚，这是中等的德行；顺从大道而不顺从君主，顺从道义而不顺从父亲，这是最大的德行。至于志向安于礼义，言语合乎法度，那么儒家的大道就具备了。即使舜，也不能丝毫有所增益了。孝子不听从命令有三种原因：听从命令那么父母就危险，不听从命令那么父母就安全，孝子不听从命令就是忠诚；听从命令那么父母就受到耻辱，不听从命令那么父母就光荣，孝子不听从命令就是奉行道义；听从命令就是禽兽，不听从命令就是行为端正，孝子不听从命令就是恭敬。所以可以听从而不听从，就是不孝之子；不可以听从而听从，是不忠诚。明白了听从和不听从的道理，而能够非常恭敬、忠诚守信、端正忠厚地来小心实行它，这就可以称为最大的孝顺了。古书上说："顺从大道而不顺从君主，顺从道义而不顺从父亲。"说的就是这个道理。所以劳苦憔悴而能够不丧失对父母的恭敬，遇到灾祸患难而能够不丧失对父母的道义，那么即使不幸因不顺从父母被憎恶也能够不丧失对他们的爱，不是仁人就不能做到这一点。《诗经》中说："孝子的孝心没有穷尽。"说的就是这个意思。

鲁哀公问于孔子曰："子从父命，孝乎？臣从君命，贞乎？"三问，孔子不对。孔子趋出，以语子贡曰："乡者君问丘也，曰：'子从父命，孝乎？臣从君命，贞乎？'三问而丘不对，赐以为何如？"子贡曰："子从父命，孝矣；臣从君命，贞矣。夫子有奚对焉[1]？"孔子曰："小人哉！赐不识也。昔万乘之国有争臣四人[2]，则封疆不削；千乘之国有争臣三人，则社稷不危；百乘之家有争臣二人，则宗庙不毁。父有争子，不行无礼；士有争友，不为不义。故子从父，奚子孝？臣从君，奚臣贞？审其所以从之之谓孝、之谓贞也。"

【注释】

[1] 有：通"又"。

[2] 争：通"诤"，谏诤。

【译文】

鲁哀公问孔子说："儿子听从父亲的命令，是孝顺吗？臣子服从君主的命令，是忠贞吗？”问了三遍，孔子不回答。孔子快步出来，把这件事告诉子贡说：“刚才国君问我，说：‘儿子听从父亲的命令，是孝顺吗？臣子服从君主的命令，是忠贞吗？’问了三遍而我没有回答，你认为怎样？”子贡说：“儿子听从父亲的命令，是孝顺；臣子服从君主的命令，是忠贞。先生又有什么可回答的呢？”孔子说：“是个小人呀！子贡你不懂。从前拥有万辆战车的国家有四个谏诤之臣，那么疆域就不会削减；拥有千辆战车的国家有三个谏诤之臣，那么社稷就不会有危险；拥有百辆战车的国家有两个谏诤之臣，那么宗庙就不会毁灭。父亲有劝谏的儿子，就不会做不合礼的事；士有劝谏的朋友，就不会做不合道义的事。所以儿子听从父亲，怎么能说儿子孝顺呢？臣子服从君主，怎么能说臣子忠贞呢？要弄清楚所以服从的原因才可以叫做孝顺，叫做忠贞。”

子路问于孔子曰：“有人于此，夙兴夜寐，耕耘树艺[1]，手足胼胝[2]，以养其亲，然而无孝之名，何也？”孔子曰：“意者身不敬与[3]？辞不逊与？色不顺与？古之人有言曰：‘衣与[4]，缪与[5]，不女聊[6]。’今夙兴夜寐，耕耘树艺，手足胼胝，以养其亲，无此三者，则何以为而无孝之名也？”孔子曰：“由志之[7]，吾语女。虽有国士之力，不能自举其身，非无力也，势不可也。故入而行不修，身之罪也；出而名不章[8]，友之过也。故君子入则笃行，出则友贤，何为而无孝之名也？”

【注释】

[1] 树艺：种植，载种。

[2] 胼胝（pián zhī）：手脚上磨出的老茧。

[3] 与：通“欤”。下同。

[4] 衣：给衣服穿。

[5] 缪（móu）：绸缪，准备。

[6] 女：通“汝”。 聊：依赖。

[7] 志：记住。

[8] 章：通“彰”，彰显，显著。

【译文】

子路问孔子说："这里有个人，早起晚睡，耕耘栽种，手脚上都磨出了老茧，来赡养他的双亲，然而却没有孝顺的名声，为什么？"孔子说："大概是态度不恭敬吧？言语不谦逊吧？脸色不温顺吧？古人有句话说：'给我穿衣服，给我准备一切，对我不恭敬就不依赖你。'现在早起晚睡，耕耘栽种，手脚上都磨出了老茧，来赡养他的双亲，如果没有态度不恭敬，言语不谦逊，脸色不温顺，那为什么会没有孝顺的名声呢？"孔子说："仲由你记住，我告诉你。即使有国家大力士的力气，也不能自己举起自己的身体，这并不是没有力气，是客观形势不允许。所以回到家中而行为不端正，是自己的罪过；在外而名声不显扬，是朋友的罪过。所以君子在家就行为敦厚，出门在外就结交贤人，怎么会没有孝顺的名声呢？"

子路问于孔子曰："鲁大夫练而床[1]，礼邪？"孔子曰："吾不知也。"子路出，谓子贡曰："吾以夫子为无所不知，夫子徒有所不知[2]。"子贡曰："女何问哉？"子路曰："由问：'鲁大夫练而床，礼邪？'夫子曰：'吾不知也。'"子贡曰："吾将为女问之。"子贡问曰："练而床，礼邪？"孔子曰："非礼也。"子贡出，谓子路曰："女谓夫子为有所不知乎？夫子徒无所不知。女问非也。礼，居是邑，不非其大夫。"

【注释】

[1] 练：白色的熟绢。古代父母死后一周年进行祭祀，身上要戴练，不能睡床。

[2] 徒：乃。

【译文】

子路问孔子说："鲁国大夫祭祀父母，身戴白绢睡在床上，合乎礼吗？"孔子说："我不知道。"子路出来，对子贡说："我认为先生没有什么不知道的，先生竟然也有不知道的。"子贡说："你问的什么？"子路说："我问：'鲁国大夫祭祀父母的身戴白绢睡在床上，合乎礼吗？'先生回答说：'我不知道。'"子贡说："我去替你问问。"子贡问孔子说："祭祀父母身戴白绢睡在床上，合乎礼吗？"孔子说："不合乎礼。"子贡出来，对子路说："你说先生有不知道的事吗？先生是没有什么不知道的。是你问得不对。依礼的规定，居住在这个城邑，不非议此城的大夫。”

子路盛服见孔子，孔子曰：“由，是裾裾何也[1]？昔者江出于岷山[2]，其始出也，其源可以滥觞[3]，及其至江之津也[4]，不放舟、不避风则不可涉也[5]。非维下流水多邪[6]？今女衣服既盛，颜色充盈，天下且孰肯谏女矣？由！”子路趋而出，改服而入，盖犹若也[7]。孔子曰：“志之，吾语女。奋于言者华[8]，奋于行者伐[9]，色知而有能者，小人也。故君子知之曰知之，不知曰不知，言之要也[10]；能之曰能之，不能曰不能，行之至也。言要则知，行至则仁。既知且仁，夫恶有不足矣哉？”

【注释】

[1] 裾裾（jū）：形容衣服整齐的样子。

[2] 岷山：在今四川省西北部。

[3] 滥觞（shāng）：水流极小，仅能浮起酒杯。觞，酒器。

[4] 津：渡口。

[5] 放舟：同“方舟”，两船并在一起。

[6] 维：通“唯”。

[7] 犹若：舒适和顺的样子。

[8] 华：通“哗”，浮夸。

[9] 伐：自夸。

[10] 要：要领。

【译文】

子路穿着盛服见孔子，孔子说：“仲由，穿得如此整齐，为什么？从前长江发源于岷山，开始流出时，它的水流小得只能浮起酒杯，等到了长江的渡口时，如果不把船并在一起，不避开大风就不能渡过去。这不是下游流水大的缘故吗？现在你衣着盛装，神气十足，天下人有谁还肯规劝你呢？仲由啊！”子路快步走出去，换了衣服又进来，显得舒适和顺。孔子说：“记住，我告诉你。争着说话的人浮夸，争着行动的人炫耀，从脸上就能看出聪明而又有才能的人，是小人。所以君子知道就说知道，不知道就说不知道，这是说话的要领；能做就说能做，不能做就说不能做，这是行为的最高准则。说话合乎要领就聪明，行为合乎准则就有仁德。既聪明又有仁德，又哪里会有不足的地方呢？”

子路入，子曰：“由，知者若何？仁者若何？”子路对曰：“知者使人知己，仁者使人爱己。”子曰：“可谓士矣。”子贡入，子曰：“赐，知者若何？仁者若何？”子贡对曰：“知者知人，仁者爱人。”子曰：“可谓士君子矣。”颜渊入，子曰：“回，知者若何？仁者若何？”颜渊对曰：“知者自知，仁者自爱。”子曰：“可谓明君子矣。”

【译文】

子路进来，孔子说：“仲由，聪明的人怎么样？仁德的人怎么样？”子路回答说：“聪明的人使人了解自己，仁德的人使人热爱自己。”孔子说：“你可以称作士了。”子贡进来，孔子说：“端木赐，聪明的人怎么样？仁德的人怎么样？”子贡回答说：“聪明的人了解别人，仁德的人热爱别人。”孔子说：“你可以称作士君子了。”颜渊进来，孔子说：“颜回，聪明的人怎么样？仁德的人怎么样？”颜渊回答说：“聪明的人自己了解自己，仁德的人自己热爱自己。”孔子说：“你可以称作君子了。”

子路问于孔子曰：“君子亦有忧乎？”孔子曰：“君子，其未得也，则乐其意；既已得之，又乐其治。是以有终生之乐，无一日之忧。小人者，其未得也，则忧不得；既已得之，又恐失之。是以有终身之忧，无一日之乐也。”

【译文】

子路问孔子说：“君子也有忧虑吗？”孔子说：“君子，还没有得到职位时，就为自己的志向而快乐；已经得到职位，又为自己的事业而快乐。所以终生都快乐，没有一天忧虑。小人，没有得到职位时，就为得不到职位而忧虑；已经得到职位，又害怕失去。所以一生都忧虑着，而没有一天的快乐。

【评析】

今天很多人一谈起儒者，脑中出现的往往是一个个带有漫画色彩的儒生形象：头戴高高的礼帽，身着礼服，恭谨地拱手而立；恪守礼法而又有些食古不化的酸腐味。而一讲起儒家学说，便只谓“仁、义、忠、恕”。殊不知“智”这一因素在儒家思想中也甚为重要，其排名似仅在“仁”之下。特别是在先秦时代，以孔、孟、荀为代表的原始儒家思想，尚未受到过多政治话语的改造，往往也显示出其活泼灵动的处事智慧，令我们击节不已。“忠”和“孝”是儒家的两个经典话题，而在本篇关于这两个话题的讨论中，便闪现出不少儒家的智慧。

文章一开篇，荀子即言“入孝出弟，人之小行也；上顺下笃，人之中行也；从道不从君，从义不从父，人之大行也”。在中国传统思想之中，对君“忠”、对长辈“孝”是人之为人的根本道德。而在此处，荀子却畅言以“道”、“义”为先，其原因在于君上、父母的命令与他们的利益、安危相违背，“从命则亲危，不从命则亲安，孝子不从命乃衷；从命则亲辱，不从命则亲荣，孝子不从命乃义；从命则禽兽，不从命则修饰”。在此时，为人臣子所要施行就是当机立断，遵从道义的指引和大局的分配，在短期利益和长远利益相矛盾的情况下，选择后者。荀子认为，只有保住了整体大局的道义所在，才能真正地化祸为福，转危为安。正所谓“仁者安仁，知者利仁”（《论语·里仁》），仁和智的关系相辅相成，又可相互转化。大义所在，便是智慧所着力的方向。故当孔子被问及：“子从父命，孝乎？臣从君命，贞乎？”他的回答是：一味地听从并不是贞、孝的本义，只要是道义所在，臣子便可“从道”而行。然而后代流行于世的口号却是“君叫臣死，臣不死，臣为不忠；父叫子亡，子不亡，子为不孝”，这种愚忠、愚孝自然不是先秦儒家所推崇的。对于这种道义和君主意志相违背的情况，孔子的回答是“道不行，乘桴浮于海”（《论语·公冶长》）；孟子的回答是“君之视臣如土芥，则臣视君如寇仇”（《孟子·离娄下》）；而荀子的回答则是“谏、争、辅、拂之人，社稷之臣也，国君之宝也”（《臣道》）。每个人的回答因其个性不同而有所差异，而以道为尊的自信和自觉却是不约而同的，可谓“知者不惑”（《论语·子罕》）。

除此以外，本篇还记载着多个孔子施教的故事。子曰“有教无类”（《论语·卫灵公》），对于脾性不同的施教对象选择不同的启发模式。如“子路盛服见孔子”一则，孔子先是旁敲侧击令子路觉悟，待看到这位冒失的弟子更换服饰再次出现时，其一番斥责又犹如当头棒喝，言之凿凿却又的确一语中的，“奋于言者华，奋于行者伐，色知而有能者，小人也”。佛家禅宗之棒喝有顿悟之妙，而此处之子路亦难免有醍醐灌顶之感。而“孔子问智者若何？仁者若何”一则，又颇有《论语》中《子路、曾皙、冉有、公西华侍坐》一章之妙。在孔子看来，同样的两个问题，每个学生都从自己的角度说出了对“知者若何，仁者若何”的理解。因此，没有绝对的对与错，只有看问题的角度和深浅不同。

“知者不失人，亦不失言”（《论语·卫灵公》），言行固然要视对象而定，而其他事务也要懂得灵活应用，多加钻研。儒家对于“智”的要求在于“知人”，怀有爱人之心而又了解知人之道，内心充盈而思辨明晰，怎能不乐？

法行

【题解】

本文以“法行”为题，意在阐述君子要遵守的一些礼义行为准则，如要端正行为，加强身心修养、时刻自我警惕等。

公输不能加于绳[1]，圣人莫能加于礼。礼者，众人法而不知[2]，圣人法而知之。

【注释】

[1]公输：公输般，春秋时期鲁国著名的木匠，又名鲁班。加：超越。绳：墨线。“绳”字下疑脱一“墨”字（顾千里说）。

[2]法：效法。

【译文】

公输般对于绳墨不能有所增益，圣人对于礼不能有所增益。礼，众人效法它而不知道它的意义，圣人效法它而知道它的意义。

曾子曰[1]：“无内人之疏而外人之亲[2]，无身不善而怨人，无刑已至而呼天。内人之疏而外人之亲，不亦远乎[3]？身不善而怨人，不亦反乎？刑已至而呼天，不亦晚乎？《诗》曰[4]：‘涓涓源水[5]，不雝不塞[6]。毂已破碎[7]，乃大其辐。事已败矣，乃重大息[8]。’其云益乎？”

【注释】

[1]曾子：曾参，孔子学生。

[2]无：通“勿”。内人：本家族的人。

[3]远：当与下文的“反”字互换（王念孙说）。

[4]《诗》：不见于今本《诗经》，当为逸诗。

[5]涓涓：水流细小的样子。

[6] 雝：通“壅”，堵塞。

[7] 毂（gǔ）：车轮中心穿轴的圆木。

[8] 大息：太息。大，通“太”。

【译文】

曾子说：“不要疏远亲人而亲近外人，不要自己做得不好而埋怨别人，不要等已经面临刑罚了才呼喊上天。疏远亲人而亲近外人，不是违反情理吗？自己做得不好而埋怨别人，不是离事实太远了吗？刑罚已经降临了才呼喊上天，不是很晚了吗？《诗经》中说：‘细细的流水，不加堵塞就不断绝。车毂已经破碎，才增大那车辐。事情已经失败了，才深深长叹。’这有什么益处呢？”

曾子病，曾元持足[1]，曾子曰：“元志之！吾语汝。夫鱼鳖鼋鼍犹以渊为浅而堀其中[2]，鹰鸢犹以山为卑而增巢其上[3]，及其得也，必以饵。故君子苟能无以利害义，则耻辱亦无由至矣。”

【注释】

[1] 曾元：曾参的儿子。

[2] 鼋（yuán）：大鳖。 鼍（tuó）：鳄鱼的一种。 堀：通“窟”。“堀”下当脱一“穴”字（俞樾说）。

[3] 增巢：聚集柴木做成巢。

【译文】

曾子病重，曾元抱着他的脚，曾子说：“曾元，你记住！我告诉你。鱼鳖鼋鼍还认为深渊太浅而在下面挖洞，鹰鸢还认为山太低而在上面筑巢，等被人捉住，一定是因为诱饵的缘故。所以君子如果能够做到不以利益损害道义，那么耻辱也就不会到来了。”

子贡问于孔子曰：“君子之所以贵玉而贱珉者[1]，何也？为夫玉之少而珉之多邪？”孔子曰：“恶！赐，是何言也！夫君子岂多而贱之，少而贵之哉？夫玉者，君子比德焉。温润而泽，仁也；栗而理[2]，知也；坚刚而不屈，义也；廉而不刿[3]，行也；折而不桡[4]，勇也；瑕适并见[5]，情也；扣之[6]，其声清扬而远闻，其止辍然[7]，辞也。故虽有珉之雕雕[8]，不若玉之章章。《诗》曰[9]：'言念君子[10]，温其如玉。'此之谓也。"

【注释】

[1] 珉（mín）：似玉的石头。

[2] 栗而理：坚实而有纹理。

[3] 廉：棱角。 刿：划伤。

[4] 桡：通"挠"，弯曲。

[5] 适：通"谪"。

[6] 扣：敲击。

[7] 辍然：突然停止的样子。

[8] 雕雕：文采显著的样子。下"章章"同。

[9] "《诗》曰"句：引自《诗经·秦风·小戎》。

[10] 言：语助词。

【译文】

子贡问孔子说："君子之所以看重宝玉而轻视珉石，是为什么？是因为宝玉很少而珉石很多吗？"孔子说："哎！端木赐，你这是什么话！君子难道因为多就轻视它，少就珍视它吗？那宝玉，君子把它比作美德。温和滋润而有光泽，像仁；坚硬而有文理，像智；刚强而不屈，像义；有棱角而不伤人，像行；折断也不弯曲，像勇；瑕疵都表现在外面，像真情；敲击它，声音清扬悠远，停下来就戛然而止，像言辞。所以珉石即使有纹彩，也比不上宝玉的明亮。《诗经》中说：'思念君子，温和得像宝玉。'说的就是这个意思。"

曾子曰："同游而不见爱者[1]，吾必不仁也；交而不见敬者，吾必不长也[2]；临财而不见信者，吾必不信也。三者在身，曷怨人？怨人者穷，怨天者无识。失之己而反诸人[3]，岂不亦迂哉！"

【注释】

[1] 见：被。

[2] 长：尊敬别人。

[3] 反：求，责。

【译文】

曾子说："共同游玩而不被别人喜爱，一定是自己不仁爱；与人交往而不被尊敬，一定是自己不尊敬别人；接近财物而不被信任，一定是自己不讲信用。这三个原因都在自己身上，怎么还能埋怨别人？埋怨别人的就会穷困，埋怨上天的是没有见识。自己失误反而责备别人，难道不是太迂腐了吗？"

南郭惠子问于子贡曰[1]："夫子之门，何其杂也[2]？"子贡曰："君子正身以俟，欲来者不距[3]，欲去者不止。且夫良医之门多病人，檃栝之侧多枉木[4]，是以杂也。"

【注释】

[1] 南郭惠子：不详其人。

[2] 杂：庞杂。

[3] 距：通"拒"，拒绝。

[4] 檃栝（kuò）：矫正弯曲木料的工具。 枉木：弯曲的木料。

【译文】

南郭惠子问子贡说："孔子的学生，为什么那么混杂？"子贡说："君子端正自身来对待别人，想来的人不拒绝，想走的人不阻止。而且良医的门前病人多，矫木工具旁弯曲的木头多，所以混杂。"

孔子曰："君子有三恕[1]：有君不能事，有臣而求其使，非恕也；有亲不能报，有子而求其孝，非恕也；有兄不能敬，有弟而求其听令，非恕也。士明于此三恕，则可以端身矣。"

【注释】

[1] 恕：推己及人之心。

【译文】

孔子说："君子有三种恕道：有君主不能侍奉，有臣子却要役使他们，这不是恕道；有父母不能奉养，有儿子却想要他孝顺，这不是恕道；有兄长不能尊敬，有弟弟却要他听从命令，这不是恕道。士人明白这三种恕道，就可以端正身心了。”

孔子曰：“君子有三思，而不可不思也。少而不学，长无能也；老而不教，死无思也；有而不施，穷无与也。是故君子少思长则学，老思死则教，有思穷则施也。”

【译文】

孔子说：“君子有三种需要思考的事，不能不思考。年少不学习，长大了就没有才能；老年时不教育人，死了后就没人思念；富足时不施舍，穷困了就没人帮助。所以君子年少时思考年老的事就会学习，老了思考死后的事就会教育人，富足了思考穷困时就会施舍。”

【评析】

后世儒生评说荀子，多有指责。究其原因，在于荀子著书立说，多言礼法而少及仁义。殊不知人之行世，即是同宗一师也各有差异。正如南郭惠子半感慨半诘问地请教子贡曰：“夫子之门，何其杂也？”而子贡的回答也颇具意味：“君子正身以俟，欲来者不距，欲去者不止。且夫良医之门多病人，檃栝之侧多枉木，是以杂也。”一方面指出孔子道德高尚，每个人都可以从他身上学到为人处世的道理；另一方面也表明，虽然夫子门生繁多、性格不齐、资质不等，但既同宗一师，则诚意、修身之根本必大同而小异。如同树干与树枝一样，后学各专一门，饮水思源，仍得益于求学时之种种感悟。

荀子入世，常思君子谦谦，温润如玉。犹记孔子曾言“绘事后素”（《论语·八佾》），故君子欲秉持礼法，兼济天下，则必须修行自身，正本清源。观玉之晶莹剔透，洁白无瑕，便犹如君子道德的天然物化：“温润而泽，仁也；栗而理，知也；坚刚而不屈，义也；廉而不刿，行也；折而不桡，勇也；瑕适并见，情也；扣之，其声清扬而远闻，其止辍然，辞也。”士人喜玉，随身佩戴是常见的习俗。然而君子佩玉，并不在于玉本身的稀有珍贵，却在于以玉的象征为参照，时时提醒自己，达到仁、智、义、行、勇、情、辞的要求。虽然这些并不是每个人都能达到，但玉佩日夜随行，鸣响之声便如同师训，潜移默化地促使着学子们亲身实践“用之则行，舍之则藏”（《论语·述而》）的诺言。故颜回箪食瓢饮而不改其乐，子路临戮而不忘结缨，他们举身蹈义而毫无退缩的行为，正是以生命捍卫着“富贵不能淫，贫贱不能移，威武不能屈”（《孟子·滕文公下》）的君子形象。而他们在以身殉道的同时，也成为了“君子”这一理想人格的现实模型，激励后人坚守心中的理想与道德。如果说先秦时代的士人们尚保持着比较完整的人格独立和自由意志，那么在大一统的帝国建立以后，尤其是专制主义日益强化之时，这种坚守所需抵抗的压力就更大。从汉末的党锢之祸到明末的东林喋血，士君子身上所体现的坚刚不屈，廉而不刿，折而不挠，便显得更为可歌可泣。

君子处世，既秉持一心，必严于律己。与人相处，也时时自我反省，正如曾子所言：“同游而不见爱者，吾必不仁也；交而不见敬者，吾必不长也；临财而不见信者，吾必不信也。三者在身，曷怨人？”在曾子看来，他人的态度其实，是自己为人处世的一面镜子，故他人不爱己，不敬己，不见信于己乃是自己行为有亏，决不应该怨天尤人。然而，曾子的话不但在狡诈丛生的战国时代不能获得当权者信奉，即使到了今天这个高喊“自我”的时代，也往往会成为嘲笑的对象。“走自己的路，让别人去说吧”，最早只是用于勉励自我坚持理想的格言，却在不知不觉地变了质，成为自私自利、狂妄自大的托词，渐渐使我们堕入放纵的险境。先哲们在千年之前的自我约束，是否能唤醒我们沉睡已久的自知之明呢？正如孔子教诲的那样：“君子有三恕：有君不能事，有臣而求其使，非恕也；有亲不能报，有子而求其孝，非恕也；有兄不能敬，有弟而求其听令，非恕也。……君子有三思，而不可不思也。少而不学，长无能也；老而不教，死无思也；有而不施，穷无与也。”言简意赅，当是非常恰当的座右铭。常读常想，应能开阔心胸，奋发有为。

哀　公

【题解】

本文通过鲁哀公与孔子、鲁定公与颜渊的对话，阐述了荀子为政的一些看法，着重强调了为君之道、选取人才和爱护人民等问题。

鲁哀公问于孔子曰："吾欲论吾国之士[1]，与之治国，敢问何如取之邪？"孔子对曰："生今之世，志古之道，居今之俗，服古之服，舍此而为非者[2]，不亦鲜乎？"哀公曰："然则夫章甫、絇屦、绅而搢笏者[3]，此贤乎？"孔子对曰："不必然。夫端衣、玄裳、絻而乘路者[4]，志不在于食荤；斩衰、菅屦、杖而啜粥者[5]，志不在于酒肉。生今之世，志古之道，居今之俗，服古之服，舍此而为非者，虽有，不亦鲜乎？"哀公曰："善！"

【注释】

[1]论：选择。

[2]舍：处。

[3]章甫：商代的一种帽子。　絇（qú）屦：带有絇饰的鞋。絇，古代鞋头上的装饰，用于穿系鞋带。　"绅"下当脱一"带"字（王念孙说）。　搢（jìn）：插。

[4]端衣：祭祀时穿的礼服。　玄裳：祭祀时穿的黑色的裙。　路：大车。

[5]斩衰（cuī）：古代最重的一种丧服，用粗布制成。　菅（jiān）屦：草鞋。　啜（chuò）：吃。

【译文】

鲁哀公问孔子说："我想选择我国有才能的人，同他们一起治理国家，请问怎样选取他们？"孔子回答说："生在当今社会，记得古代治国大道，处在当今习俗中，穿着古时的服装，能够做到这些而做坏事的人，不是很少吗？"哀公说："那么，戴着礼帽、穿着絇饰的鞋、束着腰带而且腰上插着上朝时的笏板，这样的人贤能吗？"孔子回答说："不一定。穿着祭祀礼服、黑色的礼裙、戴着礼帽而乘坐大车的人，他们心里想的不是吃荤；身着丧服、脚穿草鞋、拄着孝棍而且喝稀粥的人，他们心里想的不是酒肉。生在当今的社会，记得古时的治国大道，处在当今习俗中，穿着古时的服装，能够做到这些而做坏事的人，不是很少吗？”哀公说：“好！”

孔子曰：“人有五仪[1]：有庸人，有士，有君子，有贤人，有大圣。”哀公曰：“敢问何如斯可谓庸人矣？”孔子对曰：“所谓庸人者，口不能道善言，心不知色色[2]；不知选贤人善士托其身焉以为己忧，勤行不知所务[3]，止交不知所定[4]；日选择于物，不知所贵；从物如流，不知所归；五凿为正[5]，心从而坏。如此，则可谓庸人矣。”哀公曰：“善！敢问何如斯可谓士矣？”孔子对曰：“所谓士者，虽不能尽道术，必有率也[6]；虽不能遍美善，必有处也[7]。是故知不务多，务审其所知；言不务多，务审其所谓；行不务多，务审其所由。故知既已知之矣，言既已谓之矣，行既已由之矣，则若性命肌肤之不可易也。故富贵不足以益也，卑贱不足以损也。如此，则可谓士矣。”哀公曰：“善！敢问何如斯可谓之君子矣？”孔子对曰：“所谓君子者，言忠信而心不德，仁义在身而色不伐[8]，思虑明通而辞不争，故犹然如将可及者，君子也。”哀公曰：“善！敢问何如斯可谓贤人矣？”孔子对曰：“所谓贤人者，行中规绳而不伤于本，言足法于天下而不伤于身，富有天下而无怨财[9]，布施天下而不病贫。如此，则可谓贤人矣。”哀公曰：“善！敢问何如斯可谓大圣矣？”孔子对曰：“所谓大圣者，知通乎大道，应变而不穷，辨乎万物之情性者也。大道者，所以变化遂成万物也；情性者，所以理然不、取舍也[10]。是故其事大辨乎天地[11]，明察乎日月，总要万物于风雨，缪缪肫肫[12]。其事不可循[13]，若天之嗣[14]；其事不可识，百姓浅然不识其邻[15]。若此，则可谓大圣矣。”哀公曰：“善！”

【注释】

[1] 仪：等级。

[2] 色色：当为“邑邑”（郝懿行说），忧郁的样子。

[3] 勤：当为“动”字（卢文昭说）。

[4] 交：当为“立”字（同上）。

[5] 五凿：五情。一说五窍。

[6] 率：遵循。

[7] 有处：有所坚持。

[8] 伐：自夸。

[9] 怨：通“蕴”，积蓄，蕴藏。

[10] 然不：然否，对错。不，通“否”。

[11] 辨：通“遍”，遍及。

[12] 缪缪：通“穆穆”，和美的样子。 肫肫：通“纯纯”，精密的样子。

[13] 循：通“揗”，模仿。

[14] 嗣：通“司”，主宰。

[15] 邻：连接。

【译文】

孔子说：“人有五个等级：有平庸的人，有士人，有君子，有贤人，有大圣人。”哀公说：“请问什么样的人是平庸的人？”孔子回答说：“所谓平庸的人，口中不能说好话，心中不知道忧愁；不懂得选择贤人善士来为自己分忧，行动时不知干什么，坐和站的地方都找不到；每天在事物中选来选去，不知道什么贵重；追随外物，不知道归宿；为情欲所主宰，思想也跟着变坏。像这样，就可以称为平庸的人了。”哀公说：“好！请问什么样的人是士人呢？”孔子回答说：“所谓士人，虽然不能精通治国之道，必定有所遵循；虽然不能尽善尽美，必定有所固守。所以知识不求多，务必要明审所知道的；话不求多，必定要明审所说的；做事不求多，必定要明审所作所为。所以知识已经通晓了，话已经说出了，事已经做了，就像自己的性命和肌肤一样不能改变了。因此富贵不能使他增加，卑贱不能使他受损，像这样就可以称为士人了。”哀公说：“好！请问什么样的人是君子呢？”孔子回答说：“所谓君子，说话忠诚守信而心中不认为自己有美德，心存仁义而脸上没有炫耀之色，思虑通达而说话不与人争辩，所以从容不迫就像可以被人赶上一样，这是君子。”哀公说：“好！请问什么样的人是贤人？”孔子回答说：“所谓贤人，行为合乎规矩而不伤害本性，说话足以被天下人效法而不伤害自身，富足得拥有天下而没有私蓄财产，把财产布施天下而不担心自己贫穷，像这样就可以称为贤人了。”哀公说：“好！请问什么样的人是大圣人？”孔子回答说：“所谓大圣人，智慧通晓大道，应付变化而没有穷尽，能辨别万物的情性。大道，是变化成就万物的根源；情性，是判断是非、取舍的依据。所以大圣人的事业大得像天地一样，明察事物清楚得像日月一样，管理万物像风雨的滋润一样，和美精纯。他做的事不能模仿，像天主宰万物一样；他做的事不能被认识，百姓浅陋地连它相近的事情也不认识。像这样，就可以称为大圣人了。”哀公说：“好！”

鲁哀公问舜冠于孔子，孔子不对。三问，不对。哀公曰：“寡人问舜冠于子，何以不言也？”孔子对曰：“古之王者，有务而拘领者矣[1]，其政好生而恶杀焉，是以凤在列树，麟在郊野，乌鹊之巢可俯而窥也。君不此问，而问舜冠，所以不对也。”

【注释】

[1]务：通“冒”，便帽。 拘领：曲领，用以绕颈。拘，通“句”，弯曲。

【译文】

鲁哀公向孔子问舜的帽子，孔子不回答。问了三次，孔子不回答。哀公说：“我问你舜的帽子，为什么不说话？”孔子回答说：“古时的君王，戴便帽而围着脖颈，他的政治喜欢养民而憎恶杀人，所以凤凰落在树林中，麒麟在郊外活动，乌鸦、喜鹊的窝巢低头就可看到。君王不问这个，而问舜的帽子，所以不回答。”

鲁哀公问于孔子曰：“寡人生于深宫之中，长于妇人之手，寡人未尝知哀也，未尝知忧也，未尝知劳也，未尝知惧也，未尝知危也。”孔子曰：“君之所问，圣君之问也。丘，小人也，何足以知之？”曰：“非吾子无所闻之也。”孔子曰：“君入庙门而右，登自胙阶[1]，仰视榱栋[2]，俛见几筵[3]，其器存，其人亡，君以此思哀，则哀将焉而不至矣[4]？君昧爽而栉冠[5]，平明而听朝，一物不应，乱之端也，君以此思忧，则忧将焉而不至矣？君平明而听朝，日昃而退[6]，诸侯之子孙必有在君之末庭者，君以思劳，则劳将焉而不至矣？君出鲁之四门以望鲁四郊，亡国之虚则必有数盖焉[7]，君以此思惧，则惧将焉而不至矣？且丘闻之：君者舟也，庶人者水也。水则载舟，水则覆舟，君以此思危，则危将焉而不至矣？”

【注释】

［1］胙阶：东阶，主人迎接宾客的台阶。胙，通“阼”，台阶。

［2］榱（cuī）：椽子。

［3］俛：同“俯”，低头。

［4］而：能。

［5］昧爽：黎明。　栉冠：梳头戴帽。

［6］昃（zè）：太阳偏西。

［7］虚：同“墟”，废墟。　数盖：数处草盖的屋。

【译文】

鲁哀公问孔子说：“我出生在深宫之中，在妇人的怀抱中长大，我从来不知道悲哀，从来不知道忧愁，从来不知道劳苦，从来不知道恐惧，从来不知道危险。”孔子说：“君王所问的，是圣君所问的问题。孔丘，是小人，怎么能知道这些呢？”哀公说：“除了你，我就没人可问了。”孔子说“您走进宗庙的大门向右，登上东边的台阶，抬头看见椽子主梁，低头看见供桌，玉器仍在，人已经故了，您从这里想想悲哀，那么悲哀怎么会不到来呢？您黎明起来梳头戴帽，天亮时上朝听政，一件事情处理不好，就是混乱的开始，您从这里想想忧愁，那么忧愁怎么会不来呢？您天亮了上朝听政，日落时退朝，诸侯的子孙一定有在朝廷最末的座位上来供奉您的，您从这里想想劳苦，那么劳苦怎么会不来呢？您走出鲁国的四边城门来看看鲁国的四郊，亡国的废墟一定有好多处，您从这里想想恐惧，那么恐惧怎么会不来呢？况且孔丘听说：君主是船，百姓是水。水能载船，水也能翻船，您从这里想想危险，那么危险怎么会不来呢？”

鲁哀公问于孔子曰：“绅、委、章甫有益于仁乎[1]？”孔子蹴然曰[2]：“君号然也[3]！资衰、苴杖者不听乐[4]，非耳不能闻也，服使然也。黼衣、黻裳者不茹荤[5]，非口不能味也，服使然也。且丘闻之：好肆不守折[6]，长者不为市。窃其有益与其无益，君其知之矣。”

【注释】

[1] 绅：腰带。　委：周代的一种黑色丝织礼帽。

[2] 蹴然：变色的样子。

[3] 号：当为“胡”字（杨倞说）。

[4] 资衰：用熟麻布做的丧服。　苴杖：服丧所用的竹杖。

[5] 黼衣、黻裳：均为祭服。　茹：吃。

[6] 肆：市场。　不守折：不做亏本的生意。

【译文】

鲁哀公问孔子说：“腰带、委帽、章甫有益于仁吗？”孔子惊恐地说：“您怎么会这样问！穿丧服、拄孝棍的人不听音乐，不是耳朵不能听，是因为身穿丧服的缘故。穿着祭服的人不吃荤菜，不是嘴巴没有口味，是因为身穿祭服的缘故。况且孔丘听说：善于经商的人不使自己的财物损折，受尊敬的长者不到市场做买卖。它有益还是无益，君王您知道了吧。”

鲁哀公问于孔子曰：“请问取人？”孔子对曰：“无取健[1]，无取詌[2]，无取口啍[3]。健，贪也；詌，乱也；口啍，诞也[4]。故弓调而后求劲焉，马服而后求良焉，士信悫而后求知能焉。士不信悫而有多知能，譬之其豺狼也，不可以身尔也[5]。语曰：‘桓公用其贼，文公用其盗。’故明主任计不信怒[6]，暗主信怒不任计。计胜怒则强，怒胜计则亡。”

【注释】

[1] 健：指争强好胜的人。

[2] 詌（gàn）：通“钳”，指用武力胁制人。

[3] 啍（zhūn）：同“谆”，能说会道。

[4] 诞：欺诈。

[5] 尔：通“迩”，近。

[6] 怒：此处泛指恩怨、情感。

【译文】

鲁哀公问孔子说：“请问如何选取人才？”孔子回答说：“不要选取争强好胜的人，不要选取好用武力的人，不要选取能说会道的人。争强好胜，就会贪婪；好用武力，就会混乱；能说会道，就会荒诞。所以弓调好后才能求其强劲，马驯服后才能求其成为良马，士忠厚诚实才能求其聪明有才能。士不忠厚诚实而又聪明有才能，那就像豺狼一样，不能接近他。俗语说：'桓公任用贼人，文公任用强盗。'所以圣明的君主注重计谋不注重感情，昏庸的君主注重感情不注重计谋。计谋胜过感情就强大，感情胜过计谋就灭亡。"

定公问于颜渊曰[1]："东野子之善驭乎[2]？"颜渊对曰："善则善矣。虽然，其马将失[3]。"定公不悦，入谓左右曰："君子固谗人乎！"三日而校来谒[4]，曰："东野毕之马失。两骖列[5]，两服入厩。"定公越席而起曰："趋驾召颜渊[6]！"颜渊至，定公曰："前日寡人问吾子，吾子曰：'东野毕之驭，善则善矣。虽然，其马将失。'不识吾子何以知之？"颜渊对曰："臣以政知之。昔舜巧于使民而造父巧于使马。舜不穷其民，造父不穷其马，是舜无失民[7]，造父无失马也。今东野毕之驭，上车执辔[8]，衔体正矣[9]；步骤驰骋，朝礼毕矣；历险致远，马力尽矣。然犹求马不已，是以知之也。"定公曰："善！可得少进乎？"颜渊对曰："臣闻之：鸟穷则啄，兽穷则攫[10]，人穷则诈。自古及今，未有穷其下而能无危者也。"

【注释】

[1]定公：鲁国国君，名宋。

[2]东野子：鲁定公时善于驯马驾车的人，姓东野，名毕。"子"是对人的尊称。　驭：驾驭马车。

[3]失：通"逸"，逃奔。

[4]校：负责养马的官。　谒：拜访。

[5]骖（cān）：古时用四马拉车，两旁的马称"骖"，中间的马称"服"。　列：同"裂"。

[6]趋：通"促"，督促。

[7]"是"后当脱一"以"字（王念孙说）。

[8]辔：缰绳。

[9]衔体：马嚼子与马。

［10］攫：抓取。

【译文】

鲁定公问颜渊说："东野先生车驾得好吗？"颜渊回答说："好倒是很好。虽然这样，但他的马将要奔逸。"定公不高兴，进去对左右的人说："君子本来就诽谤人吗？"三天后，养马的官吏来报告，说："东野毕的马逃逸了。车旁的两匹马挣脱缰绳逃跑了，中间的两匹马回到了马棚中。"定公离开席位站起来说："赶快驾车召见颜渊！"颜渊到了，定公说："前天我问您，您说：'东野毕驾车好是好，但他的马将要逃奔。'不知道您是怎样知道的？"颜渊回答说："我从政治上知道的。从前舜善于役使人民而造父善于驱使马。舜不使他的人民窘困，造父不使他的马精疲力尽，所以舜没有逃奔的人民，造父没有逃奔的马。现在东野毕的驾车，登上车子手握缰绳，马嚼子和马都端正了；快慢驰骋自如，各种规定的礼仪要求都达到了；经历各种险隘到达远方，马的力气用完了。然而仍然要求马不停止，所以知道他的马将逃逸。"定公说："好！能再进一步说明吗？"颜渊回答说："我听说：鸟急了就会乱啄，兽急了就会乱抓，人走投无路了就会欺诈。从古到今，还没有使百姓困窘而君主能没有危险的。"

【评析】

荀子著文，多以论述中心为其题目，而此篇《哀公》乃以一国君为题，所述多为鲁哀公与孔子的对话，颇有拼凑之嫌。然而听其徐徐道来，胸臆间亦渐生兴亡之悲。

从历史上来看，鲁哀公可称是一个昏庸的诸侯。其在位时，正是春秋末年吴越争霸之际。当时的鲁国，内有权臣季氏当道，外有齐国屡次莫名的讨伐，又曾遭到吴国的侵犯，然而哀公却如同一个无知的孩童，将自己的眼光只界定于触手可及的宫墙之内，甚至为自己不曾了解哀伤、忧愁、劳苦、恐惧、危险而焦躁不安。面对这样不知世事的君主，连孔圣人也啼笑皆非："君之所问，圣君之问也。丘，小人也，何足以知之？"然而，孔子在自嘲之后还是不得不一步步地启发：您看到宗庙里的玉器是先王留下的，然而物在人亡，不是会感到哀伤吗？您每天处理国家大小事务，但如果有一件没办好，可能就会带来灾祸，难道这不是令人发愁的事吗？……不过夫子的滔滔大论显然没有打动哀公，他所感兴趣的也无非是古代的礼服、礼帽之类。

面对这样一位昏庸的君主，孔子显然是非常痛苦的。然而，即使自己曾经说过“唯上知与下愚不移”（《论语·阳货》）的话，即使内心对于“不可雕也”（《论语·公冶长》的“朽木”有着极强的排斥感，但为了鲁国的兴盛，夫子仍然是“不俟驾行”（《论语·乡党》）地努力向哀公进谏。偶尔哀公兴致所至，也随口说起如何选择人才的话题，夫子便率尔而对：“生今之世，志古之道，居今之俗，服古之服，舍此而为非者，不亦鲜乎！”在夫子看来，时代之所以礼崩乐坏，乃是在于古代的文化传统失落了。虽然圣人的衣冠仍旧为人们津津乐道，但不过是怀旧的时尚而已。上古的风范、圣人的美德这些最根本、最重要的东西却为人们所遗忘了。“古之王者，有务而拘领者矣，其政好生而恶杀焉”，圣人的光辉并不是来自华丽的衣着，而是来自他们奉行仁义的美德。所以即使是衣冠朴拙，也同样受到天下的尊崇。“礼云礼云，玉帛云乎哉？”（《论语·阳货》）相比于追求小道的快乐，君王所应关注难道不是大道的安定吗？而对于如何治国，孔子则提出一方面要实行仁道，另一方面则须选取人才，罢黜争强好胜、好用武力、巧言令色之徒，拔擢士人、君子、贤人，尤其是大圣。因为圣人乃是智慧的化身，“知通乎大道，应变而不穷，辨乎万物之情性”，了解事物的一切发展规律，自然能够通古今之变，辅佐君王完成天下大治。虽然这其中有一厢情愿的想象，但对于统治一个国家来说，选拔人才的确是一个至关重要的问题。

然而悲哀的是，夫子面对的正是这么一个“口不能道善言，心不知色色”的庸人，虽然他不会像某些暴君那样，做出惊天动地的恶行，但同样会造成生灵涂炭、国灭身亡的后果。虽然时时把“善”字挂在口头，但劝谏之言就仿佛一阵清风，丝毫不曾被采纳。据《史记》记载，哀公的晚年在三桓的追杀之下，奔亡于卫、邹、越国之间，虽然最终回国而又卒亡。设想其在奔亡之际，倘若想起早年夫子的谆谆教诲“诸侯之子孙必有在君之末庭者，君以思劳，则劳将焉而不至矣”，也许会感到一丝讽刺罢。

虽然后世学者多有考证，认定《哀公》篇乃伪托圣人之言，然而当我们诵读此篇的种种哲言，来对照鲁哀公的生平事迹，尤其是其最后的奔亡命运，仿佛间又听到了历史的警钟鸣响。掩卷之际，当哀而鉴之。

尧问

【题解】

本文由几篇故事构成，宣扬了荀子一贯的政治主张，如为政者要敬业好德、礼贤下士、任贤用能等。末节则是门人对荀子的评价，一方面对荀子“名声不白，徒与不众，光辉不白”的遭遇给予了同情，另一方面又对他“足以为天下法式仪表”的美德与才能给予了充分的肯定。

尧问于舜曰：“我欲致天下[1]，为之奈何？”对曰：“执一无失[2]，行微无怠[3]，忠信无倦，而天下自来。执一如天地，行微如日月，忠诚盛于内，贲于外[4]，形于四海。天下其在一隅邪[5]？夫有何足致也？”

【注释】

[1]致：取。

[2]执一：专心致意。

[3]行微：做细小的事情。

[4]贲：通“奋”，显露。

[5]隅：角落。

【译文】

尧问舜说：“我想取得天下，该怎么办？”舜回答说：“专心政事不要出错，做小事情不要懈怠，忠诚守信不要厌倦，那么天下人就会自动归顺。专心政事像天地一样长久，做小的事情像日月一样不停，忠诚充满于内心，表现在外面，体现在四海。那天下不就像屋子中的一个角落吗？又哪里用得着去取呢？”

魏武侯谋事而当[1]，群臣莫能逮[2]，退朝而有喜色。吴起进曰[3]：“亦尝有以楚庄王之语闻于左右者乎[4]？”武侯曰：“楚庄王之语何如？”吴起对曰：“楚庄王谋事而当，群臣莫逮，退朝而有忧色。申公巫臣进问曰[5]：'王朝而有忧色，何也？'庄王曰：'不穀谋事而当[6]，群臣莫能逮，是以忧也。其在中蘬之言也[7]，曰：'诸侯自为得师者王，得友者霸，得疑者存，自为谋而莫己若者亡。'今以不穀之不肖而群臣莫吾逮，吾国几于亡乎！是以忧也。'楚庄王以忧，而君以憙[8]。"武侯逡巡再拜曰[9]："天使夫子振寡人之过也。"

【注释】

[1]魏武侯：战国时魏国国君，魏文侯的儿子，名击。

[2]逮：及。

[3]吴起：战国时期卫国人，著名军事家、政治家，曾为魏将，后为楚国令尹，辅佐楚悼王实行变法。

[4]楚庄王：春秋时期楚国国君，"五霸"之一。

[5]申公巫臣：楚国申邑大夫，姓屈，名巫臣，字子灵。

[6]不穀：古代君王的谦称。

[7]中蘬（huǐ）：同"仲虺（huǐ）"，商汤的左相。

[8]憙：同"喜"，欢喜，高兴。

[9]逡巡：后退。

【译文】

魏武侯谋事很得当，群臣没有人能够比得上，退朝后他面带喜色。吴起上前说："曾经听到左右说过楚庄王的话吗？"武侯问："楚庄王的话怎样说的？"吴起回答说："楚庄王谋事很得当，群臣没有人能够比得上，退朝后面带忧色。申公巫臣上前问道：'君王上朝后面带忧色，为什么？'庄王说：'我谋事很得当，群臣没有人能够比得上，所以忧虑。仲虺说过这样的话：'诸侯能够得到师傅的就称王，得到朋友的就称霸，得到解决疑惑的人就能生存，自己谋划而没有人比得上的就灭亡。'现在我这样无能而群臣没有人能够比得上，我的国家接近于灭亡了！所以忧虑。'楚庄王因而忧虑，而君王因而高兴。"武侯后退几步拜了两拜说："上天让您来补救我的过错呀。"

伯禽将归于鲁[1]，周公谓伯禽之傅曰："汝将行，盍志而子美德乎[2]？"对曰："其为人宽，好自用[3]，以慎。此三者，其美德已。”周公曰：“呜呼！以人恶为美德乎？君子好以道德，故其民归道。彼其宽也，出无辨矣，女又美之。彼其好自用也，是所以窭小也[4]。君子力如牛，不与牛争力；走如马，不与马争走；知如士，不与士争知。彼争者，均者之气也[5]，女又美之。彼其慎也，是其所以浅也。闻之曰：‘无越逾不见士[6]。’见士问曰：‘无乃不察乎？’不闻[7]，即物少至，少至则浅。彼浅者，贱人之道也，女又美之。吾语女：我，文王之为子，武王之为弟，成王之为叔父，吾于天下不贱矣，然而吾所执贽而见者十人[8]，还贽而相见者三十人[9]，貌执之士者百有余人[10]，欲言而请毕事者千有余人，于是吾仅得三士焉，以正吾身，以定天下。吾所以得三士者，亡于十人与三十人中[11]，乃在百人与千人之中。故上士吾薄为之貌，下士吾厚为之貌。人人皆以我为越踰好士，然故士至，士至而后见物，见物然后知其是非之所在。戒之哉！女以鲁国骄人，几矣[12]！夫仰禄之士犹可骄也，正身之士不可骄也。彼正身之士，舍贵而为贱，舍富而为贫，舍佚而为劳，颜色黎黑而不失其所[13]，是以天下之纪不息[14]，文章不废也[15]。”

【注释】

[1] 伯禽：周公的儿子，封于鲁。

[2] 盍：何不。　志：讲述。　而：通“尔”，你。

[3] 自用：依靠自己的能力处理事务。

[4] 窭（jù）：小。

[5] 均者：势均力敌的人。一说见识一般的人或普通人。

[6] 越逾：超越等级。

[7] 闻：通“问”。

[8] 贽：古时初次见师长为示敬意所送的礼物。

[9] 还贽：带着礼物还礼。

[10] 貌执：以礼相待。

[11] 亡：通“无”。

[12] 几：危险。

[13] 黎：通“藜”，黑色。

[14] 纪：治国原则。

[15] 文章：文献典籍。

【译文】

伯禽将要回到鲁国去，周公问伯禽的老师说："你们就要走了，何不说说伯禽的美德呢？"回答说："他待人宽厚，喜欢自己处理事情，而且谨慎。这三方面，就是他的美德。"周公说："呜呼！你把人们厌恶的当作美德吗？君子喜欢依道德行事，所以他的民众归于正道。他待人宽厚，处理政事就没有分别，你却称赞他。他喜欢自己处理事情，就会气量狭小。君子力气大得像牛一样，却不与牛较力；跑起来快得像马一样，却不与马赛跑；智慧像士一样，却不与士争高低。那竞争，是势均力敌的人的意气之争，你却称赞他。他的谨慎，是他之所以浅陋的原因。听到别人说：'不要怕越过等级不接近士人。'见到士就要问道：'我是不是不明察？'不问，了解的事情就少，了解的少就浅陋。那浅陋，是下贱的人待人接物的方法，你却称赞他。我告诉你：我，作为文王的儿子，武王的弟弟，成王的叔父，我在天下不算卑贱了，然而我拿着礼物去求见的有十人，带着礼物回见的有三十人，以礼相待的有一百多人，要提意见的而我让他说完的有一千多人，从这些人中我仅得到三个士人，来端正我的行为，来帮我安定天下。我得到这三个士人，不是在十人和三十人中选取的，而是在一百多人和一千多人中选取的。所以我对于上等的士礼貌轻一些，对于下等的士礼貌重一些。每个人都认为我越过等级喜欢士人，所以士人来到了，士人来到了然后我了解事情，了解事情然后知道它们的是非在什么地方。警惕啊！你因为鲁国而对人傲慢，就危险了！那依靠俸禄生活的士人还可以骄傲，端正身心的士人不可以骄傲。那端正身心的士人，舍弃尊贵而甘为卑贱，舍弃富足而甘为贫穷，舍弃安逸而甘为劳累，脸色黝黑而不放弃自己的立场，所以天下的纲纪不会停止，古代的文献典章不会荒废。"

语曰：缯丘之封人见楚相孙叔敖曰[1]："吾闻之也：处官久者士妒之，禄厚者民怨之，位尊者君恨之。今相国有此三者而不得罪楚之士民，何也？"孙叔敖曰："吾三相楚而心愈卑，每益禄而施愈博，位滋尊而礼愈恭[2]，是以不得罪于楚之士民也。"

【注释】

[1] 缯（zēng）丘：同"鄫丘"，古地名，鄫国的故地，属楚，在今湖北随县一带。　封人：负责守卫边疆的官。

［2］滋：更加。

【译文】

传说：缯丘负责守卫边疆的官吏拜见楚国的相国孙叔敖说："我听说：做官久的人，士人忌妒他；俸禄丰厚的人，民众怨恨他；地位尊贵的人，君主痛恨他。现在相国具备这三个方面而没有得罪楚国的士人和民众，为什么？"孙叔敖说："我三次做楚相而心里越来越谦卑，每增加俸禄而施舍更加广博，地位越尊贵而礼仪越恭敬，所以没有得罪楚国的士人和民众。"

子贡问于孔子曰："赐为人下而未知也。"孔子曰："为人下者乎？其犹土也？深扣之而得甘泉焉[1]，树之而五谷蕃焉[2]，草木殖焉，禽兽育焉，生则立焉，死则入焉，多其功而不息[3]。为人下者，其犹土也。"

【注释】

［1］扣（hú）：挖掘。

［2］蕃：生长。

［3］息：当为"悳"字（王引之说），同"德"。

【译文】

子贡问孔子说："我想为人谦虚却不知该如何做。"孔子说："为人谦虚吗？应该像土地一样吧？深深地挖掘就能得到甘泉，播种就会五谷丰盛，草木生长，禽兽繁衍，活着的站在上面，死了的埋在下面，功劳大而不以为有功德。为人谦虚的，就要像土地一样。"

昔虞不用宫之奇而晋并之[1]，莱不用子马而齐并之[2]，纣刳王子比干而武王得之。不亲贤用知[3]，故身死国亡也。

【注释】

［1］虞：春秋时一个小国，姬姓，故址在今山西平陆县北，后为晋国所灭。宫之奇：虞国的大夫。

［2］莱：春秋时莱国，故址在今山东黄县东南，后为齐国所灭。　子马：莱国的贤臣。

[3] 知：通“智”。

【译文】

从前虞国不任用宫之奇而被晋国吞并了，莱国不任用子马而被齐国吞并了，纣王将王子比干剖腹挖心而被武王得到了天下。不亲近贤人、任用明智的人，所以身死国亡了。

为说者曰[1]：“孙卿不及孔子。”是不然。孙卿迫于乱世，鰌于严刑[2]，上无贤主，下遇暴秦，礼义不行，教化不成，仁者绌约[3]，天下冥冥，行全刺之[4]，诸侯大倾[5]。当是时也，知者不得虑，能者不得治，贤者不得使，故君上蔽而无睹，贤人距而不受[6]。然则孙卿怀将圣之心[7]，蒙佯狂之色，视天下以愚[8]。《诗》曰[9]：“既明且哲[10]，以保其身。”此之谓也。是其所以名声不白[11]，徒与不众[12]，光辉不博也。今之学者，得孙卿之遗言余教，足以为天下法式表仪，所存者神，所过者化。观其善行，孔子弗过，世不详察，云非圣人，奈何！天下不治，孙卿不遇时也。德若尧、禹，世少知之；方术不用[13]，为人所疑。其知至明，循道正行，足以为纪纲。呜呼！贤哉！宜为帝王。天地不知，善桀、纣，杀贤良，比干剖心，孔子拘匡，接舆避世[14]，箕子佯狂，田常为乱[15]，阖闾擅强[16]。为恶得福，善者有殃。今为说者又不察其实，乃信其名。时世不同，誉何由生？不得为政，功安能成？志修德厚，孰谓不贤乎！

【注释】

[1] 为说者：持这种说法的人。

[2] 鰌（qiū）：迫。

[3] 绌：通“黜”，罢黜。 约：穷困。

[4] 行全：德行完美。 刺：讥讽。

[5] 倾：倾轧。

[6] 距：通“拒”，拒绝。

[7] 将圣：大圣。将，大。

[8] 视：通“示”。

[9]《诗》：指《诗经·大雅·烝民》。

[10]哲：智慧。

[11]白：显赫。

[12]徒与：门徒。

[13]方术：治国策略。

[14]接舆：春秋时楚国人，佯狂避世。

[15]田常：即田成子，也作田恒、陈成子，春秋时齐国大臣。公元前481年，他杀死齐简公，拥立齐平公，任相国摄政。

[16]阖闾：春秋末年吴国国君。

【译文】

持某些说法的人说："孙卿比不上孔子。"这不对。孙卿被迫生活在乱世之中，处于严刑峻法之世，上面没有贤明的君主，下面遇到了残暴的秦国，礼义不能推行，教化不能成功，仁人被罢免压制，天下昏暗，德行美好的人反受讥讽，诸侯互相倾轧。在这个时代，聪明的人不能为国谋虑，有才能的人不能参与治国，贤能的人得不到任用，所以君主被蒙蔽而看不清楚，贤人遭到拒绝而不能被接受。然而孙卿心怀圣人的志向，假装疯狂的样子，向天下人显示自己的愚蠢。《诗经》中说："既明智又聪慧，来保全自己。"说的就是这种人。这就是他名声不显赫，门徒不多，光辉不博大的原因。现在的学者，得到孙卿遗留下来的言论和教导，足以成为天下的法则和表率，他所在的地方都能得到全面治理，他所经过的地方都能得到教化。观察他的善良行为，孔子不能超过，世人不仔细观察，说他不是圣人，有什么办法！天下得不到治理，因为孙卿没有遇到好时机啊！他的道德像尧、舜一样，世人很少知道；治国的策略不被采用，却被人们怀疑。他的智慧非常明达，遵循大道端正行为，足以成为人们的楷模。唉！贤能啊！他应该成为帝王。天地不明智，善待桀、纣，杀害贤良，比干被挖了心，孔子被囚拘在匡地，接舆逃避社会，箕子佯装疯狂，田常作乱，阖闾逞强。做恶的得到幸福，为善的得到灾殃。现在持某些说法的人又不考察实际，竟相信那些虚名。时代不同，荣誉从什么地方产生？得不到任用，功业怎么成功？他思想美好、道德深厚，谁能说他不贤能！

【评析】

有人说："历史是一面镜子，能够清晰地照出过往岁月的成败得失。"又有人说："历史是一个小姑娘，任由后人将其打扮。"读完此篇《尧问》，也令人不禁思考，当初这些故事是以怎样的原貌进入作者的叙述中的呢？是确有其事的史实，还是道听途说的传闻？在我们今天，也许很难真正找到答案。然而有一点是肯定的，这些故事既然是门人对于荀子言语的记载，那么无论其间到底有多少真实的成分，却必然经常为荀子所提到。因此，细细体会事件背后所隐藏的微言大义，方可感受荀子志之所在。

荀子一生，"名声不白，徒与不众，光辉不博"，在稷下学宫里参与百家争鸣，看似热闹，内心却充满深深的孤独和失落。因为在这里，纵横之术、法家之术为众人所追捧，而先王的道德、儒家的学说却乏人问津。然而荀子并没有因此就放弃对治国之道的思考。每当想到前代的各种典故，圣人的语言便不停地回荡于耳际："执一无失，行微无怠，忠信无倦，而天下自来。执一如天地，行微如日月，忠诚盛于内，贲于外，形于四海。天下其在一隅邪！夫有何足致也？"原来圣人并非没有困乏忧愁的时候，只是他即使身处困境，也依然谨慎地做好每一件小事，一心一意地忠于政事。虽然自己的抱负暂时不能施展，不妨严于修身，像孔子曾经教诲子贡时说的"为人下者其犹土也"一样，怀着谦卑的胸怀包容世界，在等待转机的同时，看苍生沉浮，觅治世良方。

魏武侯处理政事，得当而独断，当他正为自己的智慧沾沾自喜时，吴起进言道："诸侯自为得师者王，得友者霸，得疑者存，自为谋而莫己若者亡。"荀子最喜这则典故，不仅是因为最后的结局是魏武侯的"逡巡再拜"，而且在于吴起的这番话与其所述的"王霸"之道相互契合："人主不可以独也。卿相辅佐，人主之基、杖也，不可不早具也。故人主必将有卿相辅佐足任者然后可。"（《君道》）而周公辨伯禽之优劣一事，显然是选贤取才的典型事例。"彼正身之士，舍贵而为贱，舍富而为贫，舍佚而为劳，颜色黎黑，而不失其所，是以天下之纪不息，文章不废也"，不正是孔子所言"隐居以求其志，行义以达其道。吾闻其语矣，未见其人也"（《论语·季氏》）的绝佳注解吗？

本篇的最后一节，是荀子弟子对先生的评价。自秦以后，荀卿之事迹大多湮没，幸得此篇中尚有记载。至汉武帝时，太史公著《史记·孟子荀卿列传》，于此段评述亦多有借鉴。然而流连于文字之间，观荀子一生辗转，"迫于乱世，鰌于严刑，上无贤主，下遇暴秦，礼义不行，教化不成"，虽然才能不下于圣人，却身隐于闾巷之间，而功业未尝施展，不禁为之怆然。